U0460161

Chinese Proficiency Grading Standards for International Chinese Language Education

国际中文教育中文水平等级标准

词汇速记速练手册

Quick Vocabulary Handbook

潘 泰 万 莹 编著

七—九级
下
Levels 7-9(II)

北京语言大学出版社
BEIJING LANGUAGE AND CULTURE
UNIVERSITY PRESS

©2023北京语言大学出版社，社图号23237

图书在版编目（CIP）数据

国际中文教育中文水平等级标准. 词汇速记速练手册：
七—九级. 下 / 潘泰，万莹编著. -- 北京：北京语言
大学出版社，2023.12（2024.9重印）
　ISBN 978-7-5619-6452-1

　Ⅰ.①国… Ⅱ.①潘… ②万… Ⅲ.汉语—词汇—
对外汉语教学—课程标准 Ⅳ.①H195.3

中国国家版本馆CIP数据核字（2023）第223197号

国际中文教育中文水平等级标准·词汇速记速练手册（七—九级　下）
GUOJI ZHONGWEN JIAOYU ZHONGWEN SHUIPING DENGJI BIAOZHUN ·
CIHUI SU JI SU LIAN SHOUCE (QI—JIU JI XIA)

排版制作：北京创艺涵文化发展有限公司
责任印制：邝　天

出版发行：北京语言大学出版社
社　　址：北京市海淀区学院路15号，100083
网　　址：www.blcup.com
电子信箱：service@blcup.com
电　　话：编 辑 部　8610-82303647/3592/3724
　　　　　　国内发行　8610-82303650/3591/3648
　　　　　　海外发行　8610-82303365/3080/3668
　　　　　　北语书店　8610-82303653
　　　　　　网购咨询　8610-82303908
印　　刷：北京富资园科技发展有限公司
版　　次：2023年12月第1版　　　印　　次：2024年9月第2次印刷
开　　本：787毫米×1092毫米　1/16　　印　　张：20
字　　数：362千字
定　　价：89.00元

PRINTED IN CHINA
凡有印装质量问题，本社负责调换。QQ 号 1367565611，电话 010-82303590

编写说明

《国际中文教育中文水平等级标准·词汇速记速练手册》（以下简称《词汇速记速练手册》）依据教育部和国家语委联合发布的《国际中文教育中文水平等级标准》（GF 0025—2021）（以下简称《标准》）的"词汇表"进行编写，是面向中文学习者的实用型词汇学习用书。

《词汇速记速练手册》依照《标准》"三等九级"的划分情况，共八个分册（高等为上下两册），分别收录初等一级 500 词、二级 772 词、三级 973 词，中等四级 1000 词、五级 1071 词、六级 1140 词，高等七—九级 5636 词。初等及中等分册内部以 20 个词语为一单元，高等分册内部以 60 个词语为一单元，力求将词汇学习化整为零，充分利用学习者的碎片化时间，提高词汇学习的效率，学习者可以每天完成一单元词语的学练。《词汇速记速练手册》按音序编排词语，分别从读音、词性、释义、用法四个维度对词语进行说明和展示。

《词汇速记速练手册》既可以作为学习者的 HSK 备考用书，也可以作为学习者自主学习中文词汇的学习用书。搭配中的短语、例句尽量从多角度展示词语的各种常见用法，以便学习者能够通过短语、例句的学习切实掌握词语用法。《词汇速记速练手册》初等——三级词语的短语、例句用词以不超出该等级"词汇表"的范围为原则，中等四—六级词语的短语、例句的用词以不超出该单元之前"词汇表"的范围为原则，目的是让学习者通过对《词汇速记速练手册》的学习逐步扩大词汇量，便于学习者自主学习，降低词汇学习难度。为了兼顾短语、例句的丰富性与实用性，部分短语和例句中出现了"超纲词语"，对于这种情况，我们对"超纲词语"加注拼音与英文释义，以帮助学习者理解。

《词汇速记速练手册》初等及中等分册的内部体例分为"目标词语""速记""速练"三部分，高等分册的内部体例分为"速记""重点词语""速练"三部分。

"目标词语"给出本单元需要记忆与掌握的词语，让学习者先有一个整体印象和词语学习目标。"速记"给出词语的拼音、词性、英文释义、搭配。其中，搭配中的目标词语以下画线形式进行标示，短语、例句的选择与编写力求做到典型常用，强调词语在实际语境中的运用，并严格控制"超纲词语"的数量与难度。"速练"对所学词语进行强化练习，初等及中等分册的"速练"部分分三个题型：注音与释义连线题侧重对所学词语语音及语义理解的操练，选词填空题侧重对所学词语意义及用法的考查，完形填空题侧重对易混淆词语的区分。不同的题型各有侧重，互为补充。

《词汇速记速练手册》高等分册取消了"目标词语"板块，每单元 60 个词语分为三个部分，每单元、每部分均配有形式多样的练习。在高等词汇学习阶段，考虑到学习者对部分词语深入了解及词语辨析的需要，增设"重点词语"板块，对较难理解、用法复杂的词语进行进一步说明。高等分册的"速练"部分取消了完形填空题，改为"为词语选择合适的位置"题，从句法的角度考查学生对词语的掌握情况。

词汇是国际中文教育的重点教学内容，这一点已成为业界共识，但词汇系统个性大于共性的特点也决定了词汇教学一直是国际中文教育中的薄弱环节。如何提高词汇学习效率，如何快速扩大学习者词汇量，这些问题编者一直在思考。《词汇速记速练手册》就是编者从教学实际出发，帮助中文学习者自主学习中文词汇的一种积极尝试。书中存在的不足，恳请广大使用者批评指正。

编者

2022 年 7 月

Introduction

Chinese Proficiency Grading Standards for International Chinese Language Education: Quick Vocabulary Handbook (hereinafter referred to as *Quick Vocabulary Handbook*), compiled in accordance with the "Vocabulary List" in *Chinese Proficiency Grading Standards for International Chinese Language Education* (GF 0025–2021) (hereinafter referred to as *The Standards*) co-released by China's Ministry of Education and State Language Commission, is a practical vocabulary book for Chinese language learners.

Based on the division of three stages and nine levels (elementary stage: Levels 1–3; intermediate stage: Levels 4–6; advanced stage: Levels 7–9) in *The Standards*, the *Quick Vocabulary Handbook* is composed of eight volumes (the advanced stage has two volumes), respectively including 500 words of Level 1, 772 words of Level 2, 973 words of Level 3, 1,000 words of Level 4, 1,071 words of Level 5, 1,140 words of Level 6 and 5,636 words of Levels 7–9. Each unit in the elementary and intermediate volumes has 20 words, while each unit in the advanced volume has 60 words, aiming to break up vocabulary learning into bits and pieces, so that learners' fragments of time can be made use of and their learning efficiency can be improved. Learners can finish learning and practicing one unit a day. The words in the *Quick Vocabulary Handbook* are arranged in alphabetic order and are explained and demonstrated from four aspects—Pinyin, word class, definition and usage.

The *Quick Vocabulary Handbook* can be used not only as an HSK preparation book, but also as a Chinese vocabulary study guide for self-directed learners. The collocations are phrases and example sentences that illustrate common usages of the words from various perspectives to help learners master these usages. For the phrases and sentences of the elementary words of Levels 1–3, the principle is that they should not use words that exceed the scope of the "Vocabulary List" of the corresponding level; for the intermediate stage of Levels 4–6, the words of the phrases and example sentences should not exceed the scope of the "Vocabulary List" before the current unit. The purpose is to help learners expand their vocabulary step by step by using the *Quick Vocabulary Handbook*, facilitate autonomous learning, and reduce the difficulty. With diversity and practicality taken into account, certain phrases and example sentences include words beyond the scope, which are provided with Pinyin and English definition to help learners understand them.

Each elementary or intermediate volume consists of three sections: "Target words", "Quick memory", and "Quick practice". Each advanced volume consists of three sections: "Quick memory", "Focus words" and "Quick practice".

"Target words" lists the words to be memorized and mastered in the current unit to give learners a whole picture and clear target. "Quick memory" offers the Pinyin, word class(es), English definition(s), and collocations of each target word. The target words are underlined in the collocations, and the phrases and example sentences selected and written are typical and frequently used. How the words are used in real situations is emphasized and the number and difficulty of the words beyond the scope are strictly controlled. "Quick practice", an intensive practice of the words learned, includes three types of exercises in the elementary and intermediate volumes. The pronunciation/definition matching exercise emphasizes the understanding of the pronunciations and definitions of the words learned, the multiple-choice exercise stresses the practice of the meanings and usages of the words learned, and the cloze exercise focuses on the differentiation between confusable words. These types of questions differ in stress and complement each other.

The "Target words" section is removed from the advanced volume, in which each unit includes 60 words that are divided into three parts. Each part is provided with various forms of exercises. At the stage of advanced vocabulary learning, learners need to understand certain words deeper and to differentiate certain words. In light of that, a new section—"Focus words"—is added to provide further explanation of the words that are difficult to understand and complicated in usage. "Quick practice" in the advanced volume doesn't have the cloze exercise, but the word-filling exercise to test learners' mastery of words from syntax perspective.

It is generally agreed within the field that vocabulary is a focus of international Chinese education, but the fact that vocabulary systems have more differences than commonalities makes vocabulary teaching a weak link in international Chinese education. I've been constantly looking for ways to improve learners' vocabulary learning efficiency and to expand their vocabulary faster. The *Quick Vocabulary Handbook*, based on the reality of teaching, is one of my positive attempts to help Chinese language learners learn Chinese vocabulary independently. Any comments or suggestions you may have on this book would be highly appreciated.

The Author

July 2022

目　录

第48单元　Unit 48

◎ 速记　Quick memory

2821　美观　měiguān　*adj.*　beautiful, artistic　造型美观；包装美观；美观大方

2822　美化　měihuà　*v.*　beautify　美化环境；美化工程；全面美化

2823　美景　měijǐng　*n.*　beautiful scenery　欣赏美景；自然美景；草原的美景

2824　美满　měimǎn　*adj.*　happy　美满的结局；家庭美满；日子过得美满幸福

2825　美妙　měimiào　*adj.*　wonderful　美妙的音乐；美妙的舞姿

2826　美人　měirén　*n.*　beauty　大美人；睡美人

2827　美味　měiwèi　*n.*　delicacy　特色美味；品尝美味（佳肴）

2828　美中不足　měizhōng-bùzú　a fly in the ointment　美中不足之处；有点儿美中不足

2829　美滋滋　měizīzī　*adj.*　very pleased with oneself　心里美滋滋的；感到美滋滋的；美滋滋地想

2830　魅力　mèilì　*n.*　charm　富有魅力；个人魅力

2831　闷　mēn　*adj.*　stuffy, suffocating　闷热；窗和门都关着，房间里很闷
　　　　　v.　cover tightly; be speechless; shut oneself or sb. indoors　把火闷灭；闷声不响；整天闷在家里

2832　门当户对　méndāng-hùduì　a marriage between families of equal social rank　男女双方门当户对；门当户对的婚姻

2833　门槛　ménkǎn　*n.*　threshold　跨过门槛；这家公司门槛高，入职难度很大

2834　门铃　ménlíng　*n.*　doorbell　按门铃；门铃响了

2835　门路　ménlu　*n.*　social connections; way (to do sth.)　走门路；找到解决资金问题的门路

2836　闷　mèn　*adj.*　bored　心里闷得慌

2837　萌发　méngfā　*v.*　germinate; emerge　萌发新叶；萌发了爱情；理想在心中萌发

2838　萌芽　méngyá　*v.*　sprout　小草萌芽了
　　　　　n.　bud; rudiments　萌芽时期；新文学的萌芽

2839　盟友　méngyǒu　*n.*　ally　强大的盟友；重要的盟友

2840　朦胧　ménglóng　*adj.*　hazy; obscure　月色朦胧；朦胧的夜晚；朦胧的轮廓

从 2821～2830 中选择合适的词语填空　Choose the right words from 2821-2830 and fill in the blanks.

　　1. 小华考试考了一百分，心里_____的。
　　2. 他能用钢琴演奏出许多_____的乐曲。
　　3. 这段时间，学校正在_____校园环境。
　　4. 我认为他很有个人_____，而且也很聪明。
　　5. 她中文说得很流利，_____的是发音不是很标准。

1

从 2831～2840 中选择合适的词语填空　Choose the right words from 2831-2840 and fill in the blanks.

6. 有的人觉得没有_____就很难找到一份理想的工作，其实不然。

7. 在一个月色_____的夜晚，她独自一人去看了电影。

8. 这里的夏天很热，很_____。

9. 父母希望她能早日找到_____的另一半。

10. 在朋友的影响下，他_____了出国留学的想法。

第 2 部分　Part 2

2841 **猛烈** měngliè *adj.* violent　猛烈攻击；猛烈的风暴

2842 **猛然** měngrán *adv.* suddenly　猛然想起；猛然停车

2843 **梦幻** mènghuàn *n.* dream　梦幻世界；一个梦幻般的故事

2844 **弥补** míbǔ *v.* make up, remedy　弥补不足；弥补损失；弥补缺陷；及时弥补

2845 **弥漫** mímàn *v.* permeate, diffuse　香味在空气里弥漫；大雪弥漫天空

2846 **迷惑** mí·huò *adj.* confused, confusing　感到迷惑；令人迷惑；迷惑的表情
　　　　　　　　　　v. confuse, puzzle　成功地迷惑了敌人

2847 **迷惑不解** míhuò-bùjiě puzzled　迷惑不解的神情；感到迷惑不解

2848 **迷恋** míliàn *v.* be infatuated with　让人迷恋；迷恋家乡的风景

2849 **迷路** mí//lù lose one's way, get lost　容易迷路；在山林中迷了路

2850 **迷失** míshī *v.* lose (one's way, etc.)　迷失方向；迷失自我；彻底地迷失

2851 **谜** mí *n.* riddle, mystery　猜谜；未解之谜

2852 **谜底** mídǐ *n.* answer to a riddle　揭晓谜底；揭开谜底

2853 **谜团** mítuán *n.* mystery　一个谜团；巨大的谜团；解开谜团

2854 **谜语** míyǔ *n.* riddle　写谜语；猜谜语

2855 **秘方** mìfāng *n.* secret recipe　妈妈做蛋糕的秘方；独家秘方；幸福的秘方

2856 **秘诀** mìjué *n.* secret　成功的秘诀；保养皮肤的秘诀；分享答题秘诀

2857 **密不可分** mìbùkěfēn interwovenness　两者密不可分；密不可分的关系

2858 **密度** mìdù *n.* density　人口密度；海水密度；密度大

2859 **密封** mìfēng *v.* seal　密封好瓶口；密封文件袋

2860 **密集** mìjí *v.* crowd together　人们密集在广场上
　　　　　　　　adj. dense　人口密集；密集推出

从 2841～2850 中选择合适的词语填空　Choose the right words from 2841-2850 and fill in the blanks.

1. 你们不要被他的话_____了，他就是一个骗子。

2. 船员们_____了方向，在海上漂了好几天。

3. 我们不幸遭遇了_____的暴风雨。

4. 她的努力足以_____她经验的不足。

5. 他最近_____上了京剧，每天下班后看个不停。

从 2851～2860 中选择合适的词语填空　Choose the right words from 2851-2860 and fill in the blanks.

6. 一般来说，人口越_____的城市，竞争越激烈。

7. 科学家们终于解开了这个长期存在的_____。

8. 他们这样做的动机仍然是个_____。

9. 一个国家的教育发展程度与政府的重视和支持是_____的。

10. 想要获得成功，除了努力，没有其他的_____。

第3部分 Part 3

2861 蜜 mì *n.* honey 采蜜

2862 蜜蜂 mìfēng *n.* bee, honeybee 一只蜜蜂；勤劳的蜜蜂；蜜蜂采蜜

2863 蜜月 mìyuè *n.* honeymoon 度蜜月；蜜月旅行

2864 棉花 mián·huā *n.* cotton 种棉花；摘棉花；棉花产量；棉花加工

2865 免 miǎn *v.* avoid, exempt 免责；免予处罚；免手续费

2866 免不了 miǎnbuliǎo *v.* be bound to, be unavoidable 免不了会紧张；免不了遇到困难

2867 免除 miǎnchú *v.* exempt 免除处罚；免除学费

2868 免疫 miǎnyì *v.* be immune, immunize 免疫功能；免疫系统；对病毒免疫

2869 免职 miǎn//zhí remove sb. from office 被免职；一律免职

2870 勉强 miǎnqiǎng *adj.* reluctant; do with difficulty, manage with an effort; unconvicing; barely enough 勉强答应；勉强站起来；这种理由很勉强；这点儿钱勉强够花一个月
　　　　　　v. constrain, force 勉强别人；这种事勉强不得

2871 缅怀 miǎnhuái *v.* recall, cherish the memory of 缅怀祭奠；缅怀英雄

2872 面部 miànbù *n.* face 面部表情；面部肌肉

2873 面粉 miànfěn *n.* flour 一袋面粉；出售面粉

2874 面红耳赤 miànhóng-ěrchì flush with shame, become red to the ears 争得面红耳赤；气得面红耳赤

2875 面面俱到 miànmiàn-jùdào cover all the bases 无法面面俱到；考虑事情面面俱到

2876 面目全非 miànmù-quánfēi be changed beyond recognition 我的答案被改得面目全非。

2877 苗 miáo *n.* seedling; descendant 禾苗；他们家就他这一根苗

2878 苗条 miáotiao *adj.* slender 身材苗条；苗条的模特儿

2879 苗头 miáotou *n.* symptom of a trend 问题的苗头；发现了苗头

2880 描绘 miáohuì *v.* describe 描绘乡村生活；形象地描绘；生动地描绘

从 2861～2870 中选择合适的词语填空 Choose the right words from 2861-2870 and fill in the blanks.

1. 婚礼结束后，这对新人就去了机场，开始了他们的_____旅行。

2. 由于工作失误，他被_____了行政职务。

3. 去还是留，得他们自己决定，我们不能_____。

4. 他因为经济问题被_____了，现在正在接受调查。

5. 他没完成作业，_____要受到老师的批评。

从 2871～2880 中选择合适的词语填空 Choose the right words from 2871-2880 and fill in the blanks.

6. 这本小说生动地_____了中国农村的生活面貌。

7. 这次会议十分重要，准备工作一定要做到_____！

8. 大家点起蜡烛，_____在灾难中死去的同胞。

9. 经理正在发火，好几个准备进来的职员看着_____不对，都溜走了。

10. 他们因为这个问题争得_____。

◎**重点词语** Focus words

1. 美中不足

表示总体很好，不过还有缺陷。例如：

（1）这儿风景优美，但美中不足的是有山无水。

（2）这篇文章写得很好，美中不足的是结尾不太理想。

（3）凡事都不必过分追求完美，发现美中不足也是一件好事。

2. 门当户对

表示男女双方家庭的社会地位、经济状况等条件相当，适合结婚。例如：

（1）对于这门亲事，双方父母觉得两家算是门当户对，都很满意。

（2）小王的妈妈主张婚姻要门当户对，或者说要条件相当，不能只凭感情。

（3）现在的年轻人选择伴侣不再一味追求门当户对，而是更看重两人在一起是否感觉舒服。

3. 猛然

副词，表示动作发生得迅速、出乎意料，而且力量大。例如：

（1）我猛然意识到问题的严重性。

（2）说到这里，他猛然站了起来。

（3）飞机猛然一降，机上乘客几乎全部飞离座位。

4. 免不了

动词，表示无法避免、难免，后常接动词或小句做宾语。例如：

（1）市场经济中，竞争是免不了的。

（2）一提起这事，两人就免不了互相埋怨一番。

（3）你不跟大家解释清楚，免不了大家会有想法。

5. 勉强

形容词，表示不愿意但又不得不，重叠形式为"勉勉强强"。例如：

（1）我们再三邀请，他才勉强答应出席明天的会议。

（2）"苦笑"的意思是心情不愉快却又勉强做出笑的表情。

（3）刚开始他表示反对，但最后还是勉勉强强同意了这个方案。

表示能力不够但仍然尽全力去做。例如：

（4）虽然昨晚发高烧，但今天的考试我还是勉强坚持了下来。

表示理由不充足。例如：

（5）这种说法很勉强，没什么道理。

表示凑合、将就。例如：

（6）父亲一个人的收入<u>勉强</u>够一家人生活。

动词，表示让别人去做他自己不愿意做的事情，多用于否定句。例如：

（7）作为父母，别<u>勉强</u>孩子做他们不喜欢的事情。

（8）经理见不能<u>勉强</u>他，也就算了。

（9）人的生活习惯一下子很难改变，也<u>勉强</u>不得。

6. 面红耳赤

形容人因为生气、激动、害羞而脸红的样子。例如：

（1）讨论会上，大家争论得<u>面红耳赤</u>，可是争来争去，也争不出个结果来。

（2）他见众人都看着他，不由得<u>面红耳赤</u>地连声说道："对不起，对不起！"

（3）老师的一番话说得同学们<u>面红耳赤</u>，无言以对。

7. 面面俱到

表示各方面都考虑到、安排好。例如：

（1）要做的事情很多，但你不可能<u>面面俱到</u>。

（2）他总是有办法把事情办得<u>面面俱到</u>，让大家都感到满意。

（3）演讲时千万不要东讲一句，西讲一句，<u>面面俱到</u>，没有重点。

8. 面目全非

表示事物的样子完全改变，和原来完全不一样，多用于贬义。例如：

（1）这幅即将完成的画作被涂得<u>面目全非</u>。

（2）那栋八层高的楼房被大火烧得<u>面目全非</u>。

（3）去年，她先生出了一场车祸，人没事儿，可那辆车却被撞得<u>面目全非</u>。

◎**速练** Quick practice

一、选择合适的词语填空 Choose the right words and fill in the blanks.

（一）　　A. 美观　B. 美味　C. 门槛　D. 闷　E. 猛然　F. 梦幻

1. 每逢节假日，各大商场纷纷降低价格_____，采取促销措施吸引客流。

2. 桂林的景色如_____一般美丽。

3. 这里的家居用品造型_____，功能多样，价低质优。

4. 俗语说"无鱼不成席"，鱼是中国老百姓日常聚会餐食中不可缺少的_____。

5. 你记住，有什么不顺心的事都可以找朋友聊一聊，别_____在心里。

（二）　　A. 秘方　B. 密封　C. 免疫　D. 苗条　E. 面目全非　F. 迷惑不解

1. 从孩子们_____的眼神中，他知道自己的课讲砸了。

2. 要提高暖气的使用效率，首先要保证房间门窗的_____性好。

3. 我总结了几个缓解考前焦虑的_____，你可以试一试。

4. 多吃蔬菜和水果可以提高人体的_____能力。

5. 这篇报道被他改得_____，让人哭笑不得。

二、选择合适的词语完成句子　Choose the right words to complete the sentences.

1. 他们凭着自己的辛勤劳动建立了一个_____的家庭。

    A. 美观   B. 美妙   C. 美满   D. 美化

2. 只有多想办法，广开_____，才能更好地解决销售问题。

    A. 门槛   B. 门路   C. 道路   D. 渠道

3. 这一决定引起了一些动物保护组织的_____抗议。

    A. 猛烈   B. 猛然   C. 激动   D. 强烈

4. 在众人面前说话的时候，你是否会_____、心跳加速？

    A. 面红耳赤   B. 面面俱到   C. 面目全非   D. 密不可分

5. 有的孩子喜欢_____地提问题，这让家长感到头痛。

    A. 美中不足   B. 门当户对   C. 迷惑不解   D. 没完没了

6. 主持人话音刚落，他就兴奋地_____站了起来，拼命鼓掌。

    A. 赫然   B. 公然   C. 猛然   D. 哗然

7. 生活中_____会有各种各样的小问题，如果事事都要搞清楚、弄明白，那就可能会把小麻烦变成大麻烦。

    A. 必不可少   B. 免不了   C. 免得   D. 避免

三、为词语选择合适的位置　Choose the appropriate location for the words.

1. 他既 A 没有受过良好的教育，也 B 没有专业技能，只能 C 靠那点儿少得可怜的工资 D 度日。（勉强）

2. 各种各样的病毒、细菌与我们 A 共存在一个 B 地球上，谁都 C 生病、D 吃药。（免不了）

3. 这个地区 A 港口 B，与世界上一百多个国家和地区有 C 航运 D 往来。（密集）

4. 现在 A 已有这样 B 一些 C，应引起各部门、各地区的注意 D。（苗头）

第49单元　Unit 49

第1部分　Part 1

2881 瞄准　miáo//zhǔn　aim　举枪瞄准；瞄准目标；瞄准市场

2882 渺小　miǎoxiǎo　adj.　tiny　力量渺小；渺小的人物

2883 庙　miào　n.　temple　一座庙；寺庙

2884 庙会　miàohuì　n.　temple fair　逛庙会；举办庙会

2885 灭绝　mièjué　v.　lose completely; exterminate, become extinct　灭绝人性；恐龙灭绝

2886 灭亡　mièwáng　v.　perish　加速灭亡；自取灭亡；走向灭亡

2887 民办　mínbàn　adj.　privately-run　民办学校；民办企业

2888 民俗　mínsú　n.　folk custom　民俗文化；尊重民俗

2889 民用　mínyòng　adj.　civil　民用机场；民用无人机

2890 民众　mínzhòng　n.　the masses　民众的利益；广大民众；脱离民众

2891 敏捷　mǐnjié　adj.　quick, agile　动作敏捷；敏捷的思维；敏捷地扑了上去

2892 敏锐　mǐnruì　adj.　keen, sharp　敏锐的见解；敏锐的观察力；敏锐地发现了问题的关键；敏锐得令人吃惊

2893 名副其实　míngfùqíshí　be worthy of the name　名副其实的音乐家

2894 名贵　míngguì　adj.　precious, valuable　名贵的手表；极其名贵

2895 名利　mínglì　n.　fame and wealth　追求名利；名利双收

2896 名气　míngqi　n.　fame　有点儿名气；名气很大

2897 名声　míngshēng　n.　reputation　好名声；维护名声

2898 名言　míngyán　n.　well-known saying　人生名言；励志名言

2899 名著　míngzhù　n.　masterpiece　文学名著；世界名著

2900 明朗　mínglǎng　adj.　bright and clear; unequivocal　明朗的天空；情况明朗；态度明朗

从 2881～2890 中选择合适的词语填空　Choose the right words from 2881-2890 and fill in the blanks.

　　1. 我们可以趁着假期外出旅游，了解各地的_____文化。

　　2. 他_____目标射击，但是没有打中。

　　3. 如果世界上没了阳光、空气和水，人类就会_____。

　　4. 世界很大，人很_____。

　　5. 春节期间，我打算和全家一起去逛_____。

从 2891～2900 中选择合适的词语填空　Choose the right words from 2891-2900 and fill in the blanks.

　　6. 金钱可以买来_____的手表，但买不来宝贵的时间。

　　7. 他赢得了这场官司，_____没有受到影响。

　　8. 在事情还未_____之前，我们不能急着下结论。

7

9. 这个测试主要是为了测试儿童的语言表达是否清晰，思维是否 _____。

10. 这本书写得太精彩了，被评为本年度"十大好书" _____。

第 2 部分　Part 2

| 2901 | **明媚** | míngmèi | *adj.* | bright and beautiful; bright | 阳光明媚；明媚的春天；明媚的笑容 |

2901 **明媚**　míngmèi　*adj.*　bright and beautiful; bright　阳光明媚；明媚的春天；明媚的笑容

2902 **明智**　míngzhì　*adj.*　wise　明智的决定；明智的选择；明智地放弃

2903 **铭记**　míngjì　*v.*　remember forever, engrave on one's mind　铭记于心；终生铭记；铭记一生

2904 **命**　mìng　*v.*　order; assign (a name, etc.)　命他立即返回；命名；命题

2905 **命名**　mìng//míng　name　给新学校命名；被命名为中山公园

2906 **命题**　mìng//tí　assign a topic　命题作文；由国家统一命题

2907 **摸索**　mō·suǒ　*v.*　try to find out; grope　在实践中摸索出经验；在黑暗中摸索手机

2908 **模拟**　mónǐ　*v.*　simulate　模拟考试；模拟试验

2909 **磨合**　móhé　*v.*　run in; adapt to each other　新车在使用时都会有一段磨合期；两个人在交往过程中，需要不断磨合

2910 **磨难**　mónàn　*n.*　hardship, tribulation　一场磨难；遭受磨难；历经磨难

2911 **磨损**　mósǔn　*v.*　wear, scuff　出现磨损；容易磨损；机器磨损

2912 **蘑菇**　mógu　*n.*　mushroom　野生蘑菇；吃蘑菇

2913 **魔鬼**　móguǐ　*n.*　devil　冲动是魔鬼；魔鬼式训练

2914 **魔术**　móshù　*n.*　magic　变魔术；魔术表演；神奇的魔术

2915 **抹**　mǒ　*v.*　smear; wipe; erase　被蚊子咬过的地方，可以抹一些肥皂水；抹眼泪；抹掉名字

2916 **末日**　mòrì　*n.*　doom　世界末日；末日传言；末日来临

2917 **没落**　mòluò　*v.*　decline　没落的家族；没落的行业；走向没落

2918 **陌生**　mòshēng　*adj.*　strange, unfamiliar　陌生人；陌生的城市；陌生的环境

2919 **莫非**　mòfēi　*adv.*　can it be that...　他们九点就应该来签合同了，现在都十一点了，莫非改主意了？

2920 **莫过于**　mòguòyú　*v.*　nothing is more... than　解决麻烦的最好方法莫过于主动出击。

从 2901～2910 中选择合适的词语填空　Choose the right words from 2901-2910 and fill in the blanks.

1. 新颁布的考试大纲对考试 _____ 等问题做了具体说明。

2. 经过一段时间的 _____，大家都已经适应了这个团队。

3. 在犹豫了半小时后，他做出了一个 _____ 的选择。

4. 我在黑暗中 _____ 了半天，才找到灯的开关。

5. 老师说的那一番话，我一直 _____ 于心。

从 2911～2920 中选择合适的词语填空　Choose the right words from 2911-2920 and fill in the blanks.

6. 你可以把果酱 _____ 在面包片上。

7. 这辆车除了轮胎，其他地方基本没有 _____，跟新的似的。

8. 人生最幸福的事，_____家人都健康平安。

9. 这条老商业街显然_____了，现在基本上没人来这里逛了。

10. 最近我睡眠不太好，_____真的老了？

第3部分 Part 3

2921 **莫名其妙** mòmíngqímiào baffling, inexplicable 他说了一番<u>莫名其妙</u>的话；让人感到<u>莫名其妙</u>

2922 **漠然** mòrán *adj.* indifferent <u>漠然</u>的表情；<u>漠然</u>地说

2923 **墨** mò *n.* ink; calligraphy or painting; learning <u>墨</u>水；<u>墨</u>宝；胸无点<u>墨</u>

2924 **默读** mòdú *v.* read silently <u>默读</u>课文；快速<u>默读</u>

2925 **默默无闻** mòmò-wúwén unknown to the public <u>默默无闻</u>地工作；<u>默默无闻</u>的一生

2926 **默契** mòqì *adj.* tacit, well-coordinated 配合得很<u>默契</u>
　　　　　　　　　　n. tacit understanding 有<u>默契</u>；双方在这一点上达成<u>默契</u>

2927 **谋害** móuhài *v.* murder <u>谋害</u>好人；被<u>谋害</u>

2928 **谋求** móuqiú *v.* seek <u>谋求</u>自身幸福；<u>谋求</u>合作

2929 **谋生** móushēng *v.* make a living 独自<u>谋生</u>；艰难<u>谋生</u>；<u>谋生</u>的手段

2930 **牡丹** mǔdan *n.* peony 一朵<u>牡丹</u>花；欣赏<u>牡丹</u>

2931 **亩** mǔ *m.* mu, a unit of area (=0.0667 hectare) 一<u>亩</u>地；<u>亩</u>产量

2932 **木板** mùbǎn *n.* plank, board 一块<u>木板</u>；旧<u>木板</u>

2933 **木材** mùcái *n.* wood 天然<u>木材</u>；加工<u>木材</u>；<u>木材</u>生意

2934 **木匠** mù·jiàng *n.* carpenter <u>木匠</u>师傅；老<u>木匠</u>

2935 **木偶** mù'ǒu *n.* puppet <u>木偶</u>戏；制作<u>木偶</u>

2936 **目不转睛** mùbùzhuǎnjīng be all eyes for <u>目不转睛</u>地盯着；<u>目不转睛</u>地注视着舞台

2937 **目瞪口呆** mùdèng-kǒudāi be stunned, be dumbfounded <u>目瞪口呆</u>地看着；吓得<u>目瞪口呆</u>

2938 **目的地** mùdìdì *n.* destination 寻找<u>目的地</u>；到达<u>目的地</u>

2939 **目睹** mùdǔ *v.* witness <u>目睹</u>了事情的经过。

2940 **目录** mùlù *n.* catalogue, list 图书<u>目录</u>；产品<u>目录</u>；整理<u>目录</u>

从 2921～2930 中选择合适的词语填空　Choose the right words from 2921-2930 and fill in the blanks.

1. 经过一段时间的磨合，他们之间配合得十分_____。

2. 他一句话也没说就走了，真叫人_____。

3. 许多年轻人毕业后选择去大城市以_____更大的发展。

4. 他对这件事态度_____，毫不在意过程和结果。

5. 他不愿意这样_____地活着，决心干一番大事业。

从 2931～2940 中选择合适的词语填空　Choose the right words from 2931-2940 and fill in the blanks.

6. 这节课非常有趣，所有学生都_____地盯着老师。

7. 我们当时都在场，_____了这件事的整个经过。

8. 他家里是做_____生意的，很有钱。

9. 这本书的_____是以什么顺序排列的？

10. 得知事情的真相后，他惊得_____。

◎ **重点词语** Focus words

1. 名副其实

表示名称或名声与实际一致，也说"名符其实"。例如：

（1）他是一个名副其实的富翁。

（2）儿童节这天，中山公园名副其实地成了孩子们欢乐的海洋。

（3）这是一块名副其实的"风水宝地"：空气好，无污染，资源优势明显。

2. 莫非

副词，表示揣测或反问，句末常有"不成"与之呼应。例如：

（1）这年轻人太瘦了，莫非有什么病？

（2）看你这表情，莫非你不相信我说的？

（3）他这么生气，莫非我刚才说错话了不成？

（4）老王人呢？莫非还在车上不成？

3. 莫过于

动词，表示在程度或数量等方面都没有超过、都比不上，常用于有感而发。例如：

（1）天下之事，最难莫过于"认真"二字。

（2）王爷爷长寿的秘诀莫过于动静结合。

（3）不忙的时候，他最喜欢做的莫过于一个人在校园里散步，边走边思考问题。

4. 莫名其妙

表示事情很奇怪，没有人能说出它的道理，使人难以理解。例如：

（1）两人的对话像猜谜一样，把老王弄得莫名其妙。

（2）这几天夜里，孩子常常莫名其妙地大哭。

5. 目不转睛

表示眼球都不转一下儿地（看），形容注意力十分集中。例如：

（1）老王目不转睛地盯着远处。

（2）精彩的表演让观众们目不转睛。

（3）孩子们目不转睛地看着黑板，专心地听着老师讲课。

6. 目瞪口呆

表示瞪着眼睛说不出话来，形容因为吃惊或害怕而愣住的样子。例如：

（1）听到这个消息，在场的每个人都吓得目瞪口呆。

（2）看到这一幕，观众们先是目瞪口呆，继而大声喝彩。

（3）他做出了一个令人目瞪口呆的决定：把自己一生的积蓄全部捐给学校。

◎速练　Quick practice

一、选择合适的词语填空　Choose the right words and fill in the blanks.

（一）　　A. 灭绝　B. 民办　C. 民用　D. 敏锐　E. 名气　F. 明媚

1. 老王今天特别高兴，走在路上，觉得阳光＿＿＿＿＿＿＿，空气清新。
2. 恐龙为什么会＿＿＿＿＿＿＿？这是一个至今仍未解开的谜。
3. 专家认为，＿＿＿＿＿＿＿企业生存、发展的首要问题是自身发展方向问题。
4. 随着＿＿＿＿＿＿＿航空业的发展，市场竞争越来越激烈。
5. 他们的产品虽算不上世界名牌，但质量不错，在国内很有＿＿＿＿＿＿＿。

（二）　　A. 命名　B. 模拟　C. 磨难　D. 魔术　E. 陌生　F. 谋生

1. 生活中的逆境与＿＿＿＿＿＿＿可以让我们迅速成长。
2. 用智能手机导航，可以让你在＿＿＿＿＿＿＿的地方不迷路，顺利到达目的地。
3. 为了＿＿＿＿＿＿＿，他做过很多工作，吃了不少苦。
4. 商品的＿＿＿＿＿＿＿是个大学问，要研究消费者的喜好和禁忌，切勿犯忌。
5. 一个濒临破产的小企业，在短短几年内总资产像变＿＿＿＿＿＿＿似的翻了好几番。

二、选择合适的词语完成句子　Choose the right words to complete the sentences.

1. 远古时期的地质变化导致了一大批生物＿＿＿＿＿＿＿。
　　A. 灭绝　　　　　　B. 伤亡　　　　　　C. 消灭　　　　　　D. 毁灭
2. 叶老师是一位视野宽广、思维＿＿＿＿＿＿＿的学者。
　　A. 敏锐　　　　　　B. 敏捷　　　　　　C. 敏感　　　　　　D. 灵敏
3. 据悉，她以个人＿＿＿＿＿＿＿发表的论文在国内外获得了很高的评价。
　　A. 名誉　　　　　　B. 名声　　　　　　C. 名气　　　　　　D. 名义
4. 根据目前的种种迹象来看，事态快＿＿＿＿＿＿＿了。
　　A. 明朗　　　　　　B. 明媚　　　　　　C. 明亮　　　　　　D. 晴朗
5. 在场的人都没有见过这么混乱的场面，个个吓得＿＿＿＿＿＿＿。
　　A. 目不转睛　　　　B. 目瞪口呆　　　　C. 默默无闻　　　　D. 莫名其妙
6. 他＿＿＿＿＿＿＿地意识到这是一个非常好的机遇。
　　A. 灵敏　　　　　　B. 敏锐　　　　　　C. 敏捷　　　　　　D. 尖锐
7. 正式面试前，你可以找同学做考官，进行＿＿＿＿＿＿＿面试。
　　A. 模拟　　　　　　B. 模仿　　　　　　C. 随机　　　　　　D. 实习

三、为词语选择合适的位置　Choose the appropriate location for the words.

1. A院子里B安安静静的，不见一个人，C大家都D出击了？（莫非）
2. 有的人认为水果中最好的A苹果，因为苹果B含有C各种维生素，是所有水果中D最接近完美的一个。（莫过于）
3. 他抱着一种A与我无关的态度，B对周围C发生的所有事情都D视之。（漠然）
4. 这些年来A他一直B，他自称是因为C没有遇到合适的机会，其实是D能力不足。（默默无闻）

第 50 单元　Unit 50

2941 **目中无人**　mùzhōng-wúrén　be supercilious　简直目中无人；变得目中无人；目中
无人的样子

2942 **沐浴露**　mùyùlù　*n.*　shower gel　一瓶沐浴露；使用沐浴露

2943 **牧场**　mùchǎng　*n.*　pasture　天然牧场；家庭牧场

2944 **牧民**　mùmín　*n.*　herdsman　牧场的牧民；周围的牧民

2945 **募捐**　mù//juān　raise money, solicit donations　募捐活动；募捐演出；发起募捐

2946 **墓碑**　mùbēi　*n.*　tombstone　一座墓碑；名人的墓碑

2947 **墓地**　mùdì　*n.*　cemetery　一片墓地；公共墓地

2948 **幕**　mù　*n.*　curtain　幕布；开幕；闭幕

2949 **幕后**　mùhòu　*n.*　behind the scenes　幕后人物；幕后工作；幕后交易

2950 **穆斯林**　mùsīlín　*n.*　Muslim　穆斯林家庭

2951 **拿手**　náshǒu　*adj.*　adept　拿手的菜；拿手的歌；拿手好戏

2952 **哪知道**　nǎ zhīdào　who would have known　都下班了，哪知道他会来。　大家都
问我，我哪知道？

2953 **呐喊**　nàhǎn　*v.*　shout　一声呐喊；大声呐喊；发出呐喊

2954 **纳闷儿**　nà//mènr　feel puzzled, wonder　感到纳闷儿；一直很纳闷儿

2955 **纳入**　nàrù　*v.*　bring into　纳入计划；纳入课程体系

2956 **纳税**　nà//shuì　pay taxes　纳税金额；依法纳税

2957 **纳税人**　nàshuìrén　*n.*　taxpayer　纳税人的合法权益

2958 **乃**　nǎi　*adv.*　be (indeed)　失败乃成功之母。

2959 **乃至**　nǎizhì　*conj.*　and even　这项事业对中华民族乃至全人类都具有深远的意义。

2960 **耐**　nài　*v.*　endure　耐穿；耐旱；吃苦耐劳

从 2941～2950 中选择合适的词语填空　Choose the right words from 2941-2950 and fill in the blanks.

　1. 这次的成功，离不开台前_____所有工作人员的努力。

　2. 学校为受灾地区举办了一次_____活动。

　3. 才取得那么一点点成就，他就变得_____了。

　4. 我向往森林、草原，还有_____，我热爱大自然的景色。

　5. 妻子去世后，他在她的坟墓前立了一块_____。

从 2951～2960 中选择合适的词语填空　Choose the right words from 2951-2960 and fill in the blanks.

　6. 我跟他开玩笑呢，_____他竟然相信了。

　7. 这个消息迅速地传遍了全国_____全世界。

8. 为了庆祝妹妹的生日，妈妈做了她的_____菜。

9. 球迷们都在为自己支持的球队加油_____。

10. 我们都感到_____，他到底想干什么呢？

第 2 部分　Part 2

2961 **耐人寻味**　nàirénxúnwèi　provide much food for thought, be thought-provoking　耐人寻味的眼神；耐人寻味的话

2962 **耐性**　nàixìng　*n.*　patience　有耐性；没耐性；失去耐性

2963 **南瓜**　nán·guā　*n.*　pumpkin　南瓜灯；种南瓜

2964 **难处**　nánchù　*n.*　difficulty　有难处；父母的难处

2965 **难得一见**　nándé yí jiàn　rare to see　难得一见的景象；难得一见的精品

2966 **难点**　nándiǎn　*n.*　difficult point　教学难点；工作中的难点

2967 **难怪**　nánguài　*adv.*　no wonder　难怪这么冷，原来下雪了。
     v.　be understandable　有些餐馆菜品质量差，服务态度又不好，这就难怪消费者不满意。

2968 **难关**　nánguān　*n.*　difficulty, barrier　一道难关；渡过难关

2969 **难堪**　nánkān　*v.*　cannot undertake, cannot bear　难堪大任；痛苦难堪
     adj.　embarrassed　感到难堪；令人难堪；难堪的样子

2970 **难说**　nánshuō　*v.*　hard to say　目前还很难说结局会是什么样。

2971 **难为情**　nánwéiqíng　*adj.*　ashamed, embarrassed　感到难为情；有点儿难为情；难为情地说

2972 **难以想象**　nányǐ-xiǎngxiàng　cannot imagine, be unimaginable　难以想象未来；令人难以想象

2973 **难以置信**　nányǐ-zhìxìn　unbelievable　简直难以置信；令人难以置信的结果

2974 **挠**　náo　*v.*　scratch　挠头；挠耳朵

2975 **恼羞成怒**　nǎoxiū-chéngnù　become angry out of shame　被人当众说破了阴谋，他恼羞成怒。

2976 **脑海**　nǎohǎi　*n.*　mind　印入脑海；在他的脑海中

2977 **脑筋**　nǎojīn　*n.*　brains, mind　开动脑筋；脑筋简单

2978 **闹事**　nào//shì　make trouble　爱闹事；在大街上闹事；闹事的人

2979 **闹着玩儿**　nàozhewánr　joke; treat a serious matter lightly　跟你闹着玩儿；这可不是闹着玩儿的

2980 **内存**　nèicún　*n.*　internal storage, memory　手机内存；占用内存；足够的电脑内存

从 2961 ～ 2970 中选择合适的词语填空　Choose the right words from 2961-2970 and fill in the blanks.

1. 这件事情让他感到很_____，脸都气红了。

2. 他的话虽然不多，但是却_____，引人深思。

3. 造成这次事故的原因是什么，现在还很_____。

4. 这里的每一件作品都是_____的精品。

5. _____找不到人，都开会去了。

从 2971 ～ 2980 中选择合适的词语填空　Choose the right words from 2971-2980 and fill in the blanks.

6. 痛苦的经历像电影画面一般闪过他的_____。

7. 当着大家的面，小姑娘有些_____，半天说不出话来。

8. 别让小孩儿自己过马路，那可不是_____的。

9. 真让人_____，在那样恶劣的环境中他竟然活了下来。

10. 面对大家的指责，他_____。

第 3 部分　Part 3

2981 **内阁** nèigé n. cabinet　担任内阁大臣；内阁成员

2982 **内涵** nèihán n. connotation　有内涵；内涵丰富

2983 **内行** nèiháng adj. professional, expert　对中文教学很内行；内行人士

2984 **内幕** nèimù n. inside story　了解内幕；内幕消息；揭开内幕

2985 **内向** nèixiàng adj. introvert　性格内向；内向的孩子

2986 **内需** nèixū n. domestic demand　扩大内需；内需不足

2987 **嫩** nèn adj. delicate; (of cooking) tender; light; inexperienced　嫩叶；嫩牛肉；嫩绿；他还年轻，做事太嫩

2988 **能耗** nénghào n. energy consumption　降低能耗；高能耗

2989 **能耐** néngnai n. ability　有能耐；能耐不小

　　　　　 adj. capable　他比你能耐多了。

2990 **能人** néngrén n. able person, talent　大能人；真正的能人

2991 **能源** néngyuán n. energy　开发新能源；能源危机；能源消耗；再生能源

2992 **尼龙** nílóng n. nylon　尼龙布；尼龙包

2993 **泥潭** nítán n. mire　陷入泥潭；战争的泥潭

2994 **泥土** nítǔ n. dirt　家乡的泥土；满身泥土

2995 **拟** nǐ v. draw up; intend　拟报告；拟方案；拟于近日离开

2996 **拟定** nǐdìng v. draw up　拟定协议；拟定规划

2997 **逆** nì v. go against　逆风；逆水行舟

2998 **匿名** nìmíng v. be anonymous　匿名举报；匿名电话；匿名信

2999 **年画** niánhuà n. New Year picture　中国年画；贴年画；创作年画

3000 **年迈** niánmài adj. old　年迈的父母；年迈多病

从 2981 ～ 2990 中选择合适的词语填空　Choose the right words from 2981-2990 and fill in the blanks.

1. 他对这件事情的_____一清二楚。

2. 他认为自己一个人就能办成这件事，我倒要看看他有多大_____。

3. 经过老师的讲解，同学们领悟了这篇文章的_____。

4. 他是个_____，我看这世上就没有他不会的东西。

5. 他在修复古代书画方面很_____。

从 2991 ～ 3000 中选择合适的词语填空　Choose the right words from 2991-3000 and fill in the blanks.

6. 收到_____举报信后，警方重新调查了这起案件。

7. 下雨天开车，车轮子不小心陷入了＿＿＿＿＿＿＿。

8. 每逢周末，他都会带着妻儿去看望＿＿＿＿＿＿＿的父母。

9. 根据新出现的情况，他重新＿＿＿＿＿＿＿了一个计划。

10. 学习就像＿＿＿＿＿＿＿水划船，不进则退。

◎ **重点词语 Focus words**

1. 目中无人

表示谁都不放在眼里，形容自以为了不起而看不起别人。例如：

（1）他也太目中无人了，谁的面子他都不给。

（2）他那副目中无人的样子让人实在看不惯。

（3）年纪轻轻，一有成绩就骄傲，就目中无人，那以后怎么得了？

2. 哪知道

多用于反问句，表示否定，相当于"不知道"。例如：

（1）你哪知道我们的难处啊，这工作太不容易了。

（2）这件事你又没告诉我，我哪知道啊？

（3）我哪知道他说的是真是假？

表示出人意料，相当于"不料""没想到"。例如：

（4）没结婚前，他们以为彼此非常了解，哪知道在观念上有这么大的差别。

（5）妈妈本以为可以睡个好觉，哪知道这一夜却翻来覆去睡不着。

3. 乃

副词，表示肯定判断，相当于"就是""确实是"。例如：

（1）失败乃成功之母。

（2）海纳百川，有容乃大。

（3）他当选学生会主席乃实至名归。

4. 乃至

连词，表示更进一层，相当于"甚至"。例如：

（1）他一直是班上学习最好的学生，老师、同学乃至其他家长都很关注他。

（2）这么做增加了我们的工作负担，乃至干扰了我们的正常工作。

（3）做任何一种选择都是可以理解的，不应过多比较、争论乃至互相指责。

5. 耐人寻味

表示经得起人仔细思考、体会。例如：

（1）这是一部耐人寻味的好电影。

（2）采访中，我们听到了一件耐人寻味的事。

（3）这篇文章简单易懂，可细细品味，又觉得耐人寻味。

6. 难怪

副词，表示明白原因后不再觉得奇怪，相当于"怪不得"。"难怪"句的前后常有说明原因或真相的句子。例如：

（1）难怪教室里这么安静，原来同学们正在考试呢。

（2）这地方真不错，难怪人们到了这儿就不想走了。

（3）马克在中国待了十年，难怪大家都叫他"中国通"。

动词，表示不应当责怪，含有谅解的意思。

（4）这也难怪，他毕竟七十多岁了，精力比不上年轻人。

7. 恼羞成怒

表示由于不满、觉得没面子而发怒。例如：

（1）小明自知理亏，恼羞成怒，开始大闹起来。

（2）他恼羞成怒地吼道："别说了！我都烦死了。"

（3）妻子不但不听他说话，而且还频频打断他。他不由得恼羞成怒，朝妻子狠狠瞪了一眼。

◎ **速练** Quick practice

一、选择合适的词语填空　Choose the right words and fill in the blanks.

（一）　　A. 纳入　B. 耐性　C. 难处　D. 难点　E. 脑筋　F. 闹事

1. 遇到困难时，尤其需要_____，不能着急。

2. 在工作中总会碰到一些_____，有自己解决不了的，可以向领导求助。

3. 过去这个地方穷，治安不好，小偷小摸、打架_____的事情不断。

4. 截至 2021 年底，有 180 多个国家和地区开展中文教育，76 个国家将中文_____国民教育体系。

5. 一直以来，子女抚养问题都是离婚纠纷中的_____之一。

（二）　　A. 内向　B. 耐　C. 内需　D. 嫩　E. 拟定　F. 难关

1. 扩大_____有助于经济发展。

2. 她性格_____，不爱讲话，但在谈起她养的猫时，就仿佛换了一个人。

3. 她一直都乐观坚强，吃苦_____劳。

4. 北京烤鸭皮脆肉_____，肥而不腻，深受人们喜爱。

5. 请你相信，只有靠自己，才能渡过一个又一个人生的_____。

二、选择合适的词语完成句子　Choose the right words to complete the sentences.

1. 短短几年内他就拥有了数不清的财富。这些财富从何而来，至今无人知晓_____。

　A. 闭幕　　　　　B. 开幕　　　　　C. 内幕　　　　　D. 幕后

2. 王经理鼓励大家开动脑筋，献计献策，共渡_____。

    A. 难处   B. 难点   C. 难度   D. 难关

3. 她一动不动地站在那儿，好像专门给他_____似的。

    A. 难说   B. 难听   C. 难堪   D. 难看

4. 我真想不出谁有_____把你吓成这样。

    A. 能量   B. 能力   C. 能耐   D. 力量

5. 这话听上去简单，可仔细一品，却又觉得_____。

    A. 目中无人   B. 耐人寻味   C. 难以想象   D. 恼羞成怒

6. 这里的工作已经结束了，我们_____于明天上午离开这儿。

    A. 要   B. 会   C. 拟   D. 快

7. 我希望大家开动_____想办法，看看能否提供一些新的思路和方案。

    A. 脑袋   B. 脑筋   C. 大脑   D. 头脑

三、为词语选择合适的位置　Choose the appropriate location for the words.

1. 我 A 以为 B 这是一个秘密，C 大家都已经知道 D 了。（哪知道）

2. A 产品的价格对 B 企业、消费者 C 中间商来说都是 D 最为敏感的问题。（乃至）

3. A 他对 B 别人总是冷言冷语，C 大家都 D 不爱和他来往。（难怪）

4. 爱情 A 是文学作品的永恒题材，但 B 不是唯一题材，此 C 常识 D。（乃）

第 51 单元　Unit 51

◎ 速记　Quick memory

3001 **年限**　niánxiàn　*n.*　fixed number of years　使用<u>年限</u>；工作<u>年限</u>；服务<u>年限</u>

3002 **年薪**　niánxīn　*n.*　annual salary　平均<u>年薪</u>；<u>年薪</u>百万

3003 **年夜饭**　niányèfàn　*n.*　family reunion dinner　一顿<u>年夜饭</u>；做<u>年夜饭</u>；吃<u>年夜饭</u>

3004 **年终**　niánzhōng　*n.*　year-end　<u>年终</u>总结；<u>年终</u>奖金

3005 **黏**　nián　*adj.*　sticky　<u>黏</u>性；胶水很<u>黏</u>

3006 **念念不忘**　niànniàn-búwàng　never forget, always remember　对他<u>念念不忘</u>；一直<u>念念不忘</u>

3007 **念书**　niàn//shū　read; attend school　给孩子们<u>念书</u>；<u>念书</u>给他听；去国外<u>念书</u>

3008 **念头**　niàntou　*n.*　idea　结婚的<u>念头</u>；可怕的<u>念头</u>；闪过一个<u>念头</u>

3009 **娘**　niáng　*n.*　mother　爹<u>娘</u>；亲<u>娘</u>

3010 **酿造**　niàngzào　*v.*　make (wine, vinegar, etc.), brew (beer, etc.)　<u>酿造</u>葡萄酒；<u>酿造</u>醋；精心<u>酿造</u>

3011 **鸟巢**　niǎocháo　*n.*　bird's nest　一个<u>鸟巢</u>；树上的<u>鸟巢</u>

3012 **尿**　niào　*v.*　urinate　<u>尿</u>尿；<u>尿</u>血
　　　　　　　　n.　urine　<u>尿</u>盆；撒<u>尿</u>

3013 **捏**　niē　*v.*　pinch; mould, knead with the fingers; hold; be together　<u>捏</u>鼻子；<u>捏</u>泥人；<u>捏</u>住筷子；把自己的命运<u>捏</u>在手里；两个人性格不合，<u>捏</u>不到一块儿去

3014 **拧**　níng　*v.*　twist, wring; vigorously pinch　<u>拧</u>成绳子；<u>拧</u>干衣服；<u>拧</u>大腿；<u>拧</u>他的脸

3015 **凝固**　nínggù　*v.*　coagulate, curdle; be rigid　血液<u>凝固</u>；逐渐<u>凝固</u>；思想<u>凝固</u>

3016 **凝聚**　níngjù　*v.*　gather, accumulate　<u>凝聚</u>人心；<u>凝聚</u>力量；<u>凝聚</u>在心中

3017 **拧**　nǐng　*v.*　screw　<u>拧</u>螺丝；<u>拧</u>紧；<u>拧</u>开瓶盖

3018 **宁可**　nìngkě　*adv.*　would rather　<u>宁可</u>步行；<u>宁可</u>被误会；<u>宁可</u>不睡觉；<u>宁可</u>错过

3019 **宁愿**　nìngyuàn　*adv.*　would rather, prefer　<u>宁愿</u>步行，也不坐他的车。

3020 **扭曲**　niǔqū　*v.*　contort; distort　严重<u>扭曲</u>；<u>扭曲</u>历史

从 3001～3010 中选择合适的词语填空　Choose the right words from 3001-3010 and fill in the blanks.

1. 因为身体原因，我放弃了出国留学的_____。

2. 机器要经常保养，才能延长使用_____。

3. 这种啤酒是用传统方法_____的。

4. 张老师离职半年了，但同学们至今对她_____。

5. 这一年快结束了，员工们拿到了自己的_____奖金。

从 3011 ~ 3020 中选择合适的词语填空　Choose the right words from 3011-3020 and fill in the blanks.

6. 今天天气这么热，我＿＿＿＿＿＿＿在家里干家务，也不愿意出门。

7. 这个小女孩儿实在太可爱了，我忍不住轻轻＿＿＿＿＿＿＿了一下儿她的脸。

8. 因为我调皮，妈妈生气地＿＿＿＿＿＿＿了一下儿我的耳朵。

9. 他大吼大叫，脸因为愤怒而＿＿＿＿＿＿＿。

10. 地震后的救灾工作＿＿＿＿＿＿＿了全国人民的力量。

第 2 部分　Part 2

3021 **扭头** niǔ//tóu　turn one's head away; turn round　扭头看；扭头就走

3022 **扭转** niǔzhuǎn　*v.*　turn round; reverse　扭转身体；迅速扭转局面；扭转失败的趋势

3023 **纽带** niǔdài　*n.*　link, bond　城乡之间的纽带；友谊的纽带；家庭纽带

3024 **纽扣** niǔkòu　*n.*　button　一颗纽扣；衬衣上的纽扣；系纽扣

3025 **农场** nóngchǎng　*n.*　farm　当地的农场；小农场；经营农场

3026 **农历** nónglì　*n.*　lunar calendar　农历中国新年；农历生日

3027 **农民工** nóngmíngōng　*n.*　migrant worker　一个农民工；农民工的利益；尊重农民工

3028 **农作物** nóngzuòwù　*n.*　crops　经济农作物；农作物产量；农作物种植

3029 **浓厚** nónghòu　*adj.*　thick (smoke, clouds, etc.); heavy (color, consciousness, atmosphere); strong (interest)　浓厚的烟；浓厚的民族色彩；浓厚的兴趣

3030 **浓缩** nóngsuō　*v.*　concentrate, condense　浓缩液；高度浓缩；浓缩了大量信息

3031 **浓郁** nóngyù　*adj.*　strong; heavy (color, emotion, atmosphere); great (interest)　浓郁的香味；浓郁的时代色彩；浓郁的学习兴趣

3032 **浓重** nóngzhòng　*adj.*　thick, strong　色彩浓重；浓重的口音

3033 **弄虚作假** nòngxū-zuòjiǎ　defraud, practice fraud　在比赛中弄虚作假；弄虚作假的行为

3034 **奴隶** núlì　*n.*　slave　奴隶制度；解放奴隶

3035 **女婿** nǚxu　*n.*　son-in-law　女儿和女婿；未来女婿

3036 **暖烘烘** nuǎnhōnghōng　*adj.*　warm　屋里暖烘烘的；暖烘烘的被窝；感到暖烘烘的

3037 **虐待** nüèdài　*v.*　maltreat, abuse　遭受虐待；虐待动物

3038 **挪** nuó　*v.*　move　挪地方；挪椅子；往前挪

3039 **诺言** nuòyán　*n.*　promise　履行诺言；遵守诺言

3040 **哦** ò　*int.*　used to indicate understanding/realization　哦，我懂了。

从 3021 ~ 3030 中选择合适的词语填空　Choose the right words from 3021-3030 and fill in the blanks.

1. 一条短信，＿＿＿＿＿＿＿了我对你的祝福。

2. 我决心尽快＿＿＿＿＿＿＿工作上的被动局面。

3. ＿＿＿＿＿＿＿新年是中国最重要的节日。

4. 他在小时候就对音乐产生了_____的兴趣。

5. 文化交流是各国之间建立友好关系的_____。

从 3031 ～ 3040 中选择合适的词语填空 Choose the right words from 3031-3040 and fill in the blanks.

6. 既然你答应了人家，就应该履行自己的_____。

7. 他说话带有_____的口音，一听就知道他来自哪里。

8. 我把椅子从客厅_____到了卧室。

9. 诚实就是要讲真话，不_____。

10. 难怪刚进入房间就觉得_____的，原来是开了空调。

第 3 部分　Part 3

3041 **殴打**　ōudǎ　*v.*　beat up　遭到殴打；互相殴打；殴打他人

3042 **呕吐**　ǒutù　*v.*　vomit　呕吐不止；开始呕吐

3043 **趴**　pā　*v.*　lie prone, bend over　趴在床上；趴在桌子上；快趴下

3044 **拍板**　pāi//bǎn　make a decision　拍板成交；当场拍板决定

3045 **拍卖**　pāimài　*v.*　auction　拍卖珠宝；艺术品拍卖

3046 **拍戏**　pāi//xì　act, shoot a drama/film　喜欢拍戏；拍一部戏

3047 **排斥**　páichì　*v.*　reject　遭到排斥；互相排斥

3048 **排放**　páifàng　*v.*　discharge, emit　排放污水；排放废气

3049 **排练**　páiliàn　*v.*　rehearse　排练节目；认真排练

3050 **徘徊**　páihuái　*v.*　linger about, hover around; hesitate; fluctuate　在门外徘徊；在选择工作时，我也有过茫然和徘徊；价格在三百万左右徘徊

3051 **牌照**　páizhào　*n.*　license plate　汽车牌照；临时牌照；发放牌照

3052 **派别**　pàibié　*n.*　school, faction　文学派别；对立的派别

3053 **派遣**　pàiqiǎn　*v.*　dispatch　派遣专家；派遣部队

3054 **攀**　pān　*v.*　climb　攀上高峰

3055 **攀升**　pānshēng　*v.*　rise, climb　继续攀升；向上攀升

3056 **盘**　pán　*v.*　coil, wind; check, examine　盘山小路；把头发盘起来；盘货清点

3057 **盘算**　pánsuàn　*v.*　calculate; consider　盘算旅行的费用；在心里盘算；盘算计划

3058 **判处**　pànchǔ　*v.*　sentence　判处被告人死刑；从轻判处

3059 **判定**　pàndìng　*v.*　determine　判定真假；无法判定

3060 **判决**　pànjué　*v.*　adjudicate, pronounce a judgement　判决结果；做出判决

从 3041 ～ 3050 中选择合适的词语填空 Choose the right words from 3041-3050 and fill in the blanks.

1. 我在办公室门口_____了很久才进去。

2. 王医生，病人出现了高烧、_____的症状。

3. 他十分固执守旧，_____所有新鲜事物。

4. 妈妈让我喊妹妹吃饭时，妹妹正_____在床上看小说。

5. 她很喜欢_____，现在是一个小有名气的演员。

从 3051～3060 中选择合适的词语填空　Choose the right words from 3051-3060 and fill in the blanks.

　　6. 裁判_____他犯规，并给予了警告。

　　7. 国家_____了十支医疗队去支援这个城市。

　　8. 假期快到了，他们正在_____去哪儿旅游。

　　9. 夏天来了，气温不断_____。

　　10. 一大早，大家就_____上山顶，等着看日出。

◎**重点词语**　Focus words

1. 念念不忘

　　表示每时每刻都记着、忘不掉。例如：

　　（1）无论身在何方，他都念念不忘自己的祖国和亲人。

　　（2）王教授即使在病床上，也念念不忘自己的学生和工作。

　　（3）那是好几年前发生的事了，很多人都已经淡忘，但是有一个人至今仍念念不忘。

2. 宁可、宁愿

　　副词，表示对两种不希望的做法比较利害得失之后勉强选取其一，多与上文的"与其"或下文的"也不""也要"相呼应。例如：

　　（1）宁可信其有，不可信其无。

　　（2）与其在这儿干等着，我宁可 / 宁愿出去碰碰运气。

　　（3）我宁可 / 宁愿不做这份工作，也不帮他做这些违法的事。

　　（4）他们宁可 / 宁愿多花些钱，也要住上舒心的房子。

　　（5）为了避开上班高峰时间，他宁可 / 宁愿每天早起一个小时。

3. 弄虚作假

　　表示用跟实际不符的东西欺骗人。例如：

　　（1）这起弄虚作假事件引起了有关部门的高度重视。

　　（2）工作中，要坚决反对弄虚作假，坚持讲实话、办实事。

　　（3）凡不符合录取要求或材料弄虚作假者，取消入学资格。

4. 徘徊

　　动词，表示（人）在一个地方走来走去或（鸟类）围绕着一个地方飞来飞去。例如：

　　（1）他们俩徘徊在午夜的街头，心里凉透了。

　　（2）他久久徘徊在楼下，始终没有勇气上楼去面对父母。

　　（3）一群鸟在树林上空徘徊。

　　比喻犹豫不定。例如：

　　（4）一时间，有人茫然，有人徘徊。

　　（5）屡屡受挫后，他在放弃还是坚持的问题上徘徊，但最终还是咬牙挺过来了。

比喻事物在某个范围内上下起伏。例如：

（6）因为上课不注意听讲，他的学习成绩老是在班级中下游<u>徘徊</u>。

（7）黄金价格最近在每克 450 元人民币左右<u>徘徊</u>。

◎速练　Quick practice

一、选择合适的词语填空　Choose the right words and fill in the blanks.

（一）　　　A. 年夜饭　B. 黏　C. 念书　D. 凝固　E. 拧　F. 纽扣

1. 西装掉了两颗扣子，他去商店看看有无颜色、式样、大小一样的_____。

2. 大年三十晚上的_____是一年之中最喜庆的一顿饭。

3. 他们夫妻俩工资不高，除了生活，还要供两个孩子_____，存不下什么钱。

4. 一到冬天，屋里的空气仿佛都_____了，让人冷得实在受不了。

5. 这种鱼的身体表面有一层_____液，不好抓。

（二）　　　A. 浓郁　B. 女婿　C. 拍板　D. 排练　E. 拍卖　F. 农民工

1. 清晨，咖啡_____香甜的气味能给你带来愉快的心情。

2. 经过半年左右的_____，大型历史话剧《孔子》按期在东方剧院上演。

3. 现如今，_____进城是为了追求新生活，希望在城市有自己的家。

4. 在此次_____中，王千的这幅画儿以三百万的价格成交。

5. 我女儿前年结的婚，_____在中心医院工作。

二、选择合适的词语完成句子　Choose the right words to complete the sentences.

1. 他对历史表现出_____的兴趣，并乐意在这上面花时间研究。
   A. 浓厚　　　　　B. 深厚　　　　　C. 浓重　　　　　D. 宽厚

2. 该厂依靠技术升级，_____了亏损局面。
   A. 扭曲　　　　　B. 扭转　　　　　C. 旋转　　　　　D. 转动

3. 一部成功的影视作品，_____着编剧、导演和演员们的心血。
   A. 凝固　　　　　B. 凝聚　　　　　C. 巩固　　　　　D. 聚会

4. 救援行动仍在继续中，目前还无法_____事故原因。
   A. 判处　　　　　B. 判定　　　　　C. 裁定　　　　　D. 判决

5. 王校长家里陈设极为简朴，若不是亲眼所见，真让人_____。
   A. 念念不忘　　　B. 弄虚作假　　　C. 难得一见　　　D. 难以置信

6. 帮我把这瓶水_____开吧，我实在没劲了。
   A. 抓　　　　　　B. 扭　　　　　　C. 拧　　　　　　D. 捏

7. 事实证明，领导最后_____选用的方案是最优的。
   A. 拍卖　　　　　B. 叫板　　　　　C. 拍板　　　　　D. 叫好

三、为词语选择合适的位置　Choose the appropriate location for the words.

1. A 你 B 还是别告诉我了，我 C 什么都不知道 D。（宁愿）

2. 要把复杂的 A 新闻事件 B 成简短 C 的几句话，需要具有高度概括 D 的能力。（浓缩）

3. 本次 A 调查显示，在不同工作 B 的人群中，有近一半的人认为自己 C 的工作压力 D 大于周围其他人。（年限）

4. 他为此反复 A 思考，经过一段时间的 B，终于 C 在某一天清晨 D 做出了勇敢的选择。（徘徊）

第 52 单元　Unit 52

◎ 速记　Quick memory

3061 盼　pàn　*v.*　hope for; look forward to　盼和平；盼着这一天；左顾右盼

3062 叛逆　pànnì　*v.*　rebel against　非常叛逆；从小就叛逆
　　　　　　　　　n.　rebel　他是那个时代封建思想的叛逆。

3063 庞大　pángdà　*adj.*　huge　庞大的建筑；庞大的组织；规模庞大

3064 旁观　pángguān　*v.*　look on　从旁观者的角度来看；冷眼旁观

3065 抛　pāo　*v.*　throw; leave behind　抛帽子；抛硬币；把对手抛在后面

3066 抛开　pāokāi　cast aside　抛开焦虑；抛开一切；抛开这种想法

3067 抛弃　pāoqì　*v.*　abandon　抛弃家庭；被时代抛弃

3068 刨　páo　*v.*　dig; exclude, minus　刨坑；刨去成本

3069 跑车　pǎochē　*n.*　sports car　一辆红色的跑车；开跑车

3070 跑道　pǎodào　*n.*　runway; track　一条跑道；飞机跑道；赛车跑道；橡胶跑道

3071 跑龙套　pǎo lóngtào　play a walk-on role　跑龙套的演员；在剧组跑龙套

3072 泡沫　pàomò　*n.*　sth. insubstantial and speculative; bubbles　价格泡沫；泡沫经济；
　　　　　肥皂泡沫

3073 胚胎　pēitāi　*n.*　embryo　人类胚胎；胚胎细胞

3074 陪伴　péibàn　*v.*　accompany　陪伴孩子；需要陪伴；用心陪伴

3075 陪葬　péizàng　*v.*　be buried with the dead　再这样下去，整个公司都要为他的错误
　　　　　决定陪葬。

3076 赔钱　péi//qián　sustain losses in business; pay an indemnity　赔钱的买卖；赔钱给他

3077 佩服　pèi·fú　*v.*　admire　令人佩服；佩服他的勇气

3078 配件　pèijiàn　*n.*　fittings (of a machine, etc.), accessory; replacement　汽车配件；衣
　　　　　服上的配件；替换配件

3079 配偶　pèi'ǒu　*n.*　spouse　理想的配偶；选择配偶

3080 配送　pèisòng　*v.*　distribute　配送服务；配送费用；统一配送

从 3061 ～ 3070 中选择合适的词语填空　Choose the right words from 3061-3070 and fill in the blanks.

　　1. 飞机终于成功地降落在了＿＿＿＿＿上。

　　2. 以＿＿＿＿＿者的角度来说，我认为这件事你做得不对。

　　3. 他决定用＿＿＿＿＿硬币的方式帮助自己做出选择。

　　4. 进入初中，孩子会变得有些＿＿＿＿＿，这时需要家长和老师的正确引导。

　　5. ＿＿＿＿＿过程不谈，事情的结果是令人满意的。

从 3071～3080 中选择合适的词语填空　Choose the right words from 3071-3080 and fill in the blanks.

6. 童年时缺乏父母_____的孩子长大后可能会缺少自信。

7. 订外卖一般都有_____费。

8. 剧团里有许多_____的演员，他们虽然不是主角，但也是不可或缺的角色。

9. 考古人员在这座古墓里发现了很多_____品。

10. 大家都很_____他在巨大的压力下仍能保持冷静。

第 2 部分　Part 2

3081 **配音**　pèi//yīn　dub (a film, etc.)　给电影<u>配音</u>；为男主角<u>配音</u>；一段<u>配音</u>表演

3082 **喷泉**　pēnquán　*n.*　fountain　音乐<u>喷泉</u>；看<u>喷泉</u>

3083 **抨击**　pēngjī　*v.*　attack　<u>抨击</u>对方；公开<u>抨击</u>；猛烈地<u>抨击</u>

3084 **烹调**　pēngtiáo　*v.*　cook (dishes)　<u>烹调</u>技术；<u>烹调</u>食物

3085 **蓬勃**　péngbó　*adj.*　vigorous, thriving　<u>蓬勃</u>发展；<u>蓬勃</u>向上；一股<u>蓬勃</u>的生机

3086 **鹏程万里**　péngchéng-wànlǐ　have a bright future　<u>鹏程万里</u>，不可限量；祝你<u>鹏程万里</u>

3087 **膨胀**　péngzhàng　*v.*　dilate, distend; expand　气体受热<u>膨胀</u>；人口<u>膨胀</u>；自我<u>膨胀</u>

3088 **捧**　pěng　*v.*　hold or carry in both hands; exalt, boost　<u>捧</u>着鲜花；被<u>捧</u>上天

3089 **捧场**　pěng//chǎng　boost, flatter　给人<u>捧场</u>；感谢大家<u>捧场</u>

3090 **碰钉子**　pèng dīngzi　meet with a rebuff　<u>碰</u>了<u>钉子</u>；到处<u>碰钉子</u>；怕<u>碰钉子</u>

3091 **碰巧**　pèngqiǎo　*adv.*　happen to, by chance　<u>碰巧</u>发现；<u>碰巧</u>看见；<u>碰巧</u>认识

3092 **碰上**　pèngshang　meet, come across, happen to　刚好<u>碰上</u>；<u>碰上</u>熟人；<u>碰上</u>同学；<u>碰上</u>好天气

3093 **碰撞**　pèngzhuàng　*v.*　crash, collide; offend　发生<u>碰撞</u>；意外<u>碰撞</u>；不要拿话<u>碰撞</u>他

3094 **批发**　pīfā　*v.*　wholesale　<u>批发</u>衣服；<u>批发</u>价格；<u>批发</u>市场

3095 **批判**　pīpàn　*v.*　criticize　<u>批判</u>错误观点；<u>批判</u>地继承文学艺术遗产

3096 **披露**　pīlù　*v.*　disclose, reveal　<u>披露</u>原因；<u>披露</u>信息；<u>披露</u>隐私；及时<u>披露</u>

3097 **劈**　pī　*v.*　split; strike　<u>劈</u>木头；被雷<u>劈</u>了

3098 **皮带**　pídài　*n.*　leather belt　一条<u>皮带</u>；系上<u>皮带</u>

3099 **疲惫**　píbèi　*adj.*　exhausted, weary　感到<u>疲惫</u>；<u>疲惫</u>的身体；<u>疲惫</u>的心灵

3100 **疲惫不堪**　píbèi-bùkān　exhausted, weary　感到<u>疲惫不堪</u>；看上去<u>疲惫不堪</u>；<u>疲惫不堪</u>的身体

从 3081～3090 中选择合适的词语填空　Choose the right words from 3081-3090 and fill in the blanks.

1. 公司在他的领导下_____发展。

2. 他今天找工作又_____了，所以很难过。

3. 因为决策的失误，公司高层遭到了猛烈的_____。

4. 今天是我第一次上台演出，希望大家能来为我_____。

5. 人们用"_____"这个成语来祝愿别人事业顺利，前途光明。

从 3091～3100 中选择合适的词语填空　Choose the right words from 3091-3100 and fill in the blanks.

6. 明天同学聚会，可是刚好_____一个紧急的任务，我去不了了。

7. 你看上去_____，还是睡一觉休息一下儿吧。

8. 这篇文章_____了他家庭生活中的隐私。

9. 刚才来这里的时候，我_____在门口遇到了小王。

10. 对这样一个悲剧人物，作者既有_____，又有同情。

第 3 部分　Part 3

3101 **疲倦**　píjuàn　*adj.*　tired, weary　感到疲倦；不知疲倦；疲倦地倒在床上

3102 **疲劳**　píláo　*adj.*　tired, fatigued　感到疲劳；肌肉疲劳

3103 **脾**　pí　*n.*　spleen　脾胃；伤脾

3104 **匹配**　pǐpèi　*v.*　match　高度匹配；大小匹配；自动匹配

3105 **媲美**　pìměi　*v.*　rival　他的口才足以与最好的律师相媲美。

3106 **僻静**　pìjìng　*adj.*　secluded, quiet　僻静的地方；僻静的街道

3107 **譬如**　pìrú　*v.*　for example　许多语言之间，譬如法语和意大利语，都有相似的词。

3108 **譬如说**　pìrú shuō　for example　你可以选择相对稳定的职业，譬如说教师。

3109 **片子**　piānzi　*n.*　film, movie　一部新片子；片子的结尾；爱情片子

3110 **偏差**　piānchā　*n.*　deviation　出现偏差；纠正偏差；偏差太大

3111 **偏方**　piānfāng　*n.*　folk prescription　一个偏方；民间偏方；留传已久的偏方

3112 **偏见**　piānjiàn　*n.*　prejudice　存在偏见；消除偏见

3113 **偏僻**　piānpì　*adj.*　remote, lonely　偏僻的山村；位置偏僻

3114 **偏偏**　piānpiān　*adv.*　as luck would have it　我正要出门，偏偏这时候电话响了。

3115 **偏向**　piānxiàng　*v.*　be partial to; prefer　偏向自己的孩子；偏向于去北京工作
　　　　　　　　　　　　　　　n.　deviation　发现偏向，要及时纠正。

3116 **偏远**　piānyuǎn　*adj.*　remote, faraway　偏远的村庄；偏远地区

3117 **篇幅**　piān·fú　*n.*　length (of a piece of writing); space　篇幅太长；篇幅有限

3118 **片段**　piànduàn　*n.*　fragment, episode　有趣的片段；音乐片段；电影片段

3119 **骗人**　piàn rén　deceive people　喜欢骗人；骗人的话

3120 **漂**　piāo　*v.*　drift　漂在河中；漂得太远

从 3101～3110 中选择合适的词语填空　Choose the right words from 3101-3110 and fill in the blanks.

1. 咱们这周末去看电影吧，听说最近出了一部很好看的_____。

2. 我昨晚没睡好，今天感觉很_____。

3. 保护环境要从小事做起，_____不乱扔垃圾。

4. 我认为他的能力不能与你相_____。

5. 这里太吵了，咱们找一个_____些的地方吧。

从 3111～3120 中选择合适的词语填空　Choose the right words from 3111-3210 and fill in the blanks.

6. 刚才他说的话都是_____的，大家千万不要相信。

7. 这里太_____了，完全没有手机信号。

8. 河里_____着一只小船。

9. 找工作时，我们会发现有些企业仍然对女性存在一定的_____。

10. 我觉得妈妈有些_____妹妹。

◎重点词语 Focus words

1. 鹏程万里

形容前途远大。例如：

（1）祝你鹏程万里，一帆风顺。

（2）中国人常用"鹏程万里"这个成语来祝愿别人事业顺利。

2. 碰钉子

惯用语，比喻办事情遭到拒绝或遇到阻碍。例如：

（1）年轻人在社会上难免会碰钉子。

（2）只要坚持下去，不怕碰钉子，就没有做不到的事情。

（3）有的人做错事后迟迟不道歉，是担心对方不肯原谅他，会碰钉子。

3. 疲惫不堪

形容体力或脑力消耗过多、非常累的样子。例如：

（1）长途飞行让旅客们疲惫不堪。

（2）半夜，忙碌了一天的妈妈拖着疲惫不堪的身子回到家里。

（3）大家不仅没有因为连夜加班而疲惫不堪，反而个个精神饱满。

4. 譬如、譬如说

相当于"比如"，用于举例，后面是所举的例子。例如：

（1）锻炼身体的方法有很多，譬如跑步、打太极拳、游泳等。

（2）保护环境要从小事做起，譬如垃圾分类、出行乘坐公共交通等。

（3）北京的名胜古迹很多，譬如说长城、故宫、颐和园等。

5. 偏偏

副词，表示事实或现象出人意料，与说话人的主观预期相反。例如：

（1）最担心的事情偏偏发生了。

（2）在工作最紧张的日子里，偏偏爱人出差，他只好让父母帮忙照顾孩子。

表示故意跟客观要求或现实情况相反。例如：

（3）别人都能完成，为什么偏偏你完成不了？

（4）所有人都相信你能胜任这份工作，偏偏你不相信自己。

◎速练　Quick practice

一、选择合适的词语填空　Choose the right words and fill in the blanks.

（一）　　A.庞大　B.抛弃　C.赔钱　D.配件　E.配偶　F.膨胀

1.在中国法律中，_____、子女、父母同为第一法定继承人。

2.绝大多数物体受热时体积会_____，遇冷时体积会缩小。

3.静坐美容的方法很简单，只要全身放松，_____一切杂念即可。

4._____的买卖谁都不会做。

5.这台机器是进口的，_____很不好买。

（二）　　A.碰撞　B.匹配　C.批发　D.疲惫　E.偏差　F.抛

1.这个地铁站的设计颇具特色，又与周围环境相_____。

2._____价一般指大批量成交商品的价格。

3.繁重的工作使她感到身心_____。

4.当他沉浸于自己的工作时，会将其他所有的事情_____在一边。

5.由于各种主客观因素，人的认知难免会发生_____。

二、选择合适的词语完成句子　Choose the right words to complete the sentences.

1.如果多数投资者持_____态度，那么当天股价的波动幅度就会较小。

　　A.观摩　　　　　B.观望　　　　　　C.旁观　　　　　D.观赏

2.小女孩儿手_____鲜花，跑上台向演员献花。

　　A.捧　　　　　　B.抛　　　　　　　C.接　　　　　　D.捏

3.根据规定，罚金需要在_____指定的期限内一次性缴纳完。

　　A.批判　　　　　B.批评　　　　　　C.批准　　　　　D.判决

4.留学生玛丽不仅会讲一口流利的普通话，还能用中文演唱一些京剧_____。

　　A.片面　　　　　B.片段　　　　　　C.局面　　　　　D.全面

5._____人品，就事论事，他的文章写得确实不错。

　　A.抛弃　　　　　B.抛开　　　　　　C.丢弃　　　　　D.丢开

6.昆虫虽然个体小，但种类和数量_____，占现存动物的 75% 以上。

　　A.巨大　　　　　B.宏大　　　　　　C.庞大　　　　　D.广大

7.他们在交流中_____出了灵感的火花。

　　A.捏　　　　　　B.冲　　　　　　　C.冲撞　　　　　D.碰撞

三、为词语选择合适的位置　Choose the appropriate location for the words.

1.会议 A 召开那天，王校长 B 病了，C 不能 D 出席。（偏偏）

2.A 看书姿势不正确会损害视力，B 躺着、C 趴着看书对眼睛都不好 D。（譬如说）

3.A 她的字 B 写得真好，简直可以 C 书法家 D 了。（媲美）

4.A 优秀的企业相匹配的是 B 优秀的人才、C 科学 D 先进的管理机制。（与）

第53单元　Unit 53

◎ 速记　Quick memory

3121 飘　piāo　v.　float (in the air)　飘着雪；裙子飘了起来

　　　　　　　adj.　unsteady; arrogant　双腿发飘；他有了点儿钱就飘了

3122 票房　piàofáng　n.　box office　票房收入；打破票房纪录

3123 撇　piě　v.　throw, fling; slant; curl (one's lips)　撇石头；脚向外撇；撇嘴

　　　　　　　n.　left-falling stroke (in Chinese characters)　竖撇；横撇

3124 拼搏　pīnbó　v.　struggle　拼搏精神；努力拼搏

3125 拼命　pīn//mìng　risk one's life; do sth. desperately　跟歹徒拼命；拼命抓住；拼命工作；拼命抵抗

3126 贫富　pín fù　rich and poor　贫富差距；不论贫富

3127 贫穷　pínqióng　adj.　poor　家境贫穷；贫穷的地区

3128 频率　pínlǜ　n.　frequency　高频率；振动的频率；相同频率

3129 频频　pínpín　adv.　repeatedly　频频招手；频频换工作

3130 品尝　pǐncháng　v.　taste　品尝食物；细细品尝

3131 品德　pǐndé　n.　moral character　品德高尚；优良品德

3132 品位　pǐnwèi　n.　taste　艺术品位；品位不高；非常有品位

3133 品行　pǐnxíng　n.　(moral) conduct　良好的品行；品行不良；品行端正

3134 聘　pìn　v.　engage　聘为教授；聘为经理

3135 聘任　pìnrèn　v.　engage, appoint to a position　聘任教授；接受聘任

3136 聘用　pìnyòng　v.　engage, employ　聘用管理人才；聘用技术顾问；长期聘用

3137 乒乓球　pīngpāngqiú　n.　table tennis　打乒乓球；喜欢乒乓球

3138 平常心　píngchángxīn　n.　normal state of mind　一颗平常心；保持平常心；用平常心对待

3139 平淡　píngdàn　adj.　flat, dull　平淡的生活；日子平平淡淡

3140 平和　pínghé　adj.　gentle, mild　平和的语气；性格平和

　　　　　　　v.　(of a struggle, dispute, etc.) stop, ease　这场争端终于平和下来了。

从 3121 ～ 3130 中选择合适的词语填空　Choose the right words from 3121-3130 and fill in the blanks.

1. 最近一直是雨雪天气，交通事故＿＿＿＿＿＿发生，大家开车时要注意安全。

2. 今天的风有点儿大，吹得她的裙子都＿＿＿＿＿＿起来了。

3. 我们的目标是彻底消灭＿＿＿＿＿＿，让大家过上富裕的生活。

4. 他说这件事一定能办成，可是到现在八字还没见一＿＿＿＿＿＿呢。

5. 为了给孩子治病，他＿＿＿＿＿＿工作挣钱。

从 3131～3140 中选择合适的词语填空　Choose the right words from 3131-3140 and fill in the blanks.

6. 对待每一次考试，我们都要保持一颗＿＿＿＿＿＿＿＿。

7. 她对服装有很好的＿＿＿＿＿＿＿＿，总是穿得很时髦。

8. 他从 5 岁开始学习打＿＿＿＿＿＿＿，现在已经进入国家队了。

9. 她说话、做事从不急躁，总是那么＿＿＿＿＿＿。

10. 他是一名优秀的记者，也是个＿＿＿＿＿＿高尚的人。

第 2 部分　Part 2

3141 **平价** píngjià　v.　stabilize prices　在物价快速上涨时，政府应积极平价。
　　　　　　　　　n.　fair price　平价出售；平价收购；平价房；平价商品

3142 **平面** píngmiàn　n.　plane, flat　平面设计；平面图

3143 **平民** píngmín　n.　civilian　平民百姓；平民生活

3144 **平日** píngrì　n.　ordinary days　平日里；和平日一样；平日多做运动

3145 **平息** píngxī　v.　calm down　平息愤怒；平息战争；渐渐平息

3146 **评定** píngdìng　v.　evaluate　评定成绩；合理地评定

3147 **评论员** pínglùnyuán　n.　commentator　时事评论员；评论员文章

3148 **评判** píngpàn　v.　judge　评判对错；随意评判

3149 **评审** píngshěn　v.　review　同行评审；专家评审

3150 **评委** píngwěi　n.　judge, jury　担任评委；评委小组

3151 **凭借** píngjiè　v.　rely on　凭借实力；凭借集体的智慧；凭借风力

3152 **凭着** píngzhe　by　凭着记忆；凭着运气；凭着热情

3153 **凭证** píngzhèng　n.　voucher　临时凭证；登录凭证；提供凭证

3154 **瓶颈** píngjǐng　n.　bottleneck　遇到瓶颈；突破瓶颈；发展的瓶颈

3155 **萍水相逢** píngshuǐ-xiāngféng　meet by chance like patches of drifting duckweed　萍水相逢的朋友；他俩萍水相逢

3156 **泼冷水** pō lěngshuǐ　pour/throw cold water on, dampen the enthusiasm of　不是我泼冷水，你们这个计划根本行不通。

3157 **颇** pō　adv.　quite　颇有兴趣；颇有意义

3158 **迫不及待** pòbùjídài　be too impatient to wait　迫不及待地想离开；迫不及待地说出答案

3159 **迫害** pòhài　v.　persecute　遭受迫害；打压迫害

3160 **迫使** pòshǐ　v.　force　迫使飞机降落；迫使他放弃

从 3141～3150 中选择合适的词语填空　Choose the right words from 3141-3150 and fill in the blanks.

1. 本周内，王老师会对学生进行课程考核并＿＿＿＿＿＿＿成绩。

2. 他能取得这么好的成绩跟他＿＿＿＿＿＿＿的积累密不可分。

3. 他被邀请担任这次比赛的＿＿＿＿＿＿＿。

4. 你最好等他的愤怒＿＿＿＿＿＿＿了以后再跟他好好沟通。

5. 最终＿＿＿＿＿＿＿一个企业提供的产品和服务质量优劣的是顾客。

从 3151～3160 中选择合适的词语填空　Choose the right words from 3151-3160 and fill in the blanks.

6. 持续的大雨_____主办方推迟了下午的比赛。

7. 人类的思维交流主要是_____语言文字进行的。

8. 我和他只是_____，对他并不是很了解。

9. 我_____地想要把这个好消息告诉父母。

10. 当孩子想要完成一件事时，家长应该给予鼓励，而不是给孩子_____。

第3部分　Part 3

3161 破案　pò//àn　solve a case　协助破案；迅速破案；破案的线索

3162 破除　pòchú　v.　do away with, abolish　破除旧风俗；破除迷信；彻底破除

3163 破解　pòjiě　v.　crack, break　破解密码；成功破解；难以破解

3164 破旧　pòjiù　adj.　old and shabby　破旧的房子；破旧的家具

3165 破裂　pòliè　v.　rupture; break up　血管破裂；管道破裂；感情破裂

3166 破灭　pòmiè　v.　be shattered, go up in smoke　幻想破灭；梦想破灭；希望破灭

3167 破碎　pòsuì　v.　be broken, come to pieces　花瓶破碎；玻璃破碎

3168 魄力　pòlì　n.　boldness, courage　有魄力；魄力十足；缺少魄力

3169 扑克　pūkè　n.　playing cards, poker　一副扑克；打扑克；扑克牌

3170 扑面而来　pūmiàn-érlái　overwhelm, come at, blowing　春风扑面而来；扑面而来的热气

3171 铺路　pū//lù　pave a road; pave the way　铺路材料；铺路工人；为孩子的未来铺路

3172 菩萨　pú·sà　n.　Bodhisattva, Buddha　佛教的菩萨；拜菩萨；菩萨心肠

3173 朴实　pǔshí　adj.　simple and plain; sincere, honest; solid and unpretentious　朴实无华；为人朴实；朴实的形象；朴实的语言

3174 朴素　pǔsù　adj.　plain and unadorned; simple, plain; thrifty, frugal　朴素的感情；朴素的衣服；生活朴素

3175 普通人　pǔtōng rén　ordinary people　一个普通人；普通人的生活

3176 谱　pǔ　v.　compose (music)　谱成歌曲；谱曲
　　　　　　　n.　music score; sth. to count on; airs　乐谱；心里没谱儿；摆谱儿

3177 瀑布　pùbù　n.　waterfall　一条瀑布；壮观的瀑布

3178 七嘴八舌　qīzuǐ-bāshé　all talking at once　七嘴八舌地讨论；七嘴八舌地问

3179 沏　qī　v.　infuse　沏咖啡；沏上一壶茶

3180 凄凉　qīliáng　adj.　desolate; miserable　凄凉的景色；晚景凄凉

从 3161～3170 中选择合适的词语填空　Choose the right words from 3161-3170 and fill in the blanks.

1. 他办事缺乏_____，没有一点儿开拓精神。

2. 由于这次考试成绩不太好，他上重点大学的希望_____了。

3. 我们要提倡科学，_____迷信思想。

4. 在这个信息爆炸的时代，只要打开手机或电脑，就会有大量的信息_____。

5. 他俩虽然闹了点儿小矛盾，但还没到关系_____的程度。

从 3171 ～ 3180 中选择合适的词语填空　Choose the right words from 3171-3180 and fill in the blanks.

6. 地震过后，到处是一片_____的景象。

7. 他的话真诚_____，我们都被他感动了。

8. 街上有两个工人正在_____。

9. 是他给这首歌_____的曲。

10. 消息一公布，大家就_____地议论开了。

◎重点词语　Focus words

1. 拼命

表示狠心舍弃性命。例如：

（1）为了孩子的安全，他跟歹徒拼了命。

表示不顾一切地、尽最大努力地。例如：

（2）两年来，张丽不分白天黑夜地拼命工作。

（3）她为了改变自己的生活状态，拼命地学习文化知识。

2. 频频

副词，表示短时间内多次地（做某一动作或发生某事）。例如：

（1）经理对我们做的方案很满意，频频点头微笑。

（2）他的作品在重大比赛中频频获奖。

（3）婚礼现场，客人们频频举杯，向新人表示祝贺。

3. 萍水相逢

比喻从来不认识的人偶然遇见。例如：

（1）他们萍水相逢，并没有什么很深的交情。

（2）虽然我俩萍水相逢，却有着很多共同的爱好。

（3）即使是萍水相逢的朋友遇到了困难，他也会热心提供帮助。

4. 泼冷水

惯用语，比喻用言语或行动挫伤别人的热情，打击别人的积极性。例如：

（1）作为教师，对学生有创造性的想法不能泼冷水，而应多鼓励、表扬。

（2）他订了计划后不敢告诉同学们，怕大家给他泼冷水。

（3）你要经常给他泼泼冷水，让他时刻保持头脑清醒。

5. 颇

副词，表示程度高，相当于"很""相当"。例如：

（1）北京作为一座历史名城，名胜古迹颇多。

（2）新建成的购物中心选择在这一天开门营业也是颇费了一番脑筋的。

（3）一位在国内颇有影响的画家在上海办了一个画展。

6. 迫不及待

表示急迫得不能等待。例如：

（1）大家都<u>迫不及待</u>地想知道比赛的结果。

（2）一拿到书，他就<u>迫不及待</u>地看了起来。

（3）妈妈一进门，儿子就<u>迫不及待</u>地把礼物拿到她面前。

7. 扑面而来

表示朝着自己的方向而来。例如：

（1）一时间，各种消息<u>扑面而来</u>，让人难辨真假。

（2）春节临近，一下飞机，欢乐的节日气氛<u>扑面而来</u>。

（3）一打开门，饭菜的香味<u>扑面而来</u>，让我感受到了家的温暖。

8. 七嘴八舌

形容很多人在一起你一言、我一语，发表各种不同的意见。例如：

（1）大家<u>七嘴八舌</u>，议论纷纷，一时难以统一意见。

（2）见到有记者采访，人们都围过来，<u>七嘴八舌</u>地说个不停。

（3）听了班长的发言后，同学们你一言、我一语，<u>七嘴八舌</u>地讨论了起来。

◎**速练** Quick practice

一、选择合适的词语填空 Choose the right words and fill in the blanks.

（一）　　　　A. 品尝　B. 频频　C. 平价　D. 凭着　E. 瓶颈　F. 频率

1. 在语言交流中，问候语的使用_____很高。

2. 最近公司高层出现了严重分歧，_____发生人事变动。

3. 中午，他们特地去饭店_____了具有当地风味的特色菜。

4. 他们_____实力战胜了对手，赢得了比赛。

5. 交通问题使得许多城市的发展遇到了_____。

（二）　　　　A. 颇　B. 破解　C. 破碎　D. 破旧　E. 朴素　F. 破案

1. 这起案件从发生到_____仅用了三天时间。

2. 这份研究报告对我们_____具借鉴意义。

3. 丈夫早逝，她一个人顽强地支撑着这个_____的家。

4. 她穿着_____，也不爱打扮，一点儿也看不出来是个名人。

5. 这里的老房子_____不堪，要翻修得花不少钱。

二、选择合适的词语完成句子 Choose the right words to complete the sentences.

1. 改革开放以来，越来越多的农民摆脱_____，走向富裕。

　A. 贫困　　　　　B. 困境　　　　　C. 贫富　　　　　D. 困惑

2. 下课了，同学们都围着老师_____地提问题。

　A. 七嘴八舌　　　B. 萍水相逢　　　C. 扑面而来　　　D. 迫不及待

3. 这家互联网公司的招聘条件之一是，应聘者应该_____端正，并具有在相关
   领域工作的经验。
   A. 品行　　　　　　B. 品种　　　　　　C. 品位　　　　　　D. 品牌

4. 老陈脾气好，总是以理服人，心态_____。
   A. 平淡　　　　　　B. 平常　　　　　　C. 平和　　　　　　D. 平面

5. 我们做事前要准确_____自己的能力，超出能力范围的事情，就不要勉强自己。
   A. 评论　　　　　　B. 评审　　　　　　C. 评定　　　　　　D. 评估

6. _____药房药品价格便宜，常见药品在那儿一般都能买到。
   A. 高价　　　　　　B. 平价　　　　　　C. 物价　　　　　　D. 代价

7. 化石为人们_____远古自然之谜提供了非常重要的线索。
   A. 解决　　　　　　B. 破除　　　　　　C. 破解　　　　　　D. 解除

三、为词语选择合适的位置　Choose the appropriate location for the words.

1. 我 A 跟着大家在跑道上 B 跑，C 累得 D 上气不接下气。（拼命）

2. A 从农村来到城市的他，B 个人的努力 C 实现了 D 梦想。（凭着）

3. 关于文字 A 发展的阶段，国内 B 有几种 C 具 D 代表性的说法。（颇）

4. A 她像 B 那样和朋友开着玩笑，C 关心地询问着朋友 D 的近况。（平日）

第54单元　Unit 54

◎ 速记　Quick memory

第1部分　Part 1

3181 **期盼**　qīpàn　*v.*　look forward to　日夜期盼；热烈期盼；期盼春天的到来

3182 **欺骗**　qīpiàn　*v.*　deceive　欺骗手段；欺骗消费者

3183 **欺诈**　qīzhà　*v.*　cheat　欺诈行为；欺诈客户

3184 **漆**　qī　*n.*　paint　刷漆；涂漆
　　　　　　　　　　v.　paint　漆家具；漆上颜色

3185 **齐心协力**　qíxīn-xiélì　make concerted efforts　大家齐心协力地完成了这个任务。

3186 **其后**　qíhòu　*n.*　later time　得益于事先周详的计划，其后的实施过程异常顺利；其后事情仍没有什么变化

3187 **其间**　qíjiān　*n.*　among them, between which; certain period of time　表演者将传统艺术与现代科技很好地融入其间；我参加这项工作已有半年了，其间学到了不少新知识

3188 **奇花异草**　qíhuā-yìcǎo　exotic flowers and rare herbs　这片土地上有数不清的奇花异草。

3189 **奇迹**　qíjì　*n.*　miracle　一个奇迹；见证奇迹

3190 **奇特**　qítè　*adj.*　peculiar　奇特的打扮；想法奇特

3191 **歧视**　qíshì　*v.*　discriminate against　性别歧视；就业歧视；歧视妇女

3192 **祈祷**　qídǎo　*v.*　pray　暗暗祈祷；祈祷家人健康平安

3193 **棋**　qí　*n.*　chess　or any board game　一盘棋；下棋

3194 **棋子**　qízǐ　*n.*　chessman, piece　三十二个棋子；摆放棋子

3195 **旗袍**　qípáo　*n.*　cheongsam　一件旗袍；穿旗袍

3196 **旗帜**　qízhì　*n.*　flag　一面旗帜；彩色旗帜

3197 **乞丐**　qǐgài　*n.*　beggar　一个乞丐；街边的乞丐

3198 **乞求**　qǐqiú　*v.*　beg　乞求保护；乞求援助

3199 **乞讨**　qǐtǎo　*v.*　go begging　外出乞讨

3200 **岂有此理**　qǐyǒucǐlǐ　how unreasonable　这条鱼比黄金还贵，岂有此理！

从3181～3190中选择合适的词语填空　Choose the right words from 3181-3190 and fill in the blanks.

　1.这么短的时间，他受伤的腿竟然好了，真是一个_____！

　2.我们大家都_____着胜利的到来！

　3.诚实的孩子从来不_____别人。

　4.这只造型_____的小船是这条河上唯一的交通工具。

　5.只要大家_____，就能解决这个问题。

从 3191 ～ 3200 中选择合适的词语填空　Choose the right words from 3191-3200 and fill in the blanks.

6. 节日的首都到处飘扬着彩色的_____。

7. 他_____得到朋友的宽恕，可朋友根本不想原谅他。

8. 公司招聘中不得有性别_____，我们提倡男女平等。

9. 那位穿_____的小姐看上去美丽大方。

10. 每次他去救火，家人都会在家默默_____，希望他能平安归来。

第 2 部分　Part 2

3201	启迪	qǐdí	v.	enlighten　启迪心灵；启迪读者

3202 启蒙　qǐméng　v.　impart elementary knowledge to beginners, initiate　启蒙教育；启蒙老师；对儿童进行启蒙

3203 启示　qǐshì　v.　enlighten　启示我们；深刻地启示
　　　　　　　　　　n.　enlightenment　获得启示；得到启示

3204 起步　qǐbù　v.　start　刚刚起步；起步阶段

3205 起草　qǐ//cǎo　v.　draft　起草法律文件；独立起草

3206 起程　qǐchéng　v.　set out　即将起程；起程返回

3207 起初　qǐchū　n.　at first　这个工厂起初很小，后来规模越做越大。

3208 起伏　qǐfú　v.　rise and fall; fluctuate　高低起伏；成绩起伏

3209 起劲　qǐjìn　adj.　energetic　起劲地喊；聊得正起劲

3210 起跑线　qǐpǎoxiàn　n.　starting line　同一起跑线；站在起跑线上；人生的起跑线

3211 起源　qǐyuán　v.　originate from　起源于劳动；春节起源于中国
　　　　　　　　　　n.　origin　生命起源；汉字的起源

3212 气愤　qìfèn　adj.　indignant　气愤得说不出话来；令人气愤

3213 气管　qìguǎn　n.　trachea　气管发炎

3214 气馁　qìněi　adj.　discouraged　感到气馁；从不气馁

3215 气派　qìpài　n.　manner, style　有气派；一副学者气派
　　　　　　　　　　adj.　impressive, spirited　气派的小楼；装修气派

3216 气泡　qìpào　n.　air bubble　大量气泡；产生气泡

3217 气魄　qìpò　n.　boldness of vision　政治家的气魄；有气魄

3218 气势　qìshì　n.　momentum　气势壮观；气势非凡

3219 气味　qìwèi　n.　smell　刺激性气味；闻气味

3220 气息　qìxī　n.　scent, smell　艺术气息；现代气息；充满生活气息

从 3201 ～ 3210 中选择合适的词语填空　Choose the right words from 3201-3210 and fill in the blanks.

1. 公司目前还处于_____阶段，但发展前景很好。

2. 他是这个文件的主要_____人。

3. 他们只在北京停留了 4 天，就又_____了。

4. 他的讲座给了现场的听众很多有益的_____。

5. 他这个学期的成绩不稳定，_____很大。

从 3211～3220 中选择合适的词语填空　Choose the right words from 3211-3220 and fill in the blanks.

6. 这两种文化_____于对世界的两种不同认识。

7. 他的成功，不仅因为胆量和_____，还因为他能果断地抓住机遇。

8. 上海是一座充满现代_____和活力的城市。

9. 胜利了不要骄傲，失败了也不要_____。

10. 这种欺骗消费者的做法实在令人_____。

第3部分　Part 3

3221	气质	qìzhì	n.	qualities, attribute	很有气质；贵族气质

3221 气质 qìzhì n. qualities, attribute 很有气质；贵族气质

3222 迄今 qìjīn v. last up to now 这座木塔迄今已有500年的历史了。

3223 迄今为止 qìjīn-wéizhǐ so far 这是我迄今为止最满意的曲子。

3224 契机 qìjī n. turning point 发现契机；重要契机

3225 契约 qìyuē n. contract 契约精神；签订契约；履行契约

3226 器材 qìcái n. equipment 消防器材；摄影器材

3227 器械 qìxiè n. apparatus 手术器械；医疗器械

3228 掐 qiā v. pinch; clutch 掐了一下儿脸；双手掐腰

3229 卡 qiǎ v. get stuck; block; clutch 卡在中间；卡住退路；卡脖子

3230 卡子 qiǎzi n. clip; checkpost 头发卡子；红卡子；设卡子拦截

3231 洽谈 qiàtán v. negotiate 洽谈业务；洽谈期间

3232 恰到好处 qiàdào-hǎochù just right (for the purpose, occasion, etc.) 做得恰到好处；味道恰到好处

3233 恰恰相反 qiàqià xiāngfǎn on the contrary 情况与众人想的恰恰相反。

3234 恰巧 qiàqiǎo adv. happen to, by chance 恰巧遇到；恰巧在场

3235 恰如其分 qiàrú-qífèn just right 恰如其分的评价

3236 千变万化 qiānbiàn-wànhuà be ever changing 世界上的事情千变万化。

3237 千方百计 qiānfāng-bǎijì by every conceivable means 千方百计地寻找；千方百计扩大生产规模

3238 千家万户 qiānjiā-wànhù every family 网络走进千家万户

3239 千军万马 qiānjūn-wànmǎ a powerful army 指挥千军万马

3240 千钧一发 qiānjūn-yífà hang on by a hair, describing the situation is extremely dangerous 千钧一发的时刻

从 3221～3230 中选择合适的词语填空　Choose the right words from 3221-3230 and fill in the blanks.

1. 意识到自己存在问题的时候，正是改变现状的最好_____。

2. 他为自己的照相馆购置了许多摄影_____。

3. 这是我们公司_____在国外投资的最大项目。

4. 当听到这个好消息时，我不敢相信，于是_____了_____自己的手臂，希望这不是个梦。

5. 他言谈举止间表现出的学者_____赢得了大家的好感。

从 3231 ～ 3240 中选择合适的词语填空　Choose the right words from 3231-3240 and fill in the blanks.

6. 我今年的农历生日 _____ 在六一儿童节那天。

7. 他把问题处理得 _____ ，大家都很满意。

8. 各大公司纷纷对他们发出邀请，要求与他们 _____ 业务。

9. 在这 _____ 之际，是王将军率领士兵们冲出了敌人的包围圈。

10. 妹妹不想一个人在家，就 _____ 地阻止妈妈去上班。

◎ 重点词语　Focus words

1. 齐心协力

表示（大家）思想一致、共同努力。例如：

（1）只要我们齐心协力，肯定能渡过难关。

（2）大家齐心协力，克服了重重困难，超额完成了任务。

（3）只要大家齐心协力，共同努力，我们的事业就一定能够兴旺发达。

2. 其间

名词，表示那里面、那中间，相当于"其中"。例如：

（1）这个宾馆临海，风景优美，大小花园分布其间。

（2）咖啡馆的墙上贴满了明信片。身处其间，让人感觉轻松愉快。

表示某段时间之内。例如：

（3）他在中国待了两年，其间回过一次国。

（4）会期前后约 20 天，其间将有数以万计的宾客来到北京。

3. 岂有此理

表示哪有这样的道理，说话人用反问的语气对不合理的事情表示气愤。例如：

（1）这下子妈妈生气了，说："岂有此理！"

（2）公司做出这样的决定简直是岂有此理。

（3）你这么辛苦，她还冲你乱发脾气，真是岂有此理！

4. 迄今

动词，表示直到现在。例如：

（1）这一问题迄今仍未得到解决。

（2）中文是该校开设最早的一门外语，迄今已有近半个世纪的历史了。

（3）中药在中国有着数千年的历史，迄今不衰。

5. 恰巧

副词，表示恰好、正好、刚好。例如：

（1）我那时候正想找人帮忙，恰巧老张来了。

（2）她来电话时，我们恰巧都不在家。

（3）有的人认为网课可以替代传统的课堂教学，事实恰巧相反。

6. 恰如其分

表示（办事、说话）正好合乎分寸。例如：

（1）同行们对这项研究成果给予了<u>恰如其分</u>的评价。

（2）老王在任何场合的讲话都<u>恰如其分</u>。

（3）翻译工作做得好不好就看是否能<u>恰如其分</u>地表达说话人的原意。

7. 千钧一发

表示把一千钧重量的东西系在一根头发上，形容十分危险（钧是中国古代重量单位，三十斤是一钧）。例如：

（1）在这<u>千钧一发</u>的危险时刻，门外响起了敲门声。

（2）在这<u>千钧一发</u>的关头，消防员冲进房间，救出了孩子。

（3）现在已是<u>千钧一发</u>的时刻，再不下决心恐怕就来不及了。

◎ **速练** Quick practice

一、选择合适的词语填空 Choose the right words and fill in the blanks.

（一）　　　A. 千钧一发　B. 气派　C. 起劲　D. 起初　E. 岂有此理　F. 启示

1. 眼看孩子就要被车撞上了，在这_____的时刻，一个路人扑过去救下了孩子。

2. 人家好心帮你，你却说出这样伤人的话，真是_____。

3. 从这次的报告中，我们能得到什么_____？

4. 这个商场装修得非常_____。

5. 他俩正聊得_____，就听见门外传来了一阵欢快的笑声。

（二）　　　A. 迄今　B. 其后　C. 其间　D. 起跑线　E. 气势　F. 千家万户

1. 我从上海来北京已经十年了，_____搬了很多次家。

2. 上海出版社 2019 年为她出版了第一本小说集，_____，每隔一段时间就会重印一次。

3. 中国的长城以其宏伟高大的_____吸引了无数中外游客。

4. 大家纷纷表示欢迎竞争、不怕竞争，但拒绝不在同一_____上的竞争。

5. 城市改革的每一步都会影响到_____，关系到社会稳定。

二、选择合适的词语完成句子 Choose the right words to complete the sentences.

1. 希望大家能从这些经验中得到有益的_____。

　　A. 启动　　　　　B. 启蒙　　　　　C. 启示　　　　　D. 启事

2. 长江大桥_____雄伟，令大家赞叹不已。

　　A. 气氛　　　　　B. 气息　　　　　C. 气势　　　　　D. 气质

3. 我们可以通过_____的服饰修饰自己并不完美的体形。

　　A. 恰巧　　　　　B. 恰当　　　　　C. 恰恰　　　　　D. 恰好

4. 办人民满意的教育需要一系列的条件，_____最重要的是经费和师资。

　　A. 其后　　　　　B. 其次　　　　　C. 其余　　　　　D. 其中

5. 想把事情处理得_____，就要好好思考各方面的条件和因素。

    A. 岂有此理   B. 恰到好处   C. 千钧一发   D. 千军万马

6. _____他以为我在开玩笑，后来才发现我是严肃认真的。

    A. 起初   B. 当初   C. 初期   D. 初步

7. 社会心理学_____已经历一个多世纪的发展历程。

    A. 迄今   B. 期间   C. 其间   D. 其后

三、为词语选择合适的位置　Choose the appropriate location for the words.

1. 这种 A 结果，B 暴露出公司内部 C 矛盾 D 重重。（恰恰）

2. 大学刚毕业时，A 他只是一个普通的青年。由于 B 他突出的才能，在 C 几年时间里，D 他连着晋升了两次。（其后）

3. 仔细比较一下儿这 A 两篇论文就会发现 B 的差异，比如 C 它们有些 D 观点甚至是对立的。（其间）

4. 据说 A，地球上的 B 生命最初 C 于 D 海洋。（起源）

第 55 单元　Unit 55

◎ 速记　Quick memory

3241　迁　qiān　v.　move　迁居；迁走；公司迁到北京

3242　迁就　qiānjiù　v.　accommodate (oneself to), readily change one's ideas to suit　过于迁就；迁就老人；勉强迁就

3243　迁移　qiānyí　v.　migrate　人口迁移；大规模迁移；向南方迁移

3244　牵扯　qiānchě　v.　involve　牵扯到其他问题；牵扯精力；互相牵扯

3245　牵挂　qiānguà　v.　care, worry　牵挂家人；日夜牵挂

3246　牵涉　qiānshè　v.　involve　牵涉多人利益；牵涉多方面的工作

3247　牵头　qiān//tóu　take the lead　找一个人牵头；由我们部门牵头

3248　牵制　qiānzhì　v.　contain　牵制敌人；互相牵制

3249　铅　qiān　n.　lead (Pb)　无铅汽油；铅中毒

3250　谦逊　qiānxùn　adj.　modest　谦逊的态度；谦逊地说；为人谦逊

3251　签　qiān　n.　slender pointed piece of bamboo or wood; bamboo slips used for divination or drawing lots; label, sticker　竹签；牙签；求签；抽签；标签

3252　签署　qiānshǔ　v.　sign　签署意见；签署合约；由董事长签署

3253　前辈　qiánbèi　n.　predecessor, senior　一位可敬的前辈；老前辈

3254　前不久　qiánbùjiǔ　n.　not long ago　前不久公司才成立；前不久的一次数学测验

3255　前赴后继　qiánfù-hòujì　fresh forces continually come forward to take place of those who have pushed ahead , advance wave upon wave　前赴后继的精神；前赴后继地投入战斗

3256　前期　qiánqī　n.　early stage　创业前期；发展前期

3257　前任　qiánrèn　n.　predecessor　前任校长；前任领导

3258　前所未有　qiánsuǒwèiyǒu　unprecedented　前所未有的挑战；前所未有的变化

3259　前台　qiántái　n.　front desk; stage; public space　前台接待人员；登上前台；从幕后走向前台

3260　前无古人　qiánwúgǔrén　unprecedented　前无古人的伟大事业

从 3241 ～ 3250 中选择合适的词语填空　Choose the right words from 3241-3250 and fill in the blanks.

1. 没有原则地过分_____孩子会害了孩子。
2. 我十分_____在国外留学的哥哥。
3. 这个事件_____很多人，注意控制调查范围。
4. 那个工厂由城市_____到郊区去了。
5. 他十分_____，从不爱出风头。

从 3251～3260 中选择合适的词语填空　Choose the right words from 3251-3260 and fill in the blanks.

6. _____他刚去过北京。

7. 如今，科学技术已经进入了_____的高速发展阶段。

8. 王教授是我们学校的_____校长，现在已经退休了。

9. 现代化事业需要多少代人_____努力拼搏才能实现。

10. 一旦你_____了合约，就得履行合约上规定的义务。

第 2 部分　Part 2

3261 **前夕** qiánxī　*n.*　eve　毕业前夕；春节前夕

3262 **前线** qiánxiàn　*n.*　front line　战斗前线；上前线

3263 **前沿** qiányán　*n.*　the most advanced field in science　学术前沿；科学前沿

3264 **前仰后合** qiányǎng-hòuhé　rock forwards and backwards (with laughter)　笑得前仰后合；逗得大家前仰后合

3265 **前者** qiánzhě　*n.*　former　选择前者；依据前者

3266 **虔诚** qiánchéng　*adj.*　devout　虔诚的态度；虔诚地祈祷

3267 **钱财** qiáncái　*n.*　money　掠夺钱财；拥有钱财；大笔钱财

3268 **钳子** qiánzi　*n.*　pliers　一把钳子

3269 **潜能** qiánnéng　*n.*　potential　开发潜能；发挥潜能；巨大的潜能

3270 **潜水** qiánshuǐ　*v.*　dive　第一次潜水；潜水教练

3271 **潜艇** qiántǐng　*n.*　submarine　一艘核潜艇；发现潜艇

3272 **潜移默化** qiányí-mòhuà　a silent transforming influence of, influence imperceptibly　潜移默化的影响

3273 **潜在** qiánzài　*adj.*　potential　潜在危险；潜在影响

3274 **谴责** qiǎnzé　*v.*　condemn　强烈谴责；谴责他人

3275 **欠缺** qiànquē　*v.*　be short of　能力欠缺；欠缺工作经验
　　　　　　　　　　　n.　deficiency　毫无欠缺

3276 **欠条** qiàntiáo　*n.*　receipt for a loan　一张欠条；打欠条；写欠条

3277 **歉意** qiànyì　*n.*　apology　表示歉意；满怀歉意

3278 **呛** qiāng　*v.*　choke　呛水；被呛得直咳嗽

3279 **枪毙** qiāngbì　*v.*　execute by shooting　当场枪毙；枪毙犯人

3280 **腔** qiāng　*n.*　tune, pitch; accent, tone　唱腔；京腔

从 3261～3270 中选择合适的词语填空　Choose the right words from 3261-3270 and fill in the blanks.

1. 一个人的_____远超过他自己的想象。

2. 他去世后，把所有的_____都捐给了国家。

3. 他怀着_____的心来到北京天安门广场。

4. _____的战斗进行得非常激烈。

5. 事实上，我儿子_____比我厉害多了。

从 3271 ～ 3280 中选择合适的词语填空　Choose the right words from 3271-3280 and fill in the blanks.

6. 年轻人＿＿＿＿经验，但年轻是他们最大的本钱。

7. 经理没有发现她＿＿＿＿的才能，忽视了她的存在。

8. 因为曾经犯下的错，他的良心受到了＿＿＿＿。

9. 如果你无意中影响了别人，一定要及时表达＿＿＿＿。

10. 他们通过一艘＿＿＿＿到达了水下 5000 米的深海。

第 3 部分　Part 3

3281 **强加**　qiángjiā　*v.*　impose　强加给别人；强加于人

3282 **强劲**　qiángjìng　*adj.*　powerful　强劲的生命力；强劲的对手；强劲反弹

3283 **强项**　qiángxiàng　*n.*　forte, strength　游泳是我的强项；培养强项

3284 **强行**　qiángxíng　*adv.*　forcibly　强行推广；强行通过

3285 **强硬**　qiángyìng　*adj.*　tough　强硬手段；态度强硬

3286 **强占**　qiángzhàn　*v.*　forcibly take, seize　强占土地；强占房屋

3287 **强制**　qiángzhì　*v.*　compel　强制退出；强制关闭

3288 **抢夺**　qiǎngduó　*v.*　seize　抢夺机会；抢夺胜利果实；强行抢夺

3289 **抢劫**　qiǎngjié　*v.*　rob　抢劫银行；实施抢劫

3290 **抢眼**　qiǎngyǎn　*adj.*　noticeable　格外抢眼；抢眼的表现

3291 **敲边鼓**　qiāo biāngǔ　speak or act to assist sb.　你去劝劝他吧，我给你敲边鼓。

3292 **敲诈**　qiāozhà　*v.*　extort　敲诈犯罪；敲诈钱财

3293 **乔装**　qiáozhuāng　*v.*　disguise　乔装成老人；乔装打扮

3294 **瞧不起**　qiáobuqǐ　*v.*　look down upon　瞧不起别人

3295 **巧合**　qiǎohé　*adj.*　coincidental　巧合的事情；如有雷同，纯属巧合

3296 **窍门**　qiàomén　*n.*　knack　生活小窍门；找窍门

3297 **翘**　qiào　*v.*　stick up　他的腿翘得老高。

3298 **撬**　qiào　*v.*　pry　撬锁；撬门；撬开

3299 **切除**　qiēchú　*v.*　excise　及时切除；切除干净

3300 **切断**　qiēduàn　cut off　切断退路；切断电路

从 3281 ～ 3290 中选择合适的词语填空　Choose the right words from 3281-3290 and fill in the blanks.

1. 人生来就是平等的，我们不能将自己的意志＿＿＿＿给别人。

2. 他一大早就被妈妈从被窝里＿＿＿＿拉了起来。

3. 有些旅游公司为＿＿＿＿客源，不惜将价格一降再降。

4. 在这件事情上，对方的态度很＿＿＿＿，丝毫没有商量的余地。

5. 短跑是小明的＿＿＿＿，别人都比不过他。

从 3291 ～ 3300 中选择合适的词语填空　Choose the right words from 3291-3300 and fill in the blanks.

6. 医生建议病人接受肿瘤＿＿＿＿手术。

7. 小明想："我一定要好好努力，不能让别人＿＿＿＿。"

8. 战斗一开始，我军就＿＿＿＿了敌人的退路。

9. 学习没有什么＿＿＿＿＿＿＿＿，唯有努力、坚持。

10. 他＿＿＿＿＿＿＿成装修工人，入室盗窃。

◎重点词语　Focus words

1. 前赴后继

表示前面的人一上去，后面的人就紧跟上去，形容奋勇向前，连续不断。例如：

（1）战士们前赴后继地冲向敌人的阵地。

（2）经过好几代人前赴后继的努力，这个梦想终于实现了。

（3）战斗异常激烈，我们的士兵们前赴后继，终于将敌人的阵地撕开了一道口子。

2. 前所未有

表示以前从来没有过。例如：

（1）进入二十一世纪，科学技术的发展达到了前所未有的新高度。

（2）这项工程中遇到的许多技术问题是前所未有的。

（3）这次运动会规模之大、人数之多，是前所未有的。

3. 潜移默化

表示人的思想、性格在不知不觉中受到影响而发生了变化。例如：

（1）语言对人潜移默化的影响非常大。

（2）父母的言行会对子女产生潜移默化的影响。

（3）环境对人的影响是潜移默化的。

4. 强行

副词，表示用强迫的方式进行。

（1）王厂长在工作上很拼命，几次都是被人强行送回家休息的。

（2）消费者有权根据自己的意愿选择商品，商家不得强行买卖。

（3）全市所有工业企业排放的污染物要达到国家的标准，否则将强行关停。

5. 敲边鼓

惯用语，比喻从旁附和，以帮助、支持别人，也说"打边鼓"。例如：

（1）爸爸让女儿留在旁边敲边鼓，帮他劝劝妈妈。

（2）会上您主讲，我敲敲边鼓。

（3）我在旁打几下边鼓，他一定会同意你的请求的。

◎速练　Quick practice

一、选择合适的词语填空　Choose the right words and fill in the blanks.

（一）　　A. 牵挂　B. 牵头　C. 前期　D. 前台　E. 前无古人　F. 潜移默化

1. 在线订房非常方便。订房后，直接到酒店＿＿＿＿＿＿＿登记入住即可。

2. 良好的家庭氛围对培养孩子的性格起着＿＿＿＿＿＿的作用。

3. 我们从事的事业是_____的伟大事业，有很多新情况、新问题需要研究。

4. 这件事情涉及几家单位，由哪家单位_____比较合适呢？

5. 夜深了，打个电话回家，别让家人_____。

（二）　　　　A. 欠条　B. 强劲　C. 敲边鼓　D. 撬　E. 巧合　F. 抢眼

1. 这件事必须你亲自出面，我只能给你_____。

2. 他每次找妈妈借钱都会打一张_____，说等他长大挣钱了一起还。

3. 王女士觉得自己这次能中奖完全是一张_____。

4. 被_____对手击败而宣布破产的企业数不胜数。

5. 每到春节，春运就成了春节前后一道_____的"风景线"。

二、选择合适的词语完成句子　Choose the right words to complete the sentences.

1. 邻居之间东家长、西家短的事，她从不愿_____其中。

　A. 牵头　　　　　B. 牵挂　　　　　C. 牵扯　　　　　D. 牵制

2. 这次论坛的主题是两个非常_____的法律问题。

　A. 前期　　　　　B. 前夕　　　　　C. 前沿　　　　　D. 前者

3. 他在开局不利的情况下，_____进攻，最后取得了胜利。

　A. 强加　　　　　B. 强制　　　　　C. 强硬　　　　　D. 强行

4. 儿子的话让他气得胡子都_____起来了。

　A. 翘　　　　　　B. 撬　　　　　　C. 揭　　　　　　D. 敲

5. 同样的信息被重复无数次，就会_____地影响人们的思想。

　A. 前赴后继　　　B. 前所未有　　　C. 前仰后合　　　D. 潜移默化

6. 这些项目由于_____准备工作充分，实施得很顺利。

　A. 短期　　　　　B. 前期　　　　　C. 长期　　　　　D. 同期

7. 我把办公室抽屉的钥匙弄丢了，只好请人_____开抽屉，才拿到了文件。

　A. 敲　　　　　　B. 撬　　　　　　C. 打　　　　　　D. 翘

三、为词语选择合适的位置　Choose the appropriate location for the words.

1. A在B召开的研讨会上，C代表们提到了一个D值得注意的问题。（前不久）

2. 运动员入场式A的引导小姐B手中举着一块C特制的标牌，显得特别D。（抢眼）

3. 日前，法院A对王某某不愿B支付原告赔偿费一案C进行了D执行。（强制）

4. 他不顾A家人的B反对，C把钱投了进去，结果D全赔了。（强行）

第 56 单元　Unit 56

◎ **速记　Quick memory**

3301 **切割** qiēgē v. slice, cut 切割金属；切割利益；切割成两块

3302 **且**[1] qiě adv. for the time being 且听我说完；且慢

3303 **且**[2] qiě conj. even; and 死且不怕，困难算什么；既高且帅

3304 **切身** qièshēn adj. personal; first-hand 切身利益；切身体会；切身经历

3305 **窃取** qièqǔ v. steal 窃取信息；窃取财物

3306 **钦佩** qīnpèi v. admire 钦佩他的勇气；令人钦佩

3307 **侵害** qīnhài v. encroach upon and damage 侵害他人利益；侵害名誉；严重侵害

3308 **侵略** qīnlüè v. invade 侵略行动；侵略别国

3309 **侵权** qīnquán v. infringe on sb.'s rights 构成侵权；侵权行为

3310 **侵占** qīnzhàn v. invade and occupy 侵占领土；侵占财产；非法侵占

3311 **亲和力** qīnhélì n. appeal, attraction 天然的亲和力；具有亲和力

3312 **亲近** qīnjìn adj. intimate 亲近的人；关系亲近；感到亲近
　　　　　　　　v. be close to 亲近草原；亲近自然

3313 **亲朋好友** qīnpéng-hǎoyǒu relatives and friends 拜访亲朋好友

3314 **亲戚** qīnqi n. relative 亲戚关系；走亲戚

3315 **亲情** qīnqíng n. emotional attachment as among family members 重视亲情

3316 **亲热** qīnrè adj. warm and affectionate 亲热的两兄弟；亲热地打招呼
　　　　　　　　v. behave affectionately 亲热一下儿；和父母亲热亲热

3317 **亲身** qīnshēn adj. personal 亲身体验；亲身经历

3318 **亲生** qīnshēng adj. one's own (children, parents) 亲生子女；亲生父母

3319 **亲手** qīnshǒu adv. oneself, with one's own hands 亲手培养；亲手设计

3320 **亲友** qīnyǒu n. relatives and friends 招待亲友；向亲友求助

从 3301 ～ 3310 中选择合适的词语填空　Choose the right words from 3301-3310 and fill in the blanks.

　1. 同事们都十分_____他认真勤奋和独立思考的精神。

　2. 他以为_____他人商业秘密的行为不是犯罪。

　3. 保卫祖国、抵抗_____是每一个公民的责任。

　4. 企业的经营状况关系到每一个职工的_____利益。

　5. 这种行为严重_____了大家的生命安全。

从 3311 ～ 3320 中选择合适的词语填空　Choose the right words from 3311-3320 and fill in the blanks.

　6. 看着自己_____栽的小树一天天成长，他心里非常高兴。

7. 老师用自己的＿＿＿＿＿＿经历教导我们如何做人。

8. 她是一个性格温和的人，很容易相处，让人感觉＿＿＿＿＿＿。

9. ＿＿＿＿＿＿是一个人在世界上最珍贵的财富。

10. 老王工作有耐心，而且＿＿＿＿＿＿强，和同事相处愉快。

第 2 部分　Part 2

3321 **勤工俭学** qíngōng-jiǎnxué　do part-work and part-study　靠**勤工俭学**读完了大学。

3322 **勤快** qínkuai　*adj.*　diligent　干活**勤快**；**勤快**的小伙子

3323 **勤劳** qínláo　*adj.*　industrious　**勤劳**的双手；**勤劳**的民族

3324 **寝室** qǐnshì　*n.*　dormitory　学生**寝室**；打扫**寝室**

3325 **青春期** qīngchūnqī　*n.*　adolescence　**青春期**教育；进入**青春期**

3326 **青蛙** qīngwā　*n.*　frog　一只**青蛙**；捉**青蛙**

3327 **轻而易举** qīng'éryìjǔ　be an easy job to　**轻而易举**地解决；一件**轻而易举**的事

3328 **轻蔑** qīngmiè　*v.*　contempt　态度**轻蔑**；**轻蔑**地笑

3329 **轻微** qīngwēi　*adj.*　slight　**轻微**感冒；**轻微**的脚步声

3330 **轻型** qīngxíng　*adj.*　light-duty　**轻型**车辆；**轻型**飞机

3331 **倾家荡产** qīngjiā-dàngchǎn　lose everything　生意失败让他赔得**倾家荡产**。

3332 **倾诉** qīngsù　*v.*　pour out (one's worries, grievances, etc.)　**倾诉**真情；找人**倾诉**；向朋友**倾诉**

3333 **倾听** qīngtīng　*v.*　listen attentively to　善于**倾听**；**倾听**意见；认真**倾听**

3334 **倾销** qīngxiāo　*v.*　dump (goods, products)　**倾销**货物；**倾销**产品

3335 **倾斜** qīngxié　*v.*　incline　向右**倾斜**；给予一定政策性**倾斜**

3336 **清除** qīngchú　*v.*　remove　**清除**障碍；**清除**垃圾；逐步**清除**

3337 **清脆** qīngcuì　*adj.*　clear and melodious; crisp　**清脆**的歌声；口感**清脆**

3338 **清单** qīngdān　*n.*　list of items　一份购物**清单**；工资**清单**

3339 **清淡** qīngdàn　*adj.*　weak; (of food) light; fresh and delicate; (of business) slack　香气**清淡**；**清淡**的饮食；**清淡**的艺术风格；生意**清淡**

3340 **清静** qīngjìng　*adj.*　quiet　**清静**的院子；环境**清静**

从 3321 ～ 3330 中选择合适的词语填空　Choose the right words from 3321-3330 and fill in the blanks.

1. 每间＿＿＿＿＿＿都配有彩电、冰箱、写字台，还有卫生间。

2. 客厅里传来开门的声音，接着响起了一阵＿＿＿＿＿＿的脚步声。

3. 他＿＿＿＿＿＿的态度让我们大家都很生气。

4. 他是个做事＿＿＿＿＿＿、从不偷懒的好孩子。

5. 严格控制自己的饮食不是一件＿＿＿＿＿＿的事。

从 3331 ～ 3340 中选择合适的词语填空　Choose the right words from 3331-3340 and fill in the blanks.

6. 盛开的桃花不但美，还散发出＿＿＿＿＿＿的香气。

7. 他向朋友＿＿＿＿＿＿了自己的心事。

8. 当朋友向你倾诉时，你要学会耐心地＿＿＿＿＿＿。

9. 吸尘器可以帮助我们_____房间里的灰尘。

10. 我走进一家茶馆儿，选了一个_____的角落坐下，要了一壶绿茶。

第3部分　Part 3

3341 **清凉** qīngliáng *adj.* cool and refreshing　清凉的海风；泉水清凉

3342 **清明** qīngmíng *adj.* clear and bright; methodical and organized; sober and calm　月色清明；政治清明；神志清明

3343 **清晰** qīngxī *adj.* clear　记忆清晰；图片清晰；清晰地呈现出来

3344 **清新** qīngxīn *adj.* pure and fresh; delicate and pretty　空气清新；清新的风格

3345 **清真寺** qīngzhēnsì *n.* mosque　一座清真寺；建造清真寺

3346 **情** qíng *n.* feeling, affection; favour, kindness; love; situation; reason　热情；求情；情书；病情；合情合理

3347 **情报** qíngbào *n.* intelligence, information　一份情报；窃取情报

3348 **情不自禁** qíngbúzìjīn cannot help doing　情不自禁地哭起来；情不自禁地跳起舞来

3349 **情调** qíngdiào *n.* emotional appeal　有情调；浪漫的情调

3350 **情怀** qínghuái *n.* feelings　少女情怀；爱国情怀

3351 **情结** qíngjié *n.* complex, emotional entanglement　思乡情结；解不开的情结

3352 **情侣** qínglǚ *n.* couple, sweethearts　一对情侣

3353 **情人** qíngrén *n.* lover　初恋情人

3354 **情谊** qíngyì *n.* friendship, friendly feelings　同学情谊；珍惜情谊

3355 **情愿** qíngyuàn *v.* be willing to　两相情愿
　　　　　　　　　　　 adv. (would) rather　情愿待在家里

3356 **请柬** qǐngjiǎn *n.* invitation card　一封请柬；结婚请柬；发请柬

3357 **请帖** qǐngtiě *n.* invitation card　送请帖；发请帖

3358 **庆典** qìngdiǎn *n.* celebration, ceremony　节日庆典；举行庆典

3359 **庆贺** qìnghè *v.* celebrate　庆贺胜利；值得庆贺

3360 **庆幸** qìngxìng *v.* rejoice　值得庆幸；感到庆幸

从 3341～3350 中选择合适的词语填空　Choose the right words from 3341-3350 and fill in the blanks.

1. 这首歌真实地表达了同学们的爱国_____。

2. 这个间谍窃取了许多重要的商业_____。

3. 你看，这是小明的作业，字迹多么_____工整啊！

4. 这首歌太好听了，听着听着大家都_____地跟着唱了起来。

5. 夏天的晚风送来阵阵_____。

从 3351～3360 中选择合适的词语填空　Choose the right words from 3351-3360 and fill in the blanks.

6. 听说你买了新房，我们应该_____一下儿。

7. 同学们自己设计了_____，准备邀请老师参加新年晚会。

8. 他很_____自己选择了这个未来充满无限可能的公司。

9. 在班里，我深深体会到了同学之间的友好_____。

10. 你要学会对你不_____做的事情说"不"。

◎重点词语　Focus words

1. 且

副词，表示暂时地。例如：

（1）经理的工作总是排得满满的，且不谈重大决策，就连日常文件他也常常亲自起草。

（2）且不说这些支出哪些合理，哪些不合理，仅仅这些支出的金额就已经超标了。

连词，表示尚且、并且。例如：

（3）他且不会做这道题，更何况别人呢。

（4）我见过他儿子，是个既能干且聪明的年轻人。

（5）楼下老两口儿的儿女在市里工作，且都成家了。

2. 切身

形容词，表示跟自己密切相关的。例如：

（1）我们一定要把办好企业同职工的切身利益结合起来。

（2）这项制度与我们每个人都有切身关系。

表示亲身经历的、直接获取的。例如：

（3）王老师给同学们讲了自己在国外留学的切身经历。

（4）我切身体会到，宠物可以给人带来情绪力量。

（5）每次一回家乡，马力都能切身感受到那里发生的变化。

3. 亲身

形容词，表示自身直接的（经历、体验、感受等）。例如：

（1）这部小说是根据他的亲身经历写成的。

（2）你只有到中国去亲身体验一下儿，才能知道真正的中国是什么样子的。

（3）这次麦克来中国旅游，亲身感受到了中国人民的友好与热情。

4. 勤工俭学

表示学生利用学习以外的时间从事劳动，把获得的报酬作为学习和生活的费用。

例如：

（1）大学生刘力通过勤工俭学完成了自己的学业。

（2）今年暑假，他决定勤工俭学，去一家咖啡店做服务员。

（3）很多大学都支持学生利用节假日和课余时间适当参加勤工俭学。

5. 轻而易举

形容事情容易做到，不费力。例如：

（1）比赛中，他们轻而易举地战胜了对手，进入了决赛。

（2）取得好成绩不是<u>轻而易举</u>就可以办到的事情。

（3）这不是一件<u>轻而易举</u>的事，我们要把工作做得更细致一些。

6. 倾家荡产

形容失去了全部家产。例如：

（1）这些罚款足以让他<u>倾家荡产</u>，身无分文。

（2）丈夫身患重病后，妻子不惜<u>倾家荡产</u>为他治病。

（3）即使是富翁也可能由于一次错误的投资而<u>倾家荡产</u>。

7. 情不自禁

形容控制不住自己的感情。例如：

（1）由于疼痛，他<u>情不自禁</u>地喊出声来。

（2）演出结束时，观众们<u>情不自禁</u>地欢呼："太棒了！"

（3）一想起那个场景，他就会<u>情不自禁</u>地笑起来。

8. 情愿

动词，表示发自内心地愿意。例如：

（1）他虽不<u>情愿</u>，但也没有反对。

（2）她在心里安慰自己，没有什么好后悔的，这是自己<u>情愿</u>的事情。

（3）她深爱着自己的事业，再忙、再累她也心甘<u>情愿</u>。

副词，表示宁可、宁愿。例如：

（4）我们<u>情愿</u>辛苦一些，也要把事情办好，让大家满意。

（5）出门在外，他<u>情愿</u>多花几个钱，也要住得舒服一些。

（6）父母<u>情愿</u>自己受苦受累，也要让孩子接受更好的教育。

◎**速练** Quick practice

一、选择合适的词语填空 Choose the right words and fill in the blanks.

（一）　　A. 且　B. 亲朋好友　C. 勤劳　D. 轻型　E. 倾斜　F. 勤工俭学

1. 她用自己＿＿＿＿的收入为妈妈买了一双皮手套。

2. 老人＿＿＿＿惯了，做饭、洗衣样样都干。

3. 他从＿＿＿＿那儿借了一些钱，开始了人生中的第一次创业。

4. 这本纪实小说内容丰富，文字流畅，＿＿＿＿许多资料都是首次披露。

5. 此次评选活动得到了北京＿＿＿＿汽车有限公司的赞助。

（二）　　　A. 清脆　B. 清单　C. 情结　D. 情侣　E. 倾家荡产　F. 清新

1. 每次出差或旅行前，他都会列出一个行李＿＿＿＿，这样就绝不会忘带什么东西了。

2. 多年来，余教授与生物科技结下了难解的＿＿＿＿。

3. 早晨出去散散步，多呼吸些＿＿＿＿的空气，对身体有好处。

4. 据了解，咖啡厅的稳定客源中，有相当一部分是＿＿＿＿和聚会的朋友。

5.父母带着孩子跑遍了各大医院，几乎_____，孩子的病情却没有任何好转。

二、选择合适的词语完成句子　Choose the right words to complete the sentences.

1.把任务_____成小块，化整为零，问题就好解决了。

    A.切除　　　　　　B.切断　　　　　　C.切割　　　　　　D.分配

2.为了防止商标_____，他们一次性申请注册了八个商标，但在产品上只使用一个商标，其余的商标备而不用。

    A.侵犯　　　　　　B.侵占　　　　　　C.侵略　　　　　　D.侵权

3.我所描写的内容，大部分来源于我的_____经历。

    A.亲身　　　　　　B.亲眼　　　　　　C.亲手　　　　　　D.亲生

4.医生建议他出院以后，_____饮食，适当运动。

    A.清新　　　　　　B.清晰　　　　　　C.清凉　　　　　　D.清淡

5.学校设立了许多_____岗位，优先安排家庭经济困难的学生。

    A.情不自禁　　　　B.倾家荡产　　　　C.轻而易举　　　　D.勤工俭学

6.厂里制定了向科技人员和一线工人_____的分配政策。

    A.倾向　　　　　　B.倾斜　　　　　　C.偏向　　　　　　D.靠近

7.远处传来了孩子们_____甜美的歌声。

    A.清脆　　　　　　B.清楚　　　　　　C.清静　　　　　　D.清淡

三、为词语选择合适的位置　Choose the appropriate location for the words.

1.如果A儿女为了父母B放弃事业，老人C又怎么会真的D开心？（情愿）

2.A你先B别急，C听我D说完。（且）

3.我A将把毕生工作B所得的C经验D教给他们。（亲手）

4.王老师不断地A鼓励学生多读书、读好书，并以自己B的经历和体会C告诉学生D阅读的重要性。（切身）

第 57 单元　Unit 57

◎ 速记　Quick memory

3361 丘陵　qiūlíng　*n.*　hills　丘陵起伏；丘陵地区

3362 囚犯　qiúfàn　*n.*　prisoner　关押囚犯；监狱的囚犯

3363 求婚　qiú//hūn　make a proposal of marriage　向女朋友求婚；求了两次婚

3364 求救　qiújiù　*v.*　ask for help　写信求救；向警察求救

3365 求学　qiúxué　*v.*　pursue one' studies　在国外求学；求学期间

3366 求医　qiúyī　*v.*　seek medical advice　到处求医；求医问药

3367 求证　qiúzhèng　*v.*　seek proof　多方求证；打电话向老师求证

3368 求助　qiúzhù　*v.*　turn to sb. for help　向警察求助；求助于老师

3369 曲线　qūxiàn　*n.*　curve　生长曲线；消费曲线

3370 曲折　qūzhé　*adj.*　tortuous; complicated　曲折的道路；曲折发展

3371 驱动　qūdòng　*v.*　drive; impel　驱动汽车；利益驱动

3372 驱逐　qūzhú　*v.*　drive out　驱逐出境；驱逐敌人；成功驱逐

3373 屈服　qūfú　*v.*　yield　决不向敌人屈服

3374 趋于　qūyú　*v.*　tend to　趋于稳定；趋于简化

3375 曲　qǔ　*n.*　music (of a song)　作曲；谱曲

3376 取代　qǔdài　*v.*　replace　被人取代；逐步取代

3377 取缔　qǔdì　*v.*　ban　取缔非法组织；坚决取缔

3378 取而代之　qǔ'érdàizhī　take one's place　旧技术被取而代之。

3379 取经　qǔ//jīng　learn from sb. else's experience　向其他公司取经；得跟老师傅取经

3380 取决于　qǔjué yú　depend on　取决于市场需要；取决于你的选择

从 3361 ～ 3370 中选择合适的词语填空　Choose the right words from 3361-3370 and fill in the blanks.

1. 高中毕业后，他离开家去北京_____。

2. 做学问要大胆假设，小心_____。

3. 现在情况紧急，我们只有_____于他了。

4. 家里为他花了几十万块钱四处_____，但未见效果。

5. 我打算下周末跟女朋友_____，你们都来帮我出出主意吧。

从 3371 ～ 3380 中选择合适的词语填空　Choose the right words from 3371-3380 and fill in the blanks.

6. 我坚信，电脑永远_____不了人脑。

7. 多名非法移民不久将被_____出境。

8. 他会努力坚持下去，不会轻易向命运_____。

9. 参不参加明天的活动_____你们自己。

10. 结婚十年，这对夫妻对人对事的看法逐渐_____一致。

第 2 部分　Part 2

3381 **取暖** qǔnuǎn *v.* warm oneself (by a fire, etc.)　开暖气取暖；抱团取暖

3382 **取胜** qǔshèng *v.* get victory　以质量取胜；在竞争中取胜

3383 **取笑** qǔxiào *v.* make fun of　取笑别人；取笑他的奇怪行为

3384 **娶** qǔ *v.* take a wife　娶妻；娶回家

3385 **去除** qùchú *v.* get rid of　去除包装；去除偏见；有效去除

3386 **去处** qùchù *n.* place to go　好去处；理想去处

3387 **去向** qùxiàng *n.* trace　去向不明；不知去向

3388 **趣味** qùwèi *n.* interest　趣味十足；趣味性

3389 **圈套** quāntào *n.* trap　设圈套；中圈套

3390 **圈子** quānzi *n.* circle　活动圈子；朋友圈子

3391 **权衡** quánhéng *v.* judge and weigh　权衡轻重；反复权衡

3392 **权威** quánwēi *n.* authority　崇拜权威；医学界的权威

3393 **权益** quányì *n.* rights and interests　合法权益；经济权益

3394 **全长** quáncháng *n.* overall length　这条公路全长 6300 千米。

3395 **全程** quánchéng *n.* whole journey　坚持跑完全程；全程监控

3396 **全方位** quánfāngwèi *n.* all directions　全方位发展；全方位分析

3397 **全局** quánjú *n.* overall situation　驾驭全局；控制全局

3398 **全力以赴** quánlìyǐfù spare no effort　全力以赴完成；全力以赴解决

3399 **全能** quánnéng *adj.* all-round　全能人才；全能运动员

3400 **全文** quánwén *n.* full text　全文记录；全文转载

从 3381～3390 中选择合适的词语填空　Choose the right words from 3381-3390 and fill in the blanks.

　1. 我承认我有很多不足，但你们不能因此＿＿＿＿＿我。

　2. 勇气是他这场比赛能够＿＿＿＿＿的重要因素之一。

　3. 我差点儿中了他的＿＿＿＿＿。

　4. 这本书不但内容丰富，而且很有＿＿＿＿＿。

　5. 那家茶馆儿环境不错，是和朋友喝茶、聊天儿的好＿＿＿＿＿。

从 3391～3400 中选择合适的词语填空　Choose the right words from 3391-3400 and fill in the blanks.

　6. 为了保证考试的公正公平，这次面试将会＿＿＿＿＿录像。

　7. 这是件大事。你还是先＿＿＿＿＿得失，再做决定吧。

　8. 这次比赛很重要，大伙儿都必须＿＿＿＿＿。

　9. 我们都要学会以法律的手段维护自己的合法＿＿＿＿＿。

　10. 我们将会竭尽全力为顾客提供＿＿＿＿＿的优质服务。

第 3 部分　Part 3

3401 **全心全意** quánxīn-quányì wholeheartedly　全心全意为人民服务

3402 **拳** quán *n.* fist; Chinese boxing　握拳；挥拳；太极拳
　　　　　　　　 v. curl　她拳着腿坐在地上。

3403 **拳头** quán·tóu *n.* fist 握紧拳头；伸出一个拳头

3404 **劝告** quàngào *v.* advise 劝告他不要吸烟；再三劝告
　　　　　　　　　　n. advice 接受劝告；听劝告

3405 **劝说** quànshuō *v.* persuade 再三劝说；极力劝说；在朋友的劝说下

3406 **劝阻** quànzǔ *v.* dissuade 及时劝阻；进行劝阻；予以劝阻；多次劝阻

3407 **缺口** quēkǒu *n.* gap 不留缺口；打开缺口

3408 **缺失** quēshī *n.* deficiency 公司在经营策略上有许多缺失。
　　　　　　　　　　v. lack 缺失自信心；信用缺失

3409 **缺席** quē//xí be absent 无故缺席；缺席会议

3410 **确切** quèqiè *adj.* exact 确切消息；确切数字

3411 **确信** quèxìn *v.* make sure 确信能胜利；确信会成功

3412 **确凿** quèzáo *adj.* definite 确凿的证据；事实确凿

3413 **确诊** quèzhěn *v.* make a definite diagnosis 难以确诊；已经确诊

3414 **燃放** ránfàng *v.* set off (firecrackers, etc.) 燃放烟花；在指定地点燃放爆竹

3415 **燃气** ránqì *n.* gas 燃气设备；燃气价格

3416 **燃油** rányóu *n.* fuel 节约燃油；燃油费用

3417 **嚷** rǎng *v.* shout 别嚷；大声嚷嚷

3418 **让步** ràng//bù make a concession 做出让步；要求让步；各让一步

3419 **饶** ráo *v.* have mercy on 饶了他；饶命

3420 **饶恕** ráoshù *v.* forgive 不可饶恕的罪行；轻易地饶恕

从 3401～3410 中选择合适的词语填空　Choose the right words from 3401-3410 and fill in the blanks.

1. 多年来，作为列车长，他坚持＿＿＿＿＿＿为旅客服务。

2. 不知为什么，最近几次开会不是有人迟到，就是有人＿＿＿＿＿＿。

3. 他听从了家人的＿＿＿＿＿＿，下定决心不再赌博。

4. 从事翻译工作，最重要的是知晓原文的＿＿＿＿＿＿含义。

5. 在妈妈的竭力＿＿＿＿＿＿下，爸爸放弃了雨天出行的打算。

从 3411～3420 中选择合适的词语填空　Choose the right words from 3411-3420 and fill in the blanks.

6. 有了那么多次的失败教训，再犯同样的错误就不可＿＿＿＿＿＿了。

7. 在这么多＿＿＿＿＿＿的证据面前，他无法否认。

8. 在关键问题上，谈判双方都不可能做任何＿＿＿＿＿＿。

9. 广场上，除了举行露天音乐会等庆祝活动，还＿＿＿＿＿＿了烟花。

10. 我＿＿＿＿＿＿我们会赢得这次比赛。

◎**重点词语** Focus words

1. 趋于

　　动词，表示朝着某个方向发展变化。例如：

　　（1）居民的消费结构趋于优化，基本生活用品支出的比重大幅下降。

（2）通过一年的合作，大家增进了了解，心态也趋于平和。

（3）经过一段时间的治疗，老王的各项化验指标都趋于正常。

2.取而代之

原指夺取不属于自己的地位、权力，代替他人，现一般指某一事物代替其他事物。

例如：

（1）进口零件价格昂贵，如果用国产零件取而代之，那就可以节省一大笔钱。

（2）和好朋友见面后，我的烦恼瞬间消失了，取而代之的是喜悦。

（3）随着经济的发展，那些破旧的平房渐渐被高楼大厦取而代之。

3.取决于

表示由某方面或某种情况决定。例如：

（1）饭前服药还是饭后服药，取决于药物的特点。

（2）在这个世界上，我们能看见什么取决于如何去看。

（3）企业在竞争中的胜败，从根本上来说，取决于技术水平的高低。

4.全力以赴

表示把全部力量、全部精力都投入（某件事情中）。例如：

（1）他打定主意，全力以赴攻克难关。

（2）王丽全力以赴地投入到备考中。

（3）我们将全力以赴打好每一场比赛，争取最好的成绩。

（4）大家全力以赴，每晚加班到半夜，终于圆满完成了任务。

◎ **速练** Quick practice

一、选择合适的词语填空 Choose the right words and fill in the blanks.

（一）　　　　A. 求助　B. 曲折　C. 驱动　D. 取而代之　E. 去除　F. 去向

1.毕业生就业情况调查包括毕业＿＿＿＿＿＿＿、工作待遇、毕业生发展情况等内容。

2.海岸线的形状各异，有的比较＿＿＿＿＿＿＿，有的则比较平直。

3.在经济利益的＿＿＿＿＿＿下，出现了很多单纯追求商业目的的影片。

4.有轨电车渐渐减少直至几乎消失，＿＿＿＿＿＿＿的是各种现代化汽车。

5.净水器可以改善水质，＿＿＿＿＿＿＿饮用水中的异味和杂质。

（二）　　　　A. 圈子　B. 权威　C. 全能　D. 劝说　E. 缺口　F. 嚷

1.陆教授的研究成果和研究方法得到国内众多＿＿＿＿＿＿＿学者的高度评价。

2.小王的朋友＿＿＿＿＿＿＿很广，认识很多人。

3.朋友们都＿＿＿＿＿＿＿他重新考虑一下儿再做决定。

4.现在公司有3个亿的资金＿＿＿＿＿＿＿，董事长正在想办法解决。

5.他在钢琴演奏方面是位难得的＿＿＿＿＿＿＿型演奏家，能轻松驾驭各种风格的作品。

二、选择合适的词语完成句子　Choose the right words to complete the sentences.

1. 假如你被困在沙漠中，虽已发出_____信号，但救援队伍在 3 天后才能到达，那么你将如何维持生命呢？

　　A. 求学　　　　　　B. 求救　　　　　　C. 求助　　　　　　D. 求医

2. 为了公正、及时地解决劳动争议，保护当事人合法_____，特制定本法。

　　A. 权力　　　　　　B. 权衡　　　　　　C. 权威　　　　　　D. 权益

3. 无论公司中的哪一位高管_____，都不会影响公司的正常运作。

　　A. 缺乏　　　　　　B. 缺失　　　　　　C. 缺席　　　　　　D. 缺陷

4. 通过认真分析，公司_____了近五年的发展道路和目标。

　　A. 确信　　　　　　B. 确凿　　　　　　C. 确切　　　　　　D. 确立

5. 观看 4D 电影时，影片中的人向观众扔过来一个东西，观众会_____地向后躲。

　　A. 全力以赴　　　　B. 取而代之　　　　C. 全心全意　　　　D. 情不自禁

6. 遇到自己无法解决的问题，可以与家人、朋友商量，还可以向相关机构_____。

　　A. 求救　　　　　　B. 求助　　　　　　C. 求证　　　　　　D. 请求

7. 台上的演出非常精彩，观众们不禁拍手_____好。

　　A. 嚷　　　　　　　B. 说　　　　　　　C. 叫　　　　　　　D. 喊

三、为词语选择合适的位置　Choose the appropriate location for the words.

1. 员工 A 开会的频率 B 取决 C 任务的复杂程度和期望 D 取得的成果。（于）

2. 公司对员工的 A 评估是 B 的评估，不仅要 C 听取他的领导的意见，还要 D 了解他的下属和同事对其的评价。（全方位）

3. 电影主人公辉煌但 A 的人生，是 B 王老将军 C 的真实 D 经历。（曲折）

4. 随着 A 科学技术的 B 发展，人们 C 的生活 D 科技化、智能化。（趋于）

第58单元　Unit 58

◎ 速记　Quick memory

3421 **扰乱**　rǎoluàn　*v.*　disrupt, harass　扰乱纪律；扰乱市场；严重扰乱

3422 **绕行**　ràoxíng　*v.*　make a detour　前方出现事故，请绕行；小心绕行

3423 **惹**　rě　*v.*　invite or ask for (sth. undesirable); provoke, tease; attract　惹麻烦；惹是非；
　　　　惹不起；惹急了；惹人喜欢

3424 **热潮**　rècháo　*n.*　upsurge　一股追星热潮；空前热潮

3425 **热带**　rèdài　*n.*　tropics　热带地区；热带风暴

3426 **热气**　rèqì　*n.*　heat, hot gas　散发热气；冒着热气

3427 **热气球**　rèqìqiú　*n.*　hot-air balloon　载人热气球；热气球升空

3428 **热腾腾**　rèténgténg　*adj.*　steaming hot　热腾腾的食物；热腾腾的年夜饭

3429 **热衷**　rèzhōng　*v.*　be keen on　对冒险很热衷；热衷于教育事业

3430 **人次**　réncì　*m.*　person-time　就诊人次；观光人次

3431 **人道**　réndào　*n.*　humanity　人道主义；讲人道
　　　　　　　　adj.　humane　在科学实验中，禁止不人道的虐待动物行为。

3432 **人格**　réngé　*n.*　personality　人格魅力；人格高尚

3433 **人工智能**　réngōng-zhìnéng　artificial intelligence　人工智能机器人；人工智能技术

3434 **人均**　rénjūn　*v.*　count per capita　人均三百元；人均可支配收入

3435 **人品**　rénpǐn　*n.*　moral quality　人品不错；出色的人品

3436 **人气**　rénqì　*n.*　popularity　人气旺；人气不高

3437 **人情**　rénqíng　*n.*　human feelings; sensibilities, feelings; favour　不近人情；不合人
　　　　情；讲人情；做个人情，帮他的忙

3438 **人身**　rénshēn　*n.*　living body of a human being　人身安全；人身自由

3439 **人事**　rénshì　*n.*　personnel matters; ways of the world; consciousness of the outside
　　　　world; what is humanly possible; interpersonal relationship, occurrences in human
　　　　life　人事调动；人事制度；不懂人事；不省人事；尽人事，听天命；人事纠纷

3440 **人手**　rénshǒu　*n.*　manpower, staff　人手不够；人手充足

从 3421～3430 中选择合适的词语填空　Choose the right words from 3421-3430 and fill in the blanks.

1. 前方道路交通堵塞，请_____。
2. 尽管他_____于写作，但迄今为止一篇文章也没有发表过。
3. 20世纪90年代他回国时正赶上了互联网_____。
4. 你太调皮了，总_____爸爸生气。
5. 同学们上课应认真听讲，不要_____课堂纪律。

57

从 3431～3440 中选择合适的词语填空　Choose the right words from 3431-3440 and fill in the blanks.

6. 不能为了金钱毁了艺术，丢了_____。

7. 马老在_____、学品和文品上为我们树立了很好的榜样。

8. 我们公司_____太少，每个人手里的工作都很多。

9. _____权、财产权等是公民享有的合法权利。

10. 这事做得太过分了，太不近_____。

第 2 部分　Part 2

3441 **人体**　réntǐ　*n.*　human body　人体解剖；人体器官

3442 **人为**　rénwéi　*adj.*　man-made　人为的障碍；人为因素

3443 **人文**　rénwén　*n.*　humanity　人文教育；人文精神

3444 **人行道**　rénxíngdào　*n.*　side pavement　一条人行道；走人行道

3445 **人性**　rénxìng　*n.*　human nature, attributes of a human being　不通人性；人性的弱点

3446 **人选**　rénxuǎn　*n.*　candidate　合适的人选；总统人选

3447 **人缘儿**　rényuánr　*n.*　relations with people　好人缘儿；颇有人缘儿

3448 **人造**　rénzào　*adj.*　artificial　人造太阳；人造卫星

3449 **人质**　rénzhì　*n.*　hostage　一名人质；解救人质；扣留人质

3450 **仁慈**　réncí　*adj.*　benevolent　变得仁慈；仁慈的举动

3451 **忍饥挨饿**　rěnjī-áiè　endure the torments of hunger　长时间忍饥挨饿；忍饥挨饿的穷人

3452 **忍耐**　rěnnài　*v.*　put up with　忍耐到底；忍耐内心的悲痛；极力忍耐

3453 **忍心**　rěn//xīn　have the heart to　不忍心伤害；不忍心拒绝

3454 **认错**　rèn//cuò　acknowledge a mistake　向孩子认错；不肯认错

3455 **认证**　rènzhèng　*v.*　authenticate　获得认证；第三方认证

3456 **认知**　rènzhī　*v.*　cognize, be cognitive　认知世界；自我认知

3457 **任命**　rènmìng　*v.*　appoint　任命王明为组长；重新任命

3458 **任期**　rènqī　*n.*　term of office　任期五年；结束任期

3459 **任人宰割**　rènrén-zǎigē　be partitioned by others at will　任人宰割的羊

3460 **任意**　rènyì　*adv.*　arbitrarily　任意选择；任意使用

从 3441～3450 中选择合适的词语填空　Choose the right words from 3441-3450 and fill in the blanks.

1. 行人要走_____，不得随意穿行马路。

2. 虽然人各有缺点，但我仍然坚信_____本善。

3. 出于_____之心，他们给予弱势群体很多关照。

4. 我们打算找一个合适的_____担任这一职务。

5. 这次事故不是天灾，完全是_____的。

从 3451～3460 中选择合适的词语填空　Choose the right words from 3451-3460 and fill in the blanks.

6. 经过平面上_____两点，可以画一条直线。

7. 他被_____为实验中学的校长。

8. 你再_____一会儿, 医生马上就到了。

9. 他不但不_____, 反而还责怪别人。

10. 谁也不_____把这个坏消息告诉她。

第 3 部分　Part 3

3461 **任职** rèn//zhí　take office　在外交部任职; 任职期间

3462 **韧性** rènxìng　*n.*　tenacity　韧性十足; 富有韧性

3463 **日程** rìchéng　*n.*　schedule　工作日程; 旅游日程

3464 **日复一日** rìfùyírì　day after day　日复一日的训练

3465 **日后** rìhòu　*n.*　(in the) future　日后定有所成就; 日后的主要工作

3466 **日前** rìqián　*n.*　a few days ago　日前他曾来过一次。

3467 **日趋** rìqū　*adv.*　day by day　日趋严重; 日趋多样化

3468 **日新月异** rìxīn-yuèyì　never-ending changes and improvements　日新月异的变化

3469 **日益** rìyì　*adv.*　increasingly　日益扩大; 日益加强

3470 **荣获** rónghuò　*v.*　have the honor to get or win　荣获冠军; 荣获先进称号

3471 **荣幸** róngxìng　*adj.*　honored　十分荣幸地通知您; 感到荣幸

3472 **荣誉** róngyù　*n.*　honor　获得荣誉; 集体的荣誉

3473 **容光焕发** róngguāng-huànfā　(one's face) glowing with health　容光焕发的样子; 容光焕发地走进来

3474 **容量** róngliàng　*n.*　capacity　瓶子的容量; 容量大

3475 **容纳** róngnà　*v.*　accommodate　容纳不下; 能容纳五千人

3476 **容忍** róngrěn　*v.*　tolerate　无法容忍; 容忍不同意见; 容忍他人的错误

3477 **容许** róngxǔ　*v.*　allow　容许失败; 不容许盗版

3478 **容颜** róngyán　*n.*　appearance　容颜老去; 美丽的容颜

3479 **溶解** róngjiě　*v.*　dissolve　充分溶解; 加速溶解; 溶解在水中

3480 **融** róng　*v.*　melt　融成了水; 二者融为一体

从 3461 ～ 3470 中选择合适的词语填空　Choose the right words from 3461-3470 and fill in the blanks.

1. 目前, 会议_____已基本确定下来了。

2. 人才流失问题_____严重, 已引起有关方面的关注。

3. 当前, 科学技术发展_____, 推动世界经济快速发展。

4. 他导演的电影_____这届电影节"最佳导演奖"。

5. 他年龄还小, 还有些孩子气, _____会慢慢好起来的。

从 3471 ～ 3480 中选择合适的词语填空　Choose the right words from 3471-3480 and fill in the blanks.

6. 今天的晚会我们非常_____地邀请到了王校长参加。

7. 他多次在国际上获奖, 获得了很多_____。

8. 这间寝室可以_____四个人。

9. 如果你真的爱他, 那么你必须_____他的缺点。

10. 爸爸不_____我自己去游泳。

◎**重点词语** Focus words

1. 惹

动词，表示引起（不好的事情、后果），例如：惹事、惹麻烦、惹祸。

（1）小时候，他经常会给父母惹一些小麻烦。

（2）这事处理不好会惹出大祸来。

表示用言语或行为触动对方（引起不好的反应），例如：惹急了、惹来一顿骂。"惹"的宾语可以是表人的名词、代词，还可以是兼语，例如：别惹他、惹他不高兴。

（3）他发起脾气来很吓人，让人有种惹不起的感觉。

（4）别惹你父亲生气，他这一辈子太不容易了。

表示（人或事物的特点）引起喜欢、讨厌等反应，宾语常为兼语，例如：惹人喜爱、惹人讨厌、惹人注意。

（5）这只胖乎乎的小猫着实惹人喜爱。

（6）他的一番话惹得大家哈哈大笑。

2. 忍心

表示下狠心勉强自己（做不愿意或不应该做的事），宾语多为动词或动词短语。一般用于否定句或反问句。例如：

（1）有的家长总是努力满足孩子的要求，不忍心让孩子受一点儿委屈。

（2）看着孩子们急切的眼神，他不忍心拒绝，只好答应试试看。

（3）他对你这么好，你怎么忍心欺骗他呢？

3. 任意

副词，表示全凭自己心意、不加限制地、随意地。例如：

（1）你可以在这些题目中任意选择一个回答。

（2）任意调整生产计划会打乱整个公司的节奏，进而影响企业效益。

（3）废水、废气的任意排放严重破坏了当地的生态环境。

4. 日新月异

表示每一天、每个月都不一样，都有新的变化。形容变化很大、发展很快。例如：

（1）现代科学技术日新月异，学术前沿研究成果层出不穷。

（2）进入二十一世纪以来，这座城市日新月异的发展令人惊叹。

（3）随着科学技术日新月异的发展，电子产品的市场竞争也越来越激烈。

5. 容光焕发

表示脸上光彩四射，形容人身体健康，精神饱满。例如：

（1）幸福的生活使她容光焕发。

（2）小王精力过人，即使天天加班，仍然容光焕发。

（3）好好休息了一晚，第二天早上他又容光焕发地出现在了大家面前。

◎**速练** Quick practice

一、选择合适的词语填空 Choose the right words and fill in the blanks.

（一）　　A.热腾腾　B.人均　C.人气　D.人缘儿　E.人造　F.忍饥挨饿

1.优质的服务让这个购物网站上线没多久就聚集了很高的_____。

2.他双手接过刚沏好的_____的绿茶，边喝边和主人聊天儿。

3.有些本已十分苗条的女性却还要_____地控制饮食。

4.中国于1970年4月24日成功地发射了第一颗_____地球卫星"东方红一号"。

5.由于调整了种植结构，今年当地农民的_____收入大大超过了去年。

（二）　　A.容光焕发　B.溶解　C.容颜　D.日趋　E.日前　F.日复一日

1.把一勺糖放进水中，糖会逐渐_____于水，水就有了甜味儿。

2.气质比漂亮的_____更重要。

3._____，记者就这几个群众关心的问题走访了有关专家。

4.只见市长_____地走下车来，和大家亲切地握手交谈。

5.清晨，太阳从东方升起；傍晚，太阳从西方落下。就这样_____，年复一年。

二、选择合适的词语完成句子 Choose the right words to complete the sentences.

1.这次中国之行，她用笔记录下了自己所见所闻的风土_____。
　A.人品　　　　　B.人性　　　　　C.人情　　　　　D.人缘儿

2._____自由是公民最基本的权利。
　A.人生　　　　　B.人身　　　　　C.人事　　　　　D.人体

3.别的方面的问题，请_____我身体稍好时再边想边写。
　A.容纳　　　　　B.容忍　　　　　C.容许　　　　　D.容量

4.几乎就是这个时候，他已经_____只有音乐才能给他创作的激情。
　A.认证　　　　　B.认知　　　　　C.认同　　　　　D.认定

5.现代科技_____，总会有意想不到的新技术出现。
　A.忍饥挨饿　　　B.任人宰割　　　C.日复一日　　　D.日新月异

6.他虽然话不多，但很爱交朋友，_____极好。
　A.人缘儿　　　　B.人格　　　　　C.人气　　　　　D.人情

7.现代社会的竞争_____激烈，只有不断提升自己才能立于不败之地。
　A.趋于　　　　　B.日趋　　　　　C.倾向　　　　　D.过于

三、为词语选择合适的位置 Choose the appropriate location for the words.

1.这次的A交通B事故，到底是机器C故障，还是D造成的，目前还没有定论。（人为）

2.随着工业A的B发展，地球C污染D严重。（日趋）

3.据零售商A表示，目前这类B商品在市面上已经C有十多种品牌供消费者D选择。（任意）

4.对小问题如果A重视不足，B处理C不好，可能会D出大麻烦。（惹）

第59单元　Unit 59

◎ 速记　Quick memory

3481 融化　rónghuà　*v.*　melt　冰山融化；融化了我的心

3482 融洽　róngqià　*adj.*　harmonious　相处得很融洽；关系融洽；融洽地交流

3483 冗长　rǒngcháng　*adj.*　tediously long　冗长的演讲；冗长的解释

3484 柔和　róuhé　*adj.*　gentle　柔和的月光；柔和的光线；声音柔和

3485 柔软　róuruǎn　*adj.*　soft　柔软的毛皮；皮肤柔软

3486 揉　róu　*v.*　knead; rub　揉面；揉眼睛

3487 如果说　rúguǒ shuō　if　如果说生活是一本书，那么时间就是一支笔。

3488 如实　rúshí　*adv.*　according to the facts　如实反映；如实记载

3489 如意　rú//yì　comply with one's wish　人生不如意；事事如意

3490 如愿以偿　rúyuànyǐcháng　achieve what one wishes　他如愿以偿地获得了游泳比赛的冠军；如愿以偿地考上了那所大学

3491 如醉如痴　rúzuì-rúchī　be in ecstasies (over), be enraptured　听得如醉如痴；如醉如痴地看着

3492 儒家　Rújiā　*n.*　Confucian school　儒家学说；儒家文化

3493 儒学　rúxué　*n.*　Confucian studies　研究儒学；儒学大师

3494 入场　rù//chǎng　enter　依次入场；迅速入场

3495 入场券　rùchǎngquàn　*n.*　(admission) ticket, qualification　一张入场券；球赛入场券

3496 入境　rù//jìng　enter a country　非法入境；允许入境

3497 入侵　rùqīn　*v.*　invade　外来入侵物种；外敌入侵

3498 入手　rùshǒu　*v.*　start with　从儿童入手；从基本训练入手

3499 入选　rùxuǎn　*v.*　be selected　入选校篮球队；共有60人入选

3500 软弱　ruǎnruò　*adj.*　weak　性格软弱；表现得软弱

从 3481～3490 中选择合适的词语填空　Choose the right words from 3481-3490 and fill in the blanks.

1. 我们班同学之间的感情很好，相处得非常_____。

2. 你这篇文章过于_____，堆砌了太多没用的句子。

3. 医生向病人家属_____说明了病人的病情。

4. 这白猫有一身_____的毛。

5. 经过层层选拔，姐姐终于_____地当上了晚会主持人。

从 3491～3500 中选择合适的词语填空　Choose the right words from 3491-3500 and fill in the blanks.

6. 李平_____了校园十佳歌手。

7. 这么一个_____无能的人怎么能成大事呢？

8. 没过多久，她就得到了_____签证。

9. 要减肥，必须从改变饮食习惯_____。

10. 今天下午 1 点，全校同学在大礼堂听报告，请大家提前_____。

第 2 部分 Part 2

3501 **软实力** ruǎnshílì *n.* soft power 文化软实力

3502 **瑞雪** ruìxuě *n.* timely snow 一场瑞雪；天降瑞雪

3503 **润** rùn *adj.* smooth and glossy, sleek 光润；珠圆玉润
　　　　　v. moisten 喝水润嗓子；润一润毛笔

3504 **若干** ruògān *pron.* a certain number or amount (ask for quantity or indicate uncertainty) 价值若干？ 关于发展教育的若干问题。

3505 **弱点** ruòdiǎn *n.* weakness 人性的弱点；敌人的弱点

3506 **弱势** ruòshì *n.* the disadvantaged 弱势地区；弱势群体

3507 **撒** sā *v.* cast, let go; release; let oneself go 撒网；撒气；撒娇

3508 **撒谎** sā//huǎng tell a lie 当众撒谎；撒了个谎

3509 **赛车** sàichē *n.* (bicycle, car) race 赛车运动；山地赛车

3510 **赛跑** sàipǎo *v.* race 百米赛跑；接力赛跑

3511 **三番五次** sānfān-wǔcì time and again 三番五次地请她来。

3512 **三角** sānjiǎo *n.* triangle 铁三角
　　　　　adj. triangular 三角关系

3513 **三维** sānwéi *adj.* three-dimensional 三维动画；三维空间

3514 **散布** sànbù *v.* spread, disseminate 散布谣言；到处散布；牛羊散布在山坡上

3515 **散发** sànfā *v.* send forth, emit 散发香气；散发着光辉

3516 **桑拿** sāngná *n.* sauna 桑拿房；蒸桑拿

3517 **嗓子** sǎngzi *n.* throat 一副好嗓子；嗓子疼

3518 **丧生** sàng//shēng die 三人在车祸中丧生。

3519 **骚乱** sāoluàn *v.* cause a riot 人群骚乱；发生骚乱；平息骚乱

3520 **骚扰** sāorǎo *v.* harass 骚扰百姓；受到骚扰；接到骚扰电话

从 3501～3510 中选择合适的词语填空　Choose the right words from 3501-3510 and fill in the blanks.

1. _____年后，大家谈起当时的事情仍十分感慨。
2. 每个人都有自己的缺点和_____。
3. 小明是个诚实的孩子，从来不跟爸爸妈妈_____。
4. 我们要为社会_____群体提供帮助。
5. 在运动会百米_____中，他获得了冠军。

从 3511～3520 中选择合适的词语填空　Choose the right words from 3511-3520 and fill in the blanks.

6. 大大小小的咖啡馆_____在街道两旁。
7. 广场上的_____被警察迅速平息了。
8. 我_____地警告你，可你就是不听。
9. 弟弟因为_____工作中的爸爸而受到批评。
10. 市场里，各种各样的新鲜水果_____着阵阵香气。

第3部分 Part 3

3521 扫除 sǎochú v. clean (up); eliminate, eradicate 扫除垃圾；扫除障碍；坚决扫除社会丑恶现象

3522 扫描 sǎomiáo v. scan 扫描文件；进行扫描

3523 扫墓 sǎo//mù pay respects to sb. at his/her tomb 回乡扫墓

3524 扫兴 sǎo//xìng disappointing 真扫兴；令人扫兴

3525 嫂子 sǎozi n. elder brother's wife 哥哥嫂子结婚三年多了。

3526 僧人 sēngrén n. monk 年轻僧人；寺庙里的僧人

3527 杀害 shāhài v. kill 惨遭杀害；故意杀害；杀害人质

3528 杀手 shāshǒu n. killer 职业杀手；可怕的杀手

3529 沙龙 shālóng n. salon 美发沙龙；举办学术沙龙

3530 沙滩 shātān n. beach 沙滩上；柔软的沙滩

3531 纱 shā n. yarn 一层纱；薄薄的纱

3532 刹车 shāchē n. brake 及时刹车；紧急刹车

3533 砂糖 shātáng n. granulated sugar 细砂糖；白砂糖

3534 鲨鱼 shāyú n. shark 大鲨鱼

3535 傻瓜 shǎguā n. fool 大傻瓜；傻瓜相机

3536 筛 shāi v. sift 筛米；筛沙子

3537 筛选 shāixuǎn v. sift 筛选人才；筛选种子；严格筛选

3538 晒太阳 shài tàiyáng bask in the sun 躺着晒太阳；在沙滩上晒着太阳

3539 山川 shānchuān n. mountains and rivers 山川之美；考察山川地势

3540 山顶 shāndǐng n. top of the mountain 爬上山顶；站在山顶上

从 3521～3530 中选择合适的词语填空 Choose the right words from 3521-3530 and fill in the blanks.

1. 人们在_____时怀念逝去的亲人。

2. 对成功的渴望能让你_____一切前进道路上的障碍。

3. 坐在_____上晒太阳，抬起头便是蓝蓝的天空。

4. 我能_____一下儿这份文件吗？

5. 因为天气不好，假期过得真令人_____。

从 3531～3540 中选择合适的词语填空 Choose the right words from 3531-3540 and fill in the blanks.

6. 看到一个小孩子突然出现在车前，司机赶紧_____。

7. 医生建议老年人每天适当_____，逐步锻炼皮肤对日光的耐受能力。

8. 我们得仔细地_____一下儿求职简历，看看哪些人符合我们的要求。

9. 同学们不停地爬，直到爬到_____才坐下来休息。

10. 在海洋馆，我看见了_____，它们的牙很可怕。

◎**重点词语** Focus words

1. 如果说

表示以某种说法为假设的前提，从而引出与之相关的一个结论。例如：

（1）如果说这篇稿子有什么特点的话，那就是实用。

（2）如果说我有什么成功秘诀的话，那就是坚持到底、永不放弃。

（3）如果说坚持实事求是很难的话，那么，要在身处逆境的情况下做到实事求是就更难了。

2. 如实

副词，表示按照实际情况。例如：

（1）申请表上的内容请按要求如实填写。

（2）调研回来后，小王如实地向领导们汇报了所见所闻，并提出了自己的意见。

（3）对工作中出现的问题和矛盾，我们要如实反映，使之得到及时解决。

3. 如愿以偿

表示自己的愿望得以实现。例如：

（1）小丽如愿以偿地考上了理想的大学。

（2）经过层层筛选，我终于如愿以偿，进入了决赛。

（3）他曾三番五次去找领导要求涨工资，但最终均未能如愿以偿。

4. 如醉如痴

表示像醉了、痴了一样，形容极度迷恋而失去了自己正常的样子。例如：

（1）足球令全球数亿人为之废寝忘食，如醉如痴。

（2）一首首动人的歌曲令观众们如醉如痴。

（3）故事讲完了，大家仍如醉如痴地沉浸在故事中。

5. 若干

代词，用于问数量，相当于"多少"。例如

（1）未收录的作品尚有若干？

（2）贵公司预算资金若干？

用于指不确定的数量，相当于"一些"，多用于书面语。例如：

（3）每根头发的寿命约为 2 到 4 年，最多不超过 6 年。也就是说，每隔若干年头发就会更新一次。

（4）章回小说的一个特点是将全书分为若干章节，每一章叫作"回"。

（5）"切"就是用刀把物品分成若干部分。

（6）这次征文比赛评出了一、二、三等奖若干。

6. 三番五次

表示屡次、多次。例如：

（1）在同学们三番五次的要求下，王老师终于答应组织一次歌唱比赛。

（2）虽然大家三番五次地劝阻，但他仍坚持要按原计划行事。

（3）临走前，父母三番五次叮嘱我，路上要注意安全。

◎ 速练　Quick practice

一、选择合适的词语填空　Choose the right words and fill in the blanks.

（一）　　　A. 融化　B. 柔和　C. 如果说　D. 如醉如痴　E. 入场券　F. 如意

1. 此次展览深受大家欢迎，近万张_____在 1 小时内就全部预约完了。

2. 祝大家新的一年身体健康，工作顺利，万事_____。

3. 山的顶端是长年都不_____的白雪，人们可以在那儿享受滑雪的乐趣。

4. _____三十多年前人们对保险知之甚少的话，那么今天买保险的观念已经深入人心。

5. 这场精彩的音乐会令观众_____，全场不时爆发出雷鸣般的掌声。

（二）　　　A. 瑞雪　B. 嗓子　C. 沙龙　D. 筛　E. 润　F. 软实力

1. 这两天来，他从大量材料中_____了又_____，选了又选，最终选定了 15 篇文章。

2. _____实际上就是文化实力，是一个国家除了经济、军事之外的涉及文化方面的第三方面实力。

3. 上周的一场_____给这个城市带来了初冬的寒意。

4. 王教授准备在家举行一次"音乐_____"，邀请本市音乐界知名人士前来捧场。

5. 爷爷讲完话，喝了口水_____了一下儿嗓子。

二、选择合适的词语完成句子　Choose the right words to complete the sentences.

1. 新产品虽然销售很旺，但他还是暗暗_____着一把冷汗。因为他知道产品售出一段时间以后还有一个退货期。
   A. 拧　　　　　　　B. 揪　　　　　　　C. 揉　　　　　　　D. 捏

2. 许多人虽然明白运动的益处，却未必能落实。那么，该如何将运动_____生活呢？
   A. 融合　　　　　　B. 融化　　　　　　C. 融洽　　　　　　D. 融入

3. 大会开幕式上将举行运动员_____欢迎仪式。
   A. 入场　　　　　　B. 上场　　　　　　C. 进场　　　　　　D. 出场

4. 您认为我们目前的工作还存在哪些_____的或者说不足的地方？
   A. 软弱　　　　　　B 脆弱　　　　　　C. 薄弱　　　　　　D. 弱势

5. 中国古典文学名著《红楼梦》令多少人_____，感慨万千。
   A. 如醉如痴　　　　B. 如愿以偿　　　　C. 三番五次　　　　D. 容光焕发

6. 下午 4 点以后的太阳光比较_____，不会对人体皮肤产生太大伤害。
   A. 强烈　　　　　　B. 柔和　　　　　　C. 明亮　　　　　　D. 昏暗

7. 她清了清_____，高声唱了起来。
   A. 嗓子　　　　　　B. 脖子　　　　　　C. 声音　　　　　　D. 口音

三、为词语选择合适的位置　Choose the appropriate location for the words.

1. 我 <u>A</u> 要把 <u>B</u> 收集上来的意见 <u>C</u> 反映 <u>D</u> 上去。（如实）

2. 失利 <u>A</u> 原因可以总结出 <u>B</u> 条，但最根本的 <u>C</u> 一条还是我们技不如 <u>D</u> 人。（若干）

3. <u>A</u> 有哪一种爱能和阳光媲美，<u>B</u> 那一定是母爱，<u>C</u> 它是我心中的阳光 <u>C</u>。
（如果说）

4. 经过大家的共同 <u>A</u> 努力，我们 <u>B</u> 终于 <u>C</u>，登上了冠军宝座 <u>D</u>。（如愿以偿）

第 60 单元　Unit 60

◎ 速记　Quick memory

3541 山冈　shāngāng　*n.*　low hill　站在山冈上；走下山冈

3542 山岭　shānlǐng　*n.*　mountain range　连绵的山岭

3543 山路　shānlù　*n.*　mountain road　一段山路；曲折的山路

3544 山寨　shānzhài　*n.*　mountain fastness　平静的山寨；偏僻的山寨

3545 删　shān　*v.*　delete　删掉；删去；删邮件

3546 删除　shānchú　*v.*　delete　删除文件；删除数据；彻底删除

3547 煽动　shāndòng　*v.*　incite　煽动情绪；煽动骚乱

3548 闪烁　shǎnshuò　*v.*　twinkle　灯光闪烁；闪烁不停

3549 善　shàn　*adj.*　good　善事；善心；心怀不善

3550 善意　shànyì　*n.*　good intentions　表达善意；他人的善意

3551 擅长　shàncháng　*v.*　be good at　擅长写作；擅长表演；不太擅长

3552 擅自　shànzì　*adv.*　without authorization　擅自更改；擅自离开

3553 膳食　shànshí　*n.*　meals　科学膳食；合理膳食

3554 赡养　shànyǎng　*v.*　support (esp. one's parents, etc.)　赡养父母；赡养老人

3555 伤残　shāngcán　*v.*　be physically disabled　伤残补助金；致人伤残

3556 伤感　shānggǎn　*adj.*　sentimental　容易伤感；伤感的诗

3557 伤痕　shānghén　*n.*　scar　满是伤痕；留下伤痕

3558 伤脑筋　shāng nǎojīn　troublesome　真伤脑筋；伤透脑筋

3559 伤势　shāngshì　*n.*　injury　伤势严重；伤势不轻

3560 商贩　shāngfàn　*n.*　vendor　个体商贩；流动商贩

从 3541～3550 中选择合适的词语填空　Choose the right words from 3541-3550 and fill in the blanks.

　　1. 他一不小心将电脑中的重要文件_____了。

　　2. 夜空中，星光_____；大地上，一片寂静。

　　3. 为了不让孩子伤心，爸爸编造了一个_____的谎言安慰他。

　　4. 千万不要受坏人的_____去干坏事。

　　5. 我们沿着_____往山顶走。

从 3551～3560 中选择合适的词语填空　Choose the right words from 3551-3560 and fill in the blanks.

　　6. 这是大家的事，你不能自己一个人_____做决定。

　　7. 姐姐非常_____跳高运动，每次比赛都能拿第一。

　　8. 他因_____过重，失血过多，失去了年轻的生命。

　　9. 子女必须承担起_____父母的义务。

　　10. 合理_____，适量运动，有益于身体健康。

第 2 部分　Part 2

3561　商贾　shānggǔ　*n.*　merchants　商贾之家；商贾往来

3562　商讨　shāngtǎo　*v.*　deliberate　商讨国家大事；商讨方案；共同商讨

3563　上报　shàngbào　*v.*　report to　及时上报；逐级上报；上报上级检察院

3564　上场　shàng//chǎng　enter the court　运动员上场；该你上场了

3565　上方　shàngfāng　*n.*　upper position　书架上方；大楼上方

3566　上岗　shàng//gǎng　take up a job　竞争上岗；正式上岗

3567　上火　shàng//huǒ　suffer from excessive internal heat; get angry　容易上火；着急上火

3568　上空　shàngkōng　*n.*　sky　广场上空；城市上空

3569　上流　shàngliú　*n.*　upper reaches (of a river); upper class　黄河上流；上流社会

3570　上期　shàng qī　previous period　上期节目；上期杂志

3571　上任　shàng//rèn　take up an official post　新市长上任；新上任的领导

3572　上述　shàngshù　*adj.*　above-mentioned　上述原因；上述道理

3573　上司　shàngsi　*n.*　superior　上司的命令；顶头上司

3574　上诉　shàngsù　*v.*　appeal　有权上诉；向上级法院提起上诉

3575　上调　shàngtiáo　*v.*　raise　价格上调；利率上调

3576　上头　shàngtou　*n.*　place above; superior　柜子上头；上头的指示

3577　上限　shàngxiàn　*n.*　upper limit　电梯载重上限；上限人数；超过安全上限

3578　上旬　shàngxún　*n.*　first ten-day period of a month　十月上旬；每月上旬

3579　上瘾　shàng//yǐn　be addicted　让人上瘾；抽烟上瘾

3580　上映　shàngyìng　*v.*　show (a film)　电影上映；上映日期

从 3561～3570 中选择合适的词语填空　Choose the right words from 3561-3570 and fill in the blanks.

1. 他一方面将此事＿＿＿＿经理，一方面抓紧时间落实。

2. 你先拿个方案出来，我们再一起＿＿＿＿一下儿。

3. 下午两点，飞机抵达北京＿＿＿＿。

4. 她是按＿＿＿＿中奖号码买的彩票。

5. 上一场比赛中，他＿＿＿＿仅 21 分钟，就得了 15 分。

从 3571～3580 中选择合适的词语填空　Choose the right words from 3571-3580 and fill in the blanks.

6. ＿＿＿＿规定，请大家自觉遵守。

7. 陈导演的新作品将于年底＿＿＿＿。

8. 电子游戏玩儿多了容易＿＿＿＿。

9. 过几天＿＿＿＿有人来视察，大家好好表现。

10. 为了更好地提升教育质量，我校每班学生的＿＿＿＿人数为 30 人。

第3部分　Part 3

3581 上游　shàngyóu　n.　upper reaches (of a river); advanced position　长江上游；河流上游；力争上游

3582 尚　shàng　adv.　still　时间尚早；孩子尚小
　　　　　　　conj.　even　小孩儿尚能做到这一点，何况大人呢？

3583 尚未　shàngwèi　adv.　not yet　尚未决定；尚未解决

3584 捎　shāo　v.　take/bring sth. (by the way)　捎东西；捎信

3585 烧毁　shāohuǐ　v.　burn up　烧毁森林；烧毁房屋；全部烧毁

3586 烧烤　shāokǎo　n.　barbecue　烧烤店；吃烧烤

3587 稍后　shāohòu　adv.　later　稍后再谈；稍后见

3588 稍候　shāohòu　v.　wait a moment　稍候片刻；请稍候

3589 稍稍　shāoshāo　adv.　a little bit　稍稍有点儿不同；稍稍晚一点儿；稍稍等一会儿

3590 少不了　shǎobuliǎo　v.　cannot do without　少不了埋怨；少不了礼物；钱肯定少不了

3591 少见　shǎojiàn　v.　rarely seen　最近少见，您身体还好？
　　　　　　　adj.　rare　少见的好作品；少见的天才

3592 少量　shǎoliàng　adj.　a small amount of　少量盐；少量酒

3593 少有　shǎoyǒu　seldom　天下少有；少有的事

3594 少林寺　Shàolín Sì　n.　Shaolin Temple　少林寺的僧人；参观少林寺

3595 少女　shàonǚ　n.　young girl　美丽的少女

3596 奢侈　shēchǐ　adj.　luxurious　极度奢侈；奢侈的生活

3597 奢望　shēwàng　v.　attach extravagant hope to　奢望回报；不敢奢望
　　　　　　　n.　extravagant hopes　一种奢望；存有奢望

3598 设　shè　v.　set up　设办事处；设闹钟

3599 设定　shèdìng　v.　set　设定目标；设定时间

3600 设法　shèfǎ　v.　think of a way　设法解决；设法帮助

从 3581～3590 中选择合适的词语填空　Choose the right words from 3581-3590 and fill in the blanks.

1. 他们的房子在昨天的火灾中被彻底_____了。
2. 他_____下定决心，还在犹豫中。
3. 他喜欢和朋友边喝啤酒，边吃_____。
4. 该给你的钱，一毛也_____。
5. 您拨打的电话正在通话中，请_____再拨。

从 3591～3600 中选择合适的词语填空　Choose the right words from 3591-3600 and fill in the blanks.

6. 他习惯在咖啡中加入_____牛奶。
7. 这么大的香蕉，真是_____。
8. 成功对于努力者是一种希望，对于懒惰者是一种_____。
9. 我们一直在_____与他取得联系。
10. 开会的时候，他习惯把手机_____成静音状态。

◎**重点词语** Focus words

1. 擅自

　　副词，表示对不在自己职权范围内的事情自作主张。例如：

（1）这药有一些副作用，患者不得擅自用药。

（2）主任不在，大家都不敢擅自调整工作计划。

（3）收取会费应当符合国家和当地的有关规定，不得擅自提高标准。

2. 伤脑筋

　　惯用语，形容事情难办，让人头疼。例如：

（1）更让他们伤脑筋的是，由于资金短缺，影响了他们整个季度的生产计划。

（2）公司经营了四年多，到现在也没挣到钱，董事长为此大伤脑筋。

（3）这段时间丈夫经常出差，儿子上学无人接送。她为找保姆伤透了脑筋。

3. 尚

　　副词，表示动作或状态持续存在，相当于"仍然""还"。只用于书面语，多用在动词或形容词前面。例如：

（1）这门学科仍处在起步阶段，尚有许多问题需要探索。

（2）这份方案尚有许多不完善的地方，需要进一步征求大家的意见。

（3）据报道，关于这起空难的调查工作正在进行，遇难乘客的具体人数尚不清楚。

　　连词，用于前一分句，提出程度更高的事例做对照，后一分句常用"何况""更何况"与之呼应，表示进一层的意思。例如：

（4）大人尚如此，何况是小孩儿。

（5）大商场的竞争尚如此激烈，更何况那些街边小店。

4. 稍稍

　　副词，表示动作持续时间短或程度浅，常和"有（一）点儿、一点儿、一下儿、一会儿"连用。例如：

（1）这天气太热了，稍稍一动便汗如雨下。

（2）有的人稍稍有一点儿工作成绩，就自以为了不起，看不起别人。

（3）爸爸明确表示不支持他辞职创业，这让他稍稍有点儿失望。

（4）这样的失误，只要稍稍认真一点儿就可以避免。

（5）稍稍动一下儿脑筋，还是可以找到很多办法的。

◎**速练** Quick practice

一、选择合适的词语填空　Choose the right words and fill in the blanks.

（一）　　　　A. 伤感　B. 上岗　C. 上火　D. 上方　E. 上任　F. 上游

1. 中医认为，红糖健脾暖胃，而且不会＿＿＿＿＿＿＿，女性不妨多吃一点儿。

2. 俗语说："新官_____三把火。"意思是新官到任后，通常会采取新的举措，以打开工作局面。

3. 位于大河河口的三角洲，是由河水从_____携带的大量泥沙在河口堆积形成的。

4. 小华控制不住自己的感情，流出了_____的泪。

5. 质量检测员必须经考核后才能_____工作。

（二）　　　　A. 稍候　B. 稍稍　C. 少有　D. 奢侈　E. 上调　F. 伤脑筋

1. 对于一个企业来说，资金短缺是一个令人_____的问题。

2. 请您_____片刻，等我处理完手头的事情再给您办。

3. 今天是入冬以来_____的好天气，万里无云，阳光明媚。

4. 日前，银行贷款基准利率_____了 0.5 个百分点。

5. 生活太过_____、过分享受都不是好现象。

二、选择合适的词语完成句子　Choose the right words to complete the sentences.

1. 由于_____较重，他昏迷了一夜，直到第二天才醒过来。

    A. 伤感　　　　　　B. 伤残　　　　　　C. 伤痕　　　　　　D. 伤势

2. 从事技术工作的人员，_____前必须经过专业培训。

    A. 上场　　　　　　B. 上岗　　　　　　C. 上任　　　　　　D. 上火

3. 新能源汽车消费贷款的额度以车价的 85% 为_____，还款期不超过 5 年。

    A. 上旬　　　　　　B. 上限　　　　　　C. 上期　　　　　　D. 上空

4. 20 世纪末，中国已基本普及九年制义务教育，基本_____了青壮年文盲。

    A. 删除　　　　　　B. 排除　　　　　　C. 切除　　　　　　D. 扫除

5. 他是一位杰出的科学家，在其_____的学科领域享有国际声誉。

    A. 善于　　　　　　B. 擅长　　　　　　C. 擅自　　　　　　D. 善意

6. 他虽然发了财，但没什么文化，很难融入_____社会。

    A. 上流　　　　　　B. 上级　　　　　　C. 上方　　　　　　D. 高级

7. 最近爷爷常说自己没有力气，_____活动一下儿就觉得累。

    A. 略微　　　　　　B. 轻微　　　　　　C. 微弱　　　　　　D. 稍稍

三、为词语选择合适的位置　Choose the appropriate location for the words.

1. 方案经 A 批准后，B 任何单位和个人 C 不得 D 更改。（擅自）

2. 动物园虽然规模 A 不大，但却能 B 让人在 C 繁忙的工作之余 D 放松一下儿。
（稍稍）

3. 近几个月，公司的困难情况虽 A 有 B 缓解，但根本问题 C 解决 D。（尚未）

4. 在 A 进行的乒乓球男单 B 决赛中，中国选手 C 将与日本选手 D 竞争冠军。（稍后）

第 61 单元　Unit 61

◎ 速记　Quick memory

第 1 部分　Part 1

3601 **社会主义**　shèhuì zhǔyì　socialism　社会主义国家；社会主义制度

3602 **社交**　shèjiāo　*n.*　social contact　社交软件；社交活动；擅长社交

3603 **社论**　shèlùn　*n.*　editorial　一篇社论；发表社论

3604 **社团**　shètuán　*n.*　community　文学爱好者社团；加入社团

3605 **涉嫌**　shèxián　*v.*　be suspected of being involved in　涉嫌抢劫；涉嫌故意伤人

3606 **摄氏度**　shèshìdù　*m.*　centigrade (℃)　30 摄氏度

3607 **谁知道**　shéi zhīdào　who knows　我以为我会是冠军，谁知道有个人忽然超过了我。

　　　　　A：不知道他们赢了没有？

　　　　　B：谁知道呢。

3608 **申办**　shēnbàn　*v.*　bid　申办奥运会；申办活动；成功申办

3609 **申报**　shēnbào　*v.*　declare　申报纳税；申报专利；自行申报

3610 **申领**　shēnlǐng　*v.*　apply for　申领补助；申领驾驶证；按规定申领入场券

3611 **伸手**　shēn//shǒu　stretch out one's hand　伸手拿书；伸手关灯

3612 **伸缩**　shēnsuō　*v.*　stretch out and draw back　随意伸缩；前后伸缩

3613 **伸张**　shēnzhāng　*v.*　promote, stand up for　得到伸张；伸张正义

3614 **身不由己**　shēnbùyóujǐ　do sth. not of one's own free will　在当时的形势下，他做了很多身不由己的事情。

3615 **身价**　shēnjià　*n.*　social status　抬高身价；身价百倍

3616 **身躯**　shēnqū　*n.*　stature　身躯高大；健壮的身躯

3617 **身心**　shēnxīn　*n.*　mind and body　健全的身心；身心健康

3618 **身影**　shēnyǐng　*n.*　person's silhouette　一个女人的身影；黑色身影

3619 **身子**　shēnzi　*n.*　body　弯下身子；侧着身子

3620 **绅士**　shēnshì　*n.*　gentleman　一位绅士；年轻的绅士

从 3601 ～ 3610 中选择合适的词语填空　Choose the right words from 3601-3610 and fill in the blanks.

　1. 他因_____抢劫他人钱财被抓。

　2. 2020 年以来，我院已向国家相关部门_____多个项目，其中两项现已落实。

　3. 没有面对面的谈话交流，就无法学到真正的_____技巧。

　4. A：他们打算在这儿住多久？

　　 B：_____呢！没准儿要住一个多月吧。

　5. 当年，一听到北京成功_____2008 年奥运会的消息，大家都激动得跳了起来。

从 3611 ～ 3620 中选择合适的词语填空　Choose the right words from 3611-3620 and fill in the blanks.

　6. 他_____从书架上头取下一本词典。

7. 我看见门口一个又瘦又高的_____一闪而过。

8. 你总说"_____""我也没办法"，可这些事情哪件不是你做的？有人逼你吗？

9. 一个人的"_____"是多少，并不是看他的"面子"有多大，而是看他做的贡献有多大。

10. 只要每个人都坚持_____正义，社会就会变得更和谐。

第 2 部分　Part 2

3621 **深奥**　shēn'ào　*adj.*　abstruse　深奥的哲理；见解深奥

3622 **深切**　shēnqiè　*adj.*　deep　深切的希望；深切缅怀

3623 **深情**　shēnqíng　*n.*　deep feeling　一片深情；无限深情

　　　　　　　　　　　adj.　affectionate　深情的拥抱；深情的吻

3624 **深入人心**　shēnrù-rénxīn　strike deep roots in the hearts of the people　和平发展的观念逐渐深入人心。

3625 **深受**　shēnshòu　*v.*　be influenced deeply　深受感动；深受影响

3626 **深思**　shēnsī　*v.*　ponder deeply over　令人深思；值得深思

3627 **深信**　shēnxìn　*v.*　firmly believe　深信不疑；深信我们会赢

3628 **深夜**　shēnyè　*n.*　late night　深夜 11 时；工作到深夜

3629 **深远**　shēnyuǎn　*adj.*　profound　深远的影响；意义深远

3630 **神气**　shén·qì　*n.*　expression　他说话的神气特认真。

　　　　　　　　　　adj.　spirited; arrogant　穿上新军装，显得很神气；他有了几个钱，就神气起来了

3631 **神圣**　shénshèng　*adj.*　holy　神圣的权利；神圣的使命

3632 **神态**　shéntài　*n.*　mien, manner　愉快的神态；神态各异

3633 **神仙**　shén·xiān　*n.*　celestial being　各路神仙；快活似神仙

3634 **审**　shěn　*v.*　review　审稿子；审案子

3635 **审定**　shěndìng　*v.*　examine and approve　审定文件；审定方案

3636 **审核**　shěnhé　*v.*　examine and verify　审核把关；审核工作；认真审核

3637 **审美**　shěnměi　*v.*　appreciate beauty　个人审美；审美标准

3638 **审判**　shěnpàn　*v.*　bring to trial　公开审判；受到审判

3639 **审批**　shěnpī　*v.*　examine and endorse　审批计划；请上级部门审批

3640 **审视**　shěnshì　*v.*　look at sth./sb. attentively　仔细审视；审视自己

从 3621 ～ 3630 中选择合适的词语填空　Choose the right words from 3621-3630 and fill in the blanks.

1. 他不愿意放开心上人的手，只是_____地注视着她。

2. 这本书_____少年儿童的喜爱。

3. 我们_____这届冬奥会一定会取得圆满成功。

4. 很多父母对孩子的思想、感情都缺乏_____的了解。

5. 他在大家下班回家后继续在办公室工作，直到_____。

从 3631 ～ 3640 中选择合适的词语填空　Choose the right words from 3631-3640 and fill in the blanks.

6. 只要犯罪，我们都会依法_____。

7. 这份申请领导已经_____过了。

8. 在这个孩子的眼里，父亲的书房是最_____的地方。

9. 请再_____一下儿方案里的细节内容，以确保活动顺利进行。

10. 婚姻是对双方感情的重新_____。

第 3 部分　Part 3

3641	肾	shèn	n.	kidney	肾功能
3642	甚至于	shènzhìyú	adv.	even	他对这里没有任何留恋，甚至于没说一声"再见"就离开了。
3643	渗	shèn	v.	ooze	渗水；渗漏
3644	渗透	shèntòu	v.	infiltrate	渗透到敌人内部
3645	慎重	shènzhòng	adj.	prudent	慎重的态度；十分慎重
3646	升温	shēngwēn	v.	heat up	日益升温；感情升温
3647	生机	shēngjī	n.	life, vigour	充满生机；带来生机
3648	生理	shēnglǐ	n.	physiology	生理上的缺陷；生理变化
3649	生命线	shēngmìngxiàn	n.	lifeline	产品质量是企业的生命线。
3650	生怕	shēngpà	v.	fear	生怕失败；生怕吵到别人
3651	生平	shēngpíng	n.	lifetime	生平简介；作者生平
3652	生前	shēngqián	n.	before one's death	生前愿望；生前好友
3653	生死	shēngsǐ	n.	life and death	面对生死；笑看生死
			adj.	life-and-death	生死弟兄；生死之交
3654	生态	shēngtài	n.	organism's habits, ecology	生态平衡；生态环境；保护生态
3655	生物	shēngwù	n.	organism	生物进化；生物入侵
3656	生效	shēng//xiào		take effect	立即生效；正式生效
3657	生涯	shēngyá	n.	career	职业生涯；运动生涯
3658	生硬	shēngyìng	adj.	stiff	生硬的态度；生硬的回答
3659	生育	shēngyù	v.	give birth to	生育子女；影响生育
3660	声称	shēngchēng	v.	claim	他不仅不负责，而且声称对此一无所知。

从 3641 ～ 3650 中选择合适的词语填空　Choose the right words from 3641-3650 and fill in the blanks.

1. 亲情是那么平凡，它_____在生活的点点滴滴中。

2. 当今世界科学技术的发展变化不是按年来计算的，_____不是按月来计算的，而是按天来计算的。

3. 我们一起上学，一起吃饭，友谊日益_____。

4. 经过_____考虑，我决定接受他们的建议。

5. 妈妈每天走得很早，_____因堵车而迟到。

从 3651～3660 中选择合适的词语填空　Choose the right words from 3651-3660 and fill in the blanks.

6. 这对夫妇无法_____，他们领养了一个小孩儿。

7. 他的日记在他_____从未公开过。

8. 你的表演不够生动，有些_____，不太自然。

9. 他_____他病了，不能来上班。

10. 她十八岁时就开始了她的演员_____。

◎重点词语　Focus words

1. 谁知道
表示出乎意料，相当于"不料""没能料到"。例如：

（1）谁知道会出现怎样的情况，我们还是做最坏的打算吧。

（2）火车开动的时候，他离开了家人。谁知道这一别就是半个世纪。

（3）谁知道他不惹别人的时候，别人反而要来惹他。

（4）他以为自己到得早，谁知道有人比他到得更早。

表示"难以猜测""不知道"。例如：

（5）现在是走一步看一步，明天的事，谁知道呢？

（6）你看他那一脸坏笑，谁知道他现在打的什么鬼主意？

（7）人心隔肚皮，谁知道他是个什么人。

2. 身不由己
表示自己的行动不由自己支配、做主。例如：

（1）他努力想控制住自己的恐惧，但还是身不由己地全身发抖。

（2）想到这里，他几乎是身不由己地站了起来。

（3）为了家人，他只能做出这个身不由己的决定。

3. 甚至于
副词，强调突出的事例。后面常有"都""也"配合使用。例如：

（1）由于经费不足，这所学校甚至于连专门的实验室都没有。

（2）他不喝酒、不喝咖啡、不喝饮料，甚至于凉水都不喝，只喝热水。

（3）他说着说着，似乎动了感情，甚至于连眼圈都红了。

4. 生怕
动词，很怕，表示担心、担忧。例如：

（1）她生怕稍有不慎之处，给公司造成损失。

（2）奶奶把爷爷用药的时间都提前写了下来，生怕错过。

（3）跑道上，孩子们你追我赶，生怕落在别人后面。

◎速练 Quick practice

一、选择合适的词语填空 Choose the right words and fill in the blanks.

（一）　　　A. 申领　B. 伸缩　C. 身心　D. 深奥　E. 深入人心　F. 深思

1. 老师谈到的问题引起了同学们的_____。

2. 公安部出入境管理局日前推出一系列便民措施，中国公民_____护照将更加便捷。

3. 儿童的_____发展是一个由低级到高级的连续不断的过程。

4. 为了让这个观念_____，我们还需要进一步努力。

5. 这是一个可_____的电动看台，人们可以在这里欣赏城市夜景。

（二）　　　A. 生机　B. 生平　C. 生态　D. 生效　E. 生命线　F. 神气

1. 为了使读者了解王教授的经历，书末附有他的_____简介。

2. 所谓绿色服务，是指以保护自然资源、_____环境和人类健康为宗旨的服务。

3. 产品质量是企业的_____。

4. 春天是一个_____蓬勃、充满生命力的季节。

5. 他_____十足，一脸得意地走了出来。

二、选择合适的词语完成句子 Choose the right words to complete the sentences.

1. 这家公司的发展之路越来越受到人们关注，但同时也留给人们一个又一个_____。
   A. 社团　　　　　B. 剧团　　　　　C. 集团　　　　　D. 谜团

2. 国际奥委会主席向全世界公布了北京_____第 29 届奥运会成功的消息。
   A. 申报　　　　　B. 申领　　　　　C. 申办　　　　　D. 申请

3. 早期经历对人的一生有着_____的影响。
   A. 深奥　　　　　B. 深远　　　　　C. 深切　　　　　D. 深情

4. 父母应该学会怎样从正面的角度去_____孩子、肯定孩子，让孩子拥有积极、健康的心态。
   A. 审定　　　　　B. 审判　　　　　C. 审核　　　　　D. 审视

5. 墓地是他_____亲自选定的，就在这座大山里。
   A. 生机　　　　　B. 生理　　　　　C. 生命　　　　　D. 生前

6. 他对科学研究达到了如醉如痴的地步。一次，他正在研究一个_____的问题，连有人敲门都没有听见。
   A. 深奥　　　　　B. 深刻　　　　　C. 深厚　　　　　D. 奥秘

7. 判处被告赔偿原告人民币七万元，须在判决_____后三个月内执行。
   A. 生成　　　　　B. 生效　　　　　C. 发生　　　　　产生

三、为词语选择合适的位置 Choose the appropriate location for the words.

1. A 话不能说得 B 太满，C 在比赛场上会碰到 D 什么情况呢？（谁知道）

2. A 同学们 B 听不懂，C 老师 D 又重复了一遍。（生怕）

3. 他 A 每天晚上都工作到很晚，以致 B 白天精神无法集中 C，甚至 D 精疲力竭。（于）

4. 他是一位非常 A 敬业的老师，年年 B 获得教学奖，他的课 C 受学生 D 欢迎。（深）

第 62 单元　Unit 62

◎ 速记　Quick memory

3661 **声望**　shēngwàng　*n.*　prestige, repute　国际声望；声望高

3662 **声誉**　shēngyù　*n.*　reputation　国际声誉；商业声誉；良好的声誉

3663 **牲畜**　shēngchù　*n.*　livestock　饲养牲畜；大型牲畜

3664 **绳子**　shéngzi　*n.*　rope　一根绳子；解开绳子

3665 **省略**　shěnglüè　*v.*　omit　省略步骤；省略词语

3666 **省事**　shěng//shì　save trouble; more convenient　办法一改就可以省很多事；在食堂吃饭省事

3667 **圣贤**　shèngxián　*n.*　sage, saint　人非圣贤；古代圣贤

3668 **胜出**　shèngchū　*v.*　win　无人胜出；最终胜出

3669 **胜任**　shèngrèn　*v.*　be competent　无法胜任这项工作

3670 **盛大**　shèngdà　*adj.*　grand　盛大的场面；盛大的晚会

3671 **盛会**　shènghuì　*n.*　banquet　体育盛会；文化盛会

3672 **盛开**　shèngkāi　*v.*　be in full bloom　桃花盛开；盛开的玫瑰

3673 **盛气凌人**　shèngqì-língrén　overbearing　盛气凌人的样子；盛气凌人的态度

3674 **剩余**　shèngyú　*v.*　remain　剩余价值；剩余下来的钱

3675 **尸体**　shītǐ　*n.*　corpse　一具尸体；发现尸体

3676 **失传**　shīchuán　*v.*　fail to be handed down from past generations, exist no more　早已失传；失传已久

3677 **失控**　shīkòng　*v.*　lose control　情绪失控；场面失控

3678 **失利**　shī//lì　suffer a setback　进攻失利；比赛失利

3679 **失恋**　shī//liàn　be disappointed in a love affair　第一次失恋

3680 **失灵**　shīlíng　*v.*　not work (properly)　刹车失灵；开关失灵

从 3661～3670 中选择合适的词语填空　Choose the right words from 3661-3670 and fill in the blanks.

1. 他图_____，买了一个面包当午餐。

2. 他告诉我这个消息时故意_____了一些关键信息。

3. 能在这儿为大家举行_____的宴会是我的荣幸。

4. 他是一个颇有_____的科学家。

5. 我们相信你可以_____这份工作。

从 3671～3680 中选择合适的词语填空　Choose the right words from 3671-3680 and fill in the blanks.

6. 春天，百花_____，美丽的蝴蝶在花丛中飞来飞去。

7. 他车的刹车突然_____了，撞向了路边的大树。

8. 工人们很讨厌经理那_____的态度，纷纷表示抗议。

9. 校篮球队再次_____的消息传来，同学们都很失望。

10. 他的诗有很多已经_____了，真是太可惜了。

第 2 部分　Part 2

3681 **失落** shīluò　v.　lose　钱包失落

　　　　　　　　 adj.　lost　失落的眼神；感到失落

3682 **失眠** shī//mián　insomnia　导致失眠；开始失眠

3683 **失明** shī//míng　go blind　双目失明

3684 **失效** shī//xiào　lose efficacy　条约失效；合同失效

3685 **失业率** shīyèlǜ　n.　unemployment rate　降低失业率；失业率上升

3686 **失踪** shī//zōng　be missing　小孩儿失踪；离奇失踪

3687 **师范** shīfàn　n.　teacher-training school　师范大学；师范专业

3688 **师长** shīzhǎng　n.　teacher　感激师长；尊敬师长

3689 **师资** shīzī　n.　teaching staff　师资不足；培训师资；师资力量

3690 **狮子** shīzi　n.　lion　一头狮子；饥饿的狮子

3691 **施工** shī//gōng　be under construction　工程施工；正在施工

3692 **施加** shījiā　v.　exert　施加压力；施加影响

3693 **施行** shīxíng　v.　go into effect　施行改革；自公布之日起施行

3694 **施压** shīyā　v.　put pressure on sb.　重新施压；给员工施压

3695 **湿度** shīdù　n.　humidity　空气湿度；土壤湿度；湿度大

3696 **湿润** shīrùn　adj.　moist　气候湿润；眼睛湿润

3697 **十字路口** shízì lùkǒu　crossroads　靠近十字路口；人生的十字路口

3698 **时不时** shíbùshí　adv.　from time to time　时不时停下来；时不时问一句

3699 **时段** shíduàn　n.　time interval　黄金时段；高峰时段

3700 **时隔** shí gé　after　时隔多年；时隔这么久

从 3681～3690 中选择合适的词语填空　Choose the right words from 3681-3690 and fill in the blanks.

1. 那个士兵在战斗中受了伤，双目_____。

2. 那天夜里，由于兴奋，我_____了，直到天快亮时才睡着。

3. 二十年前，他的孩子在家门口离奇_____，此后再无消息。

4. 限期使用的产品，需要标明生产日期、保质期及_____日期。

5. 这个学校目前存在的问题主要是_____不足，需要引进新人。

从 3691～3700 中选择合适的词语填空　Choose the right words from 3691-3700 and fill in the blanks.

6. 他_____朝门口看一眼，似乎在等什么人。

7. 你一直不结婚，父母会不会给你_____压力？

8. _____这么久，我几乎想不起他这个人了。

9. 建筑工人在大太阳下_____，真辛苦。

10. 见到多年不见的老师，爸爸的眼睛_____了。

第 3 部分　Part 3

3701 **时好时坏**　shíhǎo-shíhuài　up and down　天气时好时坏；生意时好时坏

3702 **时间表**　shíjiānbiǎo　*n.*　schedule　工作时间表；列车时间表

3703 **时空**　shíkōng　*n.*　time and space　超越时空；不同时空

3704 **时髦**　shímáo　*adj.*　stylish　时髦人物；赶时髦

3705 **时尚**　shíshàng　*adj.*　fashionable　时尚杂志；追求时尚

3706 **时速**　shísù　*n.*　speed per hour　最高时速；时速 120 千米

3707 **识别**　shíbié　*v.*　discern　识别颜色；识别方向；准确识别

3708 **实地**　shídì　*adv.*　on the spot, in the field　实地考察；实地调查

3709 **实话**　shíhuà　*n.*　truth　大实话；说实话

3710 **实话实说**　shíhuà-shíshuō　speak frankly　考虑许久，我还是决定实话实说。

3711 **实况**　shíkuàng　*n.*　what is actually happening on the spot　实况报道；比赛实况

3712 **实事求是**　shíshì-qiúshì　seek truth from facts　实事求是地批评；实事求是的精神

3713 **实体**　shítǐ　*n.*　entity　实体经济；政治实体

3714 **实物**　shíwù　*n.*　material object　实物交换；实物教学

3715 **实质**　shízhì　*n.*　essence　问题的实质；抓住实质

3716 **食宿**　shísù　*n.*　board and lodging　食宿价格；提供食宿

3717 **食用**　shíyòng　*v.*　edible　不可食用；与牛奶搭配食用

3718 **史无前例**　shǐwúqiánlì　unprecedented in history　史无前例的行动；规模史无前例

3719 **使唤**　shǐhuan　*v.*　order about　听他使唤；受人使唤

3720 **使命**　shǐmìng　*n.*　mission　光荣的使命；肩负重要使命

从 3701～3710 中选择合适的词语填空　Choose the right words from 3701-3710 and fill in the blanks.

1. 林阿姨虽然生活富裕，但她穿着朴素，从不赶＿＿＿＿＿＿。

2. 中国高铁的最高运营＿＿＿＿＿＿可达 350 千米。

3. 在他的＿＿＿＿＿＿上，每天必不可少的是运动时间。

4. 面对警察的严厉审问，他不得不＿＿＿＿＿＿。

5. 经验丰富的老警察能一眼＿＿＿＿＿＿出人群中的小偷儿。

从 3711～3720 中选择合适的词语填空　Choose the right words from 3711-3720 and fill in the blanks.

6. 周日，电视台播放了女足决赛的＿＿＿＿＿＿转播。

7. 那次大地震造成了＿＿＿＿＿＿的伤亡。

8. 他是否有足够的能力去完成这项＿＿＿＿＿＿？

9. 他自己不爱劳动，总喜欢＿＿＿＿＿＿别人干这干那。

10. 对员工的工作，既要肯定成绩，也要＿＿＿＿＿＿地指出问题。

◎**重点词语** Focus words

1. 省事
表示减少或简化办事手续。例如：

（1）办法一改就可以省许多事。
表示方便、不麻烦、不费工夫。例如：

（2）午饭下面条儿比较省事。

（3）大家都认为这是最有效、最省事的办法。

（4）每次医务人员登门都态度和蔼，看病仔细，比去医院省事多了。

2. 盛气凌人
表示傲慢的气势逼人。例如：

（1）对别人盛气凌人不仅不能抬高自己，反而容易引起别人的反感。

（2）你不要摆出一副教训人的样子，对别人的事情说三道四，盛气凌人。

3. 时不时
副词，表示时常、常常。例如：

（1）他在自己的作品中会时不时地提到自己的母亲。

（2）老王对现代企业管理一窍不通，时不时会闹出些笑话来。

（3）老年人活动中心里时不时传出老人们欢快的笑声。

4. 时隔
表示时间上的距离。例如：

（1）时隔不久，他就又去国外出差了，一走就是半个月。

（2）2015 年他们就买房了，但时隔四年，他们才搬入新房。

（3）爷爷曾在 1990 年到过北京，时隔 30 多年后，终于故地重游。

5. 实事求是
表示按照事物的实际情况正确对待和处理问题。例如：

（1）产品说明书上的内容要实事求是，既不夸大，也不缩小。

（2）你要实事求是地把当时的情况说清楚，说明白。

（3）实事求是地说，我们公司的产品在质量上还有很大的提升空间。

6. 史无前例
表示历史上没有这样的先例，与"前所未有"意思相近。例如：

（1）这一成就在人类历史上是史无前例的。

（2）毫不夸张地说，我们的经验是开天辟地、史无前例的。

（3）为了完成这项史无前例的大工程，他们耗费了整整十年的时间。

◎ **速练　Quick practice**

一、选择合适的词语填空　Choose the right words and fill in the blanks.

（一）　　　A. 剩余　B. 胜出　C. 失控　D. 失恋　E. 失落　F. 施压

1. 重大赛事中，谁心理素质好，现场发挥正常，谁就有更大的机会_____。

2. 有抗议者冲进会场，现场顿时_____，乱成了一锅粥。

3. 很多人退休后，社交少了，很容易感到_____、孤独。

4. 下半场比赛刚开始，他们就加强了进攻，不断向对手_____。

5. 发展新型乡镇企业可以解决农村_____劳动力的出路问题。

（二）　　　A. 时好时坏　B. 实地　C. 时速　D. 时尚　E. 实质　F. 实物

1. 在原始社会，人们记事的方法主要有两种：一种是用_____记事，一种是用图画记事。

2. 他们讨论来讨论去，却始终没有涉及问题的_____。

3. 大病一场后，他的身体_____，只得请假休息。

4. 调查显示，18 至 24 岁的年轻女性在购物时喜欢购买更为_____的品牌。

5. 这条路限速，_____超过 80 千米会被罚款。

二、选择合适的词语完成句子　Choose the right words to complete the sentences.

1. 发票是经济_____之间经济往来的原始凭证。
   A. 实话　　　　　　B. 实体　　　　　　C. 实物　　　　　　D. 实质

2. 你的思路转得太快了，你_____了一两个环节，我就跟不上了。
   A. 省略　　　　　　B. 忽略　　　　　　C. 粗略　　　　　　D. 节省

3. 本规定自发布之日起_____。
   A. 施加　　　　　　B. 施工　　　　　　C. 施行　　　　　　D. 施压

4. 有的老人听觉_____，生怕别人也听不见，所以说话声音很大。
   A. 失传　　　　　　B. 失控　　　　　　C. 失灵　　　　　　D. 失眠

5. 爷爷的身体_____，让人很担心。
   A. 时好时坏　　　　B. 实话实说　　　　C. 盛气凌人　　　　D. 史无前例

6. 有些人在_____以后常常怀疑还会不会有人爱上自己。
   A. 失败　　　　　　B. 失恋　　　　　　C. 失利　　　　　　D. 失误

7. 只有_____调查后才有发言权。
   A. 当地　　　　　　B. 本地　　　　　　C. 原地　　　　　　D. 实地

三、为词语选择合适的位置　Choose the appropriate location for the words.

1. 他建议 A 我们到工厂 B 里采访 C，去 D 考察一番。（实地）

2. 当你 A 浏览网站时，不管你 B 愿不愿意，总会有广告 C 来强占你的 D 屏幕。（时不时）

3. 改革开放以来，全省 A 失业 B 长期保持 C 在 2% 左右 D。（率）

4. A 二十年，维也纳交响乐团 B 再一次访问中国，乐迷们希望 C 下一次不会再等待 D 这么久。（时隔）

第63单元 Unit 63

◎ 速记 Quick memory

3721 **使者** shǐzhě *n.* envoy, emissary 光明的使者；中外友谊的使者

3722 **士气** shìqì *n.* morale 提升士气；士气高涨；士气低迷

3723 **示威** shìwēi *v.* demonstrate 向……示威；参与示威；示威游行

3724 **示意** shìyì *v.* signal, hint, motion 向……示意；举手示意；示意司机停车；示意图

3725 **世代** shìdài *n.* long period of time; generations 流传了很多世代；世代相传；世代经商

3726 **世故** shìgu *adj.* worldly-wise 狡猾而又世故；相当世故；懂得人情世故

3727 **世界级** shìjiè jí world-class 世界级球星；世界级比赛；世界级文化遗产

3728 **世袭** shìxí *v.* be hereditary, the throne and titles are handed down from generation to generation 世袭制度；世袭财产；王位世袭

3729 **市场经济** shìchǎng jīngjì market economy 市场经济模式；市场经济条件；市场经济规律

3730 **势必** shìbì *adv.* certainly 势必引起民众反对；势必造成不良影响

3731 **势不可当** shìbùkědāng irresistible 短视频潮流的发展势不可当，不管你喜欢不喜欢。

3732 **势头** shìtou *n.* impetus, momentum, tendency, look of things 降雨的势头；保持发展势头；势头不减

3733 **事迹** shìjì *n.* deed, achievement 英雄事迹；先进事迹；感人事迹

3734 **事态** shìtài *n.* state of affairs, situation 紧急事态；事态严重；控制事态发展

3735 **事务** shìwù *n.* work, routine, general affairs 公司内部事务；有关事务；法律事务；事务繁忙；处理这些事务

3736 **事务所** shìwùsuǒ *n.* office 律师事务所；会计师事务所；在事务所工作

3737 **事项** shìxiàng *n.* item, matter 注意事项；重要事项；报名事项；有关事项

3738 **事宜** shìyí *n.* matters concerned 相关事宜；各类事宜；询问合作事宜

3739 **侍候** shìhòu *v.* wait upon, look after, attend 侍候病人；侍候父母

3740 **试探** shìtan *v.* sound out, feel out 试探他的态度；反复试探；主动试探；进一步试探

从 3721～3730 中选择合适的词语填空 Choose the right words from 3721-3730 and fill in the blanks.

1. 这是一场＿＿＿＿＿的比赛，非常精彩。

2. 中国的社会主义＿＿＿＿＿体制，最大限度地解放了生产力，提高了生产效率。

3. 如果坚持原来的做法，＿＿＿＿＿会引起混乱。

4. ＿＿＿＿＿是军队能打胜仗的一个重要因素，要善于调节和调动士兵们的情绪。

5. 王校长举手_____主持人自己有话要说。

从 3731～3740 中选择合适的词语填空　Choose the right words from 3731-3740 and fill in the blanks.

6. 目前_____并不乐观，再不控制，一定会造成严重的后果。

7. 候车室的墙上贴着一张《旅客注意_____》。

8. 中国经济继续保持着良好的发展_____，大家都非常有信心。

9. 现有我公司人事部张斌同志来贵处商谈员工培训_____，请予接待。

10. 他本想_____一下儿对方，但对方并没有任何反应。

第 2 部分　Part 2

3741 **试行**　shìxíng　*v.*　try out　首次试行；试行标准；试行办法

3742 **试用**　shìyòng　*v.*　try out, be on probation　免费试用；试用品；试用版；试用的机会

3743 **试用期**　shìyòngqī　*n.*　probation period　试用期待遇；干部试用期；试用期合同；三个月的试用期

3744 **视察**　shìchá　*v.*　inspect; examine　视察工作；视察地形；视察民情；视察边界

3745 **视角**　shìjiǎo　*n.*　angle of view, perspective　独特的视角；全新的视角；女性视角

3746 **视觉**　shìjué　*n.*　visual sense, vision, sense of sight　视觉冲击；视觉形象；视觉感受

3747 **视力**　shìlì　*n.*　vision, eyesight　检查视力；视力下降；保护视力

3748 **视线**　shìxiàn　*n.*　line of vision; attention　视线模糊；挡住视线；转移公众的视线

3749 **视野**　shìyě　*n.*　field of vision (or view)　广阔的视野；开阔视野；打开视野；进入公众的视野

3750 **柿子**　shìzi　*n.*　persimmon　柿子树；捏软柿子

3751 **是非**　shìfēi　*n.*　right and wrong; quarrel, dispute　分清是非；招惹是非；远离是非

3752 **适度**　shìdù　*adj.*　appropriate, moderate　规模适度；运动适度；适度调整

3753 **适量**　shìliàng　*adj.*　appropriate in amount or quantity　适量饮酒；适量补充维生素；适量增加

3754 **适时**　shìshí　*adj.*　in good time, timely　适时调整；适时结束；适时离场；适时更新

3755 **适宜**　shìyí　*adj.*　suitable, fit, appropriate　温度适宜；条件适宜；适宜居住；适宜植物生长

3756 **逝世**　shìshì　*v.*　pass away, die　不幸逝世；逝世三周年

3757 **释放**　shìfàng　*v.*　release, set free; release the contained substances or energy　无罪释放；释放犯人；释放压力；释放能量；释放信号

3758 **嗜好**　shìhào　*n.*　hobby, addiction　不良嗜好；特殊的嗜好

3759 **收复**　shōufù　*v.*　recover, recapture　收复失地；收复国土；收复城市

3760 **收据**　shōujù　*n.*　receipt　三张收据；专用收据；缴费收据；开收据

从 3741～3750 中选择合适的词语填空　Choose the right words from 3741-3750 and fill in the blanks.

1. 和公司签订劳动合同后有三个月的_____，这段时间的工资是合同工资的 80%。

2. 市长正在郊区的汽车公司_____，不在办公室。

3. 她的 _____ 落在了我的身上。

4. 大家都说平时应该适量吃一些胡萝卜，可以保护 _____。

5. 新的法规将在若干城市 _____，政府会根据结果决定是否在全国推广。

从 3751～3760 中选择合适的词语填空　Choose the right words from 3751-3760 and fill in the blanks.

6. "你在家里老老实实待着，不给我惹 _____ 就行了。"妈妈生气地说。

7. 银行贷款政策将 _____ 向中小型企业倾斜，以促进其发展。

8. 您好，能给我开一张正式的 _____ 吗？我们报销的时候需要。

9. 他因为酒后驾车被拘留了 10 天，昨天刚刚 _____。

10. 小伙子长得很精神，也没有什么不良 _____，我觉得挺不错的。

第 3 部分　Part 3

3761　**收敛**　shōuliǎn　*v.*　restrain oneself; weaken, disappear　收敛脾气；不正之风有所收敛

3762　**收留**　shōuliú　*v.*　take sb. in, have sb. in one's care　收留流浪猫；收留孤儿；同意收留；好心收留

3763　**收买**　shōumǎi　*v.*　purchase, buy in; buy over, bribe　收买粮食；收买人心；他被收买了

3764　**收视率**　shōushìlǜ　*n.*　(of a TV program) viewing rate　节目收视率；收视率很高；提高收视率

3765　**收缩**　shōusuō　*v.*　contract, shrink; draw back　遇冷收缩；收缩兵力；收缩血管

3766　**收支**　shōuzhī　*n.*　incomes and expenses　收支平衡；财政收支；家庭收支；日常收支

3767　**手臂**　shǒubì　*n.*　arm　张开手臂；举起手臂；伸出手臂

3768　**手册**　shǒucè　*n.*　manual, handbook　使用手册；技术手册；词汇手册；旅行手册

3769　**手动**　shǒudòng　*adj.*　manual　手动挡汽车；手动调节；手动输入

3770　**手脚**　shǒujiǎo　*n.*　motion; trick, underhand method　手脚敏捷；慌了手脚；他在公司账上动了手脚

3771　**手帕**　shǒupà　*n.*　handkerchief　一块手帕；用手帕包着伤口

3772　**手枪**　shǒuqiāng　*n.*　pistol　一把手枪；掏出手枪

3773　**手势**　shǒushì　*n.*　gesture　"点赞"的手势；打手势

3774　**手术室**　shǒushùshì　*n.*　operating room (OR)　进手术室；在手术室外等候

3775　**手头**　shǒutóu　*n.*　place within one's reach; one's financial condition at the moment　手头的工作；手头的资料；手头紧；手头很宽松

3776　**手腕**　shǒuwàn　*n.*　wrist; trick, stratagem　右手手腕；耍手腕；外交手腕；政治手腕

3777　**手艺**　shǒuyì　*n.*　craftsmanship, handicraft　手艺人；高超的手艺；学手艺

3778　**手掌**　shǒuzhǎng　*n.*　palm (of the hand)　手掌心；拍手掌

3779　**守候**　shǒuhòu　*v.*　wait for; keep watch　守候消息；为爱守候；守候病人

3780　**守护**　shǒuhù　*v.*　guard, defend　守护家园；守护儿童；守护生命

从 3761～3770 中选择合适的词语填空　Choose the right words from 3761-3670 and fill in the blanks.

1. 奥运会期间，中央电视台创造了体育节目_____的最高纪录。

2. 他觉得选举的结果被人动了_____，坚持要求重新选举。

3. 在老师的严厉批评下，他不遵守纪律的毛病_____了一些。

4. 这种药会让血管_____，以使血压快速升高。

5. 这家公司的货物进出、人员调动、财务_____等都有详细记录，非常规范。

从 3771～3780 中选择合适的词语填空　Choose the right words from 3771-3780 and fill in the blanks.

6. 相同的_____在不同的文化中，可能会有不同的含义。

7. 最近_____有点儿紧，你能不能借我 1000 元？

8. 妻子_____在手术室外，一步都不敢离开。

9. 老张，你的_____是越来越好了啊，简直都看不出来这双鞋是修过的。

10. 你不要跟我玩儿_____，我早就知道你想干什么了。

◎ **重点词语　Focus words**

1. 示意

动词，指用表情、动作、语言或图形来表示意思，用含蓄的方式委婉地提醒。例如：

（1）她冲丈夫瞪了瞪眼，**示意**他不要再继续说下去了。

（2）他从外包装盒里取出一张安装**示意**图，只花了大约 10 分钟就把电脑桌安好了。

（3）"老板马上就到！"张秘书**示意**大家做好准备，迎接检查。

2. 势必

副词，根据形势推测必然会怎样。例如：

（1）再这样下去，我们公司**势必**会在竞争中失去优势。

（2）天天熬夜加班，**势必**引起员工的不满。

（3）孩子迷恋电子游戏，**势必**影响学习。

3. 势不可当

当：抵挡。形容来势迅猛，不能抵挡。例如：

（1）突如其来的泥石流**势不可当**地摧毁了山下的桥梁和房屋。

（2）体制机制改革的浪潮在全国兴起，**势不可当**。

（3）这**势不可当**的时代潮流，又有谁能抗拒得了呢？

4. 适宜

形容词，合适。例如：

（1）她心细，**适宜**做财会工作。

（2）今天张丽的妆化得浓淡**适宜**，美丽又大方。

（3）这里的气候不**适宜**种植小麦。

5. 手脚

名词，一指动作、举动，二指为达到某种目的而暗中采取的行动（含贬义）。例如：

（1）他到底是年轻，<u>手脚</u>快，没多大一会儿就把活儿干完了。

（2）看得出来，这种防盗锁质量挺不错，小偷儿费了不少<u>手脚</u>才把锁打开。

（3）这辆车一定被人动过<u>手脚</u>，刹车完全失灵了。

◎ **速练** Quick practice

一、选择合适的词语填空　Choose the right words and fill in the blanks.

（一）　　　A. 事宜　B. 使者　C. 势不可当　D. 事迹　E. 世袭　F. 世代

1. 我们家_____生活在长江边上，水性都很好。

2. 学好中文之后，我打算做中美文化交流的_____，为两国关系的发展贡献力量。

3. 经济全球化的潮流_____，大学生要积极培养跨文化交际的意识。

4. 大会上，我们一起学习了袁隆平的先进_____。

5. 实习的时候，我在公司办公室协助总经理秘书处理对外宣传_____。

（二）　　　A. 守护　B. 收留　C. 适度　D. 手动　E. 视线　F. 收复

1. 她非常小心，一直没有让孩子脱离自己的_____。

2. 医生嘱咐他在手术后要_____增加运动的时间，这样有助于早日康复。

3. 后来，他们被一个好心的老奶奶_____了，一直到长大成人。

4. 空调的遥控器坏了，只能_____开关。

5. 我希望以后能一直_____在你的身边，直到我们老去。

二、选择合适的词语完成句子　Choose the right words to complete the sentences.

1. 大量群众走上街头游行_____，抗议自己的国家在国际上受到的不公正待遇。
　　A. 示威　　　　　B. 示意　　　　　C. 侍候　　　　　D. 试用

2. 这幅画儿色彩浓重，对比鲜明，给人带来强烈的_____冲击和震撼。
　　A. 视线　　　　　B. 视力　　　　　C. 视角　　　　　D. 视觉

3. 他用手试了试，洗澡水温度_____，不冷也不热。
　　A. 适量　　　　　B. 适时　　　　　C. 适宜　　　　　D. 适用

4. 总经理试图用发奖金的办法_____人心，让大家都来支持他。
　　A. 收留　　　　　B. 收买　　　　　C. 收缩　　　　　D. 收支

5. 她的_____上戴着一块电子表，那是她最心爱的生日礼物。
　　A. 手头　　　　　B. 手腕　　　　　C. 手掌　　　　　D. 手臂

6. 他掏出一把_____，重重地砸在桌子上，把大家吓了一跳。
　　A. 手帕　　　　　B. 手册　　　　　C. 手枪　　　　　D. 手艺

7. 为纪念严复先生_____100 周年，中央电视台特别制作了这期节目。
　　A. 试探　　　　　B. 世故　　　　　C. 世袭　　　　　D. 逝世

三、为词语选择合适的位置　Choose the appropriate location for the words.

1. 19世纪的中国 <u>A</u> 历史告诉我们，<u>B</u> 落后于世界潮流 <u>C</u> 会被世界 <u>D</u> 抛弃。（势必）

2. 他 <u>A</u> 对孩子们之间的 <u>B</u> 对错并不 <u>C</u> 十分 <u>D</u> 在意。（是非）

3. 学校应该 <u>A</u> 培养孩子的 <u>B</u> 外语能力，<u>C</u> 过了语言关键期 <u>D</u> 再学习外语就比较难了。（适时）

4. 中国 <u>A</u> 有些企业 <u>B</u> 开始 <u>C</u> 每周四天半工作制，效果 <u>D</u> 还不错。（试行）

第64单元　Unit 64

◎ 速记　Quick memory

3781 **守株待兔** shǒuzhū-dàitù　stand by a stump waiting for hares to come and dash themselves against it — wait for gains without pains　我们不能在这里守株待兔，必须主动创造机会。

3782 **首创** shǒuchuàng　*v.*　originate, initiate, pioneer　国内首创；首创精神；首创者

3783 **首府** shǒufǔ　*n.*　prefecture, capital city　地区首府；首府城市

3784 **首批** shǒupī　first batch　首批企业；首批试点城市；首批大学生

3785 **首饰** shǒu·shì　*n.*　jewelry　首饰盒；首饰店；戴首饰

3786 **首要** shǒuyào　*adj.*　of the first importance　首要任务；首要问题；首要位置

3787 **寿命** shòumìng　*n.*　life span, life　寿命长；平均寿命；延长寿命

3788 **受过** shòu//guò　take the blame (for sb. else)　替人受过；代人受过

3789 **受害** shòu//hài　suffer injury, fall victim　受害者；受害群众；受害的一方；受害不浅

3790 **受害人** shòuhàirén　*n.*　victim, sufferer　受害人的家属；请求受害人的原谅；帮助受害人

3791 **受贿** shòu//huì　take bribes　拒绝受贿；受贿罪；受贿60万元

3792 **受惊** shòu//jīng　be frightened　受惊的牛群；受惊的人们

3793 **受苦** shòu//kǔ　suffer (hardships)　一起受苦；不让孩子受苦

3794 **受理** shòulǐ　*v.*　accept and handle; accept and hear a case　受理汇款业务；法院已受理此案

3795 **受骗** shòu//piàn　be cheated　当心受骗；防止受骗；上当受骗

3796 **受益** shòuyì　*v.*　benefit from　受益许多；终身受益；保险受益人

3797 **授权** shòuquán　*v.*　empower, authorize　品牌授权；获得授权；授权书

3798 **授予** shòuyǔ　*v.*　confer, award　授予学位；授予称号；授予权力

3799 **售价** shòujià　*n.*　selling price　商品的售价；降低售价；售价500元

3800 **售票** shòupiào　*v.*　sell tickets　售票员；售票口；售票处；停止售票

从3781～3790中选择合适的词语填空　Choose the right words from 3781-3790 and fill in the blanks.

1. 黄石市政府在湖北省_____了"一站式"政府服务模式。

2. 现代社会发展的_____矛盾是人与自然的关系问题。

3. 这起案件的_____很多，大多数是老年人。

4. 他不是真正的凶手，他这是代人_____。

5. 我们决定_____，在他家门口静静地等他回来。

从 3791 ～ 3800 中选择合适的词语填空　Choose the right words from 3791-3800 and fill in the blanks.

6. 检察机关掌握了他＿＿＿＿＿＿＿的证据，把他控制了起来，还带走了他办公室里所有的文件。

7. 这座大坝建成后产生的电能让几十万人＿＿＿＿＿＿＿，让他们从此告别黑暗，过上现代生活。

8. 海尔集团正式＿＿＿＿＿＿＿该网站销售海尔集团的家电产品。

9. 最近航空公司不景气，北京飞上海的机票＿＿＿＿＿＿＿仅 300 元。

10. 王先生不愿看到穷人＿＿＿＿＿＿＿，常常接济他们，帮助他们渡过难关。

第 2 部分　Part 2

3801	书橱	shūchú	n.	bookcase　中式书橱；安装书橱
3802	书籍	shūjí	n.	books　专业书籍；科技书籍；军事书籍
3803	书记	shūjì	n.	secretary　总书记；王书记；书记处
3804	书面	shūmiàn	adj.	written, in written form　书面材料；书面检讨；书面保证；书面通知
3805	书写	shūxiě	v.	write　书写姿势；书写习惯；书写用纸
3806	抒情	shūqíng	v.	express one's emotion　抒情诗；抒情散文；写景抒情
3807	枢纽	shūniǔ	n.	pivot, hub　枢纽地位；交通枢纽
3808	梳	shū	v.	comb one's hair, etc.　梳头；梳辫子
3809	梳理	shūlǐ	v.	comb (one's hair); comb, organize　梳理头发；梳理羽毛；梳理案情
3810	梳子	shūzi	n.	comb　一把梳子；木头梳子；牛角梳子
3811	舒畅	shūchàng	adj.	happy, free from worry　心情舒畅；无比舒畅；舒畅地呼吸
3812	疏导	shūdǎo	v.	dredge; guide, regulate　疏导河流；疏导交通；心理疏导
3813	疏忽	shūhu	v.	be careless, be negligent　疏忽大意；工作疏忽；疏忽了家庭和孩子
3814	疏散	shūsàn	adj.	sparse, scattered　疏散的村庄；非常疏散
			v.	evacuate　疏散人群；紧急疏散
3815	疏通	shūtōng	v.	dredge; mediate between two parties　疏通排水管道；疏通血管；疏通关系
3816	输家	shūjiā	n.	loser　比赛的输家；人生的输家
3817	输送	shūsòng	v.	carry, transport　输送物资；输送血液；输送带
3818	输血	shū//xuè		transfuse blood　紧急输血；需要输血
3819	输液	shū//yè		have an infusion　进行输液；输液室；输液瓶
3820	赎	shú	v.	redeem, ransom; atone for　赎金；赎东西；赎回；赎罪

从 3801 ～ 3810 中选择合适的词语填空　Choose the right words from 3801-3810 and fill in the blanks.

1. 王老师是我们学校的＿＿＿＿＿＿＿，和校长一起管理学校。

2. 如果你需要请 5 天以上的假，必须提前写＿＿＿＿＿＿＿申请，得到批准后才能离开。

3. 张教授仔细地＿＿＿＿＿＿＿着实验数据，尽量使文章没有漏洞。

4. 这座立交桥是城市的交通＿＿＿＿＿＿＿，每天有无数的车辆通行。

5. 这首诗的后半段主要是在_____，表达了诗人对家乡深切的爱。

从 3811～3820 中选择合适的词语填空　Choose the right words from 3811-3820 and fill in the blanks.

6. 唉，又堵车了，就没有人能_____一下儿吗？

7. 仓库着火了，工厂急忙将工人_____到了安全地带。

8. 他俩比赛打篮球，说好_____要请对方吃饭。

9. 奶奶躺在病床上，正在_____，以补充必需的营养。

10. 要借钱的话可以暂时把汽车押在这儿，等你有钱了再把它_____回去。

第3部分　Part 3

3821 **暑期** shǔqī *n.* summer (vacation) 暑期培训班；暑期安排；暑期旅行

3822 **属性** shǔxìng *n.* attribute, property 本质属性；特有属性；基本属性；社会属性

3823 **曙光** shǔguāng *n.* first light of morning; dawn 第一缕曙光；黎明前的曙光；胜利的曙光

3824 **束缚** shùfù *v.* tie, bind up 束缚手脚；束缚思想；家庭的束缚

3825 **树立** shùlì *v.* set up, establish 树立榜样；树立远大目标；树立正确的世界观

3826 **树木** shùmù *n.* trees 花草树木；树木茂盛；培育树木

3827 **树梢** shùshāo *n.* tip of a tree, treetop 柳树梢；果实挂满树梢

3828 **树荫** shùyīn *n.* shade of a tree 一片树荫；树荫下

3829 **树枝** shùzhī *n.* branch 一根树枝；树枝上

3830 **竖** shù *v.* set upright, erect 竖大拇指；把柱子竖起来
　　　　　　　adj. vertical, upright 一条竖线；竖井

3831 **数额** shù'é *n.* number 固定数额；超出限定数额；数额巨大

3832 **数据库** shùjùkù *n.* database 数据库建设；数据库容量；开发数据库

3833 **刷新** shuāxīn *v.* refresh 刷新纪录；刷新认知

3834 **耍** shuǎ *v.* perform, play with; show, display (rich in derogatory meanings); play tricks on (sb.) 耍刀；耍脾气；耍他玩儿

3835 **耍赖** shuǎlài *v.* act shamelessly 不许耍赖；经常耍赖；从不耍赖

3836 **衰减** shuāijiǎn *v.* weaken, fail, diminish 热度衰减；逐渐衰减

3837 **衰竭** shuāijié *v.* exhaust 资源衰竭；心力衰竭；呼吸衰竭；器官衰竭

3838 **衰老** shuāilǎo *adj.* old and feeble 日渐衰老；衰老的皮肤；对抗衰老

3839 **衰弱** shuāiruò *adj.* weak, feeble 心脏衰弱；神经衰弱；慢慢衰弱的声音

3840 **衰退** shuāituì *v.* fail, decline 视力衰退；记忆力衰退；经济衰退

从 3821～3830 中选择合适的词语填空　Choose the right words from 3821-3830 and fill in the blanks.

1. 每种物质都有自己的化学_____，对酸的反应也各不相同。

2. 他相信眼前的黑暗终将过去，人们必将迎来希望的_____。

3. 大儿子考上了北京大学，为弟弟妹妹们_____了良好的榜样。

4. 风筝挂在了高高的_____上，谁也没办法拿下来。

5. 同学们都对她_____起了大拇指，称赞不已。

从 3831 ～ 3840 中选择合适的词语填空　Choose the right words from 3831-3840 and fill in the blanks.

6. 你需要_____一下儿网页，这样就能看到最近的消息了。

7. 玩儿游戏的时候他总是_____，渐渐大家都不愿意和他一起玩儿了。

8. 医生说老人现在多个器官_____，已经没有办法了。

9. 请您核对一下儿取款单和现金的_____是否一致。欢迎再来我行办理业务。

10. 受战争的影响，这个国家的经济_____得十分厉害。

◎重点词语　Focus words

1. 守株待兔

株：露在地面上的树根。原比喻存有不经过努力而得到成功的侥幸心理；现也比喻死守狭隘经验，不懂变通，或坚持等待目标的出现。例如：

（1）一分耕耘一分收获，守株待兔终究不可取。

（2）经验固然重要，但却不能守株待兔，不知变通。

（3）警方守株待兔，埋伏了几天，但歹徒始终没有出现。

2. 受益

动词，得到好处或利益。例如：

（1）治理荒山，谁投资谁受益。

（2）下午的讲座信息量很大，现场的听众都表示受益良多。

（3）只有让人民群众受益了，才能得到他们的真心拥护和支持。

3. 书面

形容词，用文字表达的（区别于"口语"）。例如：

（1）上级部门要求他就自己的错误行为做书面检讨。

（2）中文书面语和口语有一定区别。

（3）口头承诺没有法律效力，还是要签一个书面合同。

4. 疏导

动词，指疏通和引导。例如：

（1）传说在远古时期，大禹就曾疏导过黄河。

（2）前方路段因为交通事故出现了严重拥堵，交警正在现场疏导车流。

（3）高中生学习压力大，家长和老师要注意加强对孩子的心理疏导。

5. 束缚

动词，进行约束和限制，或使不超出指定的范围。例如：

（1）他想进行改革，却被各种规定束缚住了手脚。

（2）想要走向新的生活，就要摆脱旧观念的束缚。

（3）被物质欲望所束缚，就会变成金钱的奴隶。

◎速练　Quick practice

一、选择合适的词语填空　Choose the right words and fill in the blanks.

（一）　　　A. 首批　B. 首府　C. 寿命　D. 首创　E. 首要　F. 首饰

1. 我们现在面临的_____问题是资金不足。

2. 现在她不得不把结婚时买的_____卖掉，以支付这些账单。

3. 这个旅行团是今年进入大明山的_____游客，受到了热烈的欢迎。

4. 据统计，新中国成立以来，中国人的平均_____增长了42岁。

5. 专利权就是为了保护_____精神，鼓励创新。

（二）　　　A. 受骗　B. 授权　C. 受理　D. 授予　E. 受惊　F. 受过

1. 路边突然飞起的小鸟让马_____了_____，发疯似的向前冲。

2. 法院已经_____了他的案件，很快就会派人来调查了。

3. 在网上找工作时一定要小心，防止_____。

4. 北京大学决定_____他荣誉博士学位，表彰他为两国关系做出的贡献。

5. 如果你想卖我们公司的产品，必须先获得我们公司的_____。

二、选择合适的词语完成句子　Choose the right words to complete the sentences.

1. _____里放着他收藏的书，其中有一些非常珍贵。
   A. 书籍　　　　　B. 书橱　　　　　C. 书面　　　　　D. 书桌

2. 经过四十多年的努力，中国人_____了改革开放的动人历史。
   A. 描述　　　　　B. 书写　　　　　C. 抒情　　　　　D. 阅读

3. 从创办到现在，这所学校为全国_____了近万名优秀毕业生。
   A. 疏通　　　　　B. 输送　　　　　C. 输血　　　　　D. 输液

4. 站在楼顶，迎着傍晚的凉风，感觉心情_____，无比放松。
   A. 疏散　　　　　B. 疏通　　　　　C. 舒服　　　　　D. 舒畅

5. 远远地看见她站在_____下，一缕阳光洒在她的肩头。
   A. 树枝　　　　　B. 曙光　　　　　C. 树荫　　　　　D. 树木

6. 有一天我们也会_____，所以尊重老人就是尊重未来的自己。
   A. 衰老　　　　　B. 衰弱　　　　　C. 衰减　　　　　D. 衰竭

7. 公司的_____保存了近十年来公司收入和支出的详细情况。
   A. 数额　　　　　B. 数据库　　　　　C. 数码　　　　　D. 枢纽

三、为词语选择合适的位置　Choose the appropriate location for the words.

1. 你 A 别 B 他 C 玩儿 D 了，他一会儿生气了。（要）

2. 改革的第一步 A 就是要 B 解除 C 思想 D，开拓创新。（束缚）

3. 吓死我了，我 A 感觉 B 头发都 C 起来 D 了。（竖）

4. 法律规定，在这种情况下 A 一方有权利 B 起诉 C 对方 D。（受害）

第 65 单元　Unit 65

◎ 速记　Quick memory

3841 **摔跤** shuāi//jiāo　tumble; wrestling　小心摔跤；摔了一跤；摔跤运动员

3842 **甩** shuǎi　v.　swing; throw; leave sb. behind, discard　甩胳膊；甩石子；甩掉包袱

3843 **率** shuài　v.　lead, command　率部进攻；率团出访；率众前往

3844 **拴** shuān　v.　tie　拴马；拴绳子；拴住

3845 **涮** shuàn　v.　rinse; scald (thin slices of meat, etc.) in boiling water　涮干净；涮杯子；涮羊肉

3846 **双胞胎** shuāngbāotāi　n.　twins　一对双胞胎；双胞胎姐妹；双胞胎兄弟

3847 **双边** shuāngbiān　adj.　bilateral　双边关系；双边谈判；双边合作

3848 **双重** shuāngchóng　adj.　double, dual　双重含义；双重标准；双重身份

3849 **双向** shuāngxiàng　adj.　two-way　双向选择；双向车道

3850 **双赢** shuāngyíng　v.　result in a win-win situation　实现双赢；双赢的结果；双赢合作

3851 **霜** shuāng　n.　frost; frostlike powder　白霜；秋霜；冰霜；糖霜

3852 **爽快** shuǎngkuai　adj.　refreshed, comfortable; frank　身上不爽快；为人爽快；办事爽快；爽快地答应

3853 **水槽** shuǐcáo　n.　sink　安装水槽；维修水槽

3854 **水稻** shuǐdào　n.　paddy, rice　种植水稻；培育水稻；改良水稻

3855 **水管** shuǐguǎn　n.　water pipe　下水管；水管工；维修水管

3856 **水壶** shuǐhú　n.　kettle, canteen　一把水壶；电水壶；玻璃水壶；旅行水壶

3857 **水货** shuǐhuò　n.　smuggled goods; shoddy product　卖水货；走私水货；水货质量

3858 **水晶** shuǐjīng　n.　crystal　一块水晶；水晶项链；水晶鞋

3859 **水利** shuǐlì　n.　water conservancy; irrigation works　水利设施；水利工程；水利枢纽；兴修水利

3860 **水灵灵** shuǐlínglíng　adj.　(of fruit, greens, etc.) fresh and juicy; (of appearance) bright and beautiful　水灵灵的桃子；水灵灵的大眼睛

从 3841 ～ 3850 中选择合适的词语填空　Choose the right words from 3841-3850 and fill in the blanks.

1. 大多数人在洗了手之后，会习惯性地_____一下儿手。

2. 周末我请你们去吃_____羊肉，尝一尝地道的中国北方火锅。

3. 在处理国与国之间的关系时，不能采用_____标准，对自己宽松，对别人严格。

4. 中美两国正在进行_____谈判，讨论气候合作问题。

5. 最近的工作太多了，把我_____住了，完全没有时间锻炼。

从 3851 ～ 3860 中选择合适的词语填空　Choose the right words from 3851-3860 and fill in the blanks.

6. 1949 年以后，政府组织人民大修_____，改善了农业生产的条件。

7. 你好，我在你们网店购买的洗菜_____已经送到了，现在可以预约安装吗？

8. 他是一个_____人，能帮的忙一定会帮。

9. 她脸上像挂了_____一样，冷漠极了。

10. 不要买这些_____商品，质量没有保证，也没有售后服务。

第 2 部分　Part 2

3861 **水龙头** shuǐlóngtóu　n.　(water) tap, faucet　开水龙头；拧紧水龙头

3862 **水落石出** shuǐluò-shíchū　when the water subsides, the rocks emerge—the whole thing comes to light　我们一定要把这件事情弄个水落石出！

3863 **水面** shuǐmiàn　n.　water surface　平静的水面；水面很宽阔

3864 **水手** shuǐshǒu　n.　sailor　年轻的水手；经验丰富的水手；勇敢的水手

3865 **水温** shuǐwēn　n.　water temperature　水温很高；正常水温；测量水温

3866 **水域** shuǐyù　n.　waters, water area　温暖的水域；宽阔的水域；国际水域；不同水域

3867 **水源** shuǐyuán　n.　source of a river; source of water　黄河的水源；寻找水源；水源充足；清洁的水源；丰富的水源

3868 **水涨船高** shuǐzhǎng-chuángāo　when the river rises, the boat goes up—particular things improve with the improvement of the general situation　粮食价格一涨，其他农产品的价格也跟着水涨船高。

3869 **水准** shuǐzhǔn　n.　level, standard　一般水准；普通水准；专业水准

3870 **税收** shuìshōu　n.　tax revenue　税收政策；减免税收；税收优惠

3871 **税务** shuìwù　n.　(affairs pertaining to) tax, taxation　税务改革；税务部门；税务机关；税务人员；税务补贴

3872 **睡袋** shuìdài　n.　sleeping bag　户外睡袋；旅行睡袋；保暖睡袋

3873 **顺便** shùnbiàn　adv.　at one's convenience, in passing　顺便还书；顺便买菜；顺便去一趟银行

3874 **顺差** shùnchā　n.　favourable balance, surplus　贸易顺差；顺差扩大

3875 **顺畅** shùnchàng　adj.　smooth, easy, unhindered　血流顺畅；呼吸顺畅；交通顺畅；顺畅地交流

3876 **顺从** shùncóng　v.　be obedient to, comply with　顺从父母；顺从命运

3877 **顺理成章** shùnlǐ-chéngzhāng　natural, logical, well-reasoned　老校长退休后，王副校长顺理成章地担任了校长一职。

3878 **顺路** shùnlù　adj.　direct, straight　这样走不顺路。
adv.　on the way　顺路去超市；顺路接孩子

3879 **顺其自然** shùnqízìrán　let things take their own course　在教育孩子的问题上，与其自寻烦恼，不如顺其自然。

3880 **顺势** shùnshì　adv.　at an opportunity　顺势而为；顺势道歉

从 3861～3870 中选择合适的词语填空　Choose the right words from 3861-3870 and fill in the blanks.

1. 现在农村家家都接通了自来水，打开＿＿＿＿＿＿就有水流出来，非常方便。

2. 在这片＿＿＿＿＿＿捕鱼是需要获得政府许可的，而且还有很多其他的要求。

3. 城市里的新建房屋越来越贵，二手房的价格也＿＿＿＿＿＿。

4. 这里的风景真不错，湖边绿树环绕，＿＿＿＿＿＿平静如镜。

5. 政府的＿＿＿＿＿＿将用于各种公共事业支出，取之于民，用之于民。

从 3871～3880 中选择合适的词语填空　Choose the right words from 3871-3880 and fill in the blanks.

6. 有人认为教育孩子应该＿＿＿＿＿＿，不必过多干预。

7. 最终她还是＿＿＿＿＿＿了父母的意见，回到了父母的身边。

8. ＿＿＿＿＿＿问一下儿，你们公司产品的保修期是多长时间？

9. 眼看着自行车就要冲下河岸了，他＿＿＿＿＿＿抱住了一棵树，人才没有掉下河。

10. 我感觉地铁修好后，地面上的交通＿＿＿＿＿＿多了。

第 3 部分　Part 3

3881 **顺手** shùnshǒu *adj.* smooth, without difficulty, handy, convenient and easy to use 用起来很顺手；办得很顺手

　　　　　　　　adv. easily; (do sth.) as a natural sequence or simultaneously, incidentally 顺手捡了块石头；收拾完房间后，他顺手把衣服洗了

3882 **顺心** shùn//xīn satisfactory 不顺心；过得很顺心；顺心的晚年生活

3883 **顺应** shùnyìng *v.* comply with 顺应民心；顺应时代潮流；顺应自然

3884 **顺着** shùnzhe along; obey 顺着这条路；顺着水流；顺着老人的意思

3885 **瞬间** shùnjiān *n.* moment 一瞬间；难忘的瞬间；瞬间懂得了

3886 **说白了** shuōbáile put it bluntly 什么"我很忙，没有时间"，说白了就是拒绝跟你见面。

3887 **说不上** shuōbushàng *v.* cannot say 说不上为什么；说不上了解；说不上认识

3888 **说到底** shuōdàodǐ in the final analysis 说到底，你们还是不相信孩子。

3889 **说道** shuōdao *v.* say; talk over 说道一下儿；先听他说道说道

　　　　　　　　n. reason 这里面有什么说道？

3890 **说干就干** shuō gàn jiù gàn act without delay 他说干就干，下午就去买了一大包材料回来。

3891 **说谎** shuō//huǎng lie 别说谎；爱说谎；说不了谎

3892 **说老实话** shuō lǎoshi huà tell the truth 说老实话，我不太喜欢这个人。

3893 **说起来** shuō·qǐ·lái come to speak of it 说起来，我们小时候还是邻居呢。

3894 **说情** shuō//qíng intercede 替他说情；说一下儿情

3895 **说闲话** shuō xiánhuà complain, gossip; chat 在背后说别人的闲话；上班时间不要说闲话

3896 **说真的** shuō zhēnde no kidding, really 说真的，你愿意去北京工作吗？

3897 **硕果** shuòguǒ *n.* rich fruit, great achievements 硕果累累；精神的硕果；硕果仅存

3898 **司法** sīfǎ　*v.*　administer justice　司法部门；司法机关；司法鉴定；司法权
3899 **司空见惯** sīkōng-jiànguàn　common sight, common occurrence　现在，年轻人认识才几个月就结婚的现象早已司空见惯。
3900 **司令** sīlìng　*n.*　commander　总司令；司令部；空军司令

从 3881～3890 中选择合适的词语填空　Choose the right words from 3881-3890 and fill in the blanks.

　　1. 不用谢，不用谢，都是＿＿＿＿＿＿的事。
　　2. 当老师说"你的成绩还有很大上升空间"时，＿＿＿＿＿＿，就是你的成绩不太好。
　　3. 政府做任何事情都应该＿＿＿＿＿＿老百姓的愿望，充分考虑老百姓的利益。
　　4. 你来，这件事有必要跟你＿＿＿＿＿＿一下儿，免得你将来怪我。
　　5. 你要是有什么不＿＿＿＿＿＿的事，给我打电话、发微信都可以。

从 3891～3900 中选择合适的词语填空　Choose the right words from 3891-3900 and fill in the blanks.

　　6. 中美两国的＿＿＿＿＿＿制度差别较大。
　　7. 故事里说，要是一个孩子总是＿＿＿＿＿＿，他的鼻子就会越来越长。
　　8. 你不用替他＿＿＿＿＿＿，该怎么处理我们就怎么处理。
　　9. 有些人一天到晚喜欢＿＿＿＿＿＿，真正让他们来负责工作，他们往往又干不好。
　　10. 北方的冬天也能吃上香甜的西瓜，现在已经是＿＿＿＿＿＿了，并不稀奇。

◎ **重点词语　Focus words**

1. **爽快**
- -
　　形容词，舒适痛快，也用于形容直爽、直截了当。例如：
　　（1）经过一段时间的治疗，他感觉身上爽快多了。
　　（2）王大姐是个爽快人，说话从来都是直来直去的。
　　（3）他找小文借五万块钱，小文爽快地答应了。

2. **水涨船高**
- -
　　水位升高，船身也随着浮起来。比喻事物随着它所凭借的基础的提高而提高。例如：
　　（1）随着收入的增加，人们的生活水平也水涨船高。
　　（2）化肥涨价，粮食的价格也跟着水涨船高。
　　（3）随着国际化程度的不断提高及数字化转型的深入推进，企业对于人才的任职要求也水涨船高。

3. **水准**
- -
　　名词，指在生产、生活、思想、政治、文化、艺术、技术、业务等方面所达到的高度。例如：
　　（1）这些产品的质量的确不错，但是离世界一流水准还有一定的差距。
　　（2）今天他在会上提出了一个高水准的设计方案，客户很感兴趣。
　　（3）对于他这样一位世界知名的导演来说，这部电影太有失水准了。

4. 顺理成章

顺：依顺。理：条理。章：章法。指写文章或做事情，顺着条理就能做好；也指某种情况合乎情理，自然产生某种结果。例如：

（1）各位评委都认为他的这篇论文获奖是顺理成章的事。

（2）这件事情他办得不错，因此也顺理成章地受到了表彰。

（3）在外人眼里，老领导退休、他接任局长，一切都顺理成章，只有他自己清楚其中的艰难。

5. 顺手

形容词，做事顺利，没有遇到阻碍。例如：

（1）他今天开的是老李的车，不太顺手。

（2）昨天下午签合同那事办得挺顺手，所以晚上跟同事一起庆祝了一下儿。

（3）项目刚开始做，不顺手也正常，慢慢就好了。

副词，轻易地一伸手、随手，也指顺便、捎带着。例如：

（4）他顺手拿过一本杂志，边看边喝咖啡。

（5）要不小张你跑一趟吧，你下午反正要去他们公司，顺手就办了。

◎速练　Quick practice

一、选择合适的词语填空　Choose the right words and fill in the blanks.

（一）　　　A. 率　B. 双胞胎　C. 双向　D. 摔跤　E. 双赢　F. 双边

1. 老年人在生活中要注意安全，防止_____。

2. 欢迎您_____队来我们公司参观交流。

3. 妻子生了一对漂亮的_____女儿，他开心极了。

4. 这条大路_____八车道，是城市的主干道路之一。

5. 两国之间的合作能达成_____的局面，这对两国人民都是有好处的。

（二）　　　A. 水管　B. 水晶　C. 水灵灵　D. 水壶　E. 水龙头　F. 水稻

1. 袁隆平一辈子研究_____，为中国的粮食安全做出了极大的贡献。

2. 这根_____太粗了，需要换根细一点儿的。

3. 奶奶生日的时候，他送了奶奶一副_____眼镜。

4. 你看这些萝卜，_____的，一定很好吃。

5. 很多学生上学的时候，都会自带_____。

二、选择合适的词语完成句子　Choose the right words to complete the sentences.

1. 事情终于_____了，原来是他一直在偷拿公司的东西。

　　A. 水落石出　　　　B. 水涨船高　　　　C. 栓　　　　　　D. 涮

2. 年轻时他在一家货运公司当_____，去过很多地方。

　　A. 水温　　　　　　B. 水源　　　　　　C. 水手　　　　D. 水面

3. 现在还不太冷，带一个＿＿＿＿＿＿就够了。

    A. 睡眠　　　　　　B. 睡袋　　　　　　C. 酣睡　　　　　　D. 包裹

4. 他读研究生时非常努力，成绩很好，后来＿＿＿＿＿＿地成了一名大学教师。

    A. 顺理成章　　　B. 顺其自然　　　C. 顺路　　　　　　D. 顺势

5. ＿＿＿＿＿＿这个方向思考下去，你会发现很多有意思的东西。

    A. 顺着　　　　　B. 顺应　　　　　C. 司令　　　　　D. 顺心

6. 我跟他真的＿＿＿＿＿＿是朋友，只是认识而已。

    A. 说不上　　　　B. 说到底　　　　C. 说干就干　　　D. 说起来

7. ＿＿＿＿＿＿，我从来没想过有一天会站在这里，对着这么多人讲话。

    A. 硕果　　　　　B. 说闲话　　　　C. 说道　　　　　D. 说真的

三、为词语选择合适的位置　Choose the appropriate location for the words.

1. 回家后 A 我把钥匙 B 一放 C，现在 D 找不到了。（顺手）

2. 这个菜有点儿贵 A，B 但 C，味道还是很不错的 D。（说老实话）

3. 我 A 明白了，B 我的建议 C 她 D 都不同意。（瞬间）

4. A 原材料价格不断上涨，销售量又无法 B 提高，公司现在 C 面临着 D 困难。（双重）

第66单元　Unit 66

◎ 速记　Quick memory

第1部分　Part 1

3901 丝　sī　*n.*　silk; anything threadlike　蚕丝；蜘蛛丝；铁丝；土豆丝儿

3902 丝绸　sīchóu　*n.*　silk cloth, silk　丝绸工艺；丝绸生产；丝绸之路

3903 丝毫　sīháo　*adj.*　(usually used in the negative) the slightest amount or degree of　没有丝毫证据；没有丝毫动摇；丝毫不差

3904 私房钱　sī·fángqián　*n.*　private savings of a family member　一笔私房钱；存私房钱；用私房钱买

3905 私家车　sījiāchē　*n.*　private car　开私家车；私家车主

3906 私立　sīlì　*v.*　set up illegally　私立名目

　　　　　　　　　　adj.　private　私立学校；私立医院

3907 私事　sīshì　*n.*　private (or personal) affairs　聊私事；处理私事；员工的私事

3908 私下　sīxià　*n.*　private, secret　我们私下里说说就算了，你可别说出去。

　　　　　　　　　　adv.　in private, in secret　私下交易；私下商议

3909 私营　sīyíng　*adj.*　privately run (or operated)　私营场所；私营企业；私营公司；私营老板

3910 私有　sīyǒu　*v.*　privately owned　私有土地；私有财产；私有化；私有制

3911 私自　sīzì　*adv.*　privately, without permission　私自决定；私自行动；私自外出

3912 思路　sīlù　*n.*　train of thought　理清思路；打断思路；思路清晰；文章的思路

3913 思念　sīniàn　*v.*　miss, long for　思念故乡；思念亲人；对家乡的思念

3914 思前想后　sīqián-xiǎnghòu　(saying) think over again and again　我思前想后，还是决定换个离公司近一点儿的房子。

3915 思索　sīsuǒ　*v.*　think deeply, ponder　认真思索；用心思索；反复思索

3916 撕　sī　*v.*　tear, rip　撕碎；撕开；撕下

3917 死心　sǐ//xīn　drop the idea forever　不死心；让他死心；死了这条心

3918 死心塌地　sǐxīn-tādì　be dead set on　他死心塌地要辞了职去经商，谁劝都没用。

3919 四合院　sìhéyuàn　*n.*　quadrangle dwelling　一座四合院；住四合院；北京四合院

3920 四季　sìjì　*n.*　four seasons　一年四季；四季变化；四季常青；四季如春

从 3901～3910 中选择合适的词语填空　Choose the right words from 3901-3910 and fill in the blanks.

1. 她从中国带回来一条_____裙子，非常漂亮。

2. 这些年，奶奶攒了一笔_____，预备给孙女做嫁妆。

3. 这是我和他的_____，你就不要干预了。

4. 他表面上赞成经理的决定，_____却经常说闲话，制造矛盾。

5. 现在中国城市的大多数家庭都有_____，人们出行更方便了。

从 3911～3920 中选择合适的词语填空　Choose the right words from 3911-3920 and fill in the blanks.

6. 我们要服从集体的决定，谁也不能_____行动！

7. 敲门声打断了张教授的_____，他有点儿生气地站了起来。

8. 大家先认真地_____一下儿，等会儿我再告诉大家答案。

9. 考试时间只剩下最后三分钟了，他还是有点儿不_____，想再做做那个最难的题。

10. 从我爷爷开始，我们家就住在这个_____里。

第 2 部分　Part 2

3921 **四面八方** sìmiàn-bāfāng　all directions　这座美丽的小城迎来了四面八方的游客。

3922 **寺庙** sìmiào　*n.*　temple　一座寺庙；佛教寺庙

3923 **似曾相识** sìcéng-xiāngshí　seem to have met or known before　看着这张照片上的人，小张有一种似曾相识的感觉。

3924 **似是而非** sìshì-érfēi　apparently right but actually wrong, specious　这些说法似是而非，很容易引起误解。

3925 **伺机** sìjī　*v.*　watch for one's chance　伺机行动；伺机下手；伺机报复；伺机而动

3926 **饲料** sìliào　*n.*　forage, feed　喂饲料；加工饲料；鸡饲料

3927 **饲养** sìyǎng　*v.*　raise, rear　饲养鸡鸭；饲养牲畜；饲养员

3928 **松绑** sōng//bǎng　untie a person; reduce restrictions　给他松绑；给企业松绑

3929 **松弛** sōngchí　*adj.*　flaccid; lax　肌肉松弛；皮肤松弛；松弛的纪律

3930 **耸立** sǒnglì　*v.*　tower aloft　群山耸立；青松耸立；耸立的高楼

3931 **送别** sòng//bié　see sb. off　送别亲人；送别朋友

3932 **搜查** sōuchá　*v.*　search　进行搜查；搜查他的办公室；搜查证

3933 **搜集** sōují　*v.*　collect　搜集意见；搜集证据；搜集各种邮票

3934 **搜救** sōujiù　*v.*　search and rescue　搜救落水儿童；搜救失踪妇女；搜救工作；全面搜救

3935 **搜寻** sōuxún　*v.*　search for, look for　搜寻失踪人口；四处搜寻

3936 **艘** sōu　*m.*　*a measure word for boats or ships*　一艘船；一艘游轮；一艘军舰

3937 **苏醒** sūxǐng　*v.*　revive, regain consciousness　从昏迷中苏醒过来；逐渐苏醒；慢慢苏醒

3938 **酥** sū　*adj.*　crisp; (of a person's limbs) limp, weak　很酥；酥脆的饼干；站得腿都酥了

3939 **俗** sú　*adj.*　vulgar　俗人；俗气

3940 **俗话** súhuà　*n.*　common saying, proverb　一句俗话；正如俗话所说

从 3921～3930 中选择合适的词语填空　Choose the right words from 3921-3930 and fill in the blanks.

1. 调查不充分，得出的结论往往就_____，没有太大价值。

2. 最近粮食价格上涨了不少，_____也跟着涨价了。

3. 远处_____着一座高山，那就是著名的泰山。

4. 开学了，同学们从_____回到学校。

5. 高考结束后，学生们的精神终于_____下来了。

从 3931 ～ 3940 中选择合适的词语填空　Choose the right words from 3931-3940 and fill in the blanks.

6. 警方_____了大量证据，已经足够起诉他了。

7. 他们按照法院的命令对这家公司的仓库进行了_____。

8. 这种点心又甜又_____，深受小朋友的喜爱。

9. "远亲不如近邻"，这句_____真是没说错。

10. 远处停着一_____巨大的游轮。

第 3 部分　Part 3

3941 **俗话说**　súhuà shuō　as the saying goes　俗话说："在家靠父母，出门靠朋友。"

3942 **俗语**　súyǔ　n.　common saying, proverb　一句俗语；正如俗语所说

3943 **诉苦**　sù//kǔ　complain, vent one's grievances　找人诉苦；没地方诉苦；诉诉苦

3944 **诉说**　sùshuō　v.　tell　诉说委屈；诉说不幸；诉说心事；向人诉说

3945 **诉讼**　sùsòng　v.　litigate　法律诉讼；诉讼案件；提起诉讼；撤销诉讼

3946 **素**　sù　adj.　unbleached and undyed, plain　素衣；素色；素颜
　　　　　　　　　n.　vegetables, fruits, etc.　吃素；三个素菜

3947 **素不相识**　sùbùxiāngshí　have never met, be not acquainted with each other　我与他素不相识，怎么能接受他这样贵重的礼物呢？

3948 **素材**　sùcái　n.　material　搜集素材；整理素材；小说的素材

3949 **素描**　sùmiáo　n.　sketch; literary sketch　一幅素描；画素描；学习素描；人物素描

3950 **素食**　sùshí　n.　vegetarian diet　素食者；素食主义；提倡素食；以素食为主

3951 **素养**　sùyǎng　n.　accomplishment, attainment　艺术素养；文学素养；文化素养；个人素养

3952 **塑造**　sùzào　v.　model, mould, portray　塑造形象；塑造人物；品德塑造

3953 **蒜**　suàn　n.　garlic　一瓣蒜；一头蒜；大蒜

3954 **算计**　suàn·jì　v.　calculate; consider; plot, scheme　数额难以算计；这事急不得，得慢慢算计；暗中算计他；被人算计了

3955 **算盘**　suàn·pán　n.　abacus; plan　会打算盘；他答应这件事，是有他自己的小算盘的

3956 **算账**　suàn//zhàng　do (or work out) accounts; get even with sb.　会算账；算个账；找他算账

3957 **虽说**　suīshuō　conj.　although　虽说两家做邻居很多年了，但是并不常来往。

3958 **随处可见**　suíchù kě jiàn　can be seen everywhere　这种树在我们家乡随处可见。

3959 **随大溜**　suí dàliù　follow (or conform to) the trend, do as others do　她平时就是个想法挺特别的人，不爱随大溜。

3960 **随机**　suíjī　adj.　random, stochastic　随机抽取；随机播放；随机分配；调查是随机的；随机的选择；随机性

从 3941 ～ 3950 中选择合适的词语填空　Choose the right words from 3941-3950 and fill in the blanks.

1. 一张张老照片仿佛在无声地_____着这座城市的往日辉煌。

2. 王师傅一辈子坚持＿＿＿＿＿＿＿主义，从不吃肉。

3. 我们公司准备正式向法院提起＿＿＿＿＿＿＿。

4. 平时在阅读中应该注意积累＿＿＿＿＿＿＿，这样考试写作文时就不会无话可说。

5. 她在大学里专门学习＿＿＿＿＿＿＿，计划毕业时开一个个人画展。

从 3951～3960 中选择合适的词语填空　Choose the right words from 3951-3960 and fill in the blanks.

6. 这部作品集中体现了作者深厚的中国文学＿＿＿＿＿＿＿。

7. ＿＿＿＿＿＿＿并不是不好，只是有点儿缺少独立的判断和创新的精神。

8. ＿＿＿＿＿＿＿努力的人不一定能成功，但我相信成功的人一般都非常努力。

9. 这本小说成功地＿＿＿＿＿＿＿了于连热衷名利、一心想进入上流社会的人物形象。

10. 据说商家会在这种酒的包装盒里面＿＿＿＿＿＿＿赠送数量不等的现金。

◎重点词语　Focus words

1. 丝毫

形容词，形容很小或极少、一点儿。例如：

（1）万师傅手艺真是好，做出来的家具尺寸丝毫不差。

（2）他丝毫不顾多年的夫妻情分，坚决要求离婚。

（3）面对强大的对手，女足姑娘们没有丝毫胆怯。

2. 思前想后

形容前前后后地反复思考。例如：

（1）他思前想后，还是决定先完成学业再去找工作。

（2）老李办事总是思前想后，非常谨慎。

（3）你再这么思前想后的，机会就错过了！

3. 死心塌地

形容拿定了主意，坚决不改变（多含贬义）。例如：

（1）他对老板死心塌地，老板也非常喜欢他。

（2）女儿不顾父母反对，死心塌地要嫁给一个外地小伙子。

（3）他辞掉了工作，死心塌地地要回学校继续读书。

4. 四面八方

指各个方面或各个地方。例如：

（1）欢乐的人群从四面八方涌了过来。

（2）古镇迎来四面八方的游客。

（3）新修的高速公路带着村民的希望通向祖国的四面八方。

5. 似曾相识

好像曾经见过。例如：

（1）我们俩似曾相识，彼此有一种很熟悉的感觉。

（2）我总觉得眼前的情景似曾相识。

（3）来到这座城市，李佳有一种似曾相识的感觉。

6. 似是而非

是：对。非：不对。好像是对的，实际上不对。例如：

（1）这些似是而非的答案你就不要再说了，没一个对的。

（2）这些道理似是而非，很难说服孩子。

（3）多少似是而非的爱情，多少故事，就这样无声地埋进了时光里。

7. 素不相识

素：平素，向来。向来不认识。例如：

（1）我和他素不相识，但在我摔伤后，他却立即把我送到了医院。

（2）即使是素不相识的人需要帮助，他也会伸出援手。

（3）虽然我俩素不相识，在火车上却聊了一路，相处得很愉快。

8. 虽说

连词，用于口语，意思为"虽然"。例如：

（1）虽说这次失误是你无心造成的，但我们也要总结经验教训。

（2）爷爷虽说已经退休，但他每天还会到社区去帮忙。

（3）我俩虽说不是亲姐妹，但感情比亲姐妹还要好。

◎ 速练　Quick practice

一、选择合适的词语填空　Choose the right words and fill in the blanks.

（一）　　　　　A. 私立　B. 丝毫　C. 丝　D. 私营　E. 思念　F. 思路

1. 这家酒店的大厨能把土豆切得像头发_____那么细，真是太厉害了！

2. 他从小学到高中都是在_____学校学习的。

3. 大量的_____企业实现了国有化，成为新中国经济的重要组成部分。

4. 事实证明，总经理的分析_____不差，股票的价格果然上涨了许多。

5. 每到节日，我就分外_____家乡的亲人，希望他们一切安好。

（二）　　　　　A. 撕　B. 素　C. 酥　D. 蒜　E. 俗　F. 艘

1. 只吃_____对身体会有影响，应该再吃一些肉、蛋、奶，合理饮食。

2. 根据记载，参加战斗的船只共有1200_____。

3. 他感觉没有力气，像喝了酒一样，浑身_____软。

4. 那个士兵从衣服上_____下了一条布，包在了伤口上。

5. 喜欢钱并不一定就是_____，每个人都有追求幸福生活的权利。

二、选择合适的词语完成句子　Choose the right words to complete the sentences.

1. 眼前这个人我_____，但又实在想不起来在哪里见过。

   A. 思前想后　　　　B. 死心塌地　　　　C. 似曾相识　　　　D. 随处可见

2. 赌博的人输了也不会死心，他们总觉得下一局可能就赢了，_____把本钱捞回来。

   A. 四季　　　　　　B. 伺机　　　　　　C. 寺庙　　　　　　D. 饲养

3. 几千士兵和群众在黑夜中_____失踪的飞机，直到第二天天亮。

   A. 搜救　　　　　　B. 搜寻　　　　　　C. 松绑　　　　　　D. 苏醒

4. "书读百遍，其义自见"是一句_____，意思是多阅读能帮助理解。

   A. 俗语　　　　　　B. 俗话说　　　　　C. 诉苦　　　　　　D. 诉说

5. 你等着吧，你把姐姐的东西弄坏了，她回来一定会找你_____的。

   A. 算计　　　　　　B. 算盘　　　　　　C. 算账　　　　　　D. 算是

6. 一般来说，问卷调查可以分为普遍调查和_____调查两种，二者的区别主要在于选取调查对象的方式不同。

   A 随机　　　　　　B. 随大溜　　　　　C. 虽说　　　　　　D. 诉讼

7. 我和他_____，更谈不上有什么交情。

   A. 四面八方　　　　B. 素不相识　　　　C. 似是而非　　　　D. 四合院

三、为词语选择合适的位置　Choose the appropriate location for the words.

1. 昨天我 A 去机场 B 最好的朋友，她要 C 去国外 D 留学。（送别）

2. 老领导 A 定下的 B 规矩，谁 C 也不能 D 更改。（私自）

3. 图书馆的 A 书并非 B 个人 C，看完了就应该早点儿 D 还回去。（私有）

4. 生活经验不够 A 就会缺少写作 B，写出的 C 东西就不会打动人心 D。（素材）

第 67 单元　Unit 67

◎ 速记　Quick memory

3961 **随即** suíjí *adv.* soon after that, immediately　他喝完手中的咖啡, 随即离开了。

3962 **随身** suíshēn *adj.* (carry) on one's person, (take) with one　随身用品; 随身衣物; 随身带着

3963 **随时随地** suíshí-suídì anytime and anywhere　只要你留心观察, 随时随地都会有新发现。

3964 **随心所欲** suíxīnsuǒyù follow one's inclinations　在外边可不能像在家里那样随心所欲, 说话做事要注意分寸。

3965 **遂心** suì//xīn to one's liking　遂心如愿; 万事遂心; 遂了他的心

3966 **隧道** suìdào *n.* tunnel　进隧道; 海底隧道; 穿山隧道

3967 **损** sǔn *v.* lose; harm; satirize, mock　有增无损; 损人利己; 完好无损; 爱损人的嘴

3968 **损坏** sǔnhuài *v.* damage (an object)　损坏公物; 严重损坏; 防止损坏

3969 **损人利己** sǔnrén-lìjǐ harm others to benefit oneself　她是比较自私, 但是我从没见她做出过什么损人利己的事。

3970 **损伤** sǔnshāng *v.* damage; lose　损伤积极性; 自尊心受到损伤; 双方各有损伤

3971 **缩** suō *v.* contract, shrink; draw back; economize　衣服缩水了; 敌人退缩了; 节衣缩食

3972 **缩水** suō//shuǐ (of cloth through wetting) shrink; reduce　用热水洗毛衣会缩水; 股票价值缩水了很多

3973 **缩影** suōyǐng *n.* epitome, miniature　时代的缩影; 城市发展的缩影; 社会缩影

3974 **所属** suǒshǔ *adj.* subordinate to　所属单位; 所属派出所

3975 **所谓** suǒwèi *adj.* what is called; so-called　所谓 "友谊", 指的是互相信任和互相帮助; 你所谓的 "名医", 只是一个骗子

3976 **所作所为** suǒzuò-suǒwéi one's behaviour or conduct　一想起他平时的所作所为, 我就生气!

3977 **索赔** suǒpéi *v.* claim damages　申请索赔; 索赔依据; 向他索赔 10 万元

3978 **索取** suǒqǔ *v.* ask for　索取赔偿; 索取好处

3979 **索性** suǒxìng *adv.* might as well　两个人既然不爱了, 就索性分开算了。

3980 **锁定** suǒdìng *v.* lock onto, lock　锁定目标; 手机被锁定; 立刻锁定

从 3961 ～ 3970 中选择合适的词语填空　Choose the right words from 3961-3970 and fill in the blanks.

　　1. 外出旅游不要_____带大量的现金, 不安全。

　　2. 智能手机的普及使人们可以_____获取想要的信息。

3. 车辆进入 _____ 须打开车灯，按速行驶，注意安全。

4. 她是个"刀子嘴"，爱说些 _____ 人的话，常常让别人不高兴。

5. 台风给城市基础设施造成的 _____ 非常严重，给人们的生活带来了很多不便。

从 3971 ～ 3980 中选择合适的词语填空　Choose the right words from 3971-3980 and fill in the blanks.

6. 问了半天，也没弄清楚这个公司有哪几个 _____ 单位。

7. 合同写明，如果发生事故，可以向保险公司 _____ 100 万元。

8. 这件衣服是用新材料制作的，不会 _____，也不会掉颜色。

9. 天气太热，他 _____ 把上衣脱了。

10. 根据情报，警察已经 _____ 了目标，马上就会采取行动。

第 2 部分　Part 2

3981 **他人** tārén *pron.* others　关心他人；理解他人；帮助他人

3982 **塌** tā *v.* collapse; sink; calm down　倒塌；塌鼻子；塌下心来做事

3983 **踏上** tàshang set foot on　踏上归途；踏上求学之路；踏上故乡的土地

3984 **胎** tāi *n.* foetus; roughcast (in the making of china, cloisonné, etc.); tyre　怀胎十月；泥胎菩萨像；车胎

         m. a measure word for the times of pregnancy or birth　头胎；二胎；一胎生了三只小狗

3985 **胎儿** tāi'ér *n.* foetus　腹中胎儿；胎儿的发育

3986 **台球** táiqiú *n.* billiards　打台球；台球桌；台球杆

3987 **太极** tàijí *n. Taiji,* Supreme Ultimate　太极图；太极文化；太极功夫；太极理论

3988 **太极拳** tàijíquán *n. taijiquan,* a form of traditional Chinese shadow boxing　打太极拳；学太极拳；太极拳师；太极拳比赛

3989 **太平** tàipíng *adj.* peaceful and tranquil　太平日子；天下太平

3990 **泰斗** tàidǒu *n.* Mount Tai and the Big Dipper — leading authority　学术泰斗；文学泰斗；京剧泰斗；音乐界泰斗

3991 **贪** tān *v.* embezzle; have an insatiable desire for; seek, hanker after　反贪行动；贪吃；贪睡；贪便宜

3992 **贪婪** tānlán *adj.* avaricious, greedy, insatiable, avid　贪婪的样子；贪婪的商人；贪婪地学习知识

3993 **贪玩儿** tānwánr *v.* be too fond of playing　贪玩儿的孩子；从小就很贪玩儿；别贪玩儿

3994 **贪污** tānwū *v.* embezzle, be corrupt　贪污分子；贪污公款；贪污犯

3995 **摊** tān *v.* spread out; fry batter in a thin layer; take a share in; (of unpleasant things) befall　摊开账本；摊鸡蛋饼；每人摊八块钱；摊上倒霉的事

         n. vendor's stand, booth　摆了一个小吃摊儿；水果摊儿

         m. a measure word for paste or thick liquid; a measure word for affairs　一摊泥；一摊血；好几摊事

3996 **瘫** tān *v.* be physically paralysed　吓瘫了；瘫在沙发上；瘫了好几年了

3997 **瘫痪** tānhuàn *v.* suffer paralysis; be paralysed, break down 瘫痪的父亲；瘫痪病人；交通瘫痪；供电瘫痪

3998 **坛** tán *n.* altar; raised plot of land for planting flowers, etc.; forum; circles (mostly used in fields of literature and sports); earthen jar 天坛公园；花坛；讲坛；文坛；一坛老酒

3999 **谈不上** tán bu shàng be out of the question 她不笨，但也谈不上聪明。

4000 **谈到** tándào when it comes to 谈到旅行，你们有什么好玩儿的地方可以推荐一下儿吗？

从 3981 ～ 3990 中选择合适的词语填空 Choose the right words from 3981-3990 and fill in the blanks.

1. 再次_____故乡的土地，我不禁又想起了童年的美好时光。
2. 医生检查完了，说她的_____很健康，一切正常。
3. _____这种休闲娱乐方式，在中国比较受年轻人欢迎。
4. 张教授是研究中国传统文化的学术_____，大家都非常尊重他。
5. 每个人都有自由，但同时也不能影响_____的自由。

从 3991 ～ 4000 中选择合适的词语填空 Choose the right words from 3991-4000 and fill in the blanks.

6. 他盯着桌子上的这些宝贝，眼睛里放出_____的光。
7. 大家都称他为艺_____新秀，将来一定会有更大的发展。
8. 今年已经有三位官员因为_____被捕了。
9. _____小吃，成都应该是中国最有名的地方之一，小吃种类丰富，深受大家喜爱。
10. 因为几起交通事故，公司附近的交通彻底_____了。

第 3 部分　Part 3

4001 **谈论** tánlùn *v.* discuss, talk about 谈论经济；谈论股市；谈论昨天的球赛

4002 **谈起** tánqǐ talk about, when it comes to 谈起音乐，我们有说不完的话。

4003 **弹性** tánxìng *n.* elasticity, resilience, spring; flexibility 很有弹性；弹性大；弹性上下班时间；弹性工作制

4004 **痰** tán *n.* phlegm 吐痰；咳痰

4005 **坦白** tǎnbái *adj.* honest, frank 为人坦白
v. confess, make a confession 向警方坦白；彻底坦白罪行

4006 **坦诚** tǎnchéng *adj.* frank and sincere 坦诚对待；坦诚相见

4007 **坦克** tǎnkè *n.* tank 一辆坦克；坦克兵；出动坦克

4008 **坦然** tǎnrán *adj.* calm 坦然接受；坦然离开；坦然面对

4009 **坦率** tǎnshuài *adj.* frank, straightforward 坦率地交换意见；说话很坦率；坦率地承认

4010 **毯子** tǎnzi *n.* blanket 一条羊毛毯子；温暖的毯子

4011 **炭** tàn *n.* charcoal; coal 炭火；炭炉；煤炭

4012 探 tàn v. try to find out; inquire, investigate; stretch forward 探路；探矿；探听情况；从窗户探出头

4013 探测 tàncè v. survey, sound, probe 探测深度；探测情报；探测器

4014 探亲 tàn//qīn visiting relatives 回乡探亲；出国探亲；探亲访友

4015 探求 tànqiú v. seek, pursue 探求真理；探求知识；探求解决的方法

4016 探望 tànwàng v. look in order to find out; visit 四处探望；探望病人；探望亲友

4017 探险 tàn//xiǎn explore, make explorations 参加探险；去探险；探险队；探险家

4018 碳 tàn n. carbon 二氧化碳；碳化；碳纤维

4019 汤圆 tāngyuán n. sweet dumplings made of glutinous rice flour served in soup 一碗汤圆；包汤圆；煮汤圆

4020 堂 táng m. *a measure word for classes in school* 上午有四堂课

从 4001～4010 中选择合适的词语填空 Choose the right words from 4001-4010 and fill in the blanks.

1. 他驾驶着_____向大桥冲了过去，"轰轰"两炮就把桥炸毁了。

2. 下课了，大家七嘴八舌地_____起昨天晚上的足球比赛，每个人的看法都不一样。

3. 妈妈轻轻地给孩子盖上一条_____，然后又在孩子的脸上亲了一下儿。

4. 越来越多的人赞成实行_____工作制，给劳动者更多的自由。

5. 牌子上清楚地写着："禁止随地吐_____！"

从 4011～4020 中选择合适的词语填空 Choose the right words from 4011-4020 and fill in the blanks.

6. 农历的正月十五吃_____，是中国的一个传统习俗。

7. 给炉子里再加点儿_____吧，房间里太冷了。

8. 门后_____出来一个小脑袋，那是害羞的小女儿在偷偷地观察他。

9. 高中的时候，我们每天要上十_____课，休息的时间很少。

10. 碰到难题，要先自己主动_____一番，而不是轻易放弃。

◎重点词语 Focus words

1. 随即

副词，随后就，马上。例如：

（1）老师布置了任务，大家随即都行动起来了。

（2）在接到报警电话后，警察随即赶到了事故现场。

（3）她感觉眼前一黑，随即昏了过去。

2. 随时随地

任何时间，任何地点。例如：

（1）如果您有什么需求，可以随时随地联系前台的服务人员。

（2）很多人离不开手机是因为有了手机就可以随时随地娱乐，非常方便。

（3）我们承诺，为消费者提供每周七天、每天二十四小时随时随地的售后服务。

3. 随心所欲

随：任凭。欲：想要。随着自己的意思，想要干什么就干什么。例如：

（1）今天爸妈都不在，小明在家随心所欲地玩儿游戏。

（2）春天就应该让自己随心所欲地去亲近自然！

（3）成年人的世界不能再像孩子一样随心所欲。

4. 损人利己

损害别人，使自己得到好处。例如：

（1）损人利己实在可耻。

（2）损人利己的行为应该受到谴责。

（3）我们不应该做损人利己的事情。

5. 所谓

形容词，所说的，也指（某些人）所说的（含不承认意）。例如：

（1）儒家所谓的"五常"，就是指"仁、义、礼、智、信"。

（2）这就是他所谓的"基本解决"，其实只是开了一个头。

（3）有些国家所谓的"安全"，只是自己安全就可以了，根本不考虑其他国家。

6. 所作所为

指人所做的事。例如：

（1）你想想自己今天的所作所为，难道不应该接受老师的批评吗？

（2）她的所作所为让人非常不解。

（3）家长和老师的所作所为会直接影响学生的成长。

7. 谈不上

不能算，没达到应该有的程度。例如：

（1）很多家长认为，只要有竞争，就谈不上"减负"。

（2）一个生活在贫穷、混乱中的人是谈不上"自由"的。

（3）我的中文只能满足日常生活，谈不上有多优秀。

8. 坦白

形容词，心地纯洁，语言直率。例如：

（1）他是一个心胸坦白的人，对工作也非常积极认真。

（2）我可以坦白地告诉你，你的想法根本就是不可能实现的。

动词，按照实际说出（自己的错误或罪行）。例如：

（3）她向老师坦白，她迟到没有别的原因，是昨天睡得太晚，今天早上没起来。

◎速练　Quick practice

一、选择合适的词语填空　Choose the right words and fill in the blanks.

（一）　　A. 随心所欲　B. 遂心　C. 缩　D. 损人利己　E. 缩影　F. 随身

1. 祝你的人生从此一路坦途，事事＿＿＿＿＿＿如愿。
2. 退休了，能＿＿＿＿＿＿地做点儿自己想做的事，老王感觉很开心。
3. 小小的胡同儿就是城市发展的一个＿＿＿＿＿＿，这里凝聚了我们太多的生活片段。
4. 天气太冷了，大街上的人都＿＿＿＿＿＿着脖子快步走着。
5. 我做人的基本原则就是不做＿＿＿＿＿＿的事情，不要让别人说我自私。

（二）　　A. 索取　B. 所作所为　C. 胎儿　D. 塌　E. 锁定　F. 损伤

1. 砰的一声，他感觉自己被撞了，赶紧下来查看汽车的＿＿＿＿＿＿情况。
2. 每个人都应该为自己的＿＿＿＿＿＿负责，没有例外。
3. 不应该向自然无止境地＿＿＿＿＿＿，要珍惜资源。
4. 在孕期乱用药物，很可能影响＿＿＿＿＿＿正常发育，应在医生指导下服药。
5. 大家眼看着大楼一点点地＿＿＿＿＿＿下去，却无能为力。

二、选择合适的词语完成句子　Choose the right words to complete the sentences.

1. 清晨的公园里，晨练的人打＿＿＿＿＿＿、跳广场舞、做体操，热闹极了。
   A. 太极拳　　　　B. 太平　　　　C. 泰斗　　　　D. 隧道
2. 老师说他很聪明，学东西很快，就是有点儿＿＿＿＿＿＿。
   A. 贪　　　　　　B. 贪玩儿　　　C. 运动　　　　D. 玩笑
3. 周末的时候，他会和几个好朋友去天桥下摆＿＿＿＿＿＿，不为挣钱，就为好玩儿。
   A. 生意　　　　　B. 摊儿　　　　C. 买卖　　　　D. 坛
4. 夫妻之间应该互相＿＿＿＿＿＿，"秘密"太多，容易造成误会。
   A. 谈到　　　　　B. 坦然　　　　C. 坦诚　　　　D. 坦率
5. 据说这种金属＿＿＿＿＿＿器可以帮助你找到埋在土里的铜、铁等金属。
   A. 检查　　　　　B. 观察　　　　C. 探险　　　　D. 探测
6. 我这次回老家主要是＿＿＿＿＿＿年迈的奶奶，还有就是打算在家乡买套房子。
   A. 探亲　　　　　B. 探望　　　　C. 探索　　　　D. 探求
7. 老王性格＿＿＿＿＿＿，喜欢热心帮助他人，在我们单位人缘儿很好。
   A. 坦率　　　　　B. 坦白　　　　C. 索性　　　　D. 所谓

三、为词语选择合适的位置　Choose the appropriate location for the words.

1. A 这份工作我 B 喜欢，只是 C 还可以 D 罢了。（谈不上）
2. A "自由"，就是 B 在你不喜欢做某件事的 C 时候 D 有更多选择的余地。
   （所谓）
3. A 房间里的灯 B 全灭了，C 电影开始了 D。（随即）
4. 这件衣服 A 很好 B，穿起来 C 不显胖 D。（弹性）

第68单元　Unit 68

◎ 速记　Quick memory

4021 **糖果** tángguǒ *n.* sweets, candy 一颗糖果；糖果店；糖果屋

4022 **糖尿病** tángniàobìng *n.* diabetes 糖尿病人；糖尿病患者；治疗糖尿病

4023 **倘若** tǎngruò *conj.* if 倘若有事需要帮忙就直接打我手机，不要客气！

4024 **淌** tǎng *v.* drip 淌眼泪；淌口水；淌血

4025 **烫** tàng *v.* burn, scald; warm, iron; perm 烫伤了；烫酒；烫衣服；烫头发
　　　　　　　　　adj. hot 水太烫了

4026 **掏钱** tāo qián pay 掏钱结账；谁掏钱，谁说了算

4027 **滔滔不绝** tāotāo-bùjué pour out words in a steady flow 那么多人都没说话，就他
　　　　　　　　一个滔滔不绝地讲！

4028 **逃避** táobì *v.* escape 逃避责任；逃避现实；逃避检查

4029 **逃生** táoshēng *v.* flee (or run, fly) for one's life 紧急逃生；逃生出口；逃生通道

4030 **逃亡** táowáng *v.* become a fugitive, flee from home, go into exile 逃亡到国外；
　　　　　　　逃亡他乡；四处逃亡；逃亡者

4031 **陶瓷** táocí *n.* pottery and porcelain, ceramics 陶瓷碗；制作陶瓷；陶瓷生意

4032 **陶冶** táoyě *v.* mould 陶冶心灵；陶冶人格；陶冶性格

4033 **陶醉** táozuì *v.* be intoxicated (with happiness, etc.), revel in 使人陶醉；自我陶醉；
　　　　　　　陶醉在音乐里

4034 **淘** táo *v.* wash in a pan or basket; clean out, dredge; search and buy 淘米；淘井；淘旧书

4035 **淘气** táo//qì naughty 淘气的孩子；别淘气

4036 **淘汰** táotài *v.* eliminate through selection 淘汰赛；被淘汰；淘汰旧设备

4037 **讨** tǎo *v.* demand, beg for; incur; marry (a woman) 讨饭；讨口水喝；讨人厌；讨
　　　　老婆

4038 **讨好** tǎo//hǎo ingratiate oneself with; (usually used in the negative) be rewarded with a
　　　　fruitful result 讨好女朋友；讨好观众；费力不讨好

4039 **讨价还价** tǎojià-huánjià bargain 普通求职者在工资方面不具备与用人单位讨价
　　　　　　　还价的条件。

4040 **讨人喜欢** tǎo rén xǐhuan pleasing, likeable 很会讨人喜欢；讨人喜欢的孩子

从 4021～4030 中选择合适的词语填空　Choose the right words from 4021-4030 and fill in the blanks.

1. 他脸上＿＿＿＿＿着汗，嘴里大口喘着气，但仍不愿放弃，一直坚持着。

2. 老王的儿子今天结婚，他给邻居准备了很多＿＿＿＿＿＿。

3. 十年了，他终于下决心结束了＿＿＿＿＿＿的生活，向警方自首了。

4. 咱俩谁跟谁啊，谁＿＿＿＿＿＿都一样。

5. 法律规定，任何人都不能擅自将酒店的消防_____通道用于其他用途。

从 4031～4040 中选择合适的词语填空　Choose the right words from 4031-4040 and fill in the blanks.

6. 古代中国的_____制作精美，是当时对外贸易的主要商品。

7. 她正在气头上，现在跟她说这些也_____不到什么_____，过几天再说吧。

8. 这孩子真_____，一会儿工夫就把房间里弄得乱七八糟的。

9. 音乐、书法、美术可以_____人的性情，提升人的气质和修养。

10. 本店是小本买卖，谢绝_____。

第 2 部分　Part 2

4041　**特产**　tèchǎn　*n.*　speciality　本地特产；家乡的特产；传统特产

4042　**特长**　tècháng　*n.*　what one is skilled in, strong point　发挥特长；培养特长；舞蹈特长；艺术特长；体育特长

4043　**特例**　tèlì　*n.*　special case　一个特例；排除特例；存在特例

4044　**特权**　tèquán　*n.*　privilege　特权地位；特权意识；特权思想；拥有特权

4045　**特邀**　tèyāo　*v.*　specially invite　特邀嘉宾；特邀演员；特邀代表

4046　**特制**　tèzhì　*v.*　specially made (for a specific purpose or by a special process)　特制月饼；特制沙发；这种工具是特制的

4047　**特质**　tèzhì　*n.*　special characteristic　文学特质；文化特质；女性特质；性格特质

4048　**腾**　téng　*v.*　make room　腾地方；腾位子；腾出时间

4049　**藤椅**　téngyǐ　*n.*　cane chair, rattan chair　一把藤椅；坐在藤椅上；旧藤椅

4050　**剔除**　tīchú　*v.*　reject, get rid of　剔除鱼刺；剔除杂质；剔除干净

4051　**梯子**　tīzi　*n.*　ladder　一架梯子；爬梯子

4052　**提拔**　tíbá　*v.*　promote　提拔下属；提拔年轻人；得到提拔

4053　**提炼**　tíliàn　*v.*　extract and purify, abstract, refine　提炼黄金；提炼语言；提炼有效成分

4054　**提名**　tí//míng　nominate (for election)　提名奖；提名人；被提名

4055　**提速**　tí//sù　accelerate, speed up　火车提速；全面提速

4056　**提心吊胆**　tíxīn-diàodǎn　have one's heart in one's mouth　最近老板心情不好，经常发火，弄得大家每天都提心吊胆的。

4057　**提议**　tíyì　*v.*　propose　积极地提议；提议去喝咖啡

　　　　　　　　　　n.　proposal　通过这项提议；班长的提议

4058　**提早**　tízǎo　*v.*　shift to an earlier time, do sth. in advance　提早十分钟下课；提早出发；提早通知

4059　**体谅**　tǐliàng　*v.*　show understanding and sympathy for, make allowances for　互相体谅；体谅对方的处境；体谅你的困难

4060　**体面**　tǐmiàn　*n.*　dignity　不顾体面；有失体面

　　　　　　　　　　adj.　honourable; good-looking　不体面的行为；长得很体面

从 4041～4050 中选择合适的词语填空　Choose the right words from 4041-4050 and fill in the blanks.

1. 武昌鱼是这里的_____，您一定要尝一尝。

2. 这些家具都是_____的，专门满足身材特别高大的顾客的需求。

3. 今天的讲座我们_____了北京大学的张明教授，为大家介绍语言学的最新研究动态。

4. 把质量稍差的产品都_____出去，多出的空间有别的用处。

5. 不论是谁，都应该跟大家一样排队，谁也没有_____。

从 4051～4060 中选择合适的词语填空　Choose the right words from 4051-4060 and fill in the blanks.

6. 虽然获得了"最佳作品奖"的_____，但最终能不能获奖还不一定。

7. 他工作非常努力，一心想让妻儿过上_____的生活。

8. 我非常_____你现在的困难处境，但没有办法，我必须按照规定办事。

9. 老板，非常感谢您对我的_____，我一定好好干，为公司发展做出更多贡献。

10. 我_____今天下午我们一起去打篮球，晚上再一起吃个饭，大家看怎么样？

第 3 部分　Part 3

4061　**体能**　tǐnéng　*n.*　physical strength　体能下降；维持体能；消耗体能；补充体能

4062　**体贴**　tǐtiē　*v.*　show consideration for　体贴员工；对妻子很体贴

4063　**体温**　tǐwēn　*n.*　body temperature　测量体温；体温较高；体温过低；体温正常；体温计

4064　**体系**　tǐxì　*n.*　system　司法体系；经济体系；管理体系；理论体系

4065　**体制**　tǐzhì　*n.*　system (of an organization), structure　政治体制；管理体制；体制改革

4066　**体质**　tǐzhì　*n.*　physique, constitution　增强体质；体质不同；体质很好

4067　**剃**　tì　*v.*　shave　剃胡子；剃干净

4068　**替换**　tìhuàn　*v.*　replace　互相替换；用小王替换小张；无可替换

4069　**替身**　tìshēn　*n.*　substitute, replacement　寻找替身；做他的替身；替身演员

4070　**天长地久**　tiāncháng-dìjiǔ　enduring as the universe　祝你们新婚快乐，天长地久！

4071　**天地**　tiāndì　*n.*　heaven and earth; field of activity, sphere　欢呼声震动天地；干出一番天地

4072　**天鹅**　tiān'é　*n.*　swan　一只天鹅；白天鹅

4073　**天分**　tiānfèn　*n.*　natural gift, talent　天分高；有当演员的天分

4074　**天赋**　tiānfù　*v.*　be endowed by nature, be innate　天赋人权

　　　　　　　　　　　n.　natural gift, talent　天赋高；有天赋；数学天赋

4075　**天经地义**　tiānjīng-dìyì　(in line with) the principles of heaven and earth — right and proper　欠了别人的钱要还，这是天经地义的事情。

4076　**天平**　tiānpíng　*n.*　balance, scales　一架天平；天平的两端；感情的天平

4077　**天桥**　tiānqiáo　*n.*　overpass, platform bridge　一座天桥；过街天桥

4078　**天生**　tiānshēng　*adj.*　born, inborn, inherent　天生聪明；天生爱笑；本事不是天生的

4079　**天使**　tiānshǐ　*n.*　angel　美丽的天使；善良的天使；快乐的天使

4080　**天线**　tiānxiàn　*n.*　aerial, antenna　一根天线；固定天线；电视天线

从 4061～4070 中选择合适的词语填空　Choose the right words from 4061-4070 and fill in the blanks.

1. 这个演员非常敬业，虽然有的表演动作十分危险，但他坚持不用_____。

2. 中美两国政治_____不同，但这不应成为两国人民交流合作的障碍。

3. 加入军队的前三个月，几乎天天都是_____训练，长跑、武术、游泳什么的。

4. 他是个非常_____的人，处处都能为别人着想，从不给别人添麻烦。

5. 老王把胡子_____了，换了一身干净衣服，高高兴兴地出门了。

从 4071～4080 中选择合适的词语填空　Choose the right words from 4071-4080 and fill in the blanks.

6. 父母为孩子做得太多，孩子就会觉得这是_____的，不懂得独立。

7. 很多能力都不是_____的，而是通过后天学习获得的。

8. 那辆汽车的顶上伸出来一根长长的_____，一看就知道是指挥车。

9. 这里新修建了一座_____，行人过马路更方便、安全了。

10. 这里是孩子们玩乐的_____，在这儿他们可以无拘无束。

◎重点词语　Focus words

1. 滔滔不绝

滔滔：形容大水滚滚。像流水那样毫不间断，指话很多，说起来没完。例如：

（1）黄河水滔滔不绝地奔腾而过，气势雄伟。

（2）他在会上滔滔不绝地讲了两个钟头。

（3）李经理口才好，说起话来滔滔不绝。

2. 陶醉

动词，很满意地沉浸在某种境界或者思想活动中。例如：

（1）沿岸美丽的景色令我们陶醉。

（2）场内的听众陶醉在美妙的歌声中。

（3）学习有了进步时，绝不能自我陶醉在一时的成功中。

3. 讨价还价

讨：索要。买卖东西时，卖主要价高，买主给价低，双方要反复商议。也比喻在进行谈判时反复争议，或接受任务时讲条件。例如：

（1）经过一番讨价还价，这本书以五元的价格成交了。

（2）妈妈正在和卖衣服的阿姨讨价还价。

（3）帮妈妈做这么点儿事还要讨价还价，真不像话！

4. 提心吊胆

形容十分担心或害怕。例如：

（1）由于害怕别人报复，他整天都提心吊胆的。

（2）今天学校开家长会，李林在家提心吊胆，不知道老师会不会跟他爸告状。

（3）他提心吊胆地过了一个月，还好检查报告出来了，身体并没有什么大问题。

5. 天长地久

跟天和地存在的时间一样长。形容时间悠久，永远不变（多指爱情）。例如：

（1）愿我俩的友谊天长地久。

（2）他俩立下天长地久的誓言。

（3）他不相信天长地久，只在乎眼前拥有。

6. 天经地义

天地间历久不变的常道，指绝对正确、不能改变的道理，也指理所当然的事。例如：

（1）子女赡养父母是天经地义的事。

（2）古人觉得天经地义的事情，现代人未必接受。

（3）父母不欠你的，愿意帮你带孩子那是你的运气，不愿意带也是天经地义。

7. 天生

形容词，天然生成的。例如：

（1）人的本领不是天生的，是在实践中学来的。

（2）他天生一副好嗓子，什么歌都难不倒他。

（3）这个孩子天生胆小，人一多便不敢说话了。

◎**速练** Quick practice

一、选择合适的词语填空　Choose the right words and fill in the blanks.

（一）A. 天经地义　B. 滔滔不绝　C. 天长地久　D. 讨人喜欢　E. 提心吊胆　F. 讨价还价

1. 自从丈夫出海，她每天都＿＿＿＿＿＿的，担心接到电话，又担心没有电话。

2. 有的人谈恋爱只要当下快乐就好，并不在乎＿＿＿＿＿＿。

3. 大人爱护孩子，孩子尊重大人，这些似乎都是＿＿＿＿＿＿的事情。

4. 这只小狗看起来挺＿＿＿＿＿＿的，我们把它带回家吧。

5. 经理在会上＿＿＿＿＿＿地讲了一个多小时，其实大家什么都没听进去。

（二）　　　　A. 特产　B. 倘若　C. 逃避　D. 淘汰　E. 特例　F. 糖尿病

1. 如今他自己得了＿＿＿＿＿＿，才明白健康的生活是多么美好。

2. ＿＿＿＿＿＿你再坚持错误的做法，我相信支持你的人会越来越少。

3. 今年的天气真的是一个＿＿＿＿＿＿，往年这个时候早就下雪了。

4. 遇到问题，我们不能简单地选择＿＿＿＿＿＿，而是应该努力设法解决。

5. 100个考生才录取了17个人，＿＿＿＿＿＿率太高了。

二、选择合适的词语完成句子　Choose the right words to complete the sentences.

1. 他们把房间重新收拾了一下儿，给即将出生的孩子＿＿＿＿＿出了一些地方。
   A. 安　　　　　　B. 抢　　　　　　C. 讨　　　　　　D. 腾

2. 从 1949 年到现在，中国人不仅平均寿命增长了 40 多岁，＿＿＿＿＿水平也在不断提升。
   A. 体面　　　　　B. 体质　　　　　C. 体温　　　　　D. 体系

3. 爷爷以前最喜欢坐在这把老＿＿＿＿＿上，一边喝茶，一边听收音机。
   A. 藤椅　　　　　B. 梯子　　　　　C. 地方　　　　　D. 码头

4. 暑假还没有开始，他就因为生病＿＿＿＿＿回家了。
   A. 提炼　　　　　B. 提速　　　　　C. 提早　　　　　D. 提拔

5. 老师觉得他很有学习外语的＿＿＿＿＿，词汇、语法什么的，一学就会。
   A. 天分　　　　　B. 天平　　　　　C. 天桥　　　　　D. 天地

6. 她＿＿＿＿＿一副好嗓子，甜美的歌声打动了无数人。
   A. 天赋　　　　　B. 天生　　　　　C. 自然　　　　　D. 自在

7. A：你有什么＿＿＿＿＿吗？
   B：我会弹吉他，歌也唱得不错。
   A. 特长　　　　　B. 特质　　　　　C. 提议　　　　　D. 提名

三、为词语选择合适的位置　Choose the appropriate location for the words.

1. 她 A 完全 B 在音乐中，仿佛 C 世上的一切都 D 与她无关。（陶醉）
2. 你认真 A 工作 B 就好了，用不着去 C 任何人 D。（讨好）
3. 画画儿 A 这件事是需要 B 的，有的人尽管很努力 C，却不一定 D 会成功。（天赋）
4. 我 A 愿意 B 你的难处，但也请你 C 站在我的角度，替我 D 考虑一下儿。（体谅）

第 69 单元　Unit 69

◎ 速记　Quick memory

4081 **天性** tiānxìng *n.* nature　小孩子的<u>天性</u>；<u>天性</u>好动；出于<u>天性</u>

4082 **天主教** Tiānzhǔjiào *n.* Catholicism　<u>天主教</u>协会；信<u>天主教</u>

4083 **添加** tiānjiā *v.* add　无<u>添加</u>；随意<u>添加</u>；<u>添加</u>其他成分

4084 **甜美** tiánměi *adj.* sweet; happy, pleasant　味道<u>甜美</u>；<u>甜美</u>多汁；<u>甜美</u>的微笑

4085 **甜蜜** tiánmì *adj.* sweet　<u>甜蜜</u>的生活；<u>甜蜜</u>的回忆；爱情<u>甜蜜</u>

4086 **甜头** tiántou *n.* sweet taste; benefit (as an inducement)　这橘子吃不出什么<u>甜头</u>；给他点儿<u>甜头</u>，他才会好好干活儿

4087 **填补** tiánbǔ *v.* fill (a vacancy, gap, etc.)　<u>填补</u>市场空白；无法<u>填补</u>

4088 **填充** tiánchōng *v.* fill up; fill in　<u>填充</u>色彩；<u>填充</u>物；<u>填充</u>题

4089 **填写** tiánxiě *v.* fill in, write　<u>填写</u>姓名；<u>填写</u>完整；认真<u>填写</u>

4090 **舔** tiǎn *v.* lick　<u>舔</u>干净；<u>舔</u>了一下儿；<u>舔</u>舔嘴

4091 **挑剔** tiāoti *v.* nit-pick, be hypercritical　过分<u>挑剔</u>；爱<u>挑剔</u>；无可<u>挑剔</u>

4092 **条款** tiáokuǎn *n.* clause (in a formal document), article, provision　合同<u>条款</u>；协议<u>条款</u>；法律<u>条款</u>

4093 **条例** tiáolì *n.* regulations　管理<u>条例</u>；处罚<u>条例</u>；暂行<u>条例</u>；依照<u>条例</u>

4094 **条约** tiáoyuē *n.* treaty　签订<u>条约</u>；废除<u>条约</u>；不平等<u>条约</u>

4095 **调侃** tiáokǎn *v.* ridicule　<u>调侃</u>别人；<u>调侃</u>的味道；随意<u>调侃</u>

4096 **调控** tiáokòng *v.* regulate and control　<u>调控</u>温度；市场<u>调控</u>；宏观<u>调控</u>

4097 **调料** tiáoliào *n.* seasoning　添加<u>调料</u>；食品<u>调料</u>；天然<u>调料</u>

4098 **调试** tiáoshì *v.* debug　<u>调试</u>设备；<u>调试</u>过程；反复<u>调试</u>

4099 **挑起** tiǎoqǐ　provoke, stir up　<u>挑起</u>矛盾；<u>挑起</u>冲突；<u>挑起</u>仇恨

4100 **挑衅** tiǎoxìn *v.* provoke　公开<u>挑衅</u>；<u>挑衅</u>性行为

从 4081～4090 中选择合适的词语填空　Choose the right words from 4081-4090 and fill in the blanks.

1. 她每次开演唱会观众都非常多，大家非常喜欢她那_____的声音。

2. 他虔诚地信仰着_____，严格按照宗教要求生活。

3. 贪玩儿是孩子的_____，不可限制太多。

4. 请在这里_____你的名字和护照号码。

5. 他_____了一下儿嘴唇，接着说了下去。

从 4091～4100 中选择合适的词语填空　Choose the right words from 4091-4100 and fill in the blanks.

6. 你们公司的"售后服务_____"说得很清楚，一年内保修。

7. 我觉得你太_____了，儿子做得还是挺不错的，没你说的那么糟。

8. "哎哟，你可真是太聪明了！"她的语气带着_____的意味。

9. 很多国家把增加或减少银行利息当作_____经济发展的重要手段。

10. 这句话_____了他心中的怒火，他冲上去和对方打了起来。

第 2 部分　Part 2

4101　**跳槽**　tiào//cáo　hop from job to job　准备跳槽；频繁跳槽；跳槽的动机

4102　**跳动**　tiàodòng　*v.*　beat, pulsate　跳动的心脏；猛烈地跳动；不停地跳动

4103　**跳伞**　tiào//sǎn　parachute　跳伞运动员；跳伞表演；紧急跳伞

4104　**跳跃**　tiàoyuè　*v.*　jump, skip, hop, leap　火光跳跃；欢呼跳跃；向上跳跃

4105　**贴近**　tiējìn　*v.*　press close to　贴近窗口；贴近生活
　　　　　　　　　　　　　adj.　intimate, close　情感上很贴近；找个贴近的朋友聊聊天儿

4106　**贴切**　tiēqiè　*adj.*　(of words) apt, suitable, appropriate, proper　用词贴切；描写很贴切；贴切的比喻

4107　**帖子**　tiězi　*n.*　post; invitation　在网上发帖子；送帖子；回帖子

4108　**听从**　tīngcóng　*v.*　obey, heed, comply with　听从劝告；听从指挥；听从吩咐

4109　**听话**　tīng//huà　be obedient　听话的孩子；听妈妈的话

4110　**停泊**　tíngbó　*v.*　anchor　禁止停泊；停泊许可证；停泊地点

4111　**停车位**　tíngchēwèi　*n.*　parking space　找停车位；停车位紧张；租用停车位

4112　**停电**　tíngdiàn　*v.*　have a power cut/failure　停电期间；停电两小时

4113　**停顿**　tíngdùn　*v.*　stop, pause　陷入停顿的状态；停顿了一会儿

4114　**停放**　tíngfàng　*v.*　park, place　停放自行车；停放车辆；临时停放

4115　**停业**　tíng//yè　stop doing business temporarily; close business　停业一周；停业整顿；宣布停业

4116　**通畅**　tōngchàng　*adj.*　unobstructed; easy and smooth　血管通畅；道路通畅；文字通畅

4117　**通车**　tōng//chē　(of a railway or highway) be open to traffic, (of a place, etc.) have transport services　即将通车；庆祝大桥正式通车

4118　**通风**　tōngfēng　ventilate; divulge information　开窗通风；房间不通风；通风报信

4119　**通告**　tōnggào　*v.*　announce　通告周知；通告全体员工
　　　　　　　　　　　　　n.　announcement　一条通告；发布通告

4120　**通缉**　tōngjī　*v.*　order the arrest (of a criminal at large), list as wanted　通缉犯；通缉令；被全国通缉

从 4101 ～ 4110 中选择合适的词语填空　Choose the right words from 4101-4110 and fill in the blanks.

1. 这个_____是他发到网上去的，当时也没有考虑太多。

2. 听到这个好消息，大伙儿都_____起来了，不断鼓掌欢呼。

3. 因为不满意原来公司的待遇，他_____到了另一家公司。

4. 台风就要来了，要出海的船都暂时_____在这个海湾里躲避台风。

5. 最后，她还是_____了父母的建议，回到中国，回到父母身边。

从 4111～4120 中选择合适的词语填空 Choose the right words from 4111-4120 and fill in the blanks.

6. 有个犯人从监狱逃跑了，警察正在_____他。

7. 这里不许_____车辆，请你把车停到_____上去。

8. 武汉长江大桥是 1957 年_____的，到现在已经有 60 多年了。

9. "嗯，"他_____了一下儿，"我们再考虑考虑，有结果了马上告诉你。"

10. 每到周五的下午，为了保证交通的_____，会有许多交警上街维持交通秩序。

第 3 部分　Part 3

4121 **通顺**　tōngshùn　*adj.*　(of writing) clear and coherent, smooth　语言通顺；通顺的语句

4122 **通俗**　tōngsú　*adj.*　popular, common　通俗易懂；通俗的话；通俗的解释

4123 **通通**　tōngtōng　*adv.*　all, entirely, completely　通通卖完了；通通忘记了

4124 **通往**　tōngwǎng　lead to　通往后院；通往海边；通往成功的路

4125 **通宵**　tōngxiāo　*n.*　all night, whole night　熬通宵；干了个通宵；通宵看电影

4126 **通行证**　tōngxíngzhèng　*n.*　pass, permit　临时通行证；边境通行证；办理通行证

4127 **同伴**　tóngbàn　*n.*　companion　三五个同伴；儿时的同伴；背叛同伴

4128 **同步**　tóngbù　*v.*　synchronize, be in step with　同步卫星；同步进行；同步增长

4129 **同等**　tóngděng　*adj.*　of the same class, rank, or status　同等地位；同等关系；同等对待；同等重要

4130 **同感**　tónggǎn　*n.*　same feeling (or impression)　深有同感；我与你有同感

4131 **同伙**　tónghuǒ　*v.*　work in partnership, collude (in doing evil)　他们同伙犯罪
　　　　　　　　　　　　　n.　partner (mostly derogatory)　没有同伙；主动交代同伙

4132 **同类**　tónglèi　*adj.*　of the same kind　同类问题；同类事件
　　　　　　　　　　　　n.　same kind　遇见同类；把同类放在一起

4133 **同盟**　tóngméng　*v.*　ally, form an alliance　同盟军；同盟国
　　　　　　　　　　　　n.　alliance　结成同盟；军事同盟

4134 **同年**　tóngnián　*n.*　same year　我和他同年考取了大学。

4135 **同人**　tóngrén　*n.*　colleague　全体同人；公司同人；同人之谊

4136 **同志**　tóngzhì　*n.*　comrade　好同志；同志之间；关心同志

4137 **同舟共济**　tóngzhōu-gòngjì　cross a river in the same boat — pull together in times of trouble　现在我们只有同舟共济，才能渡过难关。

4138 **铜**　tóng　*n.*　copper　铜壶；铜锁；铜镜；铜牌

4139 **统筹**　tǒngchóu　*v.*　plan as a whole　统筹安排；统筹规划；统筹全局

4140 **统统**　tǒngtǒng　*adv.*　all, entirely, completely　统统拿走；统统交代；统统除掉

从 4121～4230 中选择合适的词语填空 Choose the right words from 4121-4230 and fill in the blanks.

1. 这次旅游，我没有_____，就我一个人。

2. 这篇文章语句_____，结构完整，思路清晰，没有问题。

3. 这条小路_____山顶，虽然不太好走，却是路程最短的。

4. 大家深有_____，一致认为现在应该是公司经济最为困难的时期，过了这段时间也许就好了。

5. 歌曲可以分为 _____ 歌曲、民族歌曲和艺术歌曲等类型。

从 4231 ~ 4240 中选择合适的词语填空　Choose the right words from 4231-4240 and fill in the blanks.

6. 我和他 _____ 考上大学，后来毕业了在同一个单位工作，再后来我们就结婚了。

7. 传统的北方火锅是用 _____ 做的。

8. _____，我想看看这本书，你能帮我拿一下儿吗？

9. 我们要善于 _____ 规划，科学地安排时间才会有更高的效率。

10. 大家一定要 _____，这样我们公司才能战胜困难，迎来希望。

◎**重点词语**　Focus words

1. 甜头

名词，微甜的味道，泛指好吃的味道；也指好处、利益。例如：

（1）我刚吃了一小口，没尝到什么甜头。

（2）上次的风险投资让他尝到了一些甜头，他决定这次再加大投入。

（3）第一批乡镇企业很多都得到了改革开放的甜头，有的还冲出中国，走向了世界。

2. 挑衅

动词，找理由制造事端，企图引起冲突或战争等。例如：

（1）游客们不要挑衅笼中的猛兽，以免发生危险。

（2）你这样做，他会认为你是在挑衅他。

（3）对方公司采取了一些极具挑衅性的行动，我们必须做出回应。

3. 贴切

形容词，（语言等）恰当、确切。例如：

（1）我觉得，用"雅俗共赏"四个字来形容这个美术展是最贴切的。

（2）"十八的姑娘一朵花"是一个非常贴切的比喻。

（3）这首诗很贴切地反映了我们这些老年人的心境。

4. 通通、统统

副词，表示全部。例如：

（1）这些事情通通 / 统统由你来负责处理。

（2）这次出国旅行的相关事宜通通 / 统统都由公司安排好了。

（3）政府计划把这一片棚户区通通 / 统统拆掉，然后再修建新的住宅小区。

5. 同舟共济

比喻齐心，共同渡过难关。例如：

（1）在自然灾害面前，人类只有同舟共济，才能有更美好的明天。

（2）公司的员工们同舟共济，终于迎来了经济回暖。

（3）各单位、各部门要顾全大局、同舟共济，将人事改革推向完善。

◎**速练** Quick practice

一、选择合适的词语填空 Choose the right words and fill in the blanks.

（一）　　　A. 添加　B. 甜蜜　C. 甜头　D. 填补　E. 填写　F. 填充

1. 大连东方电脑公司＿＿＿＿＿了16项国内高科技领域的空白，年利润20多亿元。
2. 第一次偷东西成功让他尝到了"＿＿＿＿＿"，从那以后他的胆子越来越大。
3. 往菜里再＿＿＿＿＿一点儿糖，菜的味道会更好。
4. 沙发里的＿＿＿＿＿物通常是海绵，这样人坐在沙发上面就会感觉软软的。
5. 新婚不久，二人沉浸在＿＿＿＿＿的生活当中，感觉世上的一切都是美好的。

（二）　　　A. 挑剔　B. 条约　C. 条款　D. 条例　E. 调试　F. 调料

1. 清朝末期，当时的政府跟很多世界强国签订了不平等的＿＿＿＿＿。
2. 新产品运到了之后，还要进行一个月左右的安装＿＿＿＿＿，然后才能投入使用。
3. 这份保险合同书中的有些＿＿＿＿＿不合理，执行起来难度也比较大。
4. 根据《中华人民共和国食品安全法》及其实施＿＿＿＿＿，即日起全面暂停这种水果的进口。
5. 盐是一种必不可少的＿＿＿＿＿。

二、选择合适的词语完成句子 Choose the right words to complete the sentences.

1. 他呆呆地看着炉子里＿＿＿＿＿的火焰，心里有种说不出的感觉。
　A. 跳动　　　　　B. 跳伞　　　　　C. 跳舞　　　　　D. 跳槽
2. 在动物园里，孩子们都把脸＿＿＿＿＿玻璃，想看得更清楚一些。
　A. 迫切　　　　　B. 贴切　　　　　C. 就近　　　　　D. 贴近
3. 受台风的影响，政府临时关闭了机场、车站、码头，许多酒店和商场也暂时＿＿＿＿＿了。
　A. 停电　　　　　B. 停业　　　　　C. 停放　　　　　D. 停顿
4. 粮食应该存放在干燥＿＿＿＿＿的地方，这样才能保存更长时间。
　A. 通畅　　　　　B. 通风　　　　　C. 通顺　　　　　D. 通告
5. 快要考试了，有些人打算＿＿＿＿＿学习，但这是我们不提倡的。
　A. 通行证　　　　B. 通往　　　　　C. 通宵　　　　　D. 通通
6. 这本练习册和教材是＿＿＿＿＿的。
　A. 同伴　　　　　B. 同步　　　　　C. 同等　　　　　D. 同感
7. 警察抓住了一个小偷儿，还顺手抓了几个他的＿＿＿＿＿。
　A. 同伙　　　　　B. 同类　　　　　C. 同人　　　　　D. 同盟

三、为词语选择合适的位置 Choose the appropriate location for the words.

1. 要是我 A 能把这些单词 B 记住 C，我就一定能 D 通过大学英语四级考试。（统统）
2. 我认为语言学习过程中读写能力 A 的培养和听说能力 B 的培养是 C 重要的 D。（同等）
3.《儿女英雄传》A 是清朝作家 B 文康 C 创作的一部 D 小说。（通俗）
4. 她 A 把 B 你的话 C 当成了 D，一定会再来找你的麻烦的。（挑衅）

122

第 70 单元　Unit 70

◎ 速记　Quick memory

第 1 部分　Part 1

4141 统治　tǒngzhì　v.　rule, dominate　统治地位；统治者；统治阶级；统治权；黑暗统治

4142 捅　tǒng　v.　poke; nudge; disclose　捅破；用手指捅了我一下儿；把事情捅出去

4143 桶　tǒng　n.　barrel, bucket, tub　汽油桶；水桶；饭桶；桶装水；垃圾桶

4144 筒　tǒng　n.　a section of thick bamboo; a thick tube-shaped object; a tube-shaped part of an article of clothing, etc.　竹筒；邮筒；袖筒；长筒袜

4145 痛　tòng　adv.　extremely, deeply, bitterly　痛哭；痛打；痛骂

4146 痛心　tòngxīn　adj.　pained, distressed, grieved　感到很痛心；为……而痛心

4147 偷看　tōukàn　peep, peek　偷看答案；偷看手机

4148 偷窥　tōukuī　v.　secretly look at, peep at　被偷窥；偷窥者

4149 偷懒　tōu//lǎn　be lazy, loaf on the job　从不偷懒；干活儿偷懒；偷懒的办法

4150 头部　tóubù　n.　head　检查头部；头部受伤；头部运动

4151 头顶　tóudǐng　n.　top (or crown) of the head　举过头顶；高于头顶；撞到头顶

4152 头号　tóuhào　adj.　number one　头号敌人；头号新闻；头号选手

4153 头条　tóutiáo　n.　headline　报纸头条；各大媒体头条；头条新闻

4154 头头是道　tóutóu-shìdào　clear and logical　他说得头头是道，真的干起来却手忙脚乱。

4155 头衔　tóuxián　n.　title (a sign of rank, profession, etc.)　高贵的头衔；假头衔；冠军头衔

4156 头晕　tóuyūn　v.　dizzy　头晕眼花；感到头晕；饿得头晕

4157 投奔　tóubèn　v.　go to (a friend/place) for shelter　投奔朋友；投奔亲戚

4158 投稿　tóu//gǎo　contribute/submit a piece of writing for publication　欢迎投稿；投稿地址；多次投稿

4159 投机　tóujī　adj.　congenial　聊得很投机；说话很投机
　　　　　　　v.　speculate, seize a chance to seek private gain, be opportunistic　投机生意；投机分子

4160 投射　tóushè　v.　throw (a projectile, etc.); cast　投射导弹；向前投射；阳光投射进教室

从 4141 ～ 4150 中选择合适的词语填空　Choose the right words from 4141-4150 and fill in the blanks.

1. 狮子_____着非洲的大草原，是草原上最强大的食肉动物。

2. 这些生词每一个都要读 10 遍，不许_____！

3. 桌子上放着一个笔_____，旁边还有一本词典。

123

4. 看到孩子受伤昏迷不醒，他感到很_____。

5. 楼上掉下来的花篮正好砸中了他的_____，鲜血顿时流了出来。

从 4151 ～ 4160 中选择合适的词语填空　Choose the right words from 4151-4160 and fill in the blanks.

6. 今天报纸上的_____新闻是关于台风的，预计这次台风会给生产生活带来很大的影响。

7. 刚站起来的时候，他感觉一阵_____，差点儿没摔倒。

8. 他早些年靠做木材_____生意挣了不少钱。

9. 我们公司将科技创新作为改革发展的_____任务。

10. 你别看他分析得_____，真正干活儿还得靠我们这些工人。

第 2 部分　Part 2

4161 **投身** tóushēn　v.　throw oneself into　投身教育事业；投身革命

4162 **投降** tóuxiáng　v.　surrender　投降派；拒绝投降；无条件投降

4163 **透彻** tòuchè　adj.　penetrating, thorough　分析得很透彻；透彻地理解；研究透彻

4164 **透过** tòuguò　v.　pass/seep/leak/through　透过树叶；透过玻璃；透过现象看本质

4165 **透气** tòu//qì　ventilate; breathe freely; leak/disclose information　开窗透气；去外面透透气；透不过气来；结果还没公布，我先给你透个气

4166 **透支** tòuzhī　v.　overdraw; knacker, surpass　信用卡透支；透支健康；体力透支

4167 **凸** tū　adj.　protruding, raised　凸起；凸面镜；往外凸

4168 **凸显** tūxiǎn　v.　give prominence to, magnify　凸显地位；凸显价值；凸显特色

4169 **秃** tū　adj.　bald; bare; blunt　秃顶；秃山；毛笔写秃了

4170 **突发** tūfā　v.　burst out or occur suddenly　突发事件；突发情况；突发奇想；突发心脏病

4171 **突击** tūjī　v.　assault; do a crash job　准备突击；突击队；突击检查；突击完成

4172 **突破口** tūpòkǒu　n.　breakthrough point　寻找突破口；重要突破口；以……为突破口

4173 **突如其来** tūrú-qílái　arise suddenly, arrive unexpectedly　我们必须冷静应对这些突如其来的变化。

4174 **图表** túbiǎo　n.　chart, diagram, graph　设计图表；制作图表；图表显示

4175 **图像** túxiàng　n.　picture, image　清晰的图像；图像模糊；图像识别；生成图像

4176 **图形** túxíng　n.　graph, figure　简单图形；复杂图形；图形处理

4177 **图纸** túzhǐ　n.　blueprint, drawing　设计图纸；装修图纸；工程图纸

4178 **徒步** túbù　adv.　on foot　徒步旅行；徒步上山；徒步前进；徒步进入

4179 **涂** tú　v.　spread, apply; scribble; cross out, erase　涂颜色；涂口红；乱写乱涂；把错字涂掉

4180 **屠杀** túshā　v.　slaughter, massacre　大规模屠杀；屠杀野牛；屠杀平民

从 4161 ～ 4170 中选择合适的词语填空　Choose the right words from 4161-4170 and fill in the blanks.

1. 不知道为什么，墙上_____起来一块，是因为太潮湿了吗？

2. 学校里有处理＿＿＿＿＿＿＿＿事件的机制，按照规定来处理就可以了。

3. ＿＿＿＿＿＿＿＿火车的车窗，他看到了辽阔的草原和远处的雪山。

4. 没有支援，敌人又是自己的十几倍，最后他只好无奈地＿＿＿＿＿＿＿＿了。

5. 有的年轻人为了追求高质量的生活，不惜＿＿＿＿＿＿＿＿信用卡。

从 4171～4180 中选择合适的词语填空　Choose the right words from 4171-4180 and fill in the blanks.

6. 论文里的＿＿＿＿＿＿都应该编号，并且加上名字。

7. 那时候没有汽车、火车，去北京考试大多数人都是＿＿＿＿＿＿前往。

8. 房屋的建造必须严格按照＿＿＿＿＿＿进行，不能随意更改。

9. 问题很复杂，他尝试了很多次，还是没有找到解决问题的＿＿＿＿＿＿。

10. 在几百年前，该地区发生过大规模＿＿＿＿＿＿平民的事件。

第 3 部分　Part 3

4181 **土匪** tǔfěi　*n.*　bandit　一伙土匪；土匪头子；消灭土匪

4182 **土壤** tǔrǎng　*n.*　soil　肥沃的土壤；改良土壤；防止土壤流失

4183 **土生土长** tǔshēng-tǔzhǎng　locally born and bred　他是土生土长的北京人，对北京的民俗非常了解。

4184 **团伙** tuánhuǒ　*n.*　gang, band　流氓团伙；盗窃团伙；犯罪团伙；团伙犯罪

4185 **团聚** tuánjù　*v.*　reunite, have a reunion　与家人团聚；盼望再次团聚

4186 **团员** tuányuán　*n.*　member of a group; member of the Communist Youth League of China, League member　代表团团员；优秀团员；模范团员

4187 **团圆** tuányuán　*v.*　reunite　全家团圆；团圆饭；早日团圆；团圆的日子

4188 **推测** tuīcè　*v.*　infer, conjecture, guess　合理推测；根据推测

4189 **推辞** tuīcí　*v.*　decline (an appointment, invitation, etc.)　从不推辞；再三推辞；不必推辞

4190 **推断** tuīduàn　*v.*　infer, deduce　由此推断；推断结果；推断出；无法推断

4191 **推翻** tuī//fān　overthrow; repudiate　推翻政府；推翻假设；推翻协议；无法推翻

4192 **推荐** tuījiàn　*v.*　recommend　推荐新人；推荐书籍；向张教授推荐

4193 **推理** tuīlǐ　*v.*　infer, reasoning　推理方法；逻辑推理；推理过程

4194 **推敲** tuīqiāo　*v.*　weigh, deliberate　反复推敲；仔细推敲；用心推敲；经不起推敲

4195 **推算** tuīsuàn　*v.*　calculate, reckon　准确推算；无法推算；推算出时间

4196 **推卸** tuīxiè　*v.*　shirk (responsibility)　推卸责任；推卸给别人

4197 **推选** tuīxuǎn　*v.*　elect, choose　推选经理；推选班长

4198 **推移** tuīyí　*v.*　(of time) elapse; (of a situation, etc.) develop　随着时间的推移；往后推移；推移到长江以南

4199 **颓废** tuífèi　*adj.*　dispirited, decadent　颓废的情绪；精神颓废

4200 **退回** tuìhuí　*v.*　return; go back　退回押金；退回原地；原路退回

从 4181～4190 中选择合适的词语填空　Choose the right words from 4181-4190 and fill in the blanks.

1. 大家选你当班长是因为你的确有这个能力，你就不要再＿＿＿＿＿＿了。

2. 王老六是这个犯罪_____的头子，警察已经通缉他好长时间了。

3. 赌博是产生多种恶性社会问题的_____，所以在这个国家赌博是违法的。

4. 他是_____的北京人，对老北京的胡同儿有着深厚的感情。

5. 很久以前，这里的大山里有很多_____，严重影响了人们的生命安全。

从 4191～4200 中选择合适的词语填空　Choose the right words from 4191-4200 and fill in the blanks.

6. 他衣服脏兮兮的，头发老长，胡子也没刮，一副_____的样子。

7. "如果能_____到中学时代，我一定会认真学习，决不浪费时间。"小王心里幻想着。

8. 老师，我想报考研究生，您能给我写一封_____信吗？

9. 我相信，随着时间的_____，你一定会明白爸爸妈妈的苦心。

10. 这篇文章基本上_____了他自己以前的观点，提出了一个全新的看法。

◎重点词语　Focus words

1. 痛心

形容词，极度伤心。例如：

（1）失去了这样一位好同事、好朋友，我感到非常痛心。

（2）这次的投资计划完全失败，损失超过了一千万，令人痛心不已。

（3）最让人痛心的是，吸烟对青少年的危害还在蔓延。

2. 头头是道

形容说话、做事有条理，道理充分。例如：

（1）小王的分析头头是道，大家都表示赞成。

（2）他总是这样，说得头头是道，真正做起来却错误百出。

（3）这里的出租车司机大多健谈，一上车就能跟你头头是道地聊国际形势、地域风情，好像什么都懂。

3. 投机

形容词，兴趣、见解等相同。例如：

（1）我和他聊得非常投机，一直到火车到站都没停过。

（2）俗话说："话不投机半句多。"两人刚一见面就把天儿聊"死"了。

动词，利用时机（谋取利益）。例如：

（3）公司最近的流动资金比较充足，他正想着搞点儿什么投机生意。

4. 突如其来

突然发生。例如：

（1）比赛的计划被突如其来的大雨完全打乱了。

（2）尽管如此，他还是眼含着泪，默默承受着这一突如其来的打击。

（3）灾难突如其来，一下子夺走了数十人的生命。

5. 徒步

副词，步行。例如：

（1）我们一行人**徒步**上山。

（2）**徒步**穿越沙漠是非常危险的。

（3）闻一多先生身穿长袍，挽着裤脚，和学生们一起从湖南经贵州**徒步**到了昆明。

6. 土生土长

在当地出生、成长。例如：

（1）我是一个**土生土长**的成都人，从来没有离开过这座城市。

（2）这是本地**土生土长**的一种竹笋，味道非常鲜美。

（3）老渔民张纯良在长江边**土生土长**，一辈子在风浪里讨生活。

7. 推荐

动词，把好的人或事物介绍给别人或者组织，希望任用或者接受。例如：

（1）家政公司**推荐**了一个保姆照顾张教授的起居生活。

（2）去年，他向我们公司**推荐**了好几个员工。

（3）老师，我想申请研究生，您能不能为我写一封**推荐**信？

◎ **速练** Quick practice

一、选择合适的词语填空　Choose the right words and fill in the blanks.

（一）　　　　　A. 桶　B. 捅　C. 筒　D. 痛　E. 秃　F. 涂

1. 京剧演员们的脸上_____着不同的颜色和图案，代表着不同的人物和不同的性格特点。

2. 空汽油_____并不完全是空的，仍然有燃烧或者爆炸的危险。

3. "到站了。"她用手指轻轻_____了下儿身边的那个大男孩儿。

4. 出了这种事，妈妈把他_____骂了一顿，还坚持让他去给别人道歉。

5. 也许是工作的压力太大，还不到四十，他的头就_____了。

（二）　　　　　A. 团聚　B. 偷看　C. 头顶　D. 头衔　E. 偷懒　F. 凸显

1. 子弹擦着他的_____飞过，吓得他一身冷汗。

2. 考试时自己做自己的试卷，不要_____别人的答案。

3. 经历了十年的战争、十年的分离，夫妻二人终于_____了。

4. 这个项目的顺利实施_____了老王的工作能力和领导水平。

5. 最近他获得了北京大学荣誉教授的_____。

二、选择合适的词语完成句子　Choose the right words to complete the sentences.

1. 家乡连年干旱，实在活不下去了，他只好带着妻儿_____远方的亲戚。

　A. 偷窥　　　　　B. 投奔　　　　　C. 投稿　　　　　D. 投机

2. 钱学森决心回到中国，_____于新中国的建设事业。

　　A. 投射　　　　　　B. 投身　　　　　　C. 投降　　　　　　D. 突击

3. 房间里人很多，门窗又都关得死死的，太闷了，我想出去_____一下儿_____。

　　A. 透彻　　　　　　B. 透支　　　　　　C. 透过　　　　　　D. 透气

4. 面对这_____的变故，公司上下议论纷纷，谁都不知道接下来该怎么办。

　　A. 头头是道　　　　B. 突如其来　　　　C. 土生土长　　　　D. 团团圆圆

5. 我觉得你的这篇文章总体上还是不错的，就是有一些细节还需要再_____一下儿。

　　A. 推断　　　　　　B. 推测　　　　　　C. 推敲　　　　　　D. 推理

6. 根据最近48小时的卫星云图，科学家_____出了台风的登陆时间和地点。

　　A. 推测　　　　　　B. 推辞　　　　　　C. 推卸　　　　　　D. 推翻

7. 老王被_____为公司的销售部经理，我觉得这是非常合情合理的。

　　A. 推移　　　　　　B. 推广　　　　　　C. 推算　　　　　　D. 推选

三、为词语选择合适的位置　Choose the appropriate location for the words.

1. 孔乙己 A 因为偷书 B 被丁举人 C 打了一顿 D，腿都被打断了。（痛）

2. Photoshop 是 A 目前 B 最流行的 C 处理软件之一，D 功能强大。（图形）

3. 老板觉得你的这篇报告 A 对公司目前的经营状况和发展趋势 B 分析得 C 还不够 D。（透彻）

4. 该 A 自己 B 承担的责任 C 一定不要 D，这才是处理问题的正确态度。（推卸）

第 71 单元　Unit 71

◎ 速记　Quick memory

第 1 部分　Part 1

4201 **退却** tuìquè v. retreat; hang back　战略退却；遇到挫折也决不退却；暂时的退却

4202 **退让** tuìràng v. step aside; make a concession, yield　他退让不及，被车撞倒了；一再退让；在原则性问题上从不退让

4203 **退缩** tuìsuō v. shrink back　从不退缩；毫不退缩；退缩不前

4204 **退休金** tuìxiūjīn n. retirement pay, pension　发放退休金；领取退休金；退休金账户

4205 **退学** tuì//xué leave school, drop out　因病退学；宣布退学

4206 **退役** tuì//yì retire or be discharged from military service; retire from professional career; a certain outdated weapon is no longer used in armaments, which also refers to vehicles and facilities that are no longer in use　退役军人；运动员退役；退役战斗机

4207 **屯** tún n. village (often used in village names)　三里屯；江北屯；皇姑屯

4208 **托付** tuōfù v. entrust, commit sth. to sb.'s care　托付于人；无人可以托付

4209 **拖累** tuōlěi v. encumber, be a burden　拖累别人；拖累家庭；受子女拖累

4210 **拖欠** tuōqiàn v. be behind in payment, default　拖欠租金；拖欠税款；拖欠费用

4211 **拖延** tuōyán v. delay, put off, procrastinate　拖延时间；一再拖延；故意拖延

4212 **脱节** tuō//jié come apart, be disjointed　理论与实践脱节；与时代脱节；与市场脱节

4213 **脱口而出** tuōkǒu'érchū blurt out　刚回国的时候，她说话必须特别留神，否则英语就会脱口而出。

4214 **脱落** tuōluò v. drop, fall off/away　牙齿脱落；油漆脱落

4215 **脱身** tuō//shēn get away, get free　想办法脱身；从麻烦中脱身；难以脱身

4216 **脱颖而出** tuōyǐng'érchū the point of an awl sticking out through a bag—talent will reveal itself　他能从两百个应聘者里脱颖而出，靠的不是运气。

4217 **驮** tuó v. carry on the back　驮东西；驮着一个人；驮起来；驮不动

4218 **妥** tuǒ adj. appropriate, ready　不妥；妥否；办妥；备妥

4219 **妥当** tuǒ·dàng adj. suitable, proper　处理妥当；妥当安排

4220 **妥善** tuǒshàn adj. well arranged, appropriate　妥善处理；妥善安排；妥善保管

从 4201～4210 中选择合适的词语填空　Choose the right words from 4201-4210 and fill in the blanks.

1. 老王每个月的_____有 5000 多元，虽不算多，但也足够用了。

2. 我的高考总成绩被数学成绩_____了，要是数学考好一点儿，就能上一个更好的大学。

3. 因为生病，他从大学_____了，这也实在是没有办法的事情。

4. 暑假我们全家人要去外地旅行两个星期，临走前，我把小狗＿＿＿＿＿＿＿给一个朋友代为照顾。

5. 人们把这艘＿＿＿＿＿＿＿的军舰改造成了一个海上餐厅，吸引了大量游客。

从 4211～4220 中选择合适的词语填空　Choose the right words from 4211-4220 and fill in the blanks.

6. 现在我们有汽车、火车，运输的速度比以前肩挑背＿＿＿＿＿＿＿要快多了。

7. 五四新文化运动之前，中国存在着口语和书面语＿＿＿＿＿＿＿的现象，口语和书面语的差异很大。

8. 能战胜其他竞争者，从三百多人里＿＿＿＿＿＿＿，的确是件不容易的事情。

9. 售后部的经理被顾客们缠得无法＿＿＿＿＿＿＿，只好打电话叫来了总经理。

10. 我觉得他只是在＿＿＿＿＿＿＿时间，根本没有和我们签订合同的诚意。

第 2 部分　Part 2

4221 妥协　tuǒxié　v.　compromise　互相妥协；决不妥协；彻底妥协

4222 拓宽　tuòkuān　v.　widen, broaden　拓宽马路；拓宽思路；拓宽业务

4223 拓展　tuòzhǎn　v.　expand, spread, extend, develop　拓展思路；拓展业务；拓展能力

4224 唾液　tuòyè　n.　saliva　分泌唾液

4225 挖掘　wājué　v.　excavate, unearth　挖掘机；挖掘宝藏；挖掘潜力；挖掘真相；深入挖掘

4226 挖苦　wāku　v.　speak sarcastically/ironically　挖苦人；互相挖苦；挖苦的意味

4227 瓦　wǎ　n.　tile　房瓦；瓦片；瓦块

4228 歪　wāi　adj.　askew; crooked, devious　挂歪了；歪鼻子；歪理；歪主意

4229 歪曲　wāiqū　v.　distort　歪曲事实；歪曲真相；歪曲我的话；不容歪曲

4230 外表　wàibiǎo　n.　appearance, surface　美观的外表；光鲜的外表；外表坚强

4231 外公　wàigōng　n.　(maternal) grandfather　孩子的外公；外公的家乡

4232 外行　wàiháng　adj.　lay, unprofessional　外行话；对……不外行
　　　　　　　　　　　n.　layman, nonprofessional　是个外行；计算机领域的外行

4233 外号　wàihào　n.　nickname　起个外号；叫他的外号"火星人"

4234 外籍　wàijí　n.　foreign nationality　外籍专家；外籍员工；外籍游客

4235 外贸　wàimào　n.　foreign trade　外贸公司；外贸中心；做外贸生意

4236 外貌　wàimào　n.　appearance, exterior, looks　外貌出众；人物的外貌；外貌特征

4237 外婆　wàipó　n.　(maternal) grandmother　外公外婆；慈祥的外婆；外婆做的饭

4238 外企　wàiqǐ　n.　foreign enterprise　外企人员；在外企工作；外企的待遇

4239 外星人　wàixīngrén　n.　extraterrestrial being (ET)　寻找外星人；外星人事件；有关外星人的传闻

4240 外形　wàixíng　n.　appearance, external form, shape　外形逼真；外形优美；独特的外形

从 4221 ～ 4230 中选择合适的词语填空　Choose the right words from 4221-4230 and fill in the blanks.

1. "你不是说都计划好了吗？1:3 的比分输给别人也是计划好了的吧？" 她_____道。

2. _____是口腔分泌出来的一种液体，能够帮助消化食物。

3. 看人不能只看_____，内心的善良才是最重要的。

4. 谈判其实就是一个互相_____的过程，不能只是强硬，没有让步。

5. 这些消息_____了事实，只要稍微思考一下儿，就会明白不是真的。

从 4231 ～ 4240 中选择合适的词语填空　Choose the right words from 4231-4240 and fill in the blanks.

6. 妈妈的爸爸、妈妈叫 "_____" "外婆"。

7. 不论是_____人员，还是本国公民，都应该遵守当地的法律。

8. 大学毕业后，他在一家_____公司工作，经常到国外出差。

9. 两辆汽车在_____上非常相似，基本看不出区别。

10. 在电脑维修方面，我是个绝对的_____，这不请您来看看电脑出了什么问题嘛。

第 3 部分　Part 3

4241 **外援**　wàiyuán　*n.*　foreign aid, outside help　引进**外援**；削减**外援**；聘请**外援**

4242 **丸**　wán　*n.*　ball; pill　肉**丸**；药**丸**

　　　　　　m.　*a measure word for pills of Chinese medicine*　一**丸**药；一次一**丸**

4243 **完备**　wánbèi　*adj.*　complete, perfect　设施**完备**；**完备**的体系

4244 **完毕**　wánbì　*v.*　finish, complete, end　汇报**完毕**；通话**完毕**；准备**完毕**

4245 **完蛋**　wán//dàn　be done for, be finished　敌人快**完蛋**了；注定要**完蛋**；彻底**完蛋**

4246 **完好**　wánhǎo　*adj.*　intact, whole, in good condition　**完好**无缺；**完好**无损；保存**完好**

4247 **玩耍**　wánshuǎ　*v.*　play, have fun　在河边**玩耍**；尽情**玩耍**

4248 **玩意儿**　wányìr　*n.*　toy; thing　小**玩意儿**；新鲜**玩意儿**；他手里拿的是什么**玩意儿**

4249 **顽固**　wángù　*adj.*　obstinate, stubborn　**顽固**派；极其**顽固**；**顽固**地坚持

4250 **挽**　wǎn　*v.*　draw; roll up　手**挽**着手；**挽**起袖子；**挽**起长发

4251 **挽回**　wǎnhuí　*v.*　retrieve, redeem　**挽回**面子；**挽回**局面；**挽回**损失；无法**挽回**；难以**挽回**

4252 **挽救**　wǎnjiù　*v.*　save, rescue　**挽救**生命；**挽救**病人；无法**挽救**；竭力**挽救**

4253 **晚间**　wǎnjiān　*n.*　(in the) evening, (at) night　**晚间**新闻；周三**晚间**

4254 **晚年**　wǎnnián　*n.*　old age, one's later/remaining years　**晚年**生活；安度**晚年**；幸福的**晚年**

4255 **晚期**　wǎnqī　*n.*　late period, terminal stage　**晚期**作品；癌症**晚期**；原始社会**晚期**

4256 **惋惜**　wǎnxī　*adj.*　feel sorry for sb. or about sth., regret　感到**惋惜**；替他**惋惜**；为失去机会感到**惋惜**

4257 **万分**　wànfēn　*adv.*　very much, extremely　**万分**痛苦；**万分**遗憾；**万分**抱歉

4258 **万古长青**　wàngǔ-chángqīng　last forever, be everlasting　祝两国人民的友谊**万古长青**！

4259 **万能** wànnéng *adj.* omnipotent; universal, versatile 万能钥匙；万能胶

4260 **万万** wànwàn *adv.* (used in the negative) absolutely 万万不能；万万不可；万万没有想到

从 4241～4250 中选择合适的词语填空 Choose the right words from 4241-4250 and fill in the blanks.

1. 青岛足球队里有三个_____，实力明显要强一些。

2. 骑自行车摔了一跤，包里的杯子竟然_____无损，这也是"奇迹"了。

3. 小孩子喜欢新鲜_____，过一段时间就把旧的忘了。

4. _____了，我的作业都没做，明天就要交了。

5. 你真是一个老_____，别人说什么你都听不进去。

从 4251～4260 中选择合适的词语填空 Choose the right words from 4251-4260 and fill in the blanks.

6. 你有这么好的音乐基础，现在要放弃，老师觉得很_____。

7. 我辛苦了一辈子，退休后什么都不想干，安度_____就好了。

8. 他深知失去的已经无法再_____，说什么做什么都没用了。

9. 俗话说："钱不是_____的。"不是所有的事都能用钱来解决。

10. 李白的诗歌_____，很多诗连小学生都能流利地背诵出来。

◎ **重点词语 Focus words**

1. 拖累

动词，因为某事物的原因使另一事物受到影响、损失等。例如：

（1）要不是英语拖累了我的总成绩，我一定能考上更好的大学。

（2）最后，他要求停止昂贵的治疗，离开了医院，不想让子女们受到自己的拖累。

（3）房地产的经济泡沫最终会拖累整个国民经济。

2. 脱口而出

没有过多思考就随口说出。例如：

（1）当被问到对新疆的印象时，好几个游客脱口而出："新疆真是太美了！"

（2）"新年快乐""万事如意"，这些都是过年时脱口而出的吉祥话。

（3）在与人沟通之前，一定要自己先好好想一想，不要脱口而出。

3. 脱颖而出

比喻才能全部显露出来。例如：

（1）在众多应聘者中，小王脱颖而出，最终获得了这个职位。

（2）他一直觉得只要有一个合适的机会，自己一定能脱颖而出。

（3）想要在成千上万的高考竞争者当中脱颖而出，实在是不容易。

4. 外行

形容词，对某种事情或者工作不懂，没有经验。例如：

（1）对于计算机科技，我有点儿外行。

（2）你这话讲得太**外行**了，买股票可不是一定能挣钱，赔钱的也不少。

名词，外行的人。例如：

（3）一篇好文章既要能让内行欣赏，也要能让**外行**看懂逻辑思路。

5. 万分

副词，非常，极其。例如：

（1）得知外公去世，我**万分**悲痛。

（2）虽然对家乡**万分**不舍，但我们还是必须得离开。

（3）能受邀访问贵公司，我感到**万分**荣幸。

6. 万古长青

永远充满生机，比喻事业、精神等永远不会消失。例如：

（1）祝愿两国人民的友谊**万古长青**。

（2）只有得到人民群众的肯定和支持，我们的事业才能**万古长青**。

（3）三对新婚夫妇种下了三棵"爱情树"，象征着他们美好幸福的生活**万古长青**。

7. 万万

副词，绝对，无论如何，多用于否定句。例如：

（1）对孩子要有合理的约束，一味放任**万万**不可。

（2）我**万万**没有想到，他会在这个时候给我打电话。

（3）减肥要制订科学的计划，过度节食**万万**使不得。

◎**速练** Quick practice

一、选择合适的词语填空　Choose the right words and fill in the blanks.

（一）　　　　　A.挽　B.丸　C.歪　D.瓦　E.驮　F.妥

1. 现在中国北方农村建房大多做成平顶的，方便晒粮食，很少有人用_____了。

2. 这种药你每天吃一_____，坚持一段时间一定会有疗效的。

3. 照片上的两个好朋友手_____手，肩并肩，天真可爱。

4. 你说的那件事我已经办_____了，你不用再担心了。

5. 小狗_____着脑袋看着我，好像有什么话要说。

（二）　　A.外星人　B.退却　C.妥当　D.脱口而出　E.脱颖而出　F.屯

1. "我当不上这个经理，你们也谁都别想当！"_____的话恰恰代表着她内心的

真实想法。

2. 小玲的娘家在一个叫靠山_____的地方，18 岁那年嫁到了我们西河村。

3. 开学人多事杂，能做到事事_____不容易，有点儿疏忽也是正常的。

4. 很多人都声称自己看到过_____，但是又拿不出证据来。

5. 连长组织我们猛烈地反击，经过 3 个多小时的战斗，敌人终于_____了。

二、选择合适的词语完成句子　Choose the right words to complete the sentences.

1. 对方的无理挑衅逼得她不能再_____了。
   A. 退让　　　　　　 B. 退回　　　　　　　 C. 退学　　　　　　 D. 退役

2. 中央一再强调，绝对不能_____农民工的工资，如有违反，必将严厉惩罚。
   A. 拖欠　　　　　　 B. 拖延　　　　　　　 C. 托付　　　　　　 D. 拖累

3. 秋天到了，树叶从树上_____下来，在地上铺了厚厚一层。
   A. 脱节　　　　　　 B. 脱落　　　　　　　 C. 脱身　　　　　　 D. 妥善

4. 新的一年，我们要努力_____业务，让公司的销售业绩再上一层楼。
   A. 拓展　　　　　　 B. 拓宽　　　　　　　 C. 外表　　　　　　 D. 歪曲

5. 张教授从这些历史材料中_____出了很多有价值的线索，值得深入研究。
   A. 挽回　　　　　　 B. 挽救　　　　　　　 C. 挖掘　　　　　　 D. 玩耍

6. 所有的准备工作都已经_____了，导演下一个命令就可以开始演出了。
   A. 完善　　　　　　 B. 完毕　　　　　　　 C. 外贸　　　　　　 D. 外貌

7. 大家给他取了一个_____，叫"无事忙"。
   A. 晚间　　　　　　 B. 晚期　　　　　　　 C. 外号　　　　　　 D. 万万

三、为词语选择合适的位置　Choose the appropriate location for the words.

1. 事情 A 会 B 卡在这个小问题上面，这是我 C 没有 D 想到的。（万万）

2. A 感谢董事长 B 对我的 C 提拔，我一定好好干，干出 D 成绩。（万分）

3. 大家在学习 A 的同时也应该 B 参加一些社会活动，全面 C 自己的 D 能力。
   （拓展）

4. 这显然是 A 齐白石的 B 作品，C 手法更加成熟，艺术价值 D 更高。（晚期）

第 72 单元　Unit 72

◎ 速记　Quick memory

4261 **万无一失**　wànwú-yìshī　no danger of anything going wrong, be perfectly safe　这件事交给他办，绝对**万无一失**。

4262 **汪洋**　wāngyáng　*adj.*　(of a body of water) vast　一片**汪洋**；**汪洋**大海

4263 **亡羊补牢**　wángyáng-bǔláo　mend the fold after a sheep is lost　现在**亡羊补牢**还不算晚。

4264 **王国**　wángguó　*n.*　kingdom, realm, domain　独立的**王国**；鸟类的**王国**

4265 **王牌**　wángpái　*n.*　trump card　**王牌**军队；手中的**王牌**；**王牌**球员；最后的**王牌**

4266 **网点**　wǎngdiǎn　*n.*　network of commercial establishments　银行**网点**；公司**网点**；服务**网点**；营业**网点**

4267 **网民**　wǎngmín　*n.*　Internet user, netizen　中国**网民**；**网民**的行为；**网民**数量

4268 **往常**　wǎngcháng　*n.*　former times, usual time before the present　像**往常**一样；不同**往常**；比**往常**晚

4269 **往返**　wǎngfǎn　*v.*　go there and back, travel to and fro　当天**往返**；**往返**时间；**往返**费用；**往返**票

4270 **往日**　wǎngrì　*n.*　(in) former days　根据**往日**的经验；**往日**的平静；**往日**的回忆

4271 **往事**　wǎngshì　*n.*　past events　回忆**往事**；说起**往事**；伤心的**往事**

4272 **妄想**　wàngxiǎng　*v.*　vainly hope　**妄想**战胜对手；**妄想**夺冠
　　　　　　　　　　　　n.　vain hope (or attempt)　痴心**妄想**；不切实际的**妄想**

4273 **忘不了**　wàng bu liǎo　always remember, never forget　那些美好的往事我一辈子也**忘不了**。

4274 **忘掉**　wàng//diào　forget　**忘掉**过去；**忘掉**他；全部都**忘掉**

4275 **旺**　wàng　*adj.*　prosperous, flourishing, vigorous　火很**旺**；生意**旺**；人财两**旺**

4276 **旺季**　wàngjì　*n.*　peak season　处于旅游**旺季**；销售**旺季**；生长**旺季**

4277 **旺盛**　wàngshèng　*adj.*　vigorous, exuberant　生长**旺盛**；精力**旺盛**；**旺盛**的生命力

4278 **望**　wàng　*v.*　gaze into the distance; visit; hope　登高**望**远；看**望**；万**望**保重

4279 **望远镜**　wàngyuǎnjìng　*n.*　telescope　一架**望远镜**；天文**望远镜**

4280 **危及**　wēijí　*v.*　endanger　**危及**他人；**危及**生命；**危及**健康

从 4261～4270 中选择合适的词语填空　Choose the right words from 4261-4270 and fill in the blanks.

1. 比赛剩下 30 分钟，教练打出最后一张_____——把球星王霜换上了场。

2. 一次考试不能说明什么，只要你找到问题并加以改正，_____，下次一定能考好。

3. 中国移动公司在全国有几千个营业_____，办业务非常方便。

135

4. 去北京的高铁二等座票价是 520 元，_____就是 1040 元。

5. 看着这些照片，他想起了_____的老朋友，不禁微笑起来。

从 4271～4280 中选择合适的词语填空　Choose the right words from 4271-4280 and fill in the blanks.

6. 现在是旅游的_____，酒店的价格自然会比平时高一些。

7. 王某某买了一副_____，打算偷窥对面楼里的情况。

8. 工作不努力，还_____着一夜变成百万富翁，这是不现实的。

9. 从小学开始，学校就要教育学生认识到毒品的危害，远离毒品，不让毒品_____青少年。

10. 家中老人生病，需要人照顾，故请假三天，_____经理批准。

第 2 部分　Part 2

4281 **危急** wēijí *adj.* critical　十分危急；情况危急；危急关头

4282 **威风** wēifēng *n.* power and prestige　威风八面；要威风；杀一杀他的威风
　　　　　　　　　　 adj. impressive, awesome　他穿上军装，显得很威风。

4283 **威力** wēilì *n.* power, might　强大的威力；可怕的威力；威力巨大

4284 **威慑** wēishè *v.* terrorize with force, deter　威慑力；威慑敌军；起到威慑作用

4285 **威信** wēixìn *n.* prestige, public trust　很高的威信；有威信；保持威信

4286 **微不足道** wēibùzúdào　too trivial or insignificant to mention, insignificant　个人的力量与集体的力量相比，显然是微不足道的。

4287 **微观** wēiguān *adj.* micro; microcosmic　微观经济学；微观世界

4288 **微妙** wēimiào *adj.* delicate, subtle　关系很微妙；表情微妙；微妙的变化

4289 **微弱** wēiruò *adj.* weak, faint, feeble　微弱的声音；微弱的光线；脉搏很微弱

4290 **微型** wēixíng *adj.* miniature, mini　微型照相机；微型计算机；微型小说

4291 **为人** wéirén *v.* behave, conduct oneself　学习如何为人；为人处世
　　　　　　　　 n. behaviour, what one is like　为人真诚；为人厚道；他的为人

4292 **违背** wéibèi *v.* violate, go against　违背原则；违背诺言；违背事实

4293 **违约** wéi//yuē　break a contract, break one's promise　故意违约；违约金；违约的风险

4294 **违章** wéi//zhāng　break rules and regulations　违章驾驶；违章行为；违章建筑；处罚违章停车

4295 **围墙** wéiqiáng *n.* enclosing wall　一道围墙；花园的围墙；拆除围墙；翻过围墙

4296 **唯** wéi *adv.* only　他各方面都很不错，唯身体稍差。

4297 **唯独** wéidú *adv.* only　唯独少了他；唯独你不行

4298 **伪造** wěizào *v.* forge, falsify, fabricate　伪造签名；伪造证件；伪造历史；伪造文件

4299 **伪装** wěizhuāng *v.* pretend, disguise, camouflage　伪装成树叶；伪装得很像；无法伪装
　　　　　　　　　 n. disguise, camouflage　剥去伪装；巧妙的伪装

4300 **尾气** wěiqì *n.* exhaust, tail gas　汽车尾气；排放尾气；尾气净化；尾气污染

从 4281 ～ 4290 中选择合适的词语填空　Choose the right words from 4281-4290 and fill in the blanks.

1. 不用谢，不用谢，都是些 _____ 的事情，算不了什么。

2. 这个人喜欢在新员工面前要 _____ ，大家对他都很反感。

3. 法律的最主要作用不在于惩罚，而是 _____ 。

4. "千万" 和 "万万" 这两个词有 _____ 的区别，大家要注意。

5. 老王当了十几年的村干部，在村子里很有 _____ 。

从 4291 ～ 4300 中选择合适的词语填空　Choose the right words from 4291-4300 and fill in the blanks.

6. 汽车 _____ 是目前中国城市最普遍的空气污染源之一，要控制汽车数量，加快新能源开发。

7. 他因为交通 _____ ，被罚了 200 块钱。

8. 老黄 _____ 厚道老实，肯吃苦，大家都叫他 "老黄牛"。

9. 她当众撕下了前夫的 _____ ，让所有人都知道了他是个什么样的人。

10. 学校的南面有一堵 _____ ，再外面就是南湖。

第 3 部分　Part 3

4301 **尾声** wěishēng　*n.*　epilogue, end　故事的尾声；接近尾声；一个时代的尾声

4302 **纬度** wěidù　*n.*　latitude　确定纬度；高纬度地区；相同的纬度

4303 **委屈** wěiqu　*adj.*　wronged　觉得很委屈
　　　　　　　　　　v.　put sb. to great inconvenience　委屈你了；让你受委屈了

4304 **委婉** wěiwǎn　*adj.*　mild and roundabout　委婉动听；语气委婉；委婉地提醒

4305 **委员** wěiyuán　*n.*　committee member　国务委员；委员制

4306 **委员会** wěiyuánhuì　*n.*　committee　职工委员会；成立一个工作委员会

4307 **萎缩** wěisuō　*v.*　wither; shrink　花叶萎缩；肌肉萎缩；经济萎缩；萎缩得厉害

4308 **卫视** wèishì　*n.*　satellite television　卫视频道；卫视节目；地方卫视台

4309 **未** wèi　*adv.*　not yet　未知；未婚；仍未恢复

4310 **未成年人** wèichéngniánrén　*n.*　minor, teenager　保护未成年人；未成年人不得入内

4311 **未经** wèijīng　*v.*　have not yet　未经同意；未经许可

4312 **未免** wèimiǎn　*adv.*　rather; unavoidable　未免有点儿不礼貌；未免误人子弟

4313 **未知数** wèizhīshù　*n.*　unknown number; sth. unknown　含有一个未知数的方程；
　　　　将来会怎样还是个未知数

4314 **位子** wèizi　*n.*　seat　留一个位子；重要的位子

4315 **味精** wèijīng　*n.*　monosodium glutamate　一袋味精；放一点儿味精；生产味精

4316 **畏惧** wèijù　*v.*　fear　无所畏惧；畏惧心理；对这个任务非常畏惧

4317 **畏缩** wèisuō　*v.*　recoil, flinch　畏缩不前；毫不畏缩；做事不要畏畏缩缩的

4318 **胃口** wèikǒu　*n.*　appetite; liking　胃口很好；没有胃口；这件衣服不对他的胃口

4319 **喂养** wèiyǎng　*v.*　feed　喂养动物；精心喂养；喂养孩子

4320 **慰劳** wèiláo　*v.*　bring gifts in recognition of service rendered　慰劳品；慰劳士兵；
　　　　前去慰劳

从 4301～4310 中选择合适的词语填空　Choose the right words from 4301-4310 and fill in the blanks.

1. "我知道，这些年我不在家，让你受了很多_____。"丈夫说。

2. 法国巴黎的_____和中国的哈尔滨差不多，但冬天却没有哈尔滨那么冷。

3. 各娱乐场所要严格执行禁止_____进入的规定。

4. 湖南_____是中国综合性文艺节目办得最好的地方电视台之一。

5. 中国国家发展和改革_____负责制定国民经济和社会发展的中长期规划，并协调相关部门实施。

从 4311～4320 中选择合适的词语填空　Choose the right words from 4311-4320 and fill in the blanks.

6. 你坐我旁边吧，这里还有一个空_____。

7. 老爷子今天的_____不错，吃了二十几个饺子。

8. 一些影视明星来到前线，用演出的方式_____前线的士兵。

9. 实验室的门上写着"_____允许，不得进入"。

10. 这个孩子_____黑暗，不敢关灯睡觉。

◎ **重点词语　Focus words**

1. 万无一失

绝对不会出差错。例如：

（1）所有的事情我都计划好了，保管万无一失。

（2）实际上，根本就不存在什么万无一失的方案，只能走一步、看一步。

（3）为了万无一失，总经理又亲自将讲话稿检查了一遍。

2. 亡羊补牢

羊丢失了，才修理羊圈。比喻在受到损失之后想办法补救，免得以后再受到类似的损失。例如：

（1）原来我们不注重产品的质量，导致了大量的消费者投诉，现在亡羊补牢，还不算太晚。

（2）洪水过后才开始修补堤坝，虽然是亡羊补牢，但还是比什么都不做好得多。

（3）地球的自然环境已经被破坏得非常严重，现在采取一些亡羊补牢的措施是重要而且必要的。

3. 往常

名词，过去的一般的日子。例如：

（1）今天的早餐还是和往常一样：稀饭、馒头和咸菜。

（2）他往常每天都会来茶馆待一会儿，最近不知道为什么不来了。

（3）往常他在晚上 10 点就上床休息了。

4. 微不足道

非常小，不重要，不值得一提。例如：

（1）我给你的只是一些微不足道的小帮助，不用太在意。

（2）有时，一个人的命运和整个国家、整个民族相比，真的是微不足道。

（3）不在微不足道的小事情上浪费时间，这样你才有时间做大事，取得大成功。

5. 微妙

形容词，深奥，难以捉摸。例如：

（1）二人的关系非常微妙，外人无法得知实情。

（2）事情发展到这种地步，他的态度实际上已经发生了一些微妙的转变。

（3）"宽阔"和"开阔"这两个词有一点儿微妙的区别。

6. 违章

违反规章。例如：

（1）这家企业由于在生产过程中多次违章，被罚款 20 000 元。

（2）骑摩托车不戴头盔是一种交通违章行为。

（3）区政府正在组织拆除一批违法、违章建筑。

7. 未免

不能不说是……（表示不以为然），不免。例如：

（1）离退休还有十几年呢，现在就放弃努力，未免有点儿太早了吧？

（2）他只是个孩子，你这么严厉地批评他，未免不近人情。

（3）古代汉语课程难度较大，未免令人退缩。

◎ **速练**　Quick practice

一、选择合适的词语填空　Choose the right words and fill in the blanks.

（一）　　　A. 万无一失　B. 汪洋　C. 王国　D. 网点　E. 网民　F. 往事

1. 我建议你事先跟对方多联系几次，多沟通，确保_____。

2. 夜深的时候，她总是会想起_____，想起她的孩子刚学会说话、走路时的样子。

3. 在_____大海上漂着几只像树叶一样的小船，可以想象古时人们渡海是多么艰难危险。

4. 据最新统计，中国_____规模已经突破了 10 亿人。

5. 太平洋上的这座小岛是鸟类的_____，岛上大约有三百万只各种各样的鸟。

（二）　　　A. 旺　B. 望　C. 唯　D. 未　E. 忘不了　F. 忘掉

1. 面条儿下锅才两分钟，尚_____煮好就被他捞起来了。

2. 每年的暑假都是旅游市场最_____的时期，虽然天气很热，但旅客依旧很多。

3. 这么多年了，我始终_____离开家的前一天晚上妈妈跟我说的话。

4. 从前的许多事我都记不得了，_____有一件事忘不掉：我是在全村人的帮助下上的大学。

5. 秋天天气凉爽，散步、秋游、登高_____远，这些都是市民们喜欢的放松方式。

二、选择合适的词语完成句子 Choose the right words to complete the sentences.

1. 现在的情况非常_____，一定要想办法控制住对方的进攻，不能再让他们得分。
   A. 危急　　　　　　B. 危及　　　　　　C. 危机　　　　　　D. 危害

2. 病人心跳较慢，呼吸_____，要注意密切观察。
   A. 微观　　　　　　B. 微弱　　　　　　C. 微型　　　　　　D. 微妙

3. 签订合同之后，如果一方_____，另一方有权要求赔偿。
   A. 违背　　　　　　B. 违约　　　　　　C. 旺盛　　　　　　D. 伪造

4. 她说："我没有时间。"这其实是一种_____的拒绝。
   A. 尾声　　　　　　B. 委婉　　　　　　C. 委员　　　　　　D. 位子

5. 孩子现在才一年级，到毕业时成绩怎么样还是个_____呢。
   A. 未知数　　　　　B. 味精　　　　　　C. 唯独　　　　　　D. 未经

6. 农场里_____了六百只鸡，每年能带来十几万元的收入。
   A. 围墙　　　　　　B. 纬度　　　　　　C. 卫视　　　　　　D. 喂养

7. 自从金融危机爆发以来，全球的旅游市场就急剧_____了。
   A. 胃口　　　　　　B. 萎缩　　　　　　C. 畏缩　　　　　　D. 威信

三、为词语选择合适的位置 Choose the appropriate location for the words.

1. A 今天的早餐 B 还是和 C 一样，牛奶、面包，D 还有一份水果。（往常）

2. A 大家的作业 B 都交了，C 他 D 没有做。（唯独）

3. 还没有 A 认真努力过就 B 放弃，C 有点儿 D 不负责任。（未免）

4. 爆炸的 A 很大 B，周围居民楼的窗户玻璃 C 都 D 震碎了。（威力）

第 73 单元　Unit 73

◎ 速记　Quick memory

4321 温度计　wēndùjì　*n.*　thermometer　一支温度计；用温度计测量

4322 温泉　wēnquán　*n.*　hot spring　泡温泉；温泉酒店

4323 温柔　wēnróu　*adj.*　gentle and soft　非常温柔；温柔地说；温柔的性格

4324 温室　wēnshì　*n.*　greenhouse　温室种植；温室气体；在温室里长大

4325 温习　wēnxí　*v.*　review　温习课文；经常温习

4326 温馨　wēnxīn　*adj.*　pleasant and sweet　温馨的家；温馨的感觉

4327 瘟疫　wēnyì　*n.*　pestilence　一场瘟疫；瘟疫暴发；消灭瘟疫

4328 文　wén　*n.*　character; literary composition, writing; liberal arts, humanities　中文；文不对题；我学文，他学理

4329 文具　wénjù　*n.*　stationery　一些文具；购买文具；文具商店

4330 文科　wénkē　*n.*　liberal arts, humanities　学习文科；文科生；文科专业

4331 文盲　wénmáng　*n.*　illiterate person　半文盲；扫除文盲

4332 文凭　wénpíng　*n.*　diploma　一张文凭；拿到了文凭；大学本科文凭

4333 文人　wénrén　*n.*　man of letters　著名的文人；文人气质

4334 文物　wénwù　*n.*　cultural relic　文物展览；罕见的文物；出土文物

4335 文献　wénxiàn　*n.*　documents, literature　参考文献；有关文献；历史文献

4336 文雅　wényǎ　*adj.*　elegant　谈吐文雅；文雅的态度；举止文雅

4337 闻名　wénmíng　*v.*　be well-known, be famous　世界闻名；闻名已久

4338 蚊帐　wénzhàng　*n.*　mosquito net　一床蚊帐；挂蚊帐

4339 蚊子　wénzi　*n.*　mosquito　一只蚊子；打蚊子

4340 吻　wěn　*n.*　lips　一个吻；接吻
　　　　　　　　　　　v.　kiss　吻了一下儿；吻手礼

从 4321～4330 中选择合适的词语填空　Choose the right words from 4321-4330 and fill in the blanks.

1. 下星期就开学了，我打算去买点儿＿＿＿＿＿＿＿。

2. 宝宝好像有点儿发烧，你把＿＿＿＿＿＿＿拿来量一下儿。

3. 周末到这里爬爬山、看看风景、泡泡＿＿＿＿＿＿＿，放松一下儿心情，非常不错。

4. 对孩子过度保护，他们就会像＿＿＿＿＿＿＿里的花朵，经受不住真正的风雨。

5. 历史、政治、哲学等都是典型的＿＿＿＿＿＿＿学科。

从 4331～4340 中选择合适的词语填空　Choose the right words from 4331-4340 and fill in the blanks.

6. 法律明确规定，出土＿＿＿＿＿＿＿属于国家所有，不允许私自买卖。

7. 新中国成立之初，＿＿＿＿＿＿＿率大约为 80%，十个人里会读会写的只有两个人。

8. "＿＿＿＿＿＿＿" 通常指会说会写的读书人。

9. 这个地方的_____太多了，不适合长期居住。

10. 在中国找工作，_____现在已经不是唯一条件了，用人单位更看重实际的工作能力。

第2部分 Part 2

4341 **吻合** wěnhé *adj.* identical, in complete accord (with) 完全吻合；双方意见不吻合；精确地吻合

4342 **紊乱** wěnluàn *adj.* disorderly 秩序紊乱；思路紊乱；内分泌紊乱

4343 **稳固** wěngù *adj.* firm 基础稳固；稳固的地位
　　　　　　　　 v. stabilize 稳固政权

4344 **稳健** wěnjiàn *adj.* firm, steady 稳健的步子；办事稳健；稳健发展

4345 **稳妥** wěntuǒ *adj.* safe, reliable 稳妥的人；办事稳妥；十分稳妥

4346 **稳重** wěnzhòng *adj.* steady 为人稳重；沉着稳重

4347 **问卷** wènjuàn *n.* questionnaire 一份问卷；问卷调查；填写问卷

4348 **问世** wènshì *v.* be published, be released; be on the market 新作品即将问世；计算机问世以来

4349 **窝** wō *n.* nest; lair 鸟窝；狗窝；土匪窝

4350 **卧** wò *v.* lie 卧床三天；小狗卧在门口

4351 **污秽** wūhuì *adj.* filthy, foul 污秽的言语；污秽不堪
　　　　　　　 n. dirt, filthy thing 充满了污秽；到处都是污秽

4352 **巫婆** wūpó *n.* witch 老巫婆；邪恶的巫婆

4353 **呜咽** wūyè *v.* sob, whimper; (of wind, a stream, etc.) produce plaintive sounds 低声呜咽；发出呜咽；北风呜咽

4354 **屋顶** wūdǐng *n.* roof 修补屋顶；吊在屋顶上

4355 **无比** wúbǐ *v.* be incomparable 威力无比；无比强大；英勇无比

4356 **无不** wúbù *adv.* without exception 无不为之感动；无不落泪

4357 **无偿** wúcháng *adj.* free, gratis 无偿援助；无偿献血；无偿的法律服务

4358 **无敌** wúdí *v.* be unmatched, be invincible 所向无敌；天下无敌；无敌的军队

4359 **无恶不作** wú'è-búzuò commit all sorts of crimes 这些年他们杀人放火，无恶不作。

4360 **无非** wúfēi *adv.* nothing but 他的想法无非少干活儿，多拿钱。

从 4341 ~ 4350 中选择合适的词语填空 Choose the right words from 4341-4350 and fill in the blanks.

1. 据统计，2021 年中国有 194 部、共 6736 集电视剧_____，每天看 24 小时，也要看近 200 天才能看完。

2. 交通事故的现场痕迹和他说的情况比较_____，这说明他并没有撒谎。

3. 利用_____进行调查，总结关于某个问题的倾向性规律，这是写毕业论文的一个常规思路。

4. 湖心岛上长年住着上万只鸟，几乎每一棵树上都有几个或十几个鸟_____。

5. Z38 次列车只有_____铺，也就是说所有乘客都是躺着旅行的。

从 4351～4360 中选择合适的词语填空　Choose the right words from 4351-4360 and fill in the blanks.

6. 王后装扮成一个_____，骗白雪公主吃下了毒苹果，白雪公主被毒死了。

7. 说到底，你_____就是想证明你是对的，别人是错的，仅此而已。

8. 每年的 3 月 5 日是"学雷锋纪念日"，会有志愿者为社区居民提供_____的电器维修服务。

9. 身为中国人，我为中国悠久的历史、灿烂的文化感到_____骄傲。

10. 台风所过之处，树木歪歪倒倒，路上到处是积水，一些房屋的_____都被吹飞了。

第 3 部分　Part 3

4361　**无辜**　wúgū　*adj.*　innocent　无辜的群众；他是无辜的
　　　　　　　　　　n.　innocent person　不可伤害无辜

4362　**无故**　wúgù　*adv.*　without cause or reason　无故旷课；无故早退

4363　**无关紧要**　wúguān-jǐnyào　of no importance　这件事无关紧要，以后再说吧。

4364　**无话可说**　wúhuà-kěshuō　have nothing to say　我对你的这种做法无话可说。

4365　**无济于事**　wújìyúshì　be of no avail　我想了很多办法，还是无济于事。

4366　**无家可归**　wújiā-kěguī　be homeless　大地震后，很多人无家可归。

4367　**无精打采**　wújīng-dǎcǎi　be listless　他一整天都无精打采地坐着，也不知道怎么了。

4368　**无可奉告**　wúkěfènggào　no comment　请原谅，这件事现在还无可奉告。

4369　**无可厚非**　wúkěhòufēi　give no cause for criticism　小孩子这样想无可厚非。

4370　**无可奈何**　wúkěnàihé　have no way out　父亲已经对他无可奈何了。

4371　**无理**　wúlǐ　*v.*　be unreasonable　受到无理攻击；无理取闹

4372　**无力**　wúlì　*v.*　lack strength; be unable　手脚无力；无力解决

4373　**无论如何**　wúlùn-rúhé　in any case　无论如何我明天都会来的。

4374　**无能**　wúnéng　*adj.*　incompetent　无能的领导；软弱无能

4375　**无能为力**　wúnéngwéilì　be powerless　他显然对这一切无能为力。

4376　**无情**　wúqíng　*adj.*　merciless　水火无情；无情拒绝

4377　**无情无义**　wúqíng-wúyì　ruthless and heartless　他无情无义地抛弃了妻子，自己逃跑了。

4378　**无穷**　wúqióng　*v.*　be infinite　无穷的知识；言有尽而意无穷

4379　**无私**　wúsī　*adj.*　selfless　无私的援助；无私的爱

4380　**无所事事**　wúsuǒshìshì　be occupied with nothing　他不想去工作，整天在家无所事事。

从 4361～4370 中选择合适的词语填空　Choose the right words from 4361-4370 and fill in the blanks.

1. 这所中学的学生管理规定中有这样一条：男生不得留长发，也不得_____不留头发。

2. 大家都知道李明是_____的，但因为害怕老板，没有一个人站出来帮他辩解。

3. "嫁个有钱人"的想法本_____，人人都想过更好的生活，只是不能光看重钱，不在乎其他的东西。

4. 每次有记者采访，他总是说："案件还在调查中，现在_____。"

5. 每天下午三四点钟的时候，同学们都有点儿＿＿＿＿＿＿＿的，也许真的是太累了。

从 4371 ～ 4380 中选择合适的词语填空　Choose the right words from 4371-4380 and fill in the blanks.

6. 上大学的时候，张教授给了我很多＿＿＿＿＿＿＿的帮助，我到现在都非常感激他。

7. 我不管，明天早上 7 点，你＿＿＿＿＿＿＿都得来接我！

8. 面对消费者有时近乎＿＿＿＿＿＿＿的要求，她也从来不生气，而是耐心地了解消费者的需求。

9. 分手就分手吧，这种＿＿＿＿＿＿＿的人不值得你珍惜，他也不配和你在一起。

10. 大学毕业三年了他都没有找到工作，整天＿＿＿＿＿＿＿。

◎重点词语　Focus words

1. 温馨

形容词，温和芳香，温暖。例如：

（1）桌子上放着一大捧鲜花，温馨的气息充满了房间。
（2）每个人都希望有一个温馨的家庭。
（3）那段温馨的回忆始终留在他的脑海中，成了他生活下去的勇气。

2. 问世

动词，著作、新产品等出版、出现。例如：

（1）王教授的新作即将问世。
（2）华为手机自问世以来，受到了众多消费者的喜爱。
（3）《世界人权宣言》的问世与中华人民共和国的诞生差不多在同一时间。

3. 无不

副词，没有一个不，表示没有例外情况。例如：

（1）在座的观众无不为演员们的精彩表演鼓掌、欢呼。
（2）我们生活中的每一个细节无不与科技发展密切相关。
（3）现有事实无不说明，牺牲自然环境的经济发展是不可持续的。

4. 无济于事

对事情没有帮助。例如：

（1）要想减肥，只是少吃而不加强锻炼，是无济于事的。
（2）他自己不努力，别人再怎么说都无济于事。
（3）父母朋友不停劝他也无济于事，他最终还是出国了。

5. 无精打采

形容不高兴、精神不振的样子。例如：

（1）你最近是怎么了，总是无精打采的。
（2）他无精打采地用手指了一下儿："就在那里。"
（3）你去看看小宝是不是病了，一整天都无精打采的。

6. 无可奉告

没有什么可以告知的，多用于委婉地拒绝回答。例如：

（1）每次问到调查的进展，他们都是一句话："无可奉告！"

（2）对于这个消息，我实在是无可奉告，请大家谅解。

（3）现在我们已经发现了一些线索，但具体情况暂时还无可奉告。

7. 无可奈何

完全没有办法。例如：

（1）自然灾害的发生是无可奈何的事情，但人类可以团结起来互帮互助。

（2）她无可奈何地说："行了，就这样吧。"

（3）看着她满脸无可奈何的样子，我也不知道怎么做才好。

8. 无论如何

不管怎么样，表示不管条件怎么变化，结果始终一样。例如：

（1）无论如何，今天必须完成这项工作。

（2）交通条件是经济发展中无论如何也回避不了的问题。

（3）售货员让我无论如何都要试一试他们的新产品，就算不买也行。

9. 无能为力

没有能力或者力量做好。例如：

（1）老实说，现在这种局面，我已经无能为力了。

（2）随着科技的发展，很多原来我们无能为力的疾病已经可以治疗了。

（3）他看了我一眼，无能为力地耸了耸肩。

10. 无情无义

没有一点儿应有的感情。例如：

（1）和他一起生活了这么多年，没想到他竟是这样一个无情无义的人。

（2）唉，他对你无情无义，你还对他那么好，真不知道是为什么。

（3）你应该把他的事都告诉大家，让大家看看他是多么的无情无义。

11. 无所事事

没有什么事情可做。例如：

（1）一整个暑假我们都住在乡下，每天无所事事，非常放松。

（2）小王绝不是无所事事的懒汉，他只是缺少一个展示自己能力的平台。

（3）的确，在电视机前躺着，很容易无所事事地度过一天。

◎**速练** Quick practice

一、选择合适的词语填空　Choose the right words and fill in the blanks.

（一）　　　　A. 温柔　B. 温习　C. 温泉　D. 温馨　E. 文具　F. 文献

1. 昨天我去超市买了一些_____，有铅笔、圆珠笔、本子什么的。
2. 妈妈_____地抱起摔倒的孩子，拍了拍孩子身上的灰尘，牵着孩子继续往前走。
3. 图书馆里保存着很多珍贵的历史_____，它们是研究历史的基础。
4. 周末的时候我一般都会_____一下儿这一周学过的课程，加深印象，以免忘记。
5. 她把酒店的房间布置得非常_____，让人有一种回到了家的感觉。

（二）　　　　A. 文　B. 吻　C. 文雅　D. 文明　E. 文物　F. 蚊帐

1. 妈妈_____了一下儿他的头，说："去吧，你是最棒的，妈妈相信你一定能成功！"
2. 甲骨_____是目前发现的中国最早的成体系的文字。
3. "我出去一下儿"比"我去上厕所"更为_____。
4. 开学前，妈妈给他准备了一顶_____，到了学校后他发现这是最有用的东西。
5. 中华_____是世界上最古老的_____之一。

二、选择合适的词语完成句子　Choose the right words to complete the sentences.

1. 面对当前的世界经济形势，中国应该采取更加_____的金融政策。
　　A. 紊乱　　　　　B. 吻合　　　　　　C. 污秽　　　　　D. 稳健
2. 老张做事_____，值得信赖。
　　A. 稳妥　　　　　B. 稳固　　　　　　C. 稳定　　　　　D. 安稳
3. 有的人认为这幅画儿非常新颖、有创意，有的人却认为它丑陋_____。
　　A. 无非　　　　　B. 无敌　　　　　　C. 无不　　　　　D. 无比
4. 事已至此，再怎么努力挽回也_____了，那就随它去吧。
　　A. 无家可归　　　B. 无话可说　　　　C. 无济于事　　　D. 无可奉告
5. 这孩子脾气暴躁，爸爸妈妈都对他_____，更别说你了。
　　A. 无可奈何　　　B. 无精打采　　　　C. 无所事事　　　D. 无关紧要
6. 他年轻时在家乡_____，大家都非常痛恨他，称他为"恶人"。
　　A. 无能为力　　　B. 无可厚非　　　　C. 无情无义　　　D. 无恶不作
7. 听了这句鼓励的话，他好像有了_____的力量，马上就站了起来。
　　A. 无力　　　　　B. 无能　　　　　　C. 无情　　　　　D. 无穷

三、为词语选择合适的位置　Choose the appropriate location for the words.

1. 为了A保护劳动者的B权益，法律C禁止D开除员工。（无故）
2. A听到B这个好消息，大家C欢呼鼓掌D。（无不）
3. 政府A所做的一切B是C为了让人民D过上幸福的日子。（无非）
4. A有B两只小狗C在大门口D。（卧）

第 74 单元　Unit 74

◎ 速记　Quick memory

4381 **无所作为**　wúsuǒzuòwéi　attempt nothing and accomplish nothing　六年来，该机构一直无所作为。

4382 **无条件**　wútiáojiàn　*v.*　be unconditional　无条件地相信；无条件的爱

4383 **无微不至**　wúwēi-búzhì　meticulously　这些年，她无微不至地照顾着丈夫的父母。

4384 **无线**　wúxiàn　*adj.*　wireless　无线传输；无线上网

4385 **无线电**　wúxiàndiàn　*n.*　radio　无线电技术；无线电通信

4386 **无形**　wúxíng　*adj.*　invisible　无形的压力；无形地受到了影响

4387 **无形中**　wúxíngzhōng　*adv.*　imperceptibly　无形中发生改变；无形中形成了习惯

4388 **无须**　wúxū　*adv.*　needlessly, unnecessarily　无须解释；无须大惊小怪

4389 **无意**　wúyì　*v.*　have no intention (of doing sth.)　无意于此；无意参加比赛
　　　　　　　　　　　adv.　inadvertently　无意地碰了她一下儿；无意听到

4390 **无忧无虑**　wúyōu-wúlǜ　be free from care　童年的生活无忧无虑；无忧无虑地生活着

4391 **无缘**　wúyuán　*v.*　not have the chance or luck (to do sth.)　与你无缘；无缘得见
　　　　　　　　　adv.　in no way　无缘分辨

4392 **无知**　wúzhī　*adj.*　ignorant　年轻无知；无知的青年

4393 **无足轻重**　wúzú-qīngzhòng　of little importance (or consequence)　他觉得一切都无足轻重，健康才是最重要的。

4394 **五花八门**　wǔhuā-bāmén　multifarious　街道两边全是五花八门的小吃店。

4395 **五星级**　wǔxīngjí　*adj.*　five-star　五星级酒店；五星级服务

4396 **武力**　wǔlì　*n.*　force, military force　使用武力；武力强大

4397 **武装**　wǔzhuāng　*n.*　arms　解除武装；全副武装
　　　　　　　　　v.　equip, arm　把人民武装起来；武装头脑

4398 **侮辱**　wǔrǔ　*v.*　insult　侮辱他人；受到侮辱

4399 **捂**　wǔ　*v.*　seal, cover　捂眼睛；捂不住；捂着嘴笑

4400 **舞厅**　wǔtīng　*n.*　dance hall　高档舞厅；走进舞厅

从 4381～4390 中选择合适的词语填空　Choose the right words from 4381-4390 and fill in the blanks.

1. 他一辈子＿＿＿＿＿＿，没有什么值得一提的成就。

2. 老师和家长过分地关注孩子的成绩，会在＿＿＿＿＿＿给孩子很大的压力。

3. 对大多数人来说，童年是＿＿＿＿＿＿的，是一生中最美好的时光。

4. 子女并不总是需要＿＿＿＿＿＿地服从父母，他们也有自己选择的自由。

5. 我有时说话不注意，可能会＿＿＿＿＿＿间伤害到别人。

从 4391 ～ 4400 中选择合适的词语填空　Choose the right words from 4391-4400 and fill in the blanks.

6. 这个国家拥有世界上最强大的_____力量。

7. 恰恰是他认为_____的问题引发了重大的事故，这个教训是深刻的。

8. 中国男子足球队 0 比 2 再次失败，彻底_____世界杯决赛。

9. 健身房里的健身器材_____，有的我都不知道是怎么使用的。

10. 这家酒店是_____的，住一晚上要 3000 多人民币。

第 2 部分　Part 2

4401 **勿**　wù　*adv.*　(used in prohibitions, admonitions, etc.) do not　请勿吸烟；非请勿入

4402 **务必**　wùbì　*adv.*　must, be sure to　务必完成；务必按时到达

4403 **务实**　wùshí　*adj.*　pragmatic　务实的精神；聪明又务实；态度务实

4404 **物流**　wùliú　*n.*　logistics　物流公司；物流的速度；国际物流

4405 **物体**　wùtǐ　*n.*　object　真实的物体；不明物体

4406 **物证**　wùzhèng　*n.*　material evidence　一份物证；重要的物证；物证丢失

4407 **物资**　wùzī　*n.*　goods and materials　物资丰富；生活物资；物资管理

4408 **误差**　wùchā　*n.*　error　平均误差；误差很大；出现误差

4409 **误导**　wùdǎo　*v.*　mislead　误导群众；受媒体的误导；严重误导

4410 **误区**　wùqū　*n.*　misunderstanding, myth　认识的误区；存在误区；走出误区

4411 **雾**　wù　*n.*　fog　一场雾；浓雾；起雾了；雾散了

4412 **吸纳**　xīnà　*v.*　absorb　吸纳失业人员；大量吸纳；吸纳群众意见

4413 **吸取**　xīqǔ　*v.*　draw, obtain　吸取营养；吸取教训；吸取意见

4414 **昔日**　xīrì　*n.*　(in) former days (or times)　昔日的好友；昔日的荒山，如今已种满果树

4415 **息息相关**　xīxī-xiāngguān　be closely linked　环境和人类的未来息息相关。

4416 **稀**　xī　*adj.*　sparse; watery　地广人稀；稀泥

4417 **稀罕**　xīhan　*adj.*　rare　稀罕玩意儿；稀罕的东西
　　　　　　　　　　　v.　cherish　我不稀罕你的东西

4418 **稀奇**　xīqí　*adj.*　rare, strange　稀奇的东西；稀奇古怪

4419 **稀少**　xīshǎo　*adj.*　few, rare　行人稀少；极其稀少

4420 **锡**　xī　*n.*　tin　锡矿；锡纸

从 4401 ～ 4410 中选择合适的词语填空　Choose the right words from 4401-4410 and fill in the blanks.

1. 我觉得大家对减肥的看法还有一些_____，其实健康比苗条重要得多。

2. 工人们精心施工，力争将楼房的高度_____控制在 5 厘米的范围之内。

3. 在法庭上，原告向法官提交了最重要的_____——转账记录。

4. 我在大学学的专业是国际_____，主要学习与货物运输、管理有关的知识。

5. 明天的会议非常重要，请大家_____准时参加。

从 4411 ～ 4420 中选择合适的词语填空　Choose the right words from 4411-4420 and fill in the blanks.

6. 银行的基础业务当然是_____存款，有了这个基础才能开展贷款业务，获取利润。

7. 现代学校教育同社会发展_____。

8. 你到底买了些什么_____物，快给我瞧瞧。

9. 出门不带钱，买东西只用手机，这在中国已经不_____了。

10. 天气预报说明天早上有大_____，你开车小心一点儿，不要太快。

第 3 部分　Part 3

4421 **熙熙攘攘**　xīxī-rǎngrǎng　with people bustling about　节日的公园里，游人熙熙攘攘。

4422 **熄火**　xī//huǒ　(of fuel, a stove, etc.) stop burning; (of an engine, etc.) stop working　炉子熄火了；汽车熄火了

4423 **膝盖**　xīgài　n.　knee　膝盖疼痛；伤到了膝盖

4424 **嬉笑**　xīxiào　v.　be laughing and playing　嬉笑的声音；孩子们嬉笑打闹着

4425 **习俗**　xísú　n.　custom　不同的习俗；文化习俗

4426 **席**　xí　n.　mat; seat; seat (in a legislative assembly); feast　一张草席；入席；占有 5 席；两桌席

4427 **席位**　xíwèi　n.　seat (at a conference, in a legislative assembly, etc.)　客人的席位；安排席位；获得联合国合法席位

4428 **袭击**　xíjī　v.　make a surprise (military) attack on　受到敌人袭击；猛烈地袭击

4429 **媳妇**　xífu　n.　wife; young married woman　娶媳妇；村里的年轻媳妇们

4430 **洗涤剂**　xǐdíjì　n.　detergent　添加洗涤剂；去污洗涤剂

4431 **洗礼**　xǐlǐ　n.　baptism; severe test　为他举行洗礼仪式；经过了社会的洗礼

4432 **喜出望外**　xǐchūwàngwài　be overjoyed (at an unexpected gain, good news, etc.)　多年没有回家的儿子突然出现，真是令人喜出望外。

4433 **喜好**　xǐhào　v.　be fond of　喜好音乐；喜好游泳
　　　　　　n.　interest　特殊的喜好；没有什么喜好

4434 **喜酒**　xǐjiǔ　n.　drinks offered to guests at a wedding, wedding feast　喝喜酒；办了十桌喜酒

4435 **喜怒哀乐**　xǐ-nù-āi-lè　happiness, anger, grief and joy — the gamut of human feelings　领导干部应该深入了解群众的喜怒哀乐，更好地为老百姓服务。

4436 **喜庆**　xǐqìng　adj.　joyous　显得非常喜庆；喜庆的日子
　　　　　　n.　happy event or occasion　家有喜庆

4437 **喜事**　xǐshì　n.　happy event; wedding　一件大喜事；今天他们俩办喜事

4438 **喜糖**　xǐtáng　n.　wedding sweets　一袋喜糖；吃喜糖

4439 **喜洋洋**　xǐyángyáng　adj.　beaming with joy　喜洋洋的样子；喜洋洋的气氛

4440 **喜悦**　xǐyuè　adj.　happy, joyous　喜悦的心情

从 4421～4430 中选择合适的词语填空　Choose the right words from 4421-4430 and fill in the blanks.

1. 先生，请您先_____，我们再为您加油。

2. 老王家里穷，快 40 岁了还没讨上_____。

3. 洗衣机的这两个小盒子分别是装消毒剂和_____的，不要弄错了。

4. 一下课，孩子们在一起_____打闹，充分体现了他们好动的天性。

5. 按照有的地方的_____，女孩子会在结婚后的第三天回到娘家看望家人，这叫"回门"。

从 4431～4440 中选择合适的词语填空　Choose the right words from 4431-4440 and fill in the blanks.

6. 小王，听说你有女朋友了，什么时候请我们喝_____啊？

7. 最近这些年，人们结婚时用的_____越来越高级，巧克力、奶糖、咖啡糖，各种各样的糖果应有尽有。

8. 张教授业余时最大的_____就是钓鱼，几乎每个周末都会去钓一下午。

9. 人生总是充满了_____，就像一幅含有各种颜色的画儿一样。

10. 最令老李_____的是这次体检各项指标竟然都正常了，看来是坚持锻炼取得了良好的效果。

◎重点词语　Focus words

1. 无所作为

没有做出或者不想做出什么成绩。例如：

（1）老王一辈子无所作为，没想到老了却交上了好运。

（2）当地的政府十几年来无所作为，人民的生活也都还是老样子。

（3）对青春期的孩子，家长的干预既不能用力过猛，也不能无所作为。

2. 无微不至

没有什么细微的地方没有考虑到，形容关心照顾得非常细致、周到。例如：

（1）妈妈对孩子的照顾可以说是无微不至。

（2）她一直无微不至地照顾着生病的丈夫，独自撑起了整个家庭。

（3）王秘书考虑问题无微不至，客人们都非常满意。

3. 无形

形容词，看不见也感觉不到的。例如：

（1）我和他之间好像有一种无形的障碍，有些话一直没有说透。

（2）企业的名声和口碑是一种无形的资产，它们比某些有形的东西更为重要。

（3）不要让家庭生活无形中成为阻碍女性事业发展的因素。

4. 无意

动词，没有做某事的愿望。例如：

（1）我本来就无意与你竞争这个职位，你不要想得太多。

（2）他既然无意参加，就别勉强他了。

副词，不是故意地。例如：

（3）他们家在翻修旧房子的时候无意发现了先人留下的一笔财产。

5. 无忧无虑

没有任何忧虑、担心。例如：

（1）孩子们整天无忧无虑，真令人羡慕。

（2）故事的最后，公主和王子无忧无虑地生活在一起。

（3）生活在那里的人们个个显得无忧无虑，非常开心。

6. 无足轻重

不足以产生影响，不重要。例如：

（1）这些只是无足轻重的小事，我自己就能处理。

（2）在经理看来，顾客的评价无足轻重，只要上级肯定自己就够了。

（3）小王刚刚进入公司，所以经理暂时只安排了一些无足轻重的工作给他。

7. 五花八门

形容变化多、花样多。例如：

（1）改革开放以后，五花八门的商品和各种各样的新鲜事物一起涌入了中国。

（2）来这里消费的客人五花八门，什么人都有。

（3）超市的这个货架上总是摆放着五花八门的方便食品，它们是人们日益加快的生活节奏的缩影。

8. 务必

副词，必须，一定要。例如：

（1）请大家务必准时到达集合地点。

（2）每次游完泳后，务必点一点儿眼药水，防止眼部感染。

（3）家长们务必重视孩子的心理健康问题。

9. 息息相关

形容关系极为密切。例如：

（1）自然环境与我们的生活息息相关。

（2）今天说的事情与在座的各位息息相关，请大家认真听。

（3）中医与中药是一个息息相关的整体。

10. 稀罕

形容词，少见的，新奇的。例如：

（1）在这个地方，三月份还下雪并不是什么稀罕的事情。

（2）随着自然环境的改变，原来常见的野生动物逐渐变成了稀罕物。

动词，认为稀罕而喜爱。例如：

（3）我并不稀罕奢侈的生活，只希望一家人平平安安。

11. 熙熙攘攘

形容很多人走来走去，非常热闹。例如：

（1）每到周末，公园里就熙熙攘攘。

（2）站在熙熙攘攘的车站广场，望着这个陌生的城市，罗丰有些不知所措。

（3）步行街上游客很多，熙熙攘攘，都快走不动了。

12. 喜出望外

因为遇到意料之外的好事情而感到特别高兴。例如：

（1）看到在外工作的爸爸回家了，孩子们喜出望外。

（2）没想到在这里找到了我一直想要的书，我真有点儿喜出望外。

（3）最令人喜出望外的是，今年的商品交易会出现了很多空运过来的海鲜。

13. 喜怒哀乐

指人的各种情绪。例如：

（1）小说描写了普通人的喜怒哀乐，反映了作者对幸福的深刻理解。

（2）每个人都有自己的喜怒哀乐，也都有对美好生活的向往。

（3）小孩子不会说谎，一切喜怒哀乐都会表现在脸上。

◎**速练** Quick practice

一、选择合适的词语填空　Choose the right words and fill in the blanks.

（一）　　　　　　A. 捂　B. 雾　C. 席　D. 稀　E. 勿　F. 锡

1._____在我们的生活中应用很广，比如包裹烤鸡的_____纸、电路板焊点等。

2.夏天的时候，这里的人们都睡在草_____上，这样能凉爽一些。

3.她_____着嘴，笑得直不起腰来。

4.才刚过40岁，老王的头发就有点儿_____了。

5."请_____跟车过近""请_____疲劳驾驶"，我们经常能在高速公路上看到这样的提示牌。

（二）　　　　　　A. 喜悦　B. 喜事　C. 洗礼　D. 喜好　E. 席位　F. 昔日

1.武汉是一座多次经过洪水_____的城市，我相信武汉人民一定能战胜这次的洪水。

2.俗话说"人逢_____精神爽"，看他高兴的样子，就知道他最近一定有什么好事。

3.人们的脸上写满了_____，那是发自内心的、对幸福生活的满意。

4.在选举中，这个党获得了国会50%以上的_____，成为国会第一大党。

5.他们是我_____最好的朋友，如今都不知道去哪里了。

二、选择合适的词语完成句子　Choose the right words to complete the sentences.

1.春节快到了，感觉每个人都_____的。

　A. 喜洋洋　　　　　B. 喜庆　　　　　C. 喜事　　　　　D. 喜悦

2.医院的大夫和护士对她的照顾_____，她康复得很快。

　A. 无微不至　　　　B. 无线　　　　　C. 无线电　　　　D. 无须

3.总是喜欢使用或威胁使用_____的国家，得不到其他国家的真正尊重。

　A. 无知　　　　　　B. 武力　　　　　C. 侮辱　　　　　D. 舞厅

4.对于两家公司的合作，我认为应该采取_____的态度，制订有利于双方的计划。

　A. 吸纳　　　　　　B. 物证　　　　　C. 稀奇　　　　　D. 务实

5. 暂时的失败不要紧，只要能够_____教训，下次一定能成功。

    A. 喜好   B. 昔日   C. 吸取   D. 经受

6. 中国法律规定，保健品的广告不能宣传"疗效"，避免对消费者形成_____。

    A. 无意   B. 误导   C. 无条件   D. 无形中

7. 灾难发生后，来自全国各地的救灾_____很快就被运到了灾区，保障了灾区人民的基本生活。

    A. 物资   B. 物流   C. 物体   D. 物质

三、为词语选择合适的位置　Choose the appropriate location for the words.

1. 医生 A 说我的病 B 问题不大，C 住院，D 吃点儿药就可以了。（无须）

2. 广播里说："请 A 将手机 B 带入考场，已经 C 带入的请 D 交给监考老师保管。"（勿）

3. 我想买 A 一台 B 打印机 C，这样 D 想放哪儿都可以。（无线）

4. 新修建的 A 小区里树木 B，夏天 C 出个门简直要 D 把人晒死。（稀少）

第75单元　Unit 75

◎ 速记　Quick memory

4441 **细腻**　xìnì　*adj.*　fine and smooth; exquisite, subtle　皮肤细腻；描写细腻；细腻的情感

4442 **细微**　xìwēi　*adj.*　slight, fine　细微的差异；细微的变化

4443 **细心**　xìxīn　*adj.*　careful　细心照看；细心的老师

4444 **虾**　xiā　*n.*　shrimp　一只虾；捕虾

4445 **瞎**　xiā　*v.*　be blind　眼睛瞎了；瞎了一只眼睛
　　　　　　　adv.　groundlessly, to no purpose　瞎指挥；瞎说；瞎逛

4446 **侠义**　xiáyì　*adj.*　having a strong sense of justice and ready to help the weak　侠义的行为；英雄侠义

4447 **峡谷**　xiágǔ　*n.*　gorge　一条峡谷；很深的峡谷

4448 **狭隘**　xiá'ài　*adj.*　narrow; (of mind, views, etc.) narrow and limited　狭隘的空间；狭隘的思想；观念狭隘

4449 **狭小**　xiáxiǎo　*adj.*　narrow and small　狭小的房间；空间狭小

4450 **狭窄**　xiázhǎi　*adj.*　narrow; (of mind, experience, etc.) narrow and limited　狭窄的山间小路；场地狭窄；心胸狭窄

4451 **下场**　xiàchǎng　*n.*　end, fate　悲惨的下场；没有好下场

4452 **下跌**　xiàdiē　*v.*　fall　下跌的速度；连续下跌；下跌了15%

4453 **下岗**　xià//gǎng　come/go off sentry duty; be laid off　夜深了，交警仍未下岗；很多职工下岗了

4454 **下功夫**　xià gōngfu　put in time and energy　下功夫学习；必须下一番苦功夫

4455 **下海**　xià//hǎi　go to sea; (of fishermen) go fishing on the sea; (of people from other walks of life) go in for business　下海游泳；下海捕鱼；下海经商；辞职下海

4456 **下级**　xiàjí　*n.*　lower level, subordinate　下级单位；命令下级

4457 **下决心**　xià juéxīn　make up one's mind　已经下决心了；下决心完成任务

4458 **下令**　xià//lìng　give orders　下令进攻；等他下令

4459 **下落**　xiàluò　*n.*　whereabouts　下落不明；寻找他的下落

4460 **下期**　xià qī　next term　下期预告；下期播出；在下期发表

从4441～4450中选择合适的词语填空　Choose the right words from 4441-4450 and fill in the blanks.

1. 这本小说对人物的内心情感进行了大量的描写，语言_____、生动。

2. "十日一气，十气一候。"气候每天都在发生着_____的变化。

3. 今天的_____很新鲜，我买了两斤。

4. 他家住的那条巷子非常_____，车都开不进去。

5. 车在_____底部开了一个多小时，左边是河，右边是高山。

154

从 4451～4460 中选择合适的词语填空　Choose the right words from 4451-4460 and fill in the blanks.

6. 人们寻找了三天三夜，还是没有找到失踪飞机的＿＿＿＿＿＿＿＿。

7. 他坚持要放弃现在安稳的工作，＿＿＿＿＿＿＿＿去南方做生意。

8. 电影的最后，坏人得到了应有的＿＿＿＿＿＿＿＿，好人过上了幸福的生活。

9. 观众朋友们，本期节目到此结束，咱们＿＿＿＿＿＿＿＿节目再见。

10. 最近一段时间，我买的股票不断＿＿＿＿＿＿＿＿。

第 2 部分　Part 2

4461　**下棋**　xià//qí　play chess　爱好<u>下棋</u>；<u>下</u>了一盘<u>棋</u>

4462　**下山**　xià//shān　go down a hill or mountain; (of the sun) set　上山容易<u>下山</u>难；太阳<u>下山</u>了

4463　**下手**　xià//shǒu　put one's hand to, start doing sth.　准备<u>下手</u>；无从<u>下手</u>

4464　**下属**　xiàshǔ　*n.*　subordinate　三个<u>下属</u>；命令<u>下属</u>

4465　**下台**　xià//tái　step down from the stage or platform; fall out of power; (usually used in the negative) get out of a predicament or an embarrassing situation　演员从那边<u>下台</u>；总统不得不<u>下台</u>；这些话让他<u>下</u>不了<u>台</u>

4466　**下调**　xiàtiáo　*v.*　lower, reduce　<u>下调</u>利率；大幅<u>下调</u>；<u>下调</u>了 10%

4467　**下乡**　xià//xiāng　go to the countryside　<u>下乡</u>劳动；<u>下乡</u>秋游

4468　**下旬**　xiàxún　*n.*　last ten-day period of a month　九月<u>下旬</u>；<u>下旬</u>比上旬增长了 10%

4469　**下一代**　xià yí dài　next generation　关心<u>下一代</u>；帮助<u>下一代</u>

4470　**下意识**　xiàyì·shí　*n.*　subconsciousness　（在）<u>下意识</u>里认为……；那不过是一种<u>下意识反应</u>
　　　adv.　subconsciously　<u>下意识</u>抬起了头；<u>下意识</u>地摸了一下儿耳朵

4471　**下游**　xiàyóu　*n.*　lower reaches (of a river); backward position　长江的<u>下游</u>；<u>下游</u>的城市；在考核中处于<u>下游</u>

4472　**下坠**　xiàzhuì　*v.*　go down　电梯直线<u>下坠</u>

4473　**吓唬**　xiàhu　*v.*　frighten　<u>吓唬</u>他；<u>吓唬</u>一下儿；<u>吓唬</u>不了我

4474　**吓人**　xià//rén　be frightening　太<u>吓人</u>了；<u>吓人</u>的东西

4475　**夏令营**　xiàlìngyíng　*n.*　summer camp　参加<u>夏令营</u>；科学<u>夏令营</u>

4476　**仙鹤**　xiānhè　*n.*　white crane (kept by immortals in Chinese myths)　一只<u>仙鹤</u>；骑着<u>仙鹤</u>飞走了

4477　**仙女**　xiānnǚ　*n.*　female celestial　天上的<u>仙女</u>；像<u>仙女</u>一样漂亮

4478　**先例**　xiānlì　*n.*　precedent　没有这样的<u>先例</u>；首开<u>先例</u>

4479　**先天**　xiāntiān　*n.*　congenital period　<u>先天</u>疾病；<u>先天</u>因素

4480　**纤维**　xiānwéi　*n.*　fibre　植物<u>纤维</u>；人工<u>纤维</u>

从 4461～4470 中选择合适的词语填空　Choose the right words from 4461-4470 and fill in the blanks.

1. 存款利率和贷款利率双双＿＿＿＿＿＿＿＿，这在近些年来是非常罕见的。

2. 退休后，他最大的爱好就是＿＿＿＿＿＿＿，几乎每天都要在公园里和人下几盘。

3. 我们不仅自己要有环保意识，还要教育_____珍惜资源，充分利用好资源。

4. 我每个月 1 号发工资，常常是还没到_____钱就用完了。

5. 由于没能兑现竞选时的承诺，大批群众走上街头要求总理_____。

从 4471～4480 中选择合适的词语填空　Choose the right words from 4471-4480 and fill in the blanks.

6. 医生说，这种病是_____的，无法治疗。

7. 突然，风筝线断了，空中的风筝急速_____，很快就掉到山的那一边去了。

8. 你别_____我，我胆子小。

9. 儿子参加了一个月的农村生活_____，回来后懂事了很多。

10. 在故事里，天上的_____见到他家生活艰苦，就来到人间教给他谋生的手艺，帮他过上了幸福的生活。

第 3 部分　Part 3

4481　掀　xiān　v.　lift　掀被子；掀开锅盖

4482　掀起　xiānqǐ　v.　lift　掀起波浪；掀起一场革命

4483　鲜活　xiānhuó　adj.　fresh and lively (of aquatic products, flowers, etc.)　鲜活的鱼虾；保持鲜活

4484　鲜美　xiānměi　adj.　(of cooked food, fruits, etc.) delicious; (of flowers, grass, etc.) fresh and pleasing　味道鲜美；极其鲜美；花草鲜美

4485　鲜血　xiānxuè　n.　(red) blood　一股鲜血；满地鲜血；鲜血流了出来

4486　弦　xián　n.　bowstring; string of a musical instrument; spring (of a watch, etc.)　拉开弦射箭；琴弦断了；五弦琴；给手表上弦

4487　衔接　xiánjiē　v.　link up, join　把两段话衔接起来；无法衔接

4488　嫌弃　xiánqì　v.　dislike and avoid　非常嫌弃他；被人嫌弃

4489　嫌疑　xiányí　n.　suspicion　有嫌疑；很大的嫌疑；嫌疑人

4490　显而易见　xiǎn'éryìjiàn　obvious　减肥就要少吃多动，这是显而易见的道理。

4491　显赫　xiǎnhè　adj.　illustrious, celebrated; outstanding, impressive　显赫的地位；家庭显赫；显赫的成绩

4492　显示器　xiǎnshìqì　n.　monitor, indicator　一台显示器；显示器上出现了画面

4493　显现　xiǎxiàn　v.　show, appear　显现出来；突然显现；在天空中显现

4494　显眼　xiǎnyǎn　adj.　conspicuous　显眼的装束；不要太显眼

4495　现成　xiànchéng　adj.　ready-made　现成的饭菜；东西都是现成的

4496　现任　xiànrèn　v.　hold the current office of　他现任我们公司的总经理。
　　　　　　　　adj.　current, present　公司的现任总经理；现任总统；现任男友

4497　现行　xiànxíng　adj.　currently in effect, present; (of a criminal/crime) active　现行的制度；现行的法律；被抓了个现行；现行犯

4498　限　xiàn　v.　set a limit, limit　仅限三天；人数不限

4499　限定　xiàndìng　v.　prescribe/set a limit to, limit　限定价格；在限定的时间内

4500　限度　xiàndù　n.　limitation　超过了限度；最高限度；最大限度地利用

从 4481 ～ 4490 中选择合适的词语填空　Choose the right words from 4481-4490 and fill in the blanks.

　　1. 吉他有六根_____，每根粗细不同，发出的声音也不一样。

　　2. 警方认为他具有犯罪_____，把他叫到了警察局问话。

　　3. 也许一个你不经意的善举就可以挽救一个家庭、一条_____的生命。

　　4. 改革开放以后，全中国_____了建设小康社会的历史浪潮。

　　5. 没时间准备太多菜，您别_____，随便吃一点儿。

从 4491 ～ 4500 中选择合适的词语填空　Choose the right words from 4491-4500 and fill in the blanks.

　　6. 根据中国的_____法律，贩卖毒品会受到非常严厉的惩罚。

　　7. 这里有_____的饭菜不吃，你还订外卖？

　　8. 在当时的金陵城里，贾、史、王、薛是四个地位非常_____的家族。

　　9. 减肥也不能超过_____，否则很可能会影响身体健康。

　　10. 大家都穿着白色的校服，就他一个人穿了件红色的衣服，非常_____。

◎重点词语　Focus words

1. 瞎

　　动词，眼睛看不见。例如：

　　（1）因为生病，这只狗瞎了一只眼睛，另一只眼睛也不太好。

　　副词，没有根据地，胡乱地。例如：

　　（2）有些人就是喜欢瞎指挥，不懂装懂。

　　（3）这种事情你不要瞎说，传出去了影响不好。

2. 下意识

　　名词，潜意识，心理学上指不知不觉的心理活动，是本能的反应。例如：

　　（1）人在溺水时手会拼命地四处抓握，这是一种下意识的本能。

　　副词，不知不觉地，没有特殊目的地。例如：

　　（2）他下意识地看了一眼手表，才过了不到五分钟。

　　（3）听见头顶一声响，似乎有什么东西掉下来了，他下意识地缩起脖子，蹲了下去。

3. 显而易见

　　非常明显，很容易看清楚。例如：

　　（1）想要减肥，显而易见，最重要的是加强锻炼。

　　（2）每个人都必须遵守法律，这是一个显而易见的道理，可偏偏有人想要"挑战"一下儿。

　　（3）道理显而易见，没有付出就不会有收获。

4. 显现

　　动词，呈现，显露。例如：

　　（1）这次比赛初步显现了小王的运动天赋，大家都在期待着他取得更好的成绩。

（2）如今，中国经济<u>显现</u>出新的活力。

（3）他对中国古典艺术的喜爱之情很早就<u>显现</u>出来了。

5. 现任

动词，现在担任。例如：

（1）张爱国同志生于1978年，<u>现任</u>我公司平县分公司经理。

形容词，现在在某个职位上的。例如：

（2）王校长去年退休了，我们学校的<u>现任</u>校长是李江。

（3）这个系的<u>现任</u>教授全部都是在国外获得博士学位的。

◎速练　Quick practice

一、选择合适的词语填空　Choose the right words and fill in the blanks.

（一）　　　A. 瞎　B. 弦　C. 限　D. 掀　E. 虾　F. 仙鹤

1. 在本店消费满100送50，仅_____今日。

2. 中国神话中的神仙大多留着长长的白胡子，乘着_____来去，非常神奇。

3. 你别_____说了，他不是那样的人，我相信他会回来的。

4. 广东的"早茶"中有一种蒸的饺子，里面包着一整只_____，味道非常好。

5. 都九点了，妈妈喊道："小宝，快起床，再不起来妈妈就要来_____被子了。"

（二）　　　A. 下山　B. 下意识　C. 下决心　D. 下功夫　E. 下乡　F. 下一代

1. 不管工作有多么困难，只要你肯多_____，我相信一定能干好。

2. 诗中的母亲把自己对土地的崇敬与热爱传递给了_____。

3. 小王_____要考上北京大学，大家都佩服他的勇气。

4. 抓头发是他的_____动作，说明他心里很紧张。

5. 在基层工作，经常要上山_____，了解当地老百姓的真实情况。

二、选择合适的词语完成句子　Choose the right words to complete the sentences.

1. 中国有一种传统小说叫"_____小说"，写的是见义勇为的英雄的故事。

　　A. 侠义　　　　　　B. 狭小　　　　　　C. 下岗　　　　　　D. 下场

2. 女教师通常会更_____一些，更善于做学生的思想工作。

　　A. 细心　　　　　　B. 详细　　　　　　C. 下属　　　　　　D. 狭隘

3. 他游了很久，最后体力用尽，只好随着水流向_____漂去。

　　A. 上级　　　　　　B. 上游　　　　　　C. 下游　　　　　　D. 下手

4.《南京条约》开了一个恶劣的_____，随后清政府和外国政府签订了很多不平等条约。

　　A. 示意　　　　　　B. 刻意　　　　　　C. 先例　　　　　　D. 举例

5."虽然""的话""却"等词语可以将句子_____起来，被称为"关联词"。

　　A. 连任　　　　　　B. 继续　　　　　　C. 衔接　　　　　　D. 现成

6. 这个消息不宜让所有人知道，仅_____在部门经理以上的人员即可。

    A. 限定   B. 限度   C. 嫌弃   D. 嫌疑

7. 虽然感冒跟气温没有直接关系，但天气冷容易感冒却是_____的事情。

    A. 显赫   B. 显著   C. 显而易见   D. 显现

三、为词语选择合适的位置   Choose the appropriate location for the words.

1. 用特殊的药水 A 涂 B 一下儿，纸上的字就会 C 出来 D 。（显现）

2. 她的 A 丈夫 B 是个 C 大公司的老板，D 很有钱。（现任）

3. A "人才服务中心" B 是 C 政府人力资源和社会保障局的 D 单位。（下属）

4. 房间 A 里面装满了书 B ，剩下的 C 空间仅能放下一张 D 单人床。（狭小）

第76单元　Unit 76

◎ 速记　Quick memory

4501 限于　xiànyú　*v.*　be confined to　限于目前的水平；仅限于这个范围

4502 线条　xiàntiáo　*n.*　line; figure　粗线条；线条优美

4503 宪法　xiànfǎ　*n.*　constitution　一部宪法；违反宪法；制定宪法；宪法规定

4504 陷　xiàn　*v.*　get stuck or bogged down; sink　陷进了泥里；越陷越深；陷在了坑里；熬夜熬得眼睛都陷下去了

4505 陷阱　xiànjǐng　*n.*　pitfall, trap　一个陷阱；布下陷阱；落入陷阱

4506 馅儿　xiànr　*n.*　(of food) filling, stuffing　饺子馅儿；牛肉馅儿；皮薄馅儿大

4507 羡慕　xiànmù　*v.*　admire, envy　非常羡慕他；让人羡慕

4508 献血　xiànxiě　*v.*　donate blood　需要大家献血；爱心献血

4509 腺　xiàn　*n.*　gland　汗腺；唾液腺；腺体

4510 乡亲　xiāngqīn　*n.*　person from the same village or town; local people, villagers　招待乡亲；乡亲们；父老乡亲

4511 乡下　xiāngxia　*n.*　countryside, village　去了乡下；乡下的风俗

4512 相伴　xiāngbàn　*v.*　be companied by each other　朝夕相伴；夫妻相伴；风险与收益相伴

4513 相比之下　xiāngbǐ zhī xià　by comparison, in contrast　相比之下，周末去爬山是一个不错的选择。

4514 相差　xiāngchà　*v.*　differ　相差很大；相差20岁

4515 相传　xiāngchuán　*v.*　tradition has it; hand down or pass on from one to another　相传清朝的一位皇帝来过这里；一脉相传

4516 相当于　xiāngdāngyú　*v.*　be about equal to　放弃相当于失败。

4517 相对　xiāngduì　*v.*　be face to face; opposite to each other　两山相对；与"大"相对的是"小"

　　　adj.　relative, comparative　相对高度；相对稳定

4518 相对而言　xiāngduì-éryán　relatively　走这条路相对而言更安全一些。

4519 相辅相成　xiāngfǔ-xiāngchéng　supplement/complement each other　环境保护和经济发展相辅相成，互相促进。

4520 相继　xiāngjì　*adv.*　in succession, one after another　相继出现；相继发言

从 4501 ～ 4510 中选择合适的词语填空　Choose the right words from 4501-4510 and fill in the blanks.

1. 今天的饺子是素_____的，不影响你减肥，多吃几个吧。

2. 我上大学的钱都是_____们凑的，大学毕业了我一定要回馈我的家乡。

3. 这个阅览室的图书仅_____在这里阅读，不能带出去。

4. 年纪轻轻就有这么大的成就，真让人_____。

5. _____是一个国家的根本大法，具有最高的法律权力。

从 4511～4520 中选择合适的词语填空 Choose the right words from 4511-4520 and fill in the blanks.

6. 这里风景优美，_____森林的深处住着神仙。

7. 退休后他回到家乡，远离城市，每天与清风、明月_____，日子过得平淡、宁静。

8. 年轻人爱喝的奶茶其实热量较高，有时一杯奶茶就_____三碗米饭。

9. 他的家人_____在战争中失去生命，只有他只身逃去了大西北。

10. 受季风的影响，两天的平均温度_____十几度在这里并不稀奇。

第 2 部分　Part 2

4521 **相连** xiānglián *v.* be linked together　山水相连；前后相连

4522 **相识** xiāngshí *v.* be acquainted with each other　和他相识；互不相识

4523 **相提并论** xiāngtí-bìnglùn　(usually used in the negative) mention in the same breath　这两件事根本就不一样，不能相提并论。

4524 **相通** xiāngtōng *v.* communicate with each other　彼此相通；心灵相通

4525 **相依为命** xiāngyī-wéimìng　depend on each other for survival　爷孙二人相依为命，再无其他亲人。

4526 **相遇** xiāngyù *v.* meet　偶然相遇；在异乡相遇

4527 **相约** xiāngyuē *v.* agree, make an appointment　二人相约一起去喝咖啡。

4528 **香料** xiāngliào *n.* spice　天然香料；加一些香料

4529 **香水** xiāngshuǐ *n.* perfume　一瓶香水；喷香水

4530 **香味** xiāngwèi *n.* fragrance　奇怪的香味；香味独特

4531 **香烟** xiāngyān *n.* incense smoke; cigarette　寺庙里香烟弥漫；抽一支香烟

4532 **香油** xiāngyóu *n.* sesame oil　一瓶香油；倒一点儿香油

4533 **镶** xiāng *v.* inlay; rim　镶牙；镶了一颗钻石；给裙子镶了一条花边

4534 **镶嵌** xiāngqiàn *v.* inlay　镶嵌工艺；镶嵌着宝石

4535 **详尽** xiángjìn *adj.* detailed and complete　详尽地描述；介绍得非常详尽

4536 **祥和** xiánghé *adj.* happy and auspicious; kind　一片祥和；祥和的气氛；祥和的神情

4537 **享** xiǎng *v.* enjoy　有福同享；共享成果

4538 **享有** xiǎngyǒu *v.* enjoy (rights, prestige, etc.)　享有盛誉；享有威望

4539 **响亮** xiǎngliàng *adj.* loud and clear　响亮的名字；声音响亮

4540 **响起** xiǎngqǐ　start to ring　钟声响起；在耳边响起

从 4521～4530 中选择合适的词语填空 Choose the right words from 4521-4530 and fill in the blanks.

1. 两国山川_____，文化相近，当然应该世代友好，合作共进。

2. 欧洲的一些语言之间是_____的。

3. 这个菜加了一种独特的_____，味道很不一般，你尝尝。

4. 我觉得晒过的被子有一股特殊的_____，有人说那是"阳光的味道"。

5. 小刘送给她一瓶法国_____，香气迷人。

从 4531～4540 中选择合适的词语填空　Choose the right words from 4531-4540 and fill in the blanks.

6. 做好的面条儿再滴几滴_____，味道就更好了。

7. 张教授写了一篇文章，对这个理论进行了_____的描述和论证。

8. 假期的街头一片_____，人们都沉浸在春节的愉快氛围当中。

9. 精彩的演出刚一结束，舞台下就_____了一阵阵的掌声和欢呼声。

10. 国内乘机时，乘客可以随身带一定数量的_____上飞机，每人不超过200支即可。

第3部分　Part 3

4541　响应　xiǎngyìng　*v.*　respond　没有人响应；响应政府的号召

4542　想方设法　xiǎngfāng-shèfǎ　try by every means　遇到问题应该想方设法解决，而不是马上就放弃。

4543　向来　xiànglái　*adv.*　always　向来如此；向来很认真

4544　向往　xiàngwǎng　*v.*　yearn for　向往幸福的生活；对未来非常向往

4545　向着　xiàngzhe　*v.*　turn towards; take sb.'s part　向着太阳；窗户向着南方；她觉得妈妈总是向着小弟弟

4546　项链　xiàngliàn　*n.*　necklace　一条项链；金项链

4547　像　xiàng　*n.*　portrait, statue　画像；全身像

4548　像样　xiàng//yàng　up to the mark, decent　买两件像样的衣服；太不像样了

4549　橡胶　xiàngjiāo　*n.*　rubber　橡胶轮胎；割橡胶

4550　橡皮　xiàngpí　*n.*　eraser　一块橡皮；用橡皮擦一下儿

4551　削　xiāo　*v.*　pare/peel with a knife　削皮；削苹果

4552　消　xiāo　*v.*　disappear; eliminate; pass (time) in a leisurely way; need (time, money, etc. to do sth.)　烟消云散；打消念头；去乡下消夏；只消三天

4553　消沉　xiāochén　*adj.*　downhearted　意志消沉；消沉下去

4554　消遣　xiāoqiǎn　*v.*　divert oneself　出去消遣一下儿；消遣的方式

4555　萧条　xiāotiáo　*adj.*　desolate; depressed　一片萧条的景象；经济萧条

4556　销　xiāo　*v.*　melt (metal); cancel; sell　销金；那笔账已经销了；撤销；畅销；自产自销

4557　销毁　xiāohuǐ　*v.*　destroy, ruin　销毁证据；销毁武器

4558　销量　xiāoliàng　*n.*　sales (volume)　销量上升；销量很大

4559　潇洒　xiāosǎ　*adj.*　natural and unrestrained　神情潇洒；潇洒地生活

4560　小丑　xiǎochǒu　*n.*　clown　小丑登场；扮演小丑

从 4541～4550 中选择合适的词语填空　Choose the right words from 4541-4550 and fill in the blanks.

1. 这几天太忙了，忙得连一顿_____的饭都没吃上。

2. 健康专家建议大家采取分餐制，用公筷，这个倡议得到了越来越多人的_____。

3. 你可以先用铅笔写，写错了用_____擦一下儿就好了。

4. 这个枕头是用天然_____制作的，更加舒适。

5. 生日的时候，爸爸送给妈妈一条钻石_____，妈妈开心得像个孩子。

从 4551～4560 中选择合适的词语填空　Choose the right words from 4551-4560 and fill in the blanks.

    6. 人们越来越重视健康，保健品的_____也不断增长。

    7. 舞台上戴着红鼻子的_____非常滑稽，引得观众哈哈大笑。

    8. 空闲时，她喜欢看一些小说来_____。

    9. 用这把刀_____土豆非常好，又快又干净。

    10. 战争过后，这里的经济一片_____，劳动力严重不足。

◎重点词语　Focus words

1. 限于

动词，受某些条件限制或局限在某一范围内。例如：

（1）限于目前的科技水平，人类还不能自由地进行太空旅行。

（2）开发市场的眼界应该开阔一些，不要只限于国内。

（3）本次比赛的报名人员仅限于在校大学生。

2. 相辅相成

互相协作或配合。例如：

（1）交通的便利与经济的发展是相辅相成的。

（2）经济发展与生态环境保护是相辅相成的，应该坚持二者协调发展的方针。

（3）继承与创新相辅相成。

3. 相继

副词，一个接着一个地。例如：

（1）王处长来了之后，我们单位的问题相继得到了解决。

（2）过几年孩子们相继都要上学，家里的经济就会紧张起来。

（3）会上，大家相继发言，认真地讨论了最新的方案。

4. 相提并论

把不同的或相差悬殊的人或事物混在一起谈论或对待。例如：

（1）经济的发展与人民的幸福感并不能相提并论。

（2）传统的铁路完全无法和高铁相提并论，后者的科技含量很高。

（3）把中国武术和自由搏击相提并论是不合适的，二者区别很大。

5. 相依为命

互相依靠着生活，谁也离不开谁。例如：

（1）父母去世后，他和爷爷相依为命，日子过得非常艰苦。

（2）这些年来，她和女儿相依为命，生活再难，她们也乐观对待。

（3）这是一个贫寒的家庭，一家人相依为命，每个人都尽可能地努力工作。

6. 相约

动词，相互约定。例如：

（1）周末，几个朋友相约聚餐，一起度过一段美好的时光。

（2）我们相约十年后在同一个地方见面。

（3）两人相约，等大学毕业后一起回乡创业。

7. 想方设法

想尽各种办法。例如：

（1）于连想方设法进入上流社会，可最后还是走向了毁灭。

（2）家里粮食不够吃，他就想方设法，尽量让大家不饿肚子。

（3）儿子就要高考了，两口子想方设法地为儿子做饭、煲汤，保证他的营养。

8. 向来

副词，从来，一向。例如：

（1）我向来不喜欢吃香菜，甚至连香菜的味道都不想闻到。

（2）这里向来就是游客们集中的地方，今年也不例外。

（3）名牌产品向来都比普通产品贵一些。

◎ **速练** Quick practice

一、选择合适的词语填空 Choose the right words and fill in the blanks.

（一） A. 相对而言 B. 相辅相成 C. 相提并论 D. 相依为命 E. 腺 F. 像

1. 中国哲学认为善与恶、长与短、高与低都是_____的，没有一方就没有另一方。

2. 眼泪是泪_____分泌出来的，能够起到保护眼睛的作用。

3. 他从小父母双亡，和爷爷_____，直到上大学之前都没有离开过家乡。

4. 理工大学树立了一座雕_____，纪念这位著名的科学家。

5. 语言研究和语言教学_____，研究成果可以促进教学，教学又可以验证研究的实用性。

（二） A. 镶 B. 销 C. 陷 D. 享 E. 消 F. 削

1. 听了男朋友的一番解释，她的怒气渐_____，慢慢平静了下来。

2. 这个地区的小龙虾品质优良，_____往全国各地。

3. 大家都辛苦了半个月，却让经理一个人独_____成果，真是不公平！

4. 她的戒指上_____着一块非常漂亮的绿宝石。

5. 听了老师的话，大卫_____入了沉思，半天都没有开口。

二、选择合适的词语完成句子 Choose the right words to complete the sentences.

1. 婚姻就像一座被包围起来的城市，外面的人想进来，里面的人却_____地要出去。

A. 想方设法 B. 妄想 C. 感想 D. 美慕

2. _____我还是更喜欢广东菜，清淡、鲜甜，没有四川菜那么辣。

    A. 相识   B. 相当于   C. 相比之下   D. 相连

3. 油画上的大卫_____优美，充满了成年男性的力量与活力。

    A. 线条   B. 陷阱   C. 乡下   D. 乡亲

4. 我的爸爸妈妈是在这所大学的校园里_____、相爱的。

    A. 相对   B. 相继   C. 相传   D. 相遇

5. 上大学的时候总是_____自由自在的生活，想早一点儿参加工作，自己养活自己。

    A. 奢望   B. 看望   C. 向往   D. 通往

6. 偶尔的一次失败不会让我_____，只会让我必胜的决心更加坚定。

    A. 响起   B. 向着   C. 响应   D. 消沉

7. 两国终于开始履行协议，_____核武器，这有利于全世界的和平。

    A. 萧条   B. 销量   C. 销毁   D. 潇洒

三、为词语选择合适的位置   Choose the appropriate location for the words.

1. 他 A 这个人 B 不喜欢 C 运动 D，更不用说要他参加比赛了。（向来）

2. 分手之时，A 二人 B 三年之后 C 在同样的时间、同样的地点 D 相见。（相约）

3. 张教授 A 在哲学研究方面 B 建树颇多，在国内外学术界都 C 很高的声誉 D。（享有）

4. 唉，哪有那么快，A 离毕业 B 还 C 十万八千里 D 呢。（相差）

第 77 单元　Unit 77

◎ 速记　Quick memory

4561 **小贩**　xiǎofàn　*n.*　pedlar　小商小贩；卖水果的小贩

4562 **小看**　xiǎokàn　*v.*　look down upon　别小看我；被人小看

4563 **小康**　xiǎokāng　*adj.*　fairly well-off　生活小康；小康之家

4564 **小路**　xiǎolù　*n.*　path　一条小路；通往宿舍的小路

4565 **小品**　xiǎopǐn　*n.*　short, simple piece of literary or artistic creation; sketch　历史小品；小品文；表演小品；创作了一个小品

4566 **小气**　xiǎoqi　*adj.*　stingy　太小气了；小气鬼

4567 **小区**　xiǎoqū　*n.*　housing estate　高档小区；老旧小区

4568 **小曲**　xiǎoqǔ　*n.*　ditty, popular tune　一支小曲；唱小曲

4569 **小人**　xiǎorén　*n.*　base person, villain　小人之心；卑鄙的小人

4570 **小提琴**　xiǎotíqín　*n.*　violin　一把小提琴；拉小提琴；小提琴家

4571 **小溪**　xiǎoxī　*n.*　stream　一条小溪；清澈的小溪

4572 **小心翼翼**　xiǎoxīn-yìyì　with the greatest care　她小心翼翼地拿着杯子，生怕摔了。

4573 **小卒**　xiǎozú　*n.*　nobody　无名小卒

4574 **孝敬**　xiàojìng　*v.*　show filial respect to; give presents (to old people) as a token of respect　孝敬父母；这 1000 块钱是孝敬您的

4575 **孝顺**　xiào·shùn　*v.*　show filial obedience　孝顺双亲；孝顺的孩子

4576 **肖像**　xiàoxiàng　*n.*　portrait　肖像画；画了一张人物肖像

4577 **效仿**　xiàofǎng　*v.*　imitate　效仿古人；值得效仿

4578 **效力**　xiàolì　*n.*　effect　法律效力；产生效力

4579 **效益**　xiàoyì　*n.*　beneficial result, benefit　经济效益；社会效益；效益不错

4580 **效应**　xiàoyìng　*n.*　effect　名牌效应；城市热岛效应

从 4561～4570 中选择合适的词语填空　Choose the right words from 4561-4570 and fill in the blanks.

　1. 中国在 2021 年全面建成了_____社会，消灭了绝对贫困，人民过上了更幸福的生活。

　2. 这个人太_____了，从没见他主动付过钱。

　3. 你太_____他了，我相信他一定会做得比你好。

　4. 走这条_____上山更快。

　5. 我们班的老师和我住在同一个_____里，我经常碰到她。

从 4571～4580 中选择合适的词语填空　Choose the right words from 4571-4580 and fill in the blanks.

　6. 这家公司的_____不错，员工们对自己的收入都比较满意。

　7. 名牌产品的价格相对更高，但还是有很多人买，这就是名牌_____。

8. 爷爷，我带了两盒点心，是专门_____您的。

9. _____里的水非常干净，人们都把牛马带到这里来喝水。

10. 你跟我说话不用_____的，有什么就说什么。

第 2 部分 Part 2

4581 **协定** xiédìng *n.* agreement 停战协定；签署协定

v. reach an agreement on sth. 双方协定开展合作

4582 **协同** xiétóng *v.* work in coordination with 协同工作；协同办理

4583 **协作** xiézuò *v.* cooperate 协作得很好；密切协作

4584 **邪** xié *adj.* evil; weird 邪不胜正；歪理邪说；太邪了；邪门儿

4585 **邪恶** xié'è *adj.* evil 邪恶势力；战胜邪恶

4586 **挟持** xiéchí *v.* seize; coerce, force 挟持他人；他用股票价格挟持了董事会

4587 **携带** xiédài *v.* carry, take along 携带现金；不准携带手机

4588 **携手** xiéshǒu *v.* be hand in hand 携手同游；携手合作

4589 **写照** xiězhào *v.* portray (a person or character) 生动写照；传神写照

n. portrayal 生活的写照；真实的写照

4590 **泄** xiè *v.* let out; leak; give vent to 泄洪；泄题；泄恨

4591 **泄漏** xièlòu *v.* let out; leak 煤气泄漏；核泄漏

4592 **泄露** xièlòu *v.* leak, divulge 泄露机密；防止泄露

4593 **泄密** xiè//mì divulge a secret 严防泄密；不知是谁泄了密

4594 **泄气** xiè//qì lose heart 遇到困难千万别泄气。

4595 **泻** xiè *v.* flow swiftly; have diarrhea 一泻千里；从两山之间泻出；上吐下泻

4596 **卸** xiè *v.* unload; remove; get rid of 卸货；把螺丝卸下来；卸任

4597 **心爱** xīn'ài *adj.* loved, treasured 心爱的玩具；最心爱的礼物

4598 **心安理得** xīn'ān-lǐdé feel at ease and justified 孩子心安理得地享受着父母的宠爱。

4599 **心病** xīnbìng *n.* worry; sore point 成了一块心病；心病难医；说中了他的心病

4600 **心肠** xīncháng *n.* heart, mood, intention 心肠好；宽厚的心肠

从 4581～4590 中选择合适的词语填空 Choose the right words from 4581-4590 and fill in the blanks.

1. 陆军和空军_____作战，形成了一个立体的打击网络。

2. 乘机须知上写得很清楚，不允许_____超大容量的移动电源上飞机。

3. 这首诗就是杜甫生活的_____，我们可以从中看到他的人生经历。

4. 人质被_____到地下室去了，目前情况不明。

5. 这次考试不允许提前交卷，就是为了防止有人_____题。

从 4591～4600 中选择合适的词语填空 Choose the right words from 4591-4600 and fill in the blanks.

6. 这孩子其他科目的成绩都好，就是英语太差，这成了他妈妈的一块_____。

7. 把这些东西运到长沙需要 700 元，不包括装车_____车的费用。

8. 这家工厂发生了有毒气体_____事件，引起了周围居民的恐慌。

9. 什么及格不及格的，你别说_____话，我觉得你能考第一名呢。

10. 老人家的＿＿＿＿很好，见到乞讨的人总会慷慨地给一些食物。

第 3 部分　Part 3

4601　**心得**　xīndé　*n.*　what one has learned from work, study, etc.　工作心得；学习心得；
　　　　心得体会

4602　**心慌**　xīn//huāng　be flustered　遇事不要心慌；那么多人看着，我心有点儿慌

4603　**心急如焚**　xīnjí-rúfén　be burning with impatience　晚上十点了孩子还没有回家，她
　　　　心急如焚。

4604　**心里话**　xīnlǐhuà　*n.*　one's innermost thoughts and feelings　一句心里话；说出心
　　　　里话

4605　**心灵手巧**　xīnlíng-shǒuqiǎo　be clever and deft　故事的女主人公聪明善良，心灵手巧。

4606　**心目**　xīnmù　*n.*　mind　在他的心目中

4607　**心声**　xīnshēng　*n.*　heartfelt wish, aspiration　表达心声；倾听人民的心声

4608　**心事**　xīnshì　*n.*　sth. weighing on one's mind, worry　有心事；想心事；为难的心事

4609　**心思**　xīnsi　*n.*　thought; thinking; state of mind　坏心思；猜测他的心思；费尽心
　　　　思；没有心思看电影

4610　**心酸**　xīn//suān　be grieved, feel sad　令人心酸；心酸落泪

4611　**心想事成**　xīnxiǎng-shìchéng　all wishes come true　祝你心想事成！

4612　**心胸**　xīnxiōng　*n.*　one's heart/mind; breadth of mind; ambition　心胸中满是怒火；
　　　　心胸开阔；有心胸，有气魄

4613　**心血**　xīnxuè　*n.*　painstaking care　一片心血；花费心血

4614　**心眼儿**　xīnyǎnr　*n.*　heart; mind; tolerance　打心眼儿里高兴；没安好心眼儿；小心
　　　　眼儿

4615　**心意**　xīnyì　*n.*　regard; intention　一点儿心意；表达心意；不明白她的心意

4616　**芯片**　xīnpiàn　*n.*　chip　一块芯片；安装芯片；先进的芯片

4617　**辛勤**　xīnqín　*adj.*　industrious　辛勤地劳动；辛勤工作了一辈子

4618　**辛酸**　xīnsuān　*adj.*　sad, bitter　辛酸的往事；满纸辛酸

4619　**欣慰**　xīnwèi　*adj.*　gratified　感到欣慰；有点儿欣慰

4620　**欣喜**　xīnxǐ　*adj.*　glad, joyful　一阵欣喜；感到欣喜；面带欣喜

从 4601～4610 中选择合适的词语填空　Choose the right words from 4601-4610 and fill in the blanks.

1. 在孩子的＿＿＿＿中，父母是最值得信赖的人。

2. 学了这么久，老师让我们交流一下儿学习＿＿＿＿。

3. 这个人＿＿＿＿不端正，总想着怎么占小便宜。

4. 这么小就要承担起照顾整个家庭的责任，他的经历实在令人＿＿＿＿。

5. 说＿＿＿＿，我是真的不赞成你辞职，要重新开始太难了。

从 4611～4620 中选择合适的词语填空　Choose the right words from 4611-4620 and fill in the blanks.

6. 研制先进的＿＿＿＿还有很长的路要走，需要更多人的不懈努力。

7. 分手就分手吧，哪儿没有好女孩儿？＿＿＿＿要放开阔一点儿。

8. 为了这篇小说，他费尽了_____，前后修改了十几次。

9. 爸爸妈妈每天_____工作，就是为了给孩子一个良好的生活环境。

10. 这是他的一片_____，再说东西也不贵重，您就收下吧。

◎**重点词语** Focus words

1. 小人

名词，多指人格卑鄙的人。例如：

（1）他是一个为了钱什么都肯干的<u>小人</u>。

（2）<u>小人</u>就是<u>小人</u>，他的眼里只有利益，没有原则。

（3）古人说："宁可得罪君子，不可得罪<u>小人</u>。"

2. 小心翼翼

现在多形容举动、态度十分谨慎，一点儿也不敢疏忽。例如：

（1）领导让我们在他面前不要<u>小心翼翼</u>的，有问题直接说就好。

（2）他<u>小心翼翼</u>地试探着，生怕惹她不高兴。

（3）每天都活得<u>小心翼翼</u>的，压力太大了。

3. 效应

名词，多指某人的言行或某事物的发生、发展在社会上所引起的反应和效果。例如：

（1）得益于广告的名人<u>效应</u>，产品的销售量得到了极大提高。

（2）大品牌不见得质量就好，但由于名牌<u>效应</u>，销售起来还是要顺利一些。

（3）这件事会有正面的还是负面的<u>效应</u>，现在还不好说。

4. 心安理得

自认为做得合情合理，心里很坦然。例如：

（1）辛勤劳动换来的钱，花得也<u>心安理得</u>。

（2）他<u>心安理得</u>地接受了大家的表扬。

（3）她<u>心安理得</u>地享受着丈夫的付出，从没觉得这样有什么不对。

5. 心急如焚

心里像着了火一样，形容非常焦急。例如：

（1）离考试还有两个小时，偏偏这个时候找不到准考证了，我<u>心急如焚</u>。

（2）得知了妻子的病情后，<u>心急如焚</u>的老王变卖了家里的房子和车，准备给妻子治病。

（3）他表面上好像什么事都没有发生，其实早已<u>心急如焚</u>。

6. 心灵手巧

心思灵敏，手灵巧，形容人聪明能干。例如：

（1）古时七夕的夜晚，女孩子们都要焚香祷告，希望天上的织女能让自己变得<u>心灵手巧</u>。

（2）看这件衣服的做工，就知道他的妻子一定是个心灵手巧的人。

（3）她心灵手巧，剪出来的窗花在十里八村没有人能比得上。

7. 心想事成

心中想的事情都能做成功，多用作祝福语。例如：

（1）祝你在新的一年里心想事成，天天开心。

（2）世上不如意的事情十有八九，哪儿有那么多的心想事成啊！

（3）只要有合适的机会，我相信你一定会成功的，祝愿你心想事成。

8. 欣慰

形容词，高兴，心安。例如：

（1）你能取得这样的好成绩，我感到非常欣慰。

（2）我一定要做出成绩，让我妈妈为有我这样一个女儿而欣慰。

（3）公司今天的发展令所有人感到欣慰。

◎**速练** Quick practice

一、选择合适的词语填空 Choose the right words and fill in the blanks.

（一）　　　A. 小贩　B. 小品　C. 小曲　D. 小溪　E. 小卒　F. 小提琴

1. 要学会拉＿＿＿＿＿＿，非得下一番功夫才行。

2. 街边有很多＿＿＿＿＿＿，向游客们兜售各种各样的纪念品。

3. 我只是个无名＿＿＿＿＿＿，没有人会在乎我的看法。

4. 他高兴极了，骑上自行车，哼着＿＿＿＿＿＿，很快回到了家。

5. 他是著名的＿＿＿＿＿＿演员，曾经连续多年登上了中央电视台春节联欢晚会的舞台。

（二）　　　A. 效仿　B. 效力　C. 协定　D. 协作　E. 挟持　F. 携手

1. 不同行业的人员分工＿＿＿＿＿＿，共同提高了全社会的劳动生产率。

2. 根据两国之间的＿＿＿＿＿＿，明年互派交流学者的规模将达到 500 人次。

3. 祝二位新婚快乐，愿你们在未来的日子里互敬互爱，＿＿＿＿＿＿共进，白头到老！

4. 很快，麻醉药发挥＿＿＿＿＿＿，病人沉沉睡去。

5. 林先生对诚信的坚守、对欲望的控制、对财富的豁达，值得现代企业家＿＿＿＿＿＿。

二、选择合适的词语完成句子 Choose the right words to complete the sentences.

1. 故宫博物院珍藏着清朝皇帝的＿＿＿＿＿＿画，让现代人得以看到几百年前皇帝的真容。

　　A. 肖像　　　　　　B. 写照　　　　　　C. 描写　　　　　　D. 速描

2. 不知道是吃了什么不干净的东西，我现在上吐下＿＿＿＿＿＿，难受死了。

　　A. 邪　　　　　　　B. 泻　　　　　　　C. 卸　　　　　　　D. 漏

3. 他在电话里不小心＿＿＿＿＿＿了秘密，给警方的后续行动带来了很大麻烦。

　　A. 泄露　　　　　　B. 泄密　　　　　　C. 揭发　　　　　　D. 揭示

4. 这是女儿最＿＿＿＿＿＿的娃娃，每天晚上她都要抱着睡觉。

　　A. 心思　　　　　　B. 心目　　　　　　C. 心得　　　　　　D. 心爱

5. 我觉得自已用汗水挣来的钱才花得_____，不该要的钱就不能要。

    A. 心急如焚   B. 心灵手巧   C. 心安理得   D. 心想事成

6. 刚过八点，奶奶就催：“你们该收拾收拾出发了，早点儿到车站，不_____。”

    A. 心慌   B. 心声   C. 心事   D. 心酸

7. 纪念馆里的这些照片，让她回忆起痛苦的童年，她不禁流下了_____的眼泪。

    A. 辛酸   B. 欣喜   C. 辛勤   D. 心血

三、为词语选择合适的位置   Choose the appropriate location for the words.

1. A 小芳是个 B 孩子，从来不 C 跟爸妈 D 对着干。（孝顺）

2. 这件事最终还是 A 在小镇 B 传开了，C 者可能是 D 老王，也可能是老李。（泄密）

3. 有了这次的 A 失败教训，B 这孩子长了不少 C，逐渐 D 学会了合理安排考试时间。（心眼儿）

4. 小儿子 A 在城里 B 找到了工作，成了家，这令妈妈 C 感到十分 D。（欣慰）

第78单元　Unit 78

◎ 速记　Quick memory

第1部分　Part 1

4621 **欣欣向荣** xīnxīn-xiàngróng　thriving　春天到了，万物生长，欣欣向荣。

4622 **新潮** xīncháo　*n.*　new trend　文艺新潮；思想新潮
          adj.　fashionable　新潮的发型；时尚新潮的气息

4623 **新陈代谢** xīnchén-dàixiè　metabolism; the new superseding the old　小孩子新陈代谢
        快，刚吃了饭没一会儿就又饿了；科技的进步让城市的新陈代谢加快

4624 **新房** xīnfáng　*n.*　new house; bridal chamber　我们在国庆节前住进了新房；在婚礼
        前布置新房

4625 **新款** xīnkuǎn　*n.*　new style　新款服装；今年的新款手机

4626 **新奇** xīnqí　*adj.*　strange, novel　新奇的玩具；新奇的视角

4627 **新生** xīnshēng　*adj.*　newborn　新生儿；新生事物
          n.　new life　获得了新生

4628 **新式** xīnshì　*adj.*　new type　新式武器；新式婚礼

4629 **新手** xīnshǒu　*n.*　new hand　新手教师；教一教这些新手

4630 **新颖** xīnyǐng　*adj.*　new and original, novel　题材新颖；款式新颖

4631 **信贷** xìndài　*n.*　credit　信贷公司；信贷交易；信贷合同

4632 **信件** xìnjiàn　*n.*　letter, mail　匿名信件；私人信件

4633 **信赖** xìnlài　*v.*　trust　值得信赖；彼此信赖

4634 **信誉** xìnyù　*n.*　prestige, credit, reputation　信誉良好；商业信誉

4635 **兴奋剂** xīngfènjì　*n.*　excitant　服用兴奋剂；兴奋剂检测

4636 **兴建** xīngjiàn　*v.*　build　兴建高科技工业园区；兴建厂房

4637 **兴起** xīngqǐ　*v.*　rise　兴起了植树热潮；在多地兴起

4638 **星座** xīngzuò　*n.*　constellation　遥远的星座；大熊星座

4639 **猩猩** xīngxing　*n.*　orangutan　一头猩猩；黑猩猩

4640 **腥** xīng　*adj.*　smelly, fishy　腥味儿；这鱼肉有点儿腥

从 4621～4630 中选择合适的词语填空　Choose the right words from 4621-4630 and fill in the blanks.

  1. 我们几个给哥哥布置好了＿＿＿＿＿＿＿，就等着把新娘子接来了。

  2. 在管理方面，我还是一个＿＿＿＿＿＿＿，请董事长多指教。

  3. 春回大地，阳光明媚，一派＿＿＿＿＿＿＿的景象。

  4. 做了手术之后，老张很快就能自如行动了，仿佛重获＿＿＿＿＿＿＿一般。

  5. 我们的干部队伍也需要＿＿＿＿＿＿＿，将不合格的淘汰出去，将优秀的吸收进来。

从 4631～4640 中选择合适的词语填空　Choose the right words from 4631-4640 and fill in the blanks.

  6. 1406 年，明成祖朱棣在北京＿＿＿＿＿＿＿紫禁城，也就是后来明清两代皇帝们居住

的宫殿。

7. 她在银行的_____部门工作，负责小额贷款的审批。

8. 20 世纪初，五四新文化运动_____，其基本内容是提倡民主与科学，倡导文学革命。

9. 这些_____都是匿名发来的，但内容都差不多——举报海城公司的违法行为。

10. 大型公司和名牌产品通常都有较好的_____，产品的销量也更为稳定。

第 2 部分 Part 2

4641 **刑法** xíngfǎ *n.* criminal law 触犯刑法；依据刑法进行判决

4642 **行使** xíngshǐ *v.* exercise, perform 依法行使职权；行使主权

4643 **行政** xíngzhèng *n.* administration 行政工作；行政部门；行政事务

4644 **行走** xíngzǒu *v.* walk 在田间小路上行走

4645 **形形色色** xíngxíngsèsè *adj.* of all forms, various 我们每天都会碰到形形色色的人，听到形形色色的话。

4646 **形影不离** xíngyǐng-bùlí be inseparable as body and shadow 兄弟两人总是在一起，形影不离。

4647 **醒来** xǐnglai wake up 从梦中醒来；半夜醒来时

4648 **醒目** xǐngmù *adj.* eye-catching 醒目的广告牌；醒目的标识

4649 **醒悟** xǐngwù *v.* come to realize 终于醒悟过来被骗了。

4650 **兴高采烈** xìnggāo-cǎiliè in high spirits 孩子考上了北京大学，家里每个人都兴高采烈的。

4651 **兴致** xìngzhì *n.* interest 有兴致；破坏了兴致；兴致正浓

4652 **幸存** xìngcún *v.* survive 幸存者；从大地震中幸存下来

4653 **幸好** xìnghǎo *adv.* fortunately 幸好没有下雨；幸好你来了

4654 **幸亏** xìngkuī *adv.* fortunately 幸亏我复习了；幸亏没有迟到

4655 **幸免** xìngmiǎn *v.* have a narrow escape 无人幸免；幸免于难

4656 **性价比** xìngjiàbǐ *n.* performance-price ratio 性价比极高；出众的性价比

4657 **性命** xìngmìng *n.* life 丢了性命；关系到千百人的性命

4658 **性情** xìngqíng *n.* disposition, temperament 性情温和；性情暴躁

4659 **姓氏** xìngshì *n.* surname 中国姓氏文化；姓氏不同

4660 **凶残** xiōngcán *adj.* fierce and cruel 凶残的敌人；异常凶残

从 4641 ～ 4650 中选择合适的词语填空 Choose the right words from 4641-4650 and fill in the blanks.

1. 1997 年 7 月 1 日 0 时，中华人民共和国恢复对香港_____主权。

2. 高速公路的两旁有很多限速牌，白底红字，十分_____。

3. 孩子半夜_____，发现妈妈不在身边，"哇哇"大哭起来。

4. 小王在大学里工作，但她不是老师，她是做_____工作的。

5. 直到这时他才_____过来，原来妻子根本没有怀孕，他上当了。

从 4651～4660 中选择合适的词语填空　Choose the right words from 4651-4660 and fill in the blanks.

6. 我觉得这款手机价格便宜，功能强大，是该公司最有_____的手机产品。

7. 听他这么一说，大家都来了_____，竖起了耳朵听他接着往下讲。

8. 事故导致大巴车上大量乘客遇难，_____者不足十分之一。

9. 侵略者非常_____，将这个村子的男女老少全都杀害了。

10. 经历了那次事故，小明_____大变，比以前沉默了许多。

第 3 部分　Part 3

4661 凶恶　xiōng'è　*adj.*　fierce　凶恶的野兽；凶恶的歹徒

4662 凶狠　xiōnghěn　*adj.*　fierce and malicious; powerful　凶狠的虎狼；打球凶狠

4663 凶猛　xiōngměng　*adj.*　violent, ferocious　来势凶猛；凶猛的狼

4664 汹涌　xiōngyǒng　*v.*　surge　波涛汹涌；海浪汹涌

4665 胸膛　xiōngtáng　*n.*　chest　挺起胸膛；宽阔的胸膛

4666 胸有成竹　xiōngyǒuchéngzhú　have a well-thought-out plan, stratagem, etc. in mind　我已经准备好了，对于完成这个任务胸有成竹。

4667 雄厚　xiónghòu　*adj.*　(of strength, resources, etc.) ample, rich　雄厚的资金；基础雄厚

4668 休克　xiūkè　*v.*　shock　失血性休克；短暂休克

4669 休眠　xiūmián　*v.*　be dormant　休眠状态；休眠了一段时间

4670 休想　xiūxiǎng　*v.*　don't imagine that it's possible　休想得到；休想逃跑

4671 休养　xiūyǎng　*v.*　recuperate　休养一段时间；去海边休养

4672 修补　xiūbǔ　*v.*　mend, patch up　修补屋顶；修补关系；修补墙面

4673 修长　xiūcháng　*adj.*　tall and thin　修长的身材；眉毛修长

4674 修订　xiūdìng　*v.*　revise　修订教材；修订法律；重新修订

4675 修路　xiū//lù　road construction　正在修路；修了一条新路

4676 修正　xiūzhèng　*v.*　revise, correct　修正错误；修正了一些问题数据

4677 羞愧　xiūkuì　*adj.*　ashamed　感到羞愧；羞愧地说

4678 秀丽　xiùlì　*adj.*　beautiful　秀丽的山水；风景秀丽

4679 秀美　xiùměi　*adj.*　graceful　秀美的容颜；山川秀美

4680 袖手旁观　xiùshǒu-pángguān　look on/stand by with folded arms　这件事我绝不会袖手旁观，一定会帮助你的。

从 4661～4670 中选择合适的词语填空　Choose the right words from 4661-4670 and fill in the blanks.

1. 这家公司实力_____，完全具备开发全新产品的能力。

2. 哼，我现在就把它扔进海里，我得不到的东西你也_____得到。

3. 子弹穿过了他的_____，他倒在地上，永远地离开了我们。

4. 江面上波浪_____，小小的渔船像一片叶子一样忽高忽低。

5. 把笔记本电脑合起来，电脑就会进入_____状态，这样能省一些电。

从 4671～4680 中选择合适的词语填空　Choose the right words from 4671-4680 and fill in the blanks.

6. 《现代汉语词典》是最受欢迎的工具书之一，到现在为止已经_____了六次。

7. "要想富, 先_____。"解决交通这一瓶颈问题成了许多乡村发展的重点。

8. 这孩子手指_____, 一看就是弹钢琴的好材料。

9. 医生说做完手术后, 还至少需要_____半年, 不能劳累。

10. 我觉得校足球队应该为这次比赛的表现感到_____, 三战三败, 未进一球。

◎**重点词语** Focus words

1. 欣欣向荣

形容草木茂盛, 或者事业发展得很好。例如:

（1）春天到了, 田野上到处欣欣向荣, 充满了生机。

（2）改革开放以来, 中华大地呈现出一派欣欣向荣的景象。

（3）我认为, 只有这样, 我们的科学研究才能欣欣向荣地发展起来。

2. 新陈代谢

生物体不断用新物质代替旧物质的过程, 也指新事物不断发展, 代替旧事物。例如:

（1）我们身体的细胞每天都在新陈代谢。

（2）这种药能加速机体的新陈代谢, 促进病人恢复健康。

（3）一个企业的员工也需要新陈代谢, 吸引一定比例的年轻人加入。

3. 信赖

动词, 信任并依靠。例如:

（1）经理非常信赖小王, 许多重要的工作都会交给他处理。

（2）他是个值得信赖的朋友。

（3）只有这样, 才能建立起温暖、相互信赖的关系。

4. 形形色色

形容种类很多, 各种各样。例如:

（1）我们每天都会碰到形形色色的人, 遇到形形色色的事。

（2）人上一百, 形形色色。

（3）海面上有着大大小小、形形色色的船。

5. 形影不离

像形体和它的影子那样分不开, 形容关系亲密, 经常在一起。例如:

（1）小时候, 他总是和家里的那条小花狗形影不离。

（2）他曾是我童年时形影不离的好朋友, 现在已经很久没有见面了。

（3）此后五天里, 他形影不离地陪同我们参观了很多地方。

6. 兴高采烈

形容兴致很高, 很高兴。例如:

（1）一路上, 大家兴高采烈, 聊着天儿、唱着歌, 很快就到了目的地。

（2）看到大家兴高采烈的样子, 我实在不忍心告诉他们真实的情况。

（3）他一路小跑，兴高采烈地叫着："赢了！赢了！"

7. 幸好

副词，幸亏，表示偶然出现的有利条件避免了坏事的发生。例如：

（1）幸好我出门前关掉了电热毯，否则很有可能会造成火灾。
（2）这件事幸好有你帮我，我一个人是怎么也做不完的。
（3）幸好天气不错，一路上都非常顺利。

8. 姓氏

名词，现在就是指姓。例如：

（1）中国的姓氏很多，比如王、张、刘、李等。
（2）这份名单是按照姓氏笔画的顺序排列的。
（3）文章从两国的历史、地理、文化、风俗、宗教、姓氏等方面，考证其渊源关系。

9. 胸有成竹

比喻在做事之前心里就有全面的计划，很有信心。例如：

（1）看来你对今天的比赛是胸有成竹了。
（2）将军胸有成竹地说："别怕，管他多少人来，我叫他一个也回不去。"
（3）经理的样子显得胸有成竹，大家也跟着放下心来。

10. 休想

动词，别想，不要妄想。例如：

（1）哼，我得不到的，你们也休想得到！
（2）你想逃？休想！
（3）没有通行证就休想过去！

11. 袖手旁观

把手放在袖子里看着，比喻对事物不关心、不参与、不协助。例如：

（1）看到小孩子即将面临危险，任何人都不会袖手旁观，哪怕这个小孩子跟自己没有关系。
（2）主任反复强调，不能对事态的发展袖手旁观，一定要出手做点儿什么。
（3）面对这样的危急情况，任谁也不会袖手旁观。

◎**速练** Quick practice

一、选择合适的词语填空 Choose the right words and fill in the blanks.

（一）   A. 新款 B. 新生 C. 星座 D. 猩猩 E. 刑法 F. 性命

1. 这是我们店春季的_____裙子，您试试，穿上一定很好看。
2. 星空中大家最熟悉的恐怕就是大熊_____了，其中的"北斗七星"为中国人所熟知。
3. 有的人为了理想可以舍弃_____。
4. 中国的_____对毒品犯罪有着非常严厉的处罚规定。

5. 据说_____是最聪明的动物，经过训练，它们的智力能达到8岁孩子的水平。

（二）A. 袖手旁观 B. 胸有成竹 C. 兴高采烈 D. 形影不离 E. 形形色色 F. 新陈代谢

1. 万林艺术博物馆的地下一层存放着_____的动物标本，鸟兽虫鱼，种类丰富。

2. 要是你告诉她你的处境，我想她不会_____，一定会帮助你的。

3. 看着儿子_____的样子，我反而担心起来：这么重要的考试，可千万别弄砸了。

4. 这只小狗和它的小主人_____，一起长大，非常亲密。

5. 听说明天不上课去郊游，孩子们开心极了，_____地议论起来。

二、选择合适的词语完成句子　Choose the right words to complete the sentences.

1. 大华科技公司这次发布的_____手机让通信行业震惊。

　A. 新潮　　　　　B. 新式　　　　　C. 信贷　　　　　D. 信誉

2. 把雨伞和拐杖结合起来并非一种_____的设计，但要结合好也不容易。

　A. 兴建　　　　　B. 兴起　　　　　C. 新颖　　　　　D. 新房

3. 改革开放初期，人们对三明治这种_____的快餐很感兴趣，很多人都愿意尝试一下儿。

　A. 行政　　　　　B. 行使　　　　　C. 新手　　　　　D. 新奇

4. 做鱼的时候放些姜丝，这样能够去掉鱼的_____味儿。

　A. 臭　　　　　　B. 腥　　　　　　C. 香　　　　　　D. 卤

5. _____在中国城市的大街小巷，很容易就能找到四川菜馆。

　A. 履行　　　　　B. 行走　　　　　C. 通行　　　　　D. 行使

6. 一只狼挡在他前进的路上，目光_____地看着他，吓得他一动不敢动。

　A. 凶猛　　　　　B. 凶狠　　　　　C. 凶手　　　　　D. 严厉

7. 这双球鞋有点儿旧，但_____一下儿还能穿。

　A. 修补　　　　　B. 弥补　　　　　C. 维修　　　　　D. 修正

三、为词语选择合适的位置　Choose the appropriate location for the words.

1. A 你带了 B 一把雨伞，否则 C 我们 D 现在就要淋雨了。（幸亏）

2. 我真是 A 看不出 B 这些衣服哪里 C，也不好 D 看啊。（新潮）

3. 我 A 非常喜欢桂林的 B 山水，真希望 C 每年都能去那儿 D 住一段时间。（秀丽）

4. 同学们十分 A 我们的班长，B 有什么心里话 C 都愿意 D 跟她说。（信赖）

第79单元 Unit 79

◎ 速记 Quick memory

4681 绣 xiù *v.* embroider 绣花；在衣服上绣几个字

4682 锈 xiù *n.* rust 铁锈；铜锈；生锈
　　　　　　 v. become rusty 刀锈了；锁锈死了

4683 嗅觉 xiùjué *n.* sense of smell 嗅觉灵敏；失去了嗅觉

4684 须 xū *v.* must 旅客须知；考试前须做好准备

4685 虚 xū *adj.* diffident; weak 心里发虚；身体有点儿虚
　　　　　　 adv. in vain 虚度时光；箭不虚发

4686 虚构 xūgòu *v.* fabricate, make up 虚构的情节；虚构事实

4687 虚幻 xūhuàn *adj.* unreal, illusory 虚幻的梦境；虚幻的理想

4688 虚假 xūjiǎ *adj.* false 虚假的现象；没有半点儿虚假

4689 虚拟 xūnǐ *v.* make up 虚拟出一个环境
　　　　　　 adj. invented, subjunctive 虚拟演播室；虚拟语气

4690 虚弱 xūruò *adj.* in poor health; weak 身体虚弱；虚弱的国力

4691 虚伪 xūwěi *adj.* hypocritical 虚伪的人；虚伪的面目

4692 需 xū *v.* need 按需分配；还需三天时间

4693 徐徐 xúxú *adj.* slow 徐徐走来；微风徐徐

4694 许 xǔ *v.* promise; allow 他许过请我看电影；特许经营
　　　　　　 adv. perhaps 他许是病了。

4695 许可证 xǔkězhèng *n.* licence 申请许可证；获得经营许可证

4696 旭日 xùrì *n.* rising sun 旭日东升；一轮旭日

4697 序 xù *n.* order; preface 按音序排列；工序；为这本书写一个序

4698 序幕 xùmù *n.* prologue (to a play); prologue (to a major event, etc.) 故事的序幕；拉开了二战的序幕

4699 叙述 xùshù *v.* narrate (in speech or writing) 详细叙述；叙述清楚

4700 酗酒 xùjiǔ *v.* drink excessively 经常酗酒；酗酒惹事

从 4681～4690 中选择合适的词语填空 Choose the right words from 4681-4690 and fill in the blanks.

1. "看花容易＿＿＿＿花难"，很多事情看起来容易，做起来就难了。

2. 刚刚说了谎话，小李心里有点儿发＿＿＿＿。

3. 请大家认真阅读考试＿＿＿＿知，考试时不要做违反考场纪律的事情。

4. 这本小说的情节、人物姓名等都是＿＿＿＿的，只有地名是真的。

5. 广告法规定，不得＿＿＿＿宣传或夸大宣传。

从 4691～4700 中选择合适的词语填空　Choose the right words from 4691-4700 and fill in the blanks.

6. 他的童年非常不幸，父亲又赌博又_____，一点儿都不顾家。

7. 升旗仪式结束后，"兔年闹新春"活动正式拉开了_____。

8. 听见有人叫她的名字，她停下脚步_____转过身来。

9. 王老师，我的博士论文即将出版，想请您写个_____。

10. 您别着急，再等等，她_____是临时有什么事情耽搁了。

第 2 部分　Part 2

4701　续　xù　v.　continue; add　续集；把茶续上

4702　絮叨　xùdao　adj.　long-winded, garrulous　他说话太絮叨了，半天也说不到重点。

4703　宣称　xuānchēng　v.　assert, declare　对外宣称；向世界宣称

4704　宣读　xuāndú　v.　read out (in public)　宣读判决书；大声宣读

4705　宣告　xuāngào　v.　declare　宣告失败；正式宣告

4706　宣誓　xuān//shì　take/swear an oath　宣誓就职；举手宣誓

4707　宣泄　xuānxiè　v.　lead off (liquids); get sth. off one's chest　洪水无法宣泄；宣泄内心情感

4708　宣言　xuānyán　n.　declaration　发表宣言；独立宣言

4709　宣扬　xuānyáng　v.　publicize　宣扬好人好事；大肆宣扬

4710　喧哗　xuānhuá　v.　clamor, make an uproar　请勿喧哗
　　　　　　　　　　　　adj.　noisy　喧哗的街市

4711　喧闹　xuānnào　adj.　noisy　喧闹的集市；喧闹的商业区

4712　玄　xuán　adj.　profound; unreliable　玄而又玄的话；道理太玄了

4713　玄机　xuánjī　n.　profound theory　暗藏玄机；无法理解的玄机

4714　悬挂　xuánguà　v.　hang　悬挂国旗；悬挂起来

4715　悬念　xuánniàn　n.　suspense (felt as a story, play, etc. builds to a climax)　充满了悬念；设置悬念

4716　悬殊　xuánshū　adj.　greatly disparate　力量差距悬殊；贫富悬殊

4717　悬崖　xuányá　n.　steep cliff　站在悬崖边上；跌下悬崖

4718　旋律　xuánlǜ　n.　melody　优美的旋律；旋律独特

4719　旋涡　xuánwō　n.　whirlpool; vortex　被吸进了旋涡；卷入了战争旋涡

4720　选民　xuǎnmín　n.　voter　广大的选民；争取选民的支持

从 4701～4710 中选择合适的词语填空　Choose the right words from 4701-4710 and fill in the blanks.

1. 离婚不一定是坏事，但也不是什么值得_____的好事。

2. 奶奶有时虽然有点儿_____，但那也是为你好，你耐心点儿。

3. 公司由于经营不善，连年亏损，只得_____破产。

4. 茶快喝完了，给您再_____点儿水吧。

5. 他_____自己是无辜的。

从 4711～4720 中选择合适的词语填空　Choose the right words from 4711-4720 and fill in the blanks.

　　6. 经济发展不平衡带来的问题之一就是贫富差距_____。

　　7. 他说的话总是有点儿_____，让人听不懂。

　　8. 公牛队实力明显强得多，这场比赛赢得完全没有_____。

　　9. 失去孩子的母亲陷入了痛苦的_____。

　　10. 随着人流的增多，清晨的街道逐渐_____起来。

第 3 部分　Part 3

4721 **选项**　xuǎnxiàng　*n.*　option　四个选项；正确的选项；排除错误选项

4722 **选用**　xuǎnyòng　*v.*　select and use　选用优质产品；选用人才

4723 **炫耀**　xuànyào　*v.*　make a display of, show off　炫耀财富；向别人炫耀一番

4724 **削弱**　xuēruò　*v.*　weaken　削弱敌人；削弱力量；有所削弱

4725 **靴子**　xuēzi　*n.*　boots　一双长筒靴子；皮靴子

4726 **穴位**　xuéwèi　*n.*　acupuncture point　找准穴位；按揉穴位

4727 **学历**　xuélì　*n.*　record of formal schooling　大学本科学历；学历证书

4728 **学士**　xuéshì　*n.*　scholar; bachelor　文人学士；学士学位；文学学士

4729 **学说**　xuéshuō　*n.*　theory　儒家学说；深奥的学说

4730 **学堂**　xuétáng　*n.*　school　知识大学堂

4731 **学业**　xuéyè　*n.*　one's studies, school work　耽误了学业；学业有成

4732 **学艺**　xuéyì　*v.*　learn a craft or trade　从师学艺；学艺归来

4733 **学子**　xuézǐ　*n.*　student　年轻的学子们；大学学子

4734 **雪山**　xuěshān　*n.*　snow-capped mountain　高高的雪山；翻越雪山

4735 **雪上加霜**　xuěshàng-jiāshuāng　snow plus frost — one disaster after another　他家本来就经济困难，如今父亲又病重，简直是雪上加霜！

4736 **血脉**　xuèmài　*n.*　blood vessels, circulation of blood; blood relationship　血脉畅通；血脉相连；中华文明的血脉

4737 **血栓**　xuèshuān　*n.*　thrombus　形成血栓；脑血栓

4738 **血压**　xuèyā　*n.*　blood pressure　血压升高；降低血压

4739 **血缘**　xuèyuán　*n.*　ties of blood　血缘关系；没有血缘

4740 **勋章**　xūnzhāng　*n.*　medal　授予一级荣誉勋章；获得"共和国勋章"

从 4721～4730 中选择合适的词语填空　Choose the right words from 4721-4730 and fill in the blanks.

　　1. 翻译不地道会大大_____文学作品原有的魅力。

　　2. 英国生物学家达尔文创立了进化论_____。

　　3. 制作这种传统食品最好_____当季新鲜的稻米。

　　4. 他一身名牌出现在同学聚会上，让人不禁觉得他是在_____自己。

　　5. 中医认为，人的身体上分布着很多特殊的点区部位，即_____。

从 4731～4740 中选择合适的词语填空　Choose the right words from 4731-4740 and fill in the blanks.

　　6. 早上他刚刚失去了工作，_____的是晚上房东通知他从下个月开始要涨房租。

7. 祝各位同学在新的一年里身体健康，_____进步！

8. 其实小张和老张夫妇并没有_____关系，他是被收养的。

9. 我们是_____相连的同胞兄弟，怎么能为这么一点儿小事就断了往来呢？

10. 医生诊断，病人患有严重的脑_____，需要立即手术。

◎重点词语　Focus words

1. 须

动词，应当，必得。例如：

（1）此事仍须慎重！

（2）振兴中华须将教育置于优先地位。

（3）当地法律规定，没有正当理由而不送子女上学，须入狱三个月，罚款 5000 元。

2. 需

动词，需要。例如：

（1）实验报告的完成仍需大量数据。

（2）灾区现在急需的是药品。

（3）请稍等，您的订单还需三分钟才能送达。

3. 酗酒

动词，喝太多酒，或者喝酒后撒酒疯。例如：

（1）经常酗酒会严重损害身体健康。

（2）酒吧里经常有人酗酒闹事。

（3）布兰奇感到非常孤独，空虚无法排解，于是便开始酗酒。

4. 学艺

动词，学习学问、技艺等。例如：

（1）年轻时，他拜师学艺，如今自己也成了这一带有名的功夫大师。

（2）许多人听说了二程的名声，从很远的地方来向他们学艺。

（3）你还是学艺未精，并非是这套拳法本身有问题。

5. 雪上加霜

比喻再一次遭受灾难，损害更加严重。例如：

（1）他最近刚刚失业，雪上加霜的是，他发现自己得了严重的胃病。

（2）能源价格上涨使这些小微型企业的经营处境雪上加霜。

（3）这一切无异于雪上加霜，使他家原本紧张的经济状况几乎崩溃。

◎**速练** Quick practice

一、选择合适的词语填空　Choose the right words and fill in the blanks.

（一）　　　A. 靴子　B. 学历　C. 嗅觉　D. 雪山　E. 叙述　F. 许可证

1. 不论你打算做什么生意，卖烟酒还是卖食品，都得先去申请办理经营_____。
2. 病好了以后他发现自己失去了_____，鼻子闻不到味道了。
3. 你见过一只穿着_____的猫吗？他可是动画片里的明星呢。
4. 听说有种花只开在_____上，很难见到。
5. 写这类作文要注意把时间、地点、人物、事件等都_____清楚。

（二）　　　A. 旭日　B. 选项　C. 旋律　D. 选民　E. 勋章　F. 宣誓

1. 全国各地的_____一大早就来到各个投票站前排队，为自己支持的人投上一票。
2. 根据宪法，总统就职时必须_____忠于人民，忠实地履行职责。
3. 青少年好似_____，充满了朝气和活力。
4. 她觉得自己的人生道路被限定住了，没有别的_____。
5. 这首歌曲的_____很优美。

二、选择合适的词语完成句子　Choose the right words to complete the sentences.

1. 中医认为，刺激特定的_____可以起到一定的治疗疾病的作用。
　　A. 席位　　　　　B. 席子　　　　　C. 穴位　　　　　D. 位子
2. 公共场所请勿_____。
　　A. 宣言　　　　　B. 宣读　　　　　C. 宣扬　　　　　D. 喧哗
3. 电影一开始就设置了一个_____，直到电影结束才能得到答案。
　　A. 悬挂　　　　　B. 悬崖　　　　　C. 玄机　　　　　D. 悬念
4. 他七岁就跟随师父_____，到现在已经有十年了。
　　A. 学艺　　　　　B. 学士　　　　　C. 学堂　　　　　D. 学子
5. 科学研究需要老老实实的态度，容不得半点儿_____。
　　A. 虚假　　　　　B. 虚伪　　　　　C. 虚拟　　　　　D. 虚幻
6. _____高的人饮食要清淡，不能高油高盐。
　　A. 血脉　　　　　B. 血栓　　　　　C. 血压　　　　　D. 血缘
7. 因为担心我弄丢校服，妈妈在我的校服领子上_____了我的名字。
　　A. 拧　　　　　　B. 绣　　　　　　C. 锈　　　　　　D. 针

三、为词语选择合适的位置　Choose the appropriate location for the words.

1. A 你我兄弟从来都是无话不谈，B 何 C 如此 D 客气？（须）
2. 晚风 A 吹过 B 平静的湖面，送来一阵阵 C 清凉 D。（徐徐）
3. 老李 A 从来没有 B 迟到过，今天 C 是家里 D 临时有什么事走不开吧？（许）
4. A 这所小学 B 急 C 英语和 D 音乐老师。（需）

第 80 单元　Unit 80

◎ 速记　Quick memory

第 1 部分　Part 1

4741　熏　xūn　*v.*　smoke, fumigate; treat (meat, fish, etc.) with smoke　烟把墙熏黑了；熏肉

4742　熏陶　xūntáo　*v.*　exert a gradual, uplifting influence on, edify　受到艺术的熏陶；在父母的熏陶下

4743　寻　xún　*v.*　look for, search　寻人启事；遍寻不见

4744　寻常　xúncháng　*adj.*　ordinary　寻常人家；非同寻常

4745　寻觅　xúnmì　*v.*　search　寻觅改良方案；寻觅灵感

4746　巡逻　xúnluó　*v.*　go on a patrol, patrol　在街道上巡逻；巡逻队

4747　循序渐进　xúnxù-jiànjìn　proceed in an orderly way　学习应该按照所学内容的难度循序渐进，不能跳跃。

4748　训　xùn　*v.*　lecture　教训；训了他一顿

4749　驯　xùn　*v.*　tame　驯养；善于驯马

4750　逊色　xùnsè　*n.*　sth. inferior　毫无逊色
　　　　　　　　　　　　adj.　inferior　相比之下有点儿逊色；并不逊色

4751　丫头　yātou　*n.*　girl; servant girl　两个丫头；古代的大户人家里都有丫头

4752　压倒　yādǎo　overwhelm, overpower　安全压倒一切；压倒性优势

4753　压缩　yāsuō　*v.*　compress; reduce　压缩饼干；压缩空气；压缩人员；压缩开支

4754　压抑　yāyì　*v.*　constrain, depress　压抑不住内心的激动；压抑创造能力

4755　压制　yāzhì　*v.*　suppress　压制对手；压制不同意见

4756　押　yā　*v.*　pledge; detain; escort; stake, place a bet　把房子押给银行；关押；跟车押送；押大

4757　鸦雀无声　yāquè-wúshēng　not a crow or sparrow can be heard — silence reigns　教室里鸦雀无声，听不到一点儿声音。

4758　牙齿　yáchǐ　*n.*　tooth　一颗牙齿；拔掉牙齿

4759　牙膏　yágāo　*n.*　toothpaste　挤牙膏；中草药牙膏

4760　芽　yá　*n.*　bud, sprout　土豆发芽；豆芽

从 4741～4750 中选择合适的词语填空　Choose the right words from 4741-4750 and fill in the blanks.

1. 昨晚楼下＿＿＿＿＿＿孩子来着，闹到了半夜。

2. 哪里来的烟啊？＿＿＿＿＿＿得我眼睛都睁不开了！

3. 学习太极拳讲究＿＿＿＿＿＿，不能心急。

4. 他的技术即使与最顶尖的大师相比，也毫不＿＿＿＿＿＿。

5. 他的父母都是音乐家，因此他从小就受到了良好的艺术＿＿＿＿＿＿。

从 4751～4760 中选择合适的词语填空　Choose the right words from 4751-4760 and fill in the blanks.

6. 经济不景气时，各大公司都在辞退员工，_____开支。

7. 小贝很喜欢橘子味儿的_____，用了这种_____后，他刷牙都变勤了。

8. 前两天买的土豆都发_____了，不能吃了。

9. 老板一说要公布上半年的销售冠军，台下立刻_____，大家都在等着看谁这么厉害。

10. 小_____，你爸在家吗？

第 2 部分　Part 2

4761 **哑**　yǎ　*adj.*　mute, dumb; hoarse　又聋又哑；嗓子喊哑了

4762 **咽喉**　yānhóu　*n.*　pharynx and larynx; strategic/vital passage　咽喉肿痛；咽喉要道

4763 **烟囱**　yāncōng　*n.*　chimney　清理烟囱；烟囱堵了

4764 **烟火**　yānhuǒ　*n.*　smoke and fire　森林中严禁烟火。

4765 **淹**　yān　*v.*　flood, submerge　村子被淹了；淹死

4766 **延**　yán　*v.*　prolong, postpone　延期；再延一个月

4767 **延缓**　yánhuǎn　*v.*　delay, postpone　延缓衰老；延缓病情发展

4768 **延误**　yánwù　*v.*　delay　航班延误了；延误了一个小时

4769 **严谨**　yánjǐn　*adj.*　rigorous; compact　作风严谨；严谨地表达；结构严谨

4770 **严禁**　yánjìn　*v.*　strictly forbid/prohibit　严禁吸烟；严禁喧哗

4771 **严峻**　yánjùn　*adj.*　stern; severe　神情严峻；严峻的形势

4772 **严密**　yánmì　*adj.*　compact; tight, close　封得很严密；组织严密

　　　　　　　　　v.　tighten　严密规章制度

4773 **言辞**　yáncí　*n.*　words　言辞不当；注意言辞

4774 **言论**　yánlùn　*n.*　opinion on public affairs, speech　积极的言论；言论自由

4775 **言行**　yánxíng　*n.*　words and deeds　言行一致；言行得体

4776 **岩石**　yánshí　*n.*　rock　巨大的岩石；坐在岩石上

4777 **炎热**　yánrè　*adj.*　(of weather) scorching, burning hot　炎热的天气；炎热干燥

4778 **炎症**　yánzhèng　*n.*　inflammation　有炎症；肺部的炎症；消除炎症

4779 **沿岸**　yán'àn　*n.*　area along a bank or coast, coastland　长江沿岸；沿岸地区

4780 **沿途**　yántú　*n.*　area along a road　沿途的风光

　　　　　　　　adv.　along the way　沿途打听

从 4761～4770 中选择合适的词语填空　Choose the right words from 4761-4770 and fill in the blanks.

1. 这里是连接几个城市的_____要道，非常重要。

2. 虽然这是篇网络小说，但是构思非常巧妙，结构也很_____。

3. 租房合同马上到期了，您还_____期吗？

4. 明天找人把咱家_____清理一下儿吧。

5. 虽然我们无法阻挡衰老，但是我们可以_____它的速度。

从 4771 ～ 4780 中选择合适的词语填空　Choose the right words from 4771-4780 and fill in the blanks.

6. 今年的夏天异常_____，高温天气持续时间也特别长。

7. 我们将_____关注病人病情的发展。

8. 车快没油了，但_____都没看见加油站。

9. 声明一下儿，刚才李先生发表的_____不代表我们公司的态度。

10. 一股超强台风即将登陆我市，抗灾形势非常_____。

第 3 部分　Part 3

4781　**沿线**　yánxiàn　*n.*　area along a line (i.e. a railway, highway, air or shipping line)　铁路沿线；沿线的城镇

4782　**研讨**　yántǎo　*v.*　deliberate, study and discuss　研讨会；深入研讨；研讨学术问题

4783　**阎王**　Yánwang　*n.*　King of Hell (Yama)　见阎王；活阎王

4784　**衍生**　yǎnshēng　*v.*　derive　衍生出新物质；衍生结果

4785　**掩盖**　yǎngài　*v.*　cover; conceal　大雪掩盖了田野；无法掩盖；掩盖事实

4786　**掩护**　yǎnhù　*v.*　screen, shield　掩护我；给他打掩护

4787　**掩饰**　yǎnshì　*v.*　cover up (a fault, mistake, etc.)　掩饰错误；掩饰不住内心的激动

4788　**眼红**　yǎnhóng　*adj.*　covetous, envious; furious　对别人的成绩眼红；仇人见面，分外眼红

4789　**眼界**　yǎnjiè　*n.*　field of vision/view　大开眼界；眼界开阔

4790　**眼色**　yǎnsè　*n.*　meaningful glance, wink; ability to act according to circumstances　使眼色；给他递了一个眼色；看我的眼色行事；这人真没眼色，还不走

4791　**眼神**　yǎnshén　*n.*　expression in one's eyes　异样的眼神；刚毅的眼神

4792　**眼下**　yǎnxià　*n.*　the moment　眼下的局势；眼下正值秋收

4793　**演变**　yǎnbiàn　*v.*　develop, evolve　不断演变；历史的演变

4794　**演播室**　yǎnbōshì　*n.*　(television) studio　新闻演播室；演播室里的工作人员

4795　**演技**　yǎnjì　*n.*　acting　演技高超；没有什么演技

4796　**演练**　yǎnliàn　*v.*　drill　消防演练；正在进行应急演练

4797　**演示**　yǎnshì　*v.*　demonstrate　演示给大家看；演示一遍

4798　**演说**　yǎnshuō　*v.*　deliver a speech　对群众演说；演说了一个多小时
　　　　　　　　　　　n.　speech　一段精彩的演说

4799　**演习**　yǎnxí　*v.*　manoeuvre, exercise　军事演习；在海上演习

4800　**演戏**　yǎn//xì　put on a play, act in a play; playact, pretend　演戏演得很投入；别演戏了，我知道你是装的

从 4781 ～ 4790 中选择合适的词语填空　Choose the right words from 4781-4790 and fill in the blanks.

1. 学历高，人又帅，这样的男朋友谁不_____？

2. 高速公路_____每隔一段就有一个服务区，可以加油、修车、休息。

3. 他们公司开发出了一种新型的石油_____材料。

4. 两个人一个在前，一个在后，背靠着背，互相_____着前进。

5. 你找的这个人怎么一点儿_____都没有，没看到老板正在气头上吗？

从 4791 ～ 4800 中选择合适的词语填空　Choose the right words from 4791-4800 and fill in the blanks.

6. 本来是小夫妻间的一点儿小矛盾，现在_____成了两家人的战争。

7. 1963 年 8 月 28 日，马丁·路德·金在华盛顿发表了著名的_____——《我有一个梦想》。

8. 你别_____了，你想干什么我都知道。

9. 没发现你的_____这么好，连你弟弟都被你骗了。

10. 她没说话，只甩给我一个愤怒的_____。

◎ 重点词语　Focus words

1. 寻常

形容词，平常，一般的。例如：

（1）计算机早已在中国普及，进入了寻常百姓家。

（2）这个电影的故事不同寻常，给我留下了深刻的印象。

（3）那时候人们逢年过节才会买肉吃，寻常日子主要吃米饭和蔬菜。

2. 循序渐进

按照顺序逐步深入或者提高。例如：

（1）学习复杂的知识一定要循序渐进，不能贪多、贪快。

（2）人们对事物的认知总是有一个循序渐进的过程。

（3）张老师循序渐进地对这个问题进行了详细的讲解。

3. 鸦雀无声

形容非常安静。例如：

（1）一听到这个消息，教室里顿时鸦雀无声。

（2）喧闹的人群突然鸦雀无声，好像在等待着什么。

（3）操场上虽然有上千人，但却鸦雀无声，似乎连根针掉在地上都能听得清楚。

4. 严谨

形容词，严密谨慎，严密细致。例如：

（1）严谨的态度在科学研究中非常重要。

（2）张教授一生治学严谨，成绩显著。

（3）这一条款的确有些不太严谨，需要修订。

5. 眼红

形容词，羡慕，忌妒。例如：

（1）看到大家都盖了新房子，他就眼红起来。

（2）不要眼红别人的成绩，自己默默努力就好了。

形容词，愤怒。例如：

（3）两个人一见面就<u>眼红</u>，好像马上就要打起来了。

6. 演示

动词，把事物的变化过程展示给别人看，使人明白或者理解。例如：

（1）老师给我们<u>演示</u>了制取氧气的过程。

（2）你可以用 PPT 把你的论证过程演示一遍吗？

（3）在课堂上，老师通过实验<u>演示</u>和讲述引导学生进行观察、分析。

◎**速练** Quick practice

一、选择合适的词语填空　Choose the right words and fill in the blanks.

（一）　　　　A.淹　B.寻　C.训　D.驯　E.循序渐进　F.巡逻

1. 老张_____不到儿子，只能在儿子单位楼下等着。

2. 小偷儿想跑，迎面正赶上_____的警察，两下就把他给抓住了。

3. 这条路地势很低，一到下大雨的时候就会被_____。

4. 他年轻的时候在马戏团干过，会_____狮虎。

5. 做事要_____，不能想着一下子就获得很大的成功。

（二）　　　　A.熏　B.延　C.哑　D.言行　E.阎王　F.演播室

1. 你为什么不说话？你_____了吗？

2. 我们经理脾气不好，简直就是个活_____，大家都很怕他。

3. 要做一个_____一致的人，不能当面一套、背后一套。

4. 还款的时间已经_____了一周了，不能再拖了。

5. 你找小丽吗？她好像在_____录节目呢。

二、选择合适的词语完成句子　Choose the right words to complete the sentences.

1. 失恋成了_____她的最后一根稻草，她彻底绝望了。

　　A.压倒　　　　　B.压缩　　　　　C.压制　　　　　D.压抑

2. 明天下午学校要进行消防_____，大家都要参加。

　　A.演说　　　　　B.研讨　　　　　C.演出　　　　　D.演习

3. 加油站严禁_____，不能在这里抽烟！

　　A.烟囱　　　　　B.烟火　　　　　C.炎热　　　　　D.炎症

4. _____正是公司发展的关键时刻，我们可不能出错。

　　A.眼界　　　　　B.眼看　　　　　C.眼神　　　　　D.眼下

5. 由于航班_____，许多旅客只能在候机大厅等待。

　　A.沿岸　　　　　B.沿线　　　　　C.延缓　　　　　D.延误

6. 我觉得这篇文章的_____过于激烈了，有点儿得理不饶人。

　　A.严谨　　　　　B.严禁　　　　　C.言辞　　　　　D.言行

7. 这一顿饭钱相当于＿＿＿＿＿＿人家一个月的收入。

    A. 寻常   B. 寻觅   C. 普及   C. 普遍

三、为词语选择合适的位置   Choose the appropriate location for the words.

1. 他看 A 准了这次 B 投资的机会，把自己多年的积蓄全都 C 上去 D 了。（押）

2. A 为了寻找失踪的儿子，他骑着摩托 B 走遍了全国，C 打听 D 孩子的下落。
  （沿途）

3. A 别人 B，不如 C 自己 D 努力做到更好！（眼红）

4. 现在 A 我 B 给大家 C 一下儿如何 D 正确使用这款产品。（演示）

第 81 单元　Unit 81

◎ 速记　Quick memory

第 1 部分　Part 1

4801 **演艺圈**　yǎnyìquān　*n.*　performing arts circles　进入演艺圈；勇闯演艺圈

4802 **演绎**　yǎnyì　*n.*　deduction　演绎法
v.　bring into play; elaborate, display　演绎了一段动人的故事；演绎时尚潮流

4803 **厌烦**　yànfán　*v.*　be sick of, be fed up with　厌烦现在的生活；对工作很厌烦；令人厌烦

4804 **厌倦**　yànjuàn　*v.*　be weary of, be tired of　永不厌倦；厌倦了眼下的生活

4805 **咽**　yàn　*v.*　swallow　咽下去；细嚼慢咽

4806 **艳丽**　yànlì　*adj.*　bright-coloured and beautiful　艳丽的彩虹；色彩艳丽；十分艳丽

4807 **验**　yàn　*v.*　examine　验血；验一下儿货

4808 **验收**　yànshōu　*v.*　check and accept　验收货物；竣工验收

4809 **验证**　yànzhèng　*v.*　verify　验证这个理论；无法验证对错；得到了验证

4810 **焰火**　yànhuǒ　*n.*　fireworks　放焰火；五彩缤纷的焰火

4811 **燕子**　yànzi　*n.*　swallow　一只燕子；从南方飞来的燕子

4812 **秧歌**　yāngge　*n.*　*yangge* (dance), a popular rural folk dance　扭秧歌；秧歌队

4813 **扬**　yáng　*v.*　raise; throw up and scatter; spread　扬帆；往头上扬水；扬言

4814 **阳性**　yángxìng　*n.*　positiveness; masculine gender　病毒检测呈阳性；阳性名词

4815 **杨树**　yángshù　*n.*　poplar　一棵杨树；种了很多杨树

4816 **洋溢**　yángyì　*v.*　be permeated with　脸上洋溢着喜悦；热情洋溢

4817 **养活**　yǎnghuo　*v.*　support, feed; raise (animals)　养活了三个孩子；养活了几千只鸡

4818 **养老金**　yǎnglǎojīn　*n.*　old-age pension　领养老金；3000 元的养老金

4819 **养老院**　yǎnglǎoyuàn　*n.*　home for the old, nursing home　送父母去养老院；在养老院生活

4820 **养生**　yǎngshēng　*v.*　preserve one's health　养生的方法；学会养生

从 4801～4810 中选择合适的词语填空　Choose the right words from 4801-4810 and fill in the blanks.

1. 这部电影通过一个个简短的小故事_____了普通人的幸福和悲伤。

2. 她不喜欢色彩太_____的服装，总是穿得比较素。

3. 为了_____自己猜想，她一大早来到了事故现场。

4. 他 18 岁就进入_____发展，现在已经是大明星了。

5. 心情不好的时候，再好吃的东西也_____不下去。

从 4811～4820 中选择合适的词语填空　Choose the right words from 4811-4820 and fill in the blanks.

6. 我早上给经理倒了杯咖啡，谁知道他一_____手给打翻了。

7. 老人不想给孩子添麻烦，自已要求去_____住，说那里有人照顾。

8. 村里有个_____队，每逢节日或者谁家办喜事都会请他们去热闹热闹。

9. 你的孕检结果出来了，是_____，恭喜你要做妈妈了！

10. 新娘和新郎脸上_____幸福的笑。

第 2 部分　Part 2

4821 **养殖** yǎngzhí *v.* breed　水产养<u>殖</u>；<u>养殖</u>业

4822 **氧** yǎng *n.* oxygen　缺<u>氧</u>；吸<u>氧</u>；有<u>氧</u>运动

4823 **痒** yǎng *adj.* itchy; eager, desirous　头皮发<u>痒</u>；看到篮球就手<u>痒</u>

4824 **样本** yàngběn *n.* sample　留下<u>样本</u>；<u>样本</u>太少；<u>样本</u>调查

4825 **样品** yàngpǐn *n.* sample (product)　选取<u>样品</u>；服装<u>样品</u>

4826 **妖怪** yāoguài *n.* monster　可怕的<u>妖怪</u>；被<u>妖怪</u>抓走了

4827 **邀** yāo *v.* invite　<u>邀</u>朋友聚会；应<u>邀</u>出席

4828 **窑** yáo *n.* kiln; (coal) pit; cave dwelling　砖<u>窑</u>；在<u>窑</u>里烧瓷器；煤<u>窑</u>；新挖了一口<u>窑</u>

4829 **谣言** yáoyán *n.* rumor　<u>谣言</u>四起；不相信<u>谣言</u>

4830 **摇摆** yáobǎi *v.* sway, swing　树叶在风中<u>摇摆</u>；走起路来<u>摇摇摆摆</u>

4831 **摇滚** yáogǔn *n.* rock and roll　<u>摇滚</u>音乐；<u>摇滚</u>风格；喜欢<u>摇滚</u>

4832 **摇晃** yáo·huàng *v.* rock, sway; shake　灯光<u>摇晃</u>；<u>摇摇晃晃</u>地走；把瓶子<u>摇晃</u>一下儿

4833 **摇篮** yáolán *n.* cradle　放在<u>摇篮</u>里；中华文明的<u>摇篮</u>

4834 **摇摇欲坠** yáoyáo-yùzhuì tottering, crumbling　广告牌在风中<u>摇摇欲坠</u>。

4835 **遥控** yáokòng *v.* control remotely　<u>遥控</u>器；<u>遥控</u>机器设备；<u>遥控</u>技术

4836 **遥远** yáoyuǎn *adj.* distant　<u>遥远</u>的边疆；路途<u>遥远</u>

4837 **药材** yàocái *n.* medicinal material　珍贵的<u>药材</u>；大量<u>药材</u>

4838 **药方** yàofāng *n.* prescription　一张<u>药方</u>；开<u>药方</u>；拿着<u>药方</u>买药

4839 **要不** yàobù *conj.* otherwise; or, either... or...　<u>要不</u>我们还是去图书馆吧；今天的会，<u>要不</u>你去，<u>要不</u>我去

4840 **要不是** yàobúshì *conj.* if it were not for　<u>要不是</u>你提醒我，我早就忘记了。

从 4821～4830 中选择合适的词语填空　Choose the right words from 4821-4830 and fill in the blanks.

1. 昨天晚上李明_____我去他那儿打游戏去了。

2. 不要轻易相信网上的消息，很多都是没有根据的_____。

3. 这台洗衣机是_____机，摆这儿三个月了，现在六折销售。

4. 看着他们打篮球，我心里也挺_____的，想去玩一会儿。

5. 她爸爸在一个小砖_____干活儿，特别辛苦。

从 4831～4840 中选择合适的词语填空　Choose the right words from 4831-4840 and fill in the blanks.

6. 尽管路途_____，她还是从千里之外赶回来了。

7. 下雨了！_____我们改天再去骑车吧。

8. 20 世纪 80 年代，_____音乐在年轻人中特别受欢迎。

9. 在经济危机和外敌入侵的双重打击下，这个国家的政府已经_____了。

10. 中医要熟悉药方中各种_____的药性。

第 3 部分　Part 3

4841　**要点**　yàodiǎn　*n.*　main points; key stronghold　技术要点；抓住要点；战略要点

4842　**要害**　yàohài　*n.*　vital part; key point　打中了要害；要害部位；要害部门

4843　**要紧**　yàojǐn　*adj.*　important; critical　最要紧的事；只是一点儿轻伤，不要紧

4844　**要领**　yàolǐng　*n.*　main points　不得要领；掌握要领

4845　**要命**　yào//mìng　drive sb. to his death, kill; terribly, extremely; be annoying　要了他的命；热得要命；高兴得要命；真要命，他现在还没来

4846　**要强**　yàoqiáng　*adj.*　eager to excel, anxious to outdo others　要强的性格；人太要强，会活得很累

4847　**钥匙**　yàoshi　*n.*　key　一把钥匙；把钥匙插进去；万能钥匙

4848　**耀眼**　yàoyǎn　*adj.*　dazzling　耀眼的明星；灯光耀眼；耀眼的成就

4849　**椰子**　yēzi　*n.*　coconut　椰子汁；种了许多椰子树

4850　**也就是说**　yějiùshìshuō　in other words　现在的年利率是 2%，也就是说，100 元存 1 年可以得到 2 元的利息。

4851　**野餐**　yěcān　*v.*　picnic　周末去野餐；在河边野餐

4852　**野炊**　yěchuī　*v.*　cook in the open air　去郊外野炊；野炊的材料

4853　**野蛮**　yěmán　*adj.*　uncivilized; barbarous　野蛮的手段；举止野蛮

4854　**野兽**　yěshòu　*n.*　wild beast　一头野兽；像野兽一样凶猛

4855　**野外**　yěwài　*n.*　open country, field　在野外工作；野外生存能力

4856　**野心**　yěxīn　*n.*　ambition　野心家；野心太大；满足他的野心

4857　**野营**　yěyíng　*v.*　camp　去西山野营；野营训练；野营场地

4858　**业**　yè　*suf.*　industry, line of business　服务业；工业；饮食业；各行各业

4859　**业绩**　yèjì　*n.*　outstanding achievement　业绩突出；提高业绩；优秀的业绩

4860　**夜班**　yèbān　*n.*　night shift　连续上了三个夜班；夜班司机

从 4841～4850 中选择合适的词语填空　Choose the right words from 4841-4850 and fill in the blanks.

1. 上半场就被打了个 3:0，太_____了！

2. 他感觉今天的阳光特别_____，眼睛都快睁不开了。

3. 我有点儿_____的事情要先处理一下儿，你的事我们待会儿再说。

4. 她妈妈是个特别_____的人，很少开口求人。

5. 后脑是人的_____部位。

从 4851～4860 中选择合适的词语填空　Choose the right words from 4851-4860 and fill in the blanks.

6. 在这样一家小公司当个小经理完全无法满足他的_____，他一心想做大事。

7. 最近经常有_____出现在这一带，附近的村民很紧张。

8. 在_____遇到蛇不要紧张，要跟蛇保持安全距离，让它自己离开。

9. 两国文化交流的加深促进了当地旅游_____的飞速发展。

10. 你们怎么总是用打架解决问题？太_____了！

◎ **重点词语 Focus words**

1. 养生

动词，保养身体，通过调养身心的方法延长寿命。例如：

（1）中国传统的道教讲究养生，讲究人与自然的和谐相处。

（2）妈妈煲了养生汤，味道非常不错。

（3）据说，常吃花生能够养生。

2. 摇摇欲坠

形容不稳定，将要落下或倒塌。例如：

（1）台风之后，小屋摇摇欲坠。

（2）许多房子虽然没有倒塌，但也摇摇欲坠。

（3）历史上在这里建立的政权总是处在摇摇欲坠的状态。

3. 要不

连词，不然，否则。例如：

（1）我们早点儿回去吧，要不妈妈又要生气了。

连词，要么。例如：

（2）从上海去武汉可以坐火车，要不坐轮船也行。

（3）这件事要不你负责，要不我负责，谁负责谁就管到底。

4. 要不是

连词，如果不是。例如：

（1）要不是你提醒我，我早忘了。

（2）要不是早饭吃得多，这会儿只怕饿得受不了了。

（3）当初要不是我劝你开发新产品，现在只怕更被动。

5. 也就是说

用别的话说，表示相同的意思。例如：

（1）哲学上认为运动是绝对的，也就是说，没有什么东西不是在运动着的。

（2）公司请他走人，也就是说，他被解雇了。

（3）利润率等于利润除以成本，这也就是说，如果利润率不变，提高利润的方法只有加大成本投入。

◎ **速练 Quick practice**

一、选择合适的词语填空 Choose the right words and fill in the blanks.

（一）　　　　A. 野营　B. 妖怪　C. 燕子　D. 杨树　E. 氧　F. 夜班

1. 这里海拔高，很多人来了会缺_____，呼吸困难。

2. 我不相信这个世界上有什么_____。

3. 公路两边都种上了_____。

4. 儿子，我今天上_____，你早点儿睡，别等我。

5. 你记得我们小学六年级时去郊外_____的经历吗？

（二）　　　　　A. 焰火　B. 钥匙　C. 椰子　D. 业绩　E. 遥控　F. 养老金

1. 过年我最喜欢的事情就是放_____。

2. 电视机的_____器在哪儿，怎么找不到了？

3. 海岛上长着许多高大的_____树。

4. 退休以后，夫妻俩靠_____生活。

5. 这个季度我们部门的_____不好，大家的奖金危险了。

二、选择合适的词语完成句子　Choose the right words to complete the sentences.

1. 我饿得_____，家里有什么现成的吃的没有？

　　A. 厌烦　　　　　B. 厌倦　　　　　C. 要命　　　　　D. 要强

2. 人到中年，要学一学_____了，失去了健康就什么都没有了。

　　A. 养生　　　　　B. 养殖　　　　　C. 养活　　　　　D. 养老院

3. 他被子弹打中了_____，恐怕救不活了。

　　A. 要点　　　　　B. 要领　　　　　C. 要紧　　　　　D. 要害

4. 体检一般都需要_____血、_____尿。

　　A. 测　　　　　　B. 测算　　　　　C. 验　　　　　　D. 验收

5. 你得早点儿做决定，不能再这么_____不定下去了。

　　A. 摇摇欲坠　　　B. 摇摆　　　　　C. 摇篮　　　　　D. 摇晃

6. 这部纪录片真实记录了他在_____独自生存六个月的过程。

　　A. 野蛮　　　　　B. 野兽　　　　　C. 野外　　　　　D. 野心

7. 你调查问卷的_____数量不足，缺乏说服力。

　　A. 药材　　　　　B. 药方　　　　　C. 样本　　　　　D. 花样

三、为词语选择合适的位置　Choose the appropriate location for the words.

1. 他 A 言手里有新 B 的证据，但大伙儿都知道 C 他只是在 D 演戏。（扬）

2. A 这件事 B 我也不清楚，C 你问问 D 老李吧。（要不）

3. A 你 B 提醒我，C 我 D 可能真的忘了下午的会！（要不是）

4. A 你们俩 B 是小学同学？C 他 D 早就认识你了？！（也就是说）

第 82 单元　Unit 82

◎ 速记　Quick memory

4861 **夜市**　yèshì　*n.*　night market　新开的夜市；夜市小摊儿

4862 **夜晚**　yèwǎn　*n.*　night　北极夜晚的温度很低；一整个夜晚

4863 **夜校**　yèxiào　*n.*　night school　在夜校学习；业余夜校；坚持上夜校

4864 **夜以继日**　yèyǐjìrì　day and night, round the clock　那些日子，他们夜以继日地工作，终于按时完成了生产任务。

4865 **夜总会**　yèzǒnghuì　*n.*　nightclub　在夜总会当保安；禁止未成年人进入夜总会

4866 **液晶**　yèjīng　*n.*　liquid crystal　液晶电视；液晶屏幕

4867 **液体**　yètǐ　*n.*　liquid　流出一些液体；红色的液体

4868 **一把手**　yībǎshǒu　(of an institution) first in command, head, chief　单位的一把手；由一把手负责

4869 **一线**　yīxiàn　*n.*　front line of a war; position of the forefront　一线的战士；工作在教育一线

4870 **一一**　yīyī　*adv.*　one by one　一一解决问题；一一学习这些生词

4871 **伊斯兰教**　*n.*　Yīsīlánjiào　Islam, Islamism　伊斯兰教文化；信仰伊斯兰教

4872 **衣食住行**　yī-shí-zhù-xíng　food, clothing, shelter and transportation — basic necessities of life　衣食住行是每个人的基本生活需求。

4873 **医务**　yīwù　*n.*　medical matters　医务工作；医务人员；医务部门

4874 **依**　yī　*v.*　be next to closely; depend on; comply with　依山傍水；相依为命；依着他的意思

　　　　　　　prep.　according to　依你之见；依次进入

4875 **依托**　yītuō　*v.*　rely on; in the name of　无所依托；依托鬼神，骗人钱财

4876 **依依不舍**　yīyī-bùshě　be reluctant to part　老师要走了，同学们依依不舍。

4877 **一不小心**　yí bù xiǎoxīn　careless, by accident　下雨路滑，他一不小心就摔了一跤。

4878 **一刹那**　yíchànà　*n.*　instant　一刹那就明白了；一刹那的工夫

4879 **一大早**　yídàzǎo　*n.*　early morning　一大早碰见了一个老熟人。

4880 **一动不动**　yídòng-búdòng　be still　一动不动地站着；他躺在那儿一动不动，好像伤得很重

从 4861 ～ 4870 中选择合适的词语填空　Choose the right words from 4861-4870 and fill in the blanks.

1. 为了在高考中取得好成绩，他＿＿＿＿地努力学习。

2. 新一代的＿＿＿＿屏幕大大缩小了电视机的体积。

3. 吃了晚饭，我们去＿＿＿＿逛逛吧，看看可以买到什么。

4. 向战斗在＿＿＿＿的消防员们致敬！

5. 出了问题肯定是＿＿＿＿承担责任，谁让他是领导。

从 4871～4880 中选择合适的词语填空　Choose the right words from 4871-4880 and fill in the blanks.

6. 就在灾难即将发生的_____，他冲上去救下了孩子。

7. 情人分别难免_____。

8. 这个节目关注的问题都是和老百姓的_____密切相关的，事情虽然不大但很重要。

9. _____于国家政策及相关举措，我们公司这两年发展得越来越好。

10. 不能事事都_____着孩子，家长必须要有原则。

第 2 部分　Part 2

4881　**一度**　yídù　*adv.*　once, for a while　一度因病休学；一度病得非常厉害

4882　**一概**　yígài　*adv.*　one and all, without exception　一概作废；一概不同意；一概不知

4883　**一概而论**　yígài'érlùn　(usually used in the negative) treat (different matters) as the same　具体问题具体分析，不能一概而论。

4884　**一个劲儿**　yígejìnr　*adv.*　continuously　一个劲儿问；一个劲儿地摇头

4885　**一晃**　yíhuàng　*v.*　(of time) pass in a flash　一晃就是五年；时间一晃而过

4886　**一技之长**　yíjìzhīcháng　proficiency in a particular line/field　老人家都说，一个人拥有一技之长是非常重要的。

4887　**一面**　yímiàn　*n.*　one side; one aspect　一面朝南；向北的一面；一面之词
　　　　　　　　　　　adv.　at the same time　一面走，一面哭。

4888　**一目了然**　yímù-liǎorán　be clear at a glance　房间很小，有什么东西一目了然

4889　**一事无成**　yíshì-wúchéng　accomplish nothing　他这一辈子一事无成，过得很失败。

4890　**一瞬间**　yíshùnjiān　*n.*　instant　一瞬间感到非常幸福；一瞬间的感觉

4891　**一味**　yíwèi　*adv.*　blindly, merely　一味迁就；一味强调

4892　**一系列**　yíxìliè　*adj.*　a series of　一系列的问题；一系列事件

4893　**一阵**　yízhèn　burst, fit　休息了一阵；一阵阵喝彩

4894　**仪表**　yíbiǎo　*n.*　appearance; meter　仪表大方；注意仪表；航空仪表；汽车上的仪表盘

4895　**怡然自得**　yírán-zìdé　be happy and pleased with oneself　鸟儿们在小岛上怡然自得地生活着，没有人类的打扰。

4896　**姨**　yí　*n.*　mother's sister　大姨；姨父

4897　**移交**　yíjiāo　*v.*　turn over, transfer; hand over one's job to a successor　移交给法院；移交文件；向新会计移交工作

4898　**移植**　yízhí　*v.*　transplant　移植心脏；移植手术

4899　**遗留**　yíliú　*v.*　leave over　遗留了很多问题；他的财产将遗留给孩子们

4900　**遗弃**　yíqì　*v.*　abandon　被人遗弃；遗弃了妻儿；遗弃罪

从 4881～4890 中选择合适的词语填空　Choose the right words from 4881-4890 and fill in the blanks.

1. 在考场上，和考试题目相关的问题监考老师_____不予回答。

2. 那个服务员_____地推荐我们点贵的酒和菜，真讨厌！

3. 文章结构清晰，观点和论证过程_____。

4. 你们两个公司的情况不同，不能_____。

5. 阳台和主卧室在房子朝南的_____。

从 4891 ～ 4900 中选择合适的词语填空　Choose the right words from 4891-4900 and fill in the blanks.

6. 退休后她和丈夫搬到了乡下，生活过得_____。

7. 王阿姨是个很有爱心的人，收养了很多被_____的流浪猫和流浪狗。

8. 家长不能_____地迁就孩子。

9. 这个案件已经_____给司法部门处理了。

10. 分手以后，他难过了好_____。

第 3 部分　Part 3

4901 **遗体** yítǐ　*n.*　remains (of the dead)　一具遗体；向遗体告别；遗体火化

4902 **遗忘** yíwàng　*v.*　forget　遗忘了很多事；选择性遗忘

4903 **遗物** yíwù　*n.*　things left behind by the deceased　整理遗物；老人的遗物

4904 **遗愿** yíyuàn　*n.*　unfulfilled wish of the deceased, last wish　生前的遗愿；实现他的遗愿

4905 **遗址** yízhǐ　*n.*　relics, ruins　寺庙的遗址；考察遗址

4906 **遗嘱** yízhǔ　*n.*　testament, will　留下遗嘱；遗嘱公证

4907 **疑点** yídiǎn　*n.*　doubtful/questionable point　案件有很多疑点；无法解释的疑点

4908 **疑惑** yíhuò　*v.*　feel perplexed　疑惑不解；解开心中的疑惑

4909 **疑虑** yílǜ　*v.*　doubt　疑虑不安；消除疑虑

4910 **以** yǐ　*prep.*　with; according to　以少胜多；以年龄来分组
　　　　conj.　in order to　希望你认真学习，以早日完成学业。

4911 **以免** yǐmiǎn　*conj.*　in order to avoid, lest　天气变化无常，及时增减衣物，以免感冒。

4912 **以身作则** yǐshēn-zuòzé　set a good example with one's own conduct　父母要以身作则，给孩子树立一个好榜样。

4913 **以至于** yǐzhìyú　*conj.*　down to, up to; to such an extent as to..., so... that...　根据错误的大小和严重程度，学校会给予警告、停学以至于开除等不同的处分。他非常认真，以至于连饭都忘了吃。

4914 **以致** yǐzhì　*conj.*　(usually referring to bad results) so that　这次考试太难了，以致多人不及格。

4915 **矣** yǐ　*part.*　*used at the end of a sentence, equals to "了", used in exclamation*　悔之晚矣；国家危矣

4916 **倚** yǐ　*v.*　lean on/against　倚着门；倚在沙发上

4917 **一长一短** yì cháng yì duǎn　one is long and the other is short　两把刀一长一短；一长一短两部电影

4918 **一成不变** yìchéng-búbiàn　immutable and frozen　任何事情都不是一成不变的，都

是在不断变化的。

4919 **一筹莫展** yìchóu-mòzhǎn　can find no way out　全家人对这件事都一筹莫展，想不出什么好办法。

4920 **一帆风顺** yìfān-fēngshùn　plain sailing, everything is going smoothly　祝你事业一帆风顺。

从 4901～4910 中选择合适的词语填空　Choose the right words from 4901-4910 and fill in the blanks.

1. 本来就不明白，听完他说的话，我感觉更_____了。

2. 这件案子_____重重，不能轻易结案。

3. 这片古代城市的_____已经有几百年的历史了。

4. 父亲拿出奶奶的_____，继承了这座小楼。

5. 有些事一定要记住，有些事则要学着_____。

从 4911～4920 中选择合适的词语填空　Choose the right words from 4911-4920 and fill in the blanks.

6. 我们应该利用好每一天、每一小时，_____每一秒钟。

7. 要求员工不迟到，经理自己首先要_____。

8. 看着父亲_____的样子，我心里着急却又帮不上忙。

9. 他斜_____着门，满脸不在乎地说："他能拿我怎么样？"

10. 世界上没有什么事情是_____的，过去的办法现在很可能已经不适用了。

◎**重点词语**　Focus words

1. 夜以继日

夜晚接着白天，指日夜不停，忙碌勤奋。例如：

（1）为了这个项目，他夜以继日地工作，几乎一个月都没有休息。

（2）他的这种夜以继日的研究精神，值得我们每个人学习。

（3）他夜以继日，为人民群众解决实际问题，受到了大家的爱戴。

2. 一一

副词，一个一个地。例如：

（1）这些词语我们将一一进行分析，请大家注意记忆。

（2）对于这些合理化的建议，我们必须一一落实。

（3）大家安静，现在我来一一回答大家的问题。

3. 衣食住行

穿衣、吃饭、居住、出行等基本的生活需求。例如：

（1）现在只需要一部手机，就可以解决衣食住行上的大部分问题。

（2）你在这里的衣食住行全部由公司负责，不需要你个人花钱。

（3）现在生活水平提高了，人们的衣食住行发生了很大变化。

4. 依依不舍

形容非常留恋，舍不得分离。例如：

（1）快要毕业了，同学们对母校<u>依依不舍</u>。

（2）一直到火车开出去了很远，母亲才<u>依依不舍</u>地离开站台。

（3）许多观众在演出结束后还<u>依依不舍</u>，久久不愿散去。

5. 一动不动

一点儿也不动。例如：

（1）他站在那里<u>一动不动</u>，已经快两个小时了。

（2）小猫<u>一动不动</u>地守在洞口，等着老鼠从里面出来。

（3）她呆呆地坐在桌边，<u>一动不动</u>，不知道接下来该怎么办。

6. 一度

副词，表示过去有段时间发生过，曾经。例如：

（1）比赛中，上海申花队<u>一度</u>领先，但最终还是被广州恒大队打败了。

（2）因为生病，他<u>一度</u>离开了校园，休学一年后才继续学业。

（3）新的改革方案<u>一度</u>引发了公司上下的热议。

7. 一目了然

一眼就能看得很清楚。例如：

（1）房间不过9平方米，有什么摆设，<u>一目了然</u>。

（2）事情到了这个地步，结果是<u>一目了然</u>的，每个人的心里都非常清楚。

（3）可以把这些书按照不同的领域分类摆放，让读者<u>一目了然</u>。

8. 怡然自得

形容高兴、满足的样子。例如：

（1）躺在沙滩上，晒着太阳，喝着饮料，<u>怡然自得</u>。

（2）退休后，他们两口子搬去了农村，过着<u>怡然自得</u>的生活。

（3）星期天一整个下午我都在和朋友们<u>怡然自得</u>地听音乐、喝咖啡、聊天儿。

9. 以免

连词，用在下半句开头，表示希望坏情况不发生。例如：

（1）你应该早点儿向大家解释清楚，<u>以免</u>产生误会。

（2）润滑油不能加太多，<u>以免</u>对发动机产生不良影响。

（3）吃饭最好八分饱，<u>以免</u>因营养过剩而发胖。

10. 以身作则

用自己的行动给大家做出好的榜样。例如：

（1）要求学生不能迟到，老师就应该<u>以身作则</u>，不迟到。

（2）老王是一个<u>以身作则</u>的好领导，同事们对他的评价都很高。

（3）作为部门经理，首先就应该以身作则地做好自己的本职工作，这样才有底气去管理其他人。

11. 一筹莫展
_____

一点儿办法也没有。例如：

（1）面对现在的困境，董事会一筹莫展，谁都不知道该怎么办。

（2）看着他一筹莫展的样子，我也禁不住替他担心起来。

（3）正在全家一筹莫展时，舅舅来到家里，给大家带来了一个好消息。

12. 一帆风顺
_____

形容非常顺利，完全没有挫折。例如：

（1）来，让我们举杯，祝我们的合作一帆风顺！

（2）人生的道路不可能总是一帆风顺，暂时的失败是很正常的。

（3）他一帆风顺地考进了重点大学。

◎**速练** Quick practice

一、选择合适的词语填空 Choose the right words and fill in the blanks.

（一）　A. 一动不动　B. 医务　C. 疑点　D. 液体　E. 一个劲儿　F. 一技之长

1. 要不是你_____地催我出门，我也不会忘记带手机。

2. 他父母都是_____工作者，在同一家医院上班。

3. 冰受热到一定程度会融化成_____。

4. 那条狗_____地躺在地上，似乎已经没有呼吸了。

5. 这个案子_____很多，还需要进一步调查。

（二）　A. 一不小心　B. 移植　C. 仪表　D. 遗物　E. 一成不变　F. 以身作则

1. 这块手表是我母亲的_____。

2. 老李_____把手机给摔坏了。

3. 这两棵杨树是从老家_____过来的。

4. 你是班长，自己_____才能管好别的同学。

5. 明天的会议特别重要，请各位注意_____。

二、选择合适的词语完成句子 Choose the right words to complete the sentences.

1. _____三年过去了，我们马上就要离开母校去上大学了。
　　A. 一刹那　　　　　B. 一大早　　　　　C. 一瞬间　　　　　D. 一晃

2. 这几年他白天工作，晚上去_____学习大学本科课程。
　　A. 夜市　　　　　　B. 夜晚　　　　　　C. 夜校　　　　　　D. 夜总会

3. 他把工作_____做了安排，然后带着家人去海南岛度假去了。
　　A. 一一　　　　　　B. 一概　　　　　　C. 一阵　　　　　　D. 一味

4. 这段时间发生的_____事故让他意识到这一切似乎并不是意外。

    A. 一面   B. 以致   C. 一度   D. 一系列

5. 两国之间还有许多历史_____问题没有解决。

    A. 遗留   B. 遗体   C. 遗愿   D. 遗忘

6. 祝你们旅途_____！

    A. 一长一短   B. 一事无成   C. 一概而论   D. 一帆风顺

7. 他尽量和前女友保持距离，_____妻子误会。

    A. 以   B. 以免   C. 以至于   D. 倚

三、为词语选择合适的位置   Choose the appropriate location for the words.

1. 她 A 以为 B 自己 C 可以 D 忘记那些痛苦的往事。（一度）

2. A 双方 B 决定 C 共同发表声明 D 消除外界的疑虑。（以）

3. A 目前的 B 形势来看，C 我们 D 必须尽快与对方达成合作协议。（依）

4. A 出了这样的问题，我们 B 不能 C 在对方身上 D 找原因。（一味）

第83单元　Unit 83

◎ 速记　Quick memory

4921 **一干二净** yìgān-èrjìng　thoroughly, completely　冰箱里的东西被他们吃得一干二净。

4922 **一鼓作气** yìgǔ-zuòqì　press on to the finish without let-up　写作文最好是一鼓作气完成。

4923 **一锅粥** yìguōzhōu　*n.* a pot of porridge — a complete mess　出了这么大的事情，家里乱成了一锅粥。

4924 **一回事** yìhuíshì　*n.* one and the same (thing); one thing　你跟我说的不是一回事；另一回事

4925 **一家人** yìjiārén　*n.* family, whole family　亲密得像一家人；一家人都非常高兴

4926 **一经** yìjīng　*adv.* as soon as, once　项目一经批准我们就马上行动。

4927 **一举** yìjǔ　*n.* one action, one stroke　成败在此一举；多此一举
　　　　　adv. at one stroke　一举战胜敌人；一举突破防线

4928 **一举一动** yìjǔ-yídòng　every act and every move　警察24小时严密地监视着他的一举一动。

4929 **一卡通** yìkǎtōng　*n.* e-card　校园一卡通；办了一张武汉公交一卡通

4930 **一揽子** yìlǎnzi　*adj.* wholesale, in a package　一揽子计划；促进经济发展的一揽子措施

4931 **一连** yìlián　*adv.* in a row, in succession　一连下了三天雨；一连几天

4932 **一连串** yìliánchuàn　*adj.* a succession of, a series of　一连串的问题；一连串的胜利

4933 **一毛不拔** yìmáo-bùbá　unwilling to give up even a hair — very stingy　老李这个人平时对自己一毛不拔，对需要帮助的朋友却很大方。

4934 **一年到头** yìnián-dàotóu　throughout the year, all the year round　工作太忙了，一年到头都没有时间好好陪陪家人。

4935 **一旁** yìpáng　*n.* one side　站在一旁；一旁的椅子上

4936 **一如既往** yìrú-jìwǎng　just as in the past, as always　我会一如既往地支持你们的工作。

4937 **一声不吭** yìshēng-bùkēng　not say a word　爸爸一声不吭地站在一旁。

4938 **一手** yìshǒu　*n.* proficiency; trick　留了一手；他玩儿的这一手真是不地道
　　　　　adv. all alone　一手建立起来；一手造成

4939 **一塌糊涂** yìtāhútú　in a complete mess　房间里乱得一塌糊涂。

4940 **一体** yìtǐ　*n.* organic/integral whole　成为一体；与……融为一体

从 4921 ～ 4930 中选择合适的词语填空　Choose the right words from 4921-4930 and fill in the blanks.

1. 我现在脑袋里像_____，完全没办法冷静思考。

2. 她虽然是第一次参加这样正式的宴会，但是_____都非常得体。

3. 这才过了几天，你就把我们的约定忘得_____！

4. 这_____很少跟邻居打交道，大家对他们都不太了解。

5. 消息_____证实，立刻引起了轰动。

从 4931 ～ 4940 中选择合适的词语填空 Choose the right words from 4931-4940 and fill in the blanks.

6. 我被她_____的问题问得不知道怎么回答。

7. 昨天考试了，我们班考得_____，很多人不及格。

8. 这座设计新颖的建筑和周围的环境几乎完全融为_____。

9. 生活_____，没有波澜，老王离梦想却越来越遥远。

10. 商人在文学作品里时常被塑造成自私、小气、_____的样子。

第 2 部分　Part 2

4941　**一天到晚**　yìtiān-dàowǎn　from morning till night, all day long　老王一天到晚地工作，很少看到他休息。

4942　**一头**　yìtóu　*adv.*　headlong; all of a sudden　一头扎进水里；我刚进门，一头碰见了他
　　　　　　　　　　n.　one end; one aspect; same group　一头挑着水桶，一头挂着篮子；事业和家庭，哪一头也不能放弃；打扑克的话，我和老王一头

4943　**一无所有**　yìwúsuǒyǒu　not own a thing in the world　我现在一无所有了。

4944　**一无所知**　yìwúsuǒzhī　know nothing about　我对这个问题一无所知。

4945　**一心**　yìxīn　*adv.*　wholeheartedly, heart and soul　一心想离开这里；一心专注于工作

4946　**一心一意**　yìxīn-yíyì　put one's whole heart into　张教授一心一意地研究学术问题，对其他问题不太关心。

4947　**一言不发**　yìyán-bùfā　not say/utter a single word　今天会上你为什么一言不发？

4948　**一言一行**　yìyán-yìxíng　every word and every dead　公务人员的一言一行都代表着政府。

4949　**一眼**　yìyǎn　a glance　看了他一眼；一眼就看见他了；看一眼就明白了

4950　**一应俱全**　yìyīng-jùquán　everything needed is there　这里的商品一应俱全。

4951　**一早**　yìzǎo　*n.*　early morning　一早就走了；第二天一早

4952　**义工**　yìgōng　*n.*　voluntary work, volunteer　一名养老院义工；做义工

4953　**议**　yì　*v.*　discuss, talk over　议事；议一议

4954　**议程**　yìchéng　*n.*　agenda　大会的议程；提上议程；安排议程

4955　**议会**　yìhuì　*n.*　parliament, congress　英国议会；在议会上讨论

4956　**议员**　yìyuán　*n.*　member of a legislative assembly, Member of Parliament, Congressman or Congresswoman　当议员；被选为议员

4957　**屹立**　yìlì　*v.*　stand towering like a giant, stand erect　屹立在世界东方；屹立着一座纪念碑

4958　**亦**　yì　*adv.*　also, too　反之亦然；你不去我亦不去

4959　**异口同声**　yìkǒu-tóngshēng　with one voice　大家异口同声地表示同意。

4960　**异想天开**　yìxiǎng-tiānkāi　indulge in the wildest fantasy　不要异想天开了，这是不可能的。

从 4941～4950 中选择合适的词语填空　Choose the right words from 4941-4950 and fill in the blanks.

1. 父亲当了厂长以后_____忙得不可开交。

2. 这家商店的商品_____，你想买什么都能买得到。

3. 尽管现在有房有车，我却总会想起那_____的青年时代。

4. 读大学那会儿，他经常_____扎进图书馆就不出来了。

5. 大家对老王的辞职议论纷纷，只有经理在一旁_____。

从 4951～4960 中选择合适的词语填空　Choose the right words from 4951-4960 and fill in the blanks.

6. 两个孩子_____地喊道："太好了！"

7. 奶奶_____就去公园锻炼了。

8. 明天会议的_____很满，恐怕下午五点以前结束不了。

9. 古老的东方文明历经千年依旧_____不倒。

10. 他每月工资不到五千，还想买房，这不是_____吗？

第 3 部分　Part 3

4961　**异性**　yìxìng　*adj.*　heterosexual　异性朋友
　　　　　　　　　n.　persons of the opposite sex　对异性的吸引力；追求异性

4962　**异议**　yìyì　*n.*　disagreement, objection　提出异议；没有异议

4963　**抑扬顿挫**　yìyáng-dùncuò　in cadence, in rhythmic tones　他说起话来抑扬顿挫，非常清楚。

4964　**抑郁**　yìyù　*adj.*　depressed　有点儿抑郁；极度抑郁；抑郁的心情

4965　**抑郁症**　yìyùzhèng　*n.*　depression　得了抑郁症；严重的抑郁症；抑郁症患者

4966　**抑制**　yìzhì　*v.*　restrain　抑制自己的情绪；抑制不住内心的激动

4967　**译**　yì　*v.*　translate　译成中文；错译

4968　**易拉罐**　yìlāguàn　*n.*　pop-top, ring-pull can　易拉罐汽水；装在易拉罐里

4969　**疫苗**　yìmiáo　*n.*　vaccine　打疫苗；流感疫苗；研制新疫苗

4970　**益处**　yìchù　*n.*　benefit　大有益处；没有益处

4971　**意料**　yìliào　*v.*　anticipate, expect　意料到他会来；出乎我的意料；意料之中的事情

4972　**意料之外**　yìliào zhī wài　contrary to one's expectation　这件事完全在我的意料之外。

4973　**意图**　yìtú　*n.*　intention　他的意图很明显；说明意图

4974　**意向**　yìxiàng　*n.*　intention　有购买的意向；签订意向书；明确的意向

4975　**溢**　yì　*v.*　overflow　溢出来；河水四溢

4976　**毅力**　yìlì　*n.*　willpower　惊人的毅力；靠毅力坚持下来

4977　**毅然**　yìrán　*adv.*　resolutely　毅然离开；毅然决定回国

4978　**因人而异**　yīnrén'éryì　vary with each individual　对幸福的理解因人而异。

4979　**阴暗**　yīn'àn　*adj.*　dark, gloomy　放在阴暗的地方；社会的阴暗面

4980　**阴性**　yīnxìng　*n.*　negative result; feminine gender　病毒检测呈阴性；阴性代词

从 4961～4970 中选择合适的词语填空　Choose the right words from 4961-4970 and fill in the blanks.

1. 面对欺骗，她无法_____想要上去扇他一巴掌的冲动。

2. 大家如果都没有_____，我们就把合同签了吧。

3. 很多人相信饮茶对身体大有_____。

4. 国家正在组织力量研制_____，以对抗这种新的流行病。

5. 一连串的打击让他陷入了深深的_____。

从 4971～4980 中选择合适的词语填空　Choose the right words from 4971-4980 and fill in the blanks.

6. 没有人知道他这么做的_____到底是什么。

7. 看着孩子们渴望知识的眼睛，万老师_____选择了留下来。

8. 有时候，同样的药材给不同的病人使用，效果会_____。

9. 这次合作给双方都带来了许多_____的收获。

10. 你看着点儿火，别让锅里的牛奶_____出来了。

◎ **重点词语**　Focus words

1. 一干二净

形容很彻底，一点儿也不剩。例如：

（1）老师昨天上课讲的内容我已经忘得一干二净了。

（2）大火把敌军的一万车粮草烧得一干二净。

（3）几句话，他就把自己的责任推了个一干二净。

2. 一经

副词，表示只要经过某个步骤或者行动（就能产生相应的结果）。例如：

（1）门票一经售出，一概不退不换。

（2）问题一经查实，我们一定会严肃处理！

（3）该计划一经批准，马上就可以动工。

3. 一举一动

每一个动作。例如：

（1）警察密切地关注着他们的一举一动，一点儿也不敢大意。

（2）从台上演员的一举一动中，我们感受到了京剧的独特魅力。

（3）政府的一举一动都关系到老百姓的利益，不可草率。

4. 一连

副词，表示动作或者情况连续不断，强调数量多、时间长。例如：

（1）今天我一连参加了三个会议，连午饭都没吃。

（2）一连几天，老王都没来上班。

（3）问他昨天为什么没来上课，他一连说出了好几个理由。

204

5. 一毛不拔

现在用于形容非常吝啬。例如：

（1）大伙儿一起吃饭，每到付钱的时候，他就玩儿"消失"，<u>一毛不拔</u>。

（2）他就是个<u>一毛不拔</u>的吝啬鬼！

（3）我们寝室里，就王强<u>一毛不拔</u>，从没请过一次客。

6. 一年到头

从年初到年末，一整年。例如：

（1）总经理的工作非常繁忙，<u>一年到头</u>都没有几天可以休息。

（2）这里<u>一年到头</u>鲜花盛开，被人们称为"春城"。

（3）两口子生活节俭，<u>一年到头</u>的食物只有馒头、面条儿、咸菜。

7. 一如既往

完全跟过去一样。例如：

（1）希望董事长能<u>一如既往</u>地支持我们的工作！

（2）在新的一年里，我们将<u>一如既往</u>，努力工作，争取做出更好的成绩。

（3）中国将<u>一如既往</u>地坚持改革开放，发展与世界各国的友好关系。

8. 一声不吭

不发出一点儿声音，不发表任何意见。例如：

（1）妈妈问他，他<u>一声不吭</u>，不知道他心里是怎么想的。

（2）我们的媒体不能对这样的社会现象<u>一声不吭</u>，要有责任心，发挥好舆论监督的作用。

（3）大家你看看我，我看看你，<u>一声不吭</u>。

9. 一塌糊涂

形容非常混乱，乱到无法收拾。例如：

（1）考试的最后一题我完全没有准备，答得<u>一塌糊涂</u>。

（2）当地的市场环境<u>一塌糊涂</u>，一定要花大力气整治。

（3）毕业那天，同学们拉着老师的手，舍不得离开，哭得<u>一塌糊涂</u>。

10. 一无所有

什么都没有，常形容非常贫穷。例如：

（1）三十年前他来到这里时<u>一无所有</u>，有的只是梦想和勇气。

（2）如果你现在退出，那就输得<u>一无所有</u>了。

（3）现在，他又变成了一个一无所有的人。

11. 一无所知

什么都不知道，一点儿也不了解。例如：

（1）你不要问我，我对信息工业<u>一无所知</u>。

（2）对企业管理一无所知的人管理不好企业。

（3）很多人对那段历史一无所知。

12. 一心一意

心思专一，没有其他的想法。例如：

（1）人民政府应该一心一意为人民服务。

（2）张教授一心一意地从事学术研究，很少在意别人对自己的评价。

（3）改革开放以来，我们一心一意搞经济建设，人民群众的生活水平得到了极大
的提升。

13. 一言不发

一句话也不说。例如：

（1）每次开会他都一言不发。

（2）你这样一言不发，别人会认为你没有反对意见。

（3）这样的事，我不能一言不发，至少要表明自己的态度。

14. 一言一行

每一句话和每一个行为。例如：

（1）王老师非常注意自己的一言一行，为学生树立了一个好的榜样。

（2）这个故事告诉我们，平时的一言一行都可能对别人产生影响，应该谨言慎行。

（3）她的一言一行都深深地刻在我的心中。

15. 一应俱全

所有应该有的全都有。例如：

（1）学校旁边的便利店里吃的、喝的、文具、书本，一应俱全。

（2）从家具电器到锅碗瓢盆，什么都准备好了，一应俱全。

（3）商场里有男装、女装、童装，各种服装一应俱全。

16. 亦

副词，也。书面语。

（1）相见时难别亦难。

（2）购买火车票必须凭身份证，护照亦可。

（3）国家的阶级性质亦称"国体"，是指社会各阶级在一个国家中的地位，是该
国家的根本性特征。

17. 异口同声

形容很多人说同样的话。例如：

（1）当被问到什么最能代表中国的时候，很多人会异口同声地回答："熊猫！"

（2）让人没有想到的是，全厂300多名职工竟然异口同声地对改革方案表示赞同。

（3）"你们现在最需要什么？""资金！"大家异口同声地说。

18. 异想天开

形容想法奇特，不切实际。例如：

（1）这是一个<u>异想天开</u>的计划，根本就不可能成功。

（2）有些人不愿意努力工作，总是<u>异想天开</u>，幻想一夜之间就成为大富翁。

（3）这个念头似乎有点儿<u>异想天开</u>，但他觉得还是值得尝试一下儿。

19. 意料之外

在事先的估计之外，没想到。例如：

（1）能获得比赛的第三名完全是在<u>意料之外</u>。

（2）出现这种情况既在<u>意料之外</u>，又在情理之中。

（3）事情最终的结局完全在众人的<u>意料之外</u>。

20. 因人而异

因为人的不同而有所差异。例如：

（1）评选优秀学生的标准不能<u>因人而异</u>，应该公平地对待所有人。

（2）保健食品的效果<u>因人而异</u>，难以量化。

（3）同样是上一个老师的课，学习成绩却<u>因人而异</u>。

◎ **速练** Quick practice

一、选择合适的词语填空　Choose the right words and fill in the blanks.

（一）　　A. 议会　B. 议程　C. 易拉罐　D. 一旁　E. 一家人　F. 一揽子

1. 今天的会议_____主要有三项，请大家积极发言。

2. 是买_____装的可乐，还是瓶装可乐？

3. 一年到头，最让父亲欣慰的就是_____能围在一起吃顿团圆饭。

4. 孩子们在玩儿沙子，_____站着的年轻父母们互相交流着育儿心得。

5. 议员们在_____上争论不休，甚至起了冲突。

（二）　　A. 议　B. 一回事　C. 一卡通　D. 译　E. 亦　F. 义工

1. 这本小说被_____成十多种语言在世界各地出版。

2. 你们一天到晚说这件事还在_____，到底什么时候能有结果？

3. 他们是对手，_____是朋友。

4. 这钱还给你和还给你老婆不是_____吗？

5. 他假期的时候经常去养老院做_____。

二、选择合适的词语完成句子　Choose the right words to complete the sentences.

1. 我们一定要_____拿下冠军！

　A. 一塌糊涂　　　B. 一干二净　　　C. 一鼓作气　　　D. 一言一行

2. 秋冬换季时为了预防流感，很多人都会去注射流感_____。

　A. 疫苗　　　　　B. 议员　　　　　C. 阴暗　　　　　D. 阴性

3. 消息_____证实，立刻引起了全球关注。

    A. 一经   B. 一举   C. 一连   D. 一体

4. 他以惊人的_____自学了英语。

    A. 意向   B. 毅力   C. 毅然   D. 意料

5. 把沙漠变成绿洲这绝对不是_____。

    A. 异想天开   B. 一无所知   C. 抑扬顿挫   D. 一声不吭

6. 有经验的警察_____就能识别出人群中的小偷儿。

    A. 一头   B. 一心   C. 一手   D. 一眼

7. 美丽又热情的她自然容易受到_____的关注。

    A. 一天到晚   B. 异性   C. 异议   D. 一年到头

三、为词语选择合适的位置　Choose the appropriate location for the words.

1. 这种药 A 可一次服用两粒，B 一日一次，C 可一次一粒，D 一日两次。（亦）

2. A 对方 B 打了 C 十几通电话 D 催促我们发货，咱们到底有没有货给人家啊？！（一连）

3. A 小丫头 B 受了 C 委屈，看到妈妈来了，D 扑进了妈妈的怀里。（一头）

4. A 她 B 刻苦训练，在比赛中 C 夺得 D 三枚金牌。（一举）

第84单元　Unit 84

◎ 速记　Quick memory

第1部分　Part 1

4981 音响　yīnxiǎng　*n.*　sound, acoustics; hi-fi, stereo　电影院的音响效果很好；发出不同的音响；一套音响设备

4982 殷勤　yīnqín　*adj.*　eagerly attentive　殷勤地招待；态度殷勤

4983 银幕　yínmù　*n.*　(motion-picture) screen　一块大银幕；银幕上的故事；把故事搬上银幕

4984 引发　yǐnfā　*v.*　initiate, trigger off　引发了交通事故；引发了人们的关注

4985 引经据典　yǐnjīng-jùdiǎn　quote the classics or authoritative works　他说话喜欢引经据典，显得很有学问。

4986 引领　yǐnlǐng　*v.*　guide, lead　引领我们向前进；起到了引领作用

4987 引擎　yǐnqíng　*n.*　engine　发动引擎；经济的引擎；强大的引擎；引擎轰鸣

4988 引人入胜　yǐnrén-rùshèng　(of scenery, literary works, etc.) fascinating　这个故事的情节引人入胜，非常精彩。

4989 引人注目　yǐnrén-zhùmù　attract sb.'s attention, be noticeable　她今天的穿着尤其引人注目。

4990 引入　yǐnrù　*v.*　lead into, introduce from elsewhere　引入先进理念；引入中国；积极引入

4991 引用　yǐnyòng　*v.*　quote, cite　引用名人名言；引用数据；大量引用

4992 引诱　yǐnyòu　*v.*　induce; lure, seduce　引诱消费者；经不起金钱的引诱

4993 饮水　yǐn shuǐ　drink water　饮水机；公共饮水处

4994 饮用水　yǐnyòngshuǐ　*n.*　drinkable water　缺少饮用水；饮用水净化；桶装饮用水

4995 隐蔽　yǐnbì　*v.*　conceal, take cover　隐蔽在密林中；隐蔽在玉米地里
　　　　　　　　　　　adj.　concealed, covert　隐蔽的敌人；手法隐蔽

4996 隐患　yǐnhuàn　*n.*　hidden trouble, hidden danger　构成隐患；有很多安全隐患；消除隐患

4997 隐瞒　yǐnmán　*v.*　hide, cover up　隐瞒真相；隐瞒错误；隐瞒不下去了；刻意隐瞒

4998 隐情　yǐnqíng　*n.*　facts or circumstances one wishes to hide, secrets　其中的隐情；重大隐情；发现了不少隐情

4999 隐身　yǐnshēn　*v.*　make oneself invisible　隐身在门后；退休后隐身山林；隐身之地

5000 隐形　yǐnxíng　*adj.*　invisible　隐形飞机；隐形眼镜；隐形技术

从 4981～4990 中选择合适的词语填空　Choose the right words from 4981-4990 and fill in the blanks.

1. 他总是能把一个普通的小故事讲得＿＿＿＿＿＿。

2. 台风＿＿＿＿＿＿了泥石流等自然灾害，造成部分路段交通瘫痪。

3. 为了便于大家理解后面的内容，首先我要_____一个新的概念。

4. 他书读得多，说话、写文章也总喜欢_____。

5. 就算他是领导，你也用不着这么_____吧？

从 4991～5000 中选择合适的词语填空　Choose the right words from 4991-5000 and fill in the blanks.

6. 他经不住金钱的_____，出卖了公司的机密。

7. 调查发现这项工程存在着严重的安全_____。

8. 老李不可能这么干，我相信这里边一定有_____。

9. 看，这里作者_____了《论语》中的一句话。

10. _____技术在军事领域的应用前景非常广阔。

第 2 部分　Part 2

5001 **隐性** yǐnxìng　*adj.*　inapparent, recessive　隐性伤害；隐性成本；隐性遗传

5002 **隐约** yǐnyuē　*adj.*　indistinct　远处隐约的山峰；隐约听见；隐约记得；隐隐约约的声音

5003 **瘾** yǐn　*n.*　addiction; strong interest　成瘾了；烟瘾；戏瘾

5004 **印刷术** yìnshuāshù　*n.*　printing, typography　发明了活字印刷术；新型印刷术

5005 **印章** yìnzhāng　*n.*　seal, stamp　一枚印章；漂亮的印章

5006 **印证** yìnzhèng　*v.*　confirm　无法印证；印证猜想

　　　　　n.　corroboration　历史的印证

5007 **应有尽有** yīngyǒu-jìnyǒu　have everything that one could wish for　这家店的文具应有尽有，想买什么都能买到。

5008 **英镑** yīngbàng　*n.*　pound sterling　一百英镑；英镑与人民币的汇率

5009 **英俊** yīngjùn　*adj.*　handsome and spirited　英俊的少年；长得英俊

5010 **婴儿** yīng'ér　*n.*　baby, infant　婴儿车；照顾婴儿；婴儿的笑脸

5011 **鹰** yīng　*n.*　hawk, eagle　一只鹰；雄鹰；鹰一样的眼睛

5012 **迎** yíng　*v.*　go to meet, welcome; move towards, meet face to face　喜迎国庆；迎来了新的一天；迎着困难；微风迎面吹来

5013 **迎合** yínghé　*v.*　cater to　迎合观众；一味地迎合

5014 **荧光** yíngguāng　*n.*　fluorescence　荧光灯；发出荧光

5015 **盈利** yínglì　*v.*　make a profit　开始盈利了；盈利100 万元

　　　　　n.　profit　几个月的盈利；几百万元的盈利

5016 **营救** yíngjiù　*v.*　succour, rescue　营救受伤人员；高山营救队

5017 **营造** yíngzào　*v.*　construct, build　营造住房；营造温馨的气氛

5018 **赢家** yíngjiā　*n.*　winner　成为最大的赢家；人生赢家

5019 **影像** yǐngxiàng　*n.*　image　模糊不清的影像；镜中的影像

5020 **应酬** yìngchou　*v.*　have social intercourse with, socialize　经常在外应酬；不善应酬

　　　　　n.　social engagement (e.g. dinner party, luncheon party, etc.)　应酬很多；晚上有一个应酬

从 5001～5010 中选择合适的词语填空 Choose the right words from 5001-5010 and fill in the blanks.

1. 缺什么到时再买，商店里_____，不用什么都从家里带。

2. 事实_____了他的判断。

3. 儿子最近看小说看上_____了。

4. 昏迷时他_____记得有人来看过他。

5. 这些花像初生的_____一样粉嫩可爱。

从 5011～5020 中选择合适的词语填空 Choose the right words from 5011-5020 and fill in the blanks.

6. 如果一味_____观众的口味，影视作品的艺术水准很可能会被拉低。

7. 今年夏天，各大商场降价促销，消费者似乎成了最大的_____。

8. 这家咖啡厅的色彩比较中性，似乎在_____一种冷静理智的氛围。

9. 接到群众的报警电话后，警方立即组织_____遇险儿童。

10. 新店开张六个月后终于开始_____了。

第3部分 Part 3

5021 **应付** yìngfu v. deal with; do sth. perfunctorily; make do 应付现在的局面；应付一段时间；应付了事；这件衣服今年还能再应付一下儿

5022 **应聘** yìngpìn v. apply for a job; accept an offer of employment 来应聘的人很多；应聘者；想应聘这个职位；他应聘到一个中学当老师

5023 **应邀** yìngyāo v. accept an invitation 应邀参加；应邀去做讲座

5024 **映** yìng v. reflect; show (a film) 映在水面上；上映一部新电影；首映式

5025 **硬币** yìngbì n. coin 一枚硬币；换硬币；把硬币投进去

5026 **硬朗** yìnglang adj. hale and hearty; strong and firm 身体硬朗；他这句话说得很硬朗

5027 **硬盘** yìngpán n. hard disk 一块硬盘；安装硬盘；存在硬盘里

5028 **拥护** yōnghù v. support 拥护这个决定；拥护政府

5029 **拥挤** yōngjǐ v. push and squeeze 请勿拥挤；拥挤在一起
                         adj. crowded 拥挤的火车；拥挤的人流

5030 **庸俗** yōngsú adj. vulgar, philistine 庸俗的生活；庸俗的想法；趣味庸俗

5031 **永不** yǒng bù never 永不放弃；永不接受

5032 **永恒** yǒnghéng adj. eternal, perpetual 永恒的友谊；直到永恒

5033 **永久** yǒngjiǔ adj. permanent 永久住宅；永久流传；相爱到永久

5034 **勇往直前** yǒngwǎng-zhíqián march forward courageously 士兵们不怕牺牲，勇往直前。

5035 **勇于** yǒngyú v. be brave in, have the courage to 勇于承担责任；勇于承认错误

5036 **涌** yǒng v. gush, surge; rise, emerge 眼泪涌了出来；热血往上涌；往事涌上心头

5037 **涌入** yǒngrù v. pour into 涌入地铁站；大量顾客涌入；一下子涌入十几万人

5038 **涌现** yǒngxiàn v. emerge in large numbers 涌现了很多好人好事；新人新作不断涌现

5039 **踊跃** yǒngyuè *v.* leap, jump 踊跃欢呼
　　　　　　　　　　adj. enthusiastic 发言踊跃；踊跃参加

5040 **用餐** yòng//cān have a meal 在一楼用餐；用餐时间；分批用餐

从 5021～5030 中选择合适的词语填空　Choose the right words from 5021-5030 and fill in the blanks.

　1. 老爷子 80 多岁了，还非常_____，不需要别人照顾。

　2. 咱俩的关系不适合谈钱，谈钱显得太_____。

　3. 重要资料我都保存在一个_____里，随身携带。

　4. 董事长明天将_____出席一个重要的商业活动。

　5. 别玩儿了，还是想想怎么_____明天的检查吧。

从 5031～5040 中选择合适的词语填空　Choose the right words from 5031-5040 and fill in the blanks.

　6. 现在是提问时间，请大家_____发言。

　7. 经过这次失败的婚姻，她已经不相信有什么感情是_____不变的了。

　8. 纵然前方有千难万险，我们也要_____。

　9. 随着早高峰的到来，大量乘客_____地铁站。

　10. 改革开放以来，_____出许多优秀的企业家。

◎ **重点词语**　Focus words

1. 引发

　动词，引起，使发生。例如：
　（1）地震引发了强烈的海啸，造成了极大的破坏。
　（2）教师应该善于引发学生们的创造性思维。
　（3）这次火灾是由乱扔烟头引发的。

2. 引经据典

　引用经典中的语句或者故事。例如：
　（1）张经理说话总喜欢引经据典，很有水平。
　（2）这篇文章引经据典，论述过程严密，是一篇好文章。
　（3）说起老武汉的传统美食，导游便引经据典地介绍起来。

3. 引人入胜

　带领人进入优美的境界，多指自然风光或者文艺作品等吸引人。例如：
　（1）溶洞曲曲折折，引人入胜。
　（2）这本小说的故事非常有趣，结构巧妙，引人入胜。
　（3）导演往往会给电影设计一个引人入胜的名字，以吸引更多观众。

4. 引人注目

　引起人们的注意或者重视。例如：
　（1）这家餐馆最引人注目的是放在大厅正中间的巧克力"瀑布"。

（2）张教授对明清小说的研究成果非常<u>引人注目</u>，电视台经常邀请他去做各种节目。

（3）贸易自由化成了最<u>引人注目</u>的国际问题。

5. 应有尽有

应该有的全部都有。例如：

（1）这家商店的电子产品<u>应有尽有</u>，吸引了很多人前来选购。

（2）家里吃的东西<u>应有尽有</u>，不用出去买了。

（3）周末的临时市场虽然小，但吃的、穿的、用的、玩儿的，<u>应有尽有</u>。

6. 勇往直前

勇敢地一直向前进。例如：

（1）希望同学们毕业后在人生的道路上<u>勇往直前</u>，取得越来越好的成绩！

（2）凭着这股<u>勇往直前</u>的精神，他成了世界上最优秀的乒乓球运动员之一。

（3）他们在市场经济的浪潮中抓住机遇，<u>勇往直前</u>，把一个乡镇企业打造成了全国数一数二的大型企业。

7. 勇于

动词（用在别的动词前面），勇敢，在困难面前不后退。例如：

（1）我们要<u>勇于</u>承认错误，更要<u>勇于</u>纠正错误。

（2）困难当前，我们要<u>勇于</u>面对，不要被吓倒。

（3）他们班的学生大多<u>勇于</u>在课堂上发表自己的不同看法。

◎**速练** Quick practice

一、选择合适的词语填空　Choose the right words and fill in the blanks.

（一）　　　　A. 荧光　B. 英镑　C. 银幕　D. 鹰　E. 瘾　F. 婴儿

1. 她的演技很好，一生塑造了无数经典的_____形象。

2. 孩子对电子产品上_____是无数家长的心病。

3. 演唱会上好多歌迷都在挥动着五颜六色的_____棒。

4. 是雄_____就会永远向往蓝天。

5. 最常用于表示_____的符号是"£"。

（二）　　　　A. 用餐　B. 饮用水　C. 音响　D. 映　E. 涌　F. 永不

1. 水面被火红的夕阳_____得通红。

2. 先生，您的菜齐了，请您_____。

3. 一种强烈的幸福感_____上了她的心头。

4. 很多人习惯了喝瓶装_____。

5. 她心里暗暗发誓，这样愚蠢的错误她将_____再犯。

二、选择合适的词语完成句子　Choose the right words to complete the sentences.

1. 明星的着装常常能_____时尚潮流。

　　A. 引发　　　　　　B. 引领　　　　　　C. 引擎　　　　　　D. 引入

2. 希望你们记住，_____不忘挖井人，做人要懂得感恩。

　　A. 引用　　　　　　B. 引诱　　　　　　C. 饮水　　　　　　D. 引人注目

3. 你最好实话实说，对警方不要有任何_____。

　　A. 隐性　　　　　　B. 隐身　　　　　　C. 隐瞒　　　　　　D. 隐形

4. 他是公司的总经理，_____特别多。

　　A. 应酬　　　　　　B. 应付　　　　　　C. 应聘　　　　　　D. 应邀

5. 要是你实在没办法选择，那就抛_____决定吧。

　　A. 金钱　　　　　　B. 印章　　　　　　C. 硬币　　　　　　D. 影像

6. 小丽的男朋友又高大又_____，脾气也很温和。

　　A. 英俊　　　　　　B. 永久　　　　　　C. 庸俗　　　　　　D. 拥挤

7. 只有为人民服务的政府才能得到人民的真心_____。

　　A. 迎　　　　　　　B. 迎合　　　　　　C. 拥护　　　　　　D. 勇于

三、为词语选择合适的位置　Choose the appropriate location for the words.

1. A 长时间的压力过大 B 有可能会 C 各种 D 心理疾病。（引发）

2. A 我 B 记得多年前的一个晚上，C 有个陌生人 D 跑到我家来找我父亲。（隐约）

3. A 调查结果 B 了警方的推断 C 是正确的 D。（印证）

4. 你 A 这样 B 顾客，C 以后就不会再有人来 D 了。（应付）

第85单元　Unit 85

◎ 速记　Quick memory

5041 **用功**　yònggōng　*adj.*　hard-working, diligent　读书<u>用功</u>；<u>用功</u>地学习

5042 **用力**　yòng//lì　exert oneself (physically)　<u>用力</u>过度；<u>用力</u>叫喊；<u>用力</u>地推开门

5043 **用人**　yòng//rén　make use of personnel; need hands　善于<u>用人</u>；<u>用人</u>的标准；现在正是<u>用人</u>的时候

5044 **用意**　yòngyì　*n.*　intention, purpose　不明白他的<u>用意</u>；真正的<u>用意</u>；改革的<u>用意</u>在于降低成本

5045 **优**　yōu　*adj.*　excellent　<u>优</u>点；择<u>优</u>录取；<u>优</u>中选<u>优</u>

5046 **优化**　yōuhuà　*v.*　optimize　<u>优化</u>产业结构；不断<u>优化</u>；对……进行<u>优化</u>

5047 **优雅**　yōuyǎ　*adj.*　graceful, elegant　<u>优雅</u>动听；举止<u>优雅</u>；布置得非常<u>优雅</u>

5048 **优异**　yōuyì　*adj.*　excellent, outstanding　成绩<u>优异</u>；<u>优异</u>的表现

5049 **优越**　yōuyuè　*adj.*　superior, advantageous　<u>优越</u>的生活条件；性能<u>优越</u>

5050 **忧愁**　yōuchóu　*adj.*　depressed, sad　满脸<u>忧愁</u>；充满了<u>忧愁</u>

5051 **忧虑**　yōulǜ　*v.*　be worried　令人<u>忧虑</u>；对……非常<u>忧虑</u>；<u>忧虑</u>未来

5052 **忧郁**　yōuyù　*adj.*　melancholy, heavy-hearted　神情<u>忧郁</u>；<u>忧郁</u>的性格

5053 **悠久**　yōujiǔ　*adj.*　long, age-old　历史<u>悠久</u>；<u>悠久</u>的文化

5054 **悠闲**　yōuxián　*adj.*　leisurely and carefree　<u>悠闲</u>的时光；生活<u>悠闲</u>；<u>悠闲</u>自在

5055 **尤为**　yóuwéi　*adv.*　especially　<u>尤为</u>重要；<u>尤为</u>引人注意

5056 **由此看来**　yóucǐ-kànlái　from this point of view　他们公司的参展产品非常丰富，<u>由此看来</u>，该公司近来发展得不错。

5057 **由此可见**　yóucǐ-kějiàn　thus it can be seen　大楼外围了许多警察，<u>由此可见</u>问题非常严重。

5058 **由来**　yóulái　*n.*　history, process, evolution from the inception; origin　<u>由来</u>已久；名字的<u>由来</u>

5059 **由衷**　yóuzhōng　*v.*　feel from the bottom of one's heart, be sincere　言不<u>由衷</u>；<u>由衷</u>地感谢；<u>由衷</u>之言

5060 **邮编**　yóubiān　*n.*　postcode　写下<u>邮编</u>；地址和<u>邮编</u>

从 5041～5050 中选择合适的词语填空　Choose the right words from 5041-5050 and fill in the blanks.

1. 学校大力建设智慧教室，其目的在于_____课堂教学，提升教学质量。

2. 对于一段已经结束的感情，我们要学会_____地转身而去，不再留恋。

3. 现在正是需要_____的时候，应该给人才更好的待遇，留住人才。

4. 她不停地给我使眼色，但我还是没明白她的_____。

5. 不论我怎么_____，都无法推开那扇门。

215

从 5051～5060 中选择合适的词语填空　Choose the right words from 5051-5060 and fill in the blanks.

6. 汉字历史_____，包含着非常丰富的文化信息。

7. 秋日的午后没什么工作，这种_____的时光最适合晒晒太阳、喝喝茶。

8. 请你把收件人的_____写在信封的左上角。

9. 有的人在与人交流时常常言不_____，刻意隐藏内心的真实想法。

10. 全球环境问题日益严重，实在令人_____。

第 2 部分　Part 2

5061　邮政　yóuzhèng　n.　postal service　邮政部门；邮政业

5062　犹如　yóurú　v.　just as, like　犹如一场梦；犹如闪电一般

5063　犹豫不决　yóuyù-bùjué　hesitate　老王遇事总是犹豫不决，不适合当经理。

5064　油画　yóuhuà　n.　oil painting　一幅油画；西方油画

5065　游船　yóuchuán　n.　sightseeing boat, pleasure boat　坐在游船上；漂亮的游船

5066　游览　yóulǎn　v.　go sightseeing　游览长城；到处游览；游览车

5067　友情　yǒuqíng　n.　friendly sentiments, friendship　两人之间的友情；亲密的友情；产生了友情；友情深厚

5068　友人　yǒurén　n.　friend　国际友人；昔日的友人

5069　友善　yǒushàn　adj.　friendly　待人友善；友善地邀请

5070　有待　yǒudài　v.　remain (to be done), await　问题有待解决；有待进一步研究

5071　有的放矢　yǒudì-fàngshǐ　shoot one's arrow at a target — have an object in view　写文章要有的放矢，不说空话。

5072　有机　yǒujī　adj.　organic　有机化学；有机物；有机的整体；有机地结合在一起

5073　有口无心　yǒukǒu-wúxīn　be sharp-tongued but not malicious　她是有口无心的，您别见怪。

5074　有两下子　yǒu liǎngxiàzi　have real skill, know one's stuff　老王真有两下子，这么快就把车修好了。

5075　有声有色　yǒushēng-yǒusè　full of sound and colour — vivid and dramatic　老师描述得有声有色的，同学们就像真的看到了那个场景一样。

5076　有所　yǒusuǒ　v.　to some extent, somewhat　有所改善；有所提高；有所改进

5077　有所不同　yǒu suǒ bù tóng　be somewhat different　兄弟二人有所不同，一个好动，一个好静。

5078　有望　yǒuwàng　v.　be hopeful　有望提高；有望增长

5079　有效期　yǒuxiàoqī　n.　term/period of validity　超过了有效期；有效期到 12 月 31 日；有效期为两年

5080　有幸　yǒuxìng　adj.　lucky, have the good fortune to　有幸参加；有幸见到您

从 5061～5070 中选择合适的词语填空　Choose the right words from 5061-5070 and fill in the blanks.

1. 这份报告里的很多数据还_____核实。

2. 今天天气不错，我们坐_____去湖上转转吧。

3. 你再这么_____，机会就要溜走了。

4. 地震发生后，我们收到了全国各地的同胞和许多国际_____的爱心捐助。

5. 回忆_____放电影一样在我脑海里闪过。

从 5071～5080 中选择合适的词语填空　Choose the right words from 5071-5080 and fill in the blanks.

6. 说明书上写得很清楚，请在_____内使用本产品。

7. 经过多年的治理，这里的环境已经_____改善。

8. 那年去北京，我_____见到了教育部的部长，和他谈了将近三十分钟。

9. 老刘在技术上是_____的，就是脾气太臭，爱得罪人。

10. 根据有关统计数据，公司明年的利润率_____达到30%。

第 3 部分　Part 3

5081 **有序** yǒuxù *adj.* ordered　会议安排有序；进退有序

5082 **有益** yǒuyì *adj.* profitable, beneficial　有益的尝试；对身体健康有益；有益于社会

5083 **有意** yǒuyì *v.* have a mind to; be emotionally attached to　有意帮助他；有意留在这里；对她有意；有意于他
　　　　adv. intentionally　有意跟我过不去；有意不告诉他

5084 **有朝一日** yǒuzhāo-yírì some day in the future, one day...　有朝一日实现梦想，我一定会报答您的。

5085 **有助于** yǒuzhùyú *v.* be conducive to　有助于保持健康；有助于问题的解决

5086 **幼稚** yòuzhì *adj.* young; naive　幼稚孩童；幼稚的想法

5087 **诱饵** yòu'ěr *n.* bait　投下诱饵；用金钱做诱饵

5088 **诱发** yòufā *v.* bring out (sth. potential or latent); induce　诱发联想；诱发疾病；诱发事故

5089 **诱惑** yòuhuò *v.* tempt; attract　受到诱惑；被金钱和地位诱惑；诱惑人的美景
　　　　n. temptation　极大的诱惑；抵抗诱惑

5090 **诱人** yòurén *adj.* alluring, fascinating　诱人的美食；景色十分诱人

5091 **余** yú *v.* remain　余钱不多；不遗余力
　　　　nu. odd, used after numerals or quantifiers to indicate a fraction after a large number　一百余斤；三升余香油

5092 **余地** yúdì *n.* leeway, room　还有改进的余地；留有余地；没有太大的余地

5093 **余额** yú'é *n.* remaining sum, balance　没有余额；余额为零；显示余额

5094 **渔船** yúchuán *n.* fishing boat　一只渔船；坐着渔船出海

5095 **渔民** yúmín *n.* fisherman　海边的渔民；渔民们获得了丰收

5096 **逾期** yú//qī exceed a time limit, be overdue　信用卡逾期了；逾期了三个月；逾期未归

5097 **愚蠢** yúchǔn *adj.* stupid　愚蠢的想法；非常愚蠢

5098 **愚公移山** yúgōng-yíshān the Foolish Old Man who removed the mountains — the determination to win victory and the courage to surmount every difficulty　愚公移山的精神值得我们学习。

5099 **舆论** yúlùn *n.* public opinion 国际舆论；舆论的影响；强大的舆论力量

5100 **与此同时** yǔcǐ-tóngshí meanwhile 应大力发展经济，与此同时，还要注意保护环境。

从 5081～5090 中选择合适的词语填空 Choose the right words from 5081-5090 and fill in the blanks.

　　1. 目前没有证据显示这座大坝的建设会＿＿＿＿地震等地质灾害。

　　2. 我觉得你的想法太＿＿＿＿了，根本就不现实。

　　3. 她希望＿＿＿＿也能站在教室里，成为一名受孩子们喜爱的教师。

　　4. 烤鸡散发着＿＿＿＿的香味，他的肚子不禁"咕咕"叫了起来。

　　5. "饭后百步走，活到九十九"是说饭后适当的运动＿＿＿＿消化，从而保持健康。

从 5091～5100 中选择合适的词语填空 Choose the right words from 5091-5100 and fill in the blanks.

　　6. 我的工资卡已经没有＿＿＿＿了。

　　7. 他们家世代都是＿＿＿＿，在风浪里讨生活。

　　8. 话不要说得太绝对，要留一点儿＿＿＿＿。

　　9. 此消息一出，＿＿＿＿一片哗然，说什么的都有。

　　10. 这个主意看起来很聪明，其实很＿＿＿＿。

◎**重点词语** Focus words

1. 尤为

　　副词，表示相比较来说特别突出。例如：

　　（1）今天的天气尤为寒冷，路上的行人也很稀少。

　　（2）尤为重要的是，必须在截止日期前完成所有数据的核查。

　　（3）在评价一篇文章的时候，思想内容的正确性尤为重要。

2. 犹如

　　动词，如同，和……一样。例如：

　　（1）运动场上灯火通明，犹如白天一般。

　　（2）学前教育犹如万丈高楼的基础，受到了越来越多家长的重视。

　　（3）商场犹如战场，丝毫不能松懈。

3. 犹豫不决

　　拿不定主意，下不了决心。例如：

　　（1）小王遇事总是犹豫不决，错过了很多好机会。

　　（2）看着他那犹豫不决的样子，我心里真替他着急。

　　（3）"那我们再看看吧。"年轻人犹豫不决地说。

4. 有的放矢

　　对准靶子射箭，比喻言行有明确的目标，针对性强。例如：

　　（1）写论文一定要有的放矢，不能什么都谈一下儿，结果什么都没讨论清楚。

（2）这篇文章有的放矢，一下子就抓住了问题的关键。

（3）开发新产品之前一定要做好充分的市场调查，这样才能有的放矢。

5. 有口无心

喜欢说，但心里并不一定有很强的目的性。多指说话不好听，却并无恶意。例如：

（1）她是一个说话有口无心的人，你不要跟她计较。

（2）你是有口无心，对方却是听者有心。

（3）大家都知道他是有口无心的，所以并没有人在意。

6. 有声有色

形容叙述、描写或表演等十分生动。例如：

（1）一个简单的故事被她讲得有声有色，孩子们听得都非常认真。

（2）学校每个学期都会安排一些有声有色的活动。

（3）春节期间，各种各样的文化活动在乡间有声有色地开展了起来。

7. 有朝一日

将来有一天。例如：

（1）有朝一日我再回到家乡，一定要为家乡的建设做出贡献。

（2）父母总是期望孩子有朝一日能够成为人生的赢家。

（3）有朝一日，新能源汽车也许会完全代替燃油汽车。

8. 逾期

动词，超过了规定的期限。例如：

（1）请假外出，如果逾期未归，一律按旷课处理。

（2）他最近的经济状况不太好，信用卡也逾期了。

（3）逾期六个月未支付房屋贷款的，银行可以对该房屋进行拍卖。

9. 愚公移山

指做事有决心，有毅力，不怕困难。例如：

（1）在面对困难的时候，我们应该发挥愚公移山的精神。

（2）他带领着大家，愚公移山，硬是将公路修进了这个偏僻的小山村。

（3）"南水北调"就是当代的愚公移山，是一个造福千万中国人的伟大工程。

◎速练　Quick practice

一、选择合适的词语填空　Choose the right words and fill in the blanks.

（一）　A.优　B.余　C.由此看来　D.犹豫不决　E.有的放矢　F.有口无心

1. 他虽然嘴上说会帮助咱们，但没有任何实际行动，_____，他根本无意帮咱们，咱们还是想其他办法吧。

2. 大学生求职时应该了解自身的优势和不足，做到_____，提高签约成功率。

3. 虽然你的话_____，但别人不一定会这么想。

219

4. 奶奶今年已经九十有＿＿＿＿＿＿了，但仍旧十分精神，做什么事都不要别人帮忙。

5. 我们的货源都是＿＿＿＿＿＿中选＿＿＿＿＿＿的，您完全可以放心。

（二）A. 有声有色 B. 有所不同 C. 有朝一日 D. 愚公移山 E. 与此同时 F. 由此可见

1. 虽然家里不富裕，但她仍旧把生活过得＿＿＿＿＿＿，充满了快乐。

2. 20 世纪以来，科学的发展速度不断加快，＿＿＿＿＿＿，科学的广泛应用也给我们的生活带来了深刻的改变。

3. 实验发现，连续工作 2 小时中间不休息的人平均出错率是 12%，中间休息 10 分钟后再工作的出错率为 10%，中间休息 30 分钟后再工作的出错率为 8.5%。＿＿＿＿＿＿，适当的休息能够提高工作效率。

4. 姐妹两人一起长大，但兴趣爱好＿＿＿＿＿＿，姐姐喜欢文学，妹妹则更喜欢运动。

5. 20 世纪 60 年代，全村群众发扬＿＿＿＿＿＿的精神，开垦荒地，兴修水利，极大地改善了生产和生活的条件。

二、选择合适的词语完成句子　Choose the right words to complete the sentences.

1. 虽然生活条件＿＿＿＿＿＿，但她从不骄傲，反而更加努力地学习。
A. 优秀　　　　　B. 优越　　　　　C. 优化　　　　　D. 优雅

2. "磨山" 这个名字的＿＿＿＿＿＿有好几个不同的说法。
A. 悠闲　　　　　B. 悠久　　　　　C. 由来　　　　　D. 忧愁

3. 画中的人物神情＿＿＿＿＿＿，眉头紧锁，仿佛心中有千斤重担。
A. 忧郁　　　　　B. 邮政　　　　　C. 油画　　　　　D. 邮编

4. 小花学习非常＿＿＿＿＿＿，几乎每个学期都是学校的 "三好" 学生。
A. 用意　　　　　B. 用人　　　　　C. 用功　　　　　D. 用力

5. 牧民们待人＿＿＿＿＿＿，热情好客，给游客们留下了极好的印象。
A. 游览　　　　　B. 友善　　　　　C. 有机　　　　　D. 犹如

6. 为了不让气氛太尴尬，我＿＿＿＿＿＿打了个岔，换了一个话题。
A. 有幸　　　　　B. 有序　　　　　C. 有益　　　　　D. 有意

7. 路过的人很多都抵挡不住美食的＿＿＿＿＿＿，纷纷停下来一饱口福。
A. 诱饵　　　　　B. 诱惑　　　　　C. 诱发　　　　　D. 诱人

三、为词语选择合适的位置　Choose the appropriate location for the words.

1. 城乡间、区域间 A 教育的发展 B 不均衡，C 农村地区 D 薄弱。（尤为）

2. 现代汉字学 A 作为 B 一门正在形成中的 C 学科，D 研究的问题很多。（有待）

3. 对于不同的 A 教育对象，B 在教育内容上也 C 应该 D 不同。（有所）

4. A 听说您家儿子 B 考上了北京大学，C 我 D 为您感到高兴！（由衷）

第86单元　Unit 86

◎ 速记　Quick memory

5101 **与否**　yǔ fǒu　or not　正确<u>与否</u>；成功<u>与否</u>

5102 **与其**　yǔqí　*conj.*　rather than　<u>与其</u>坐飞机，不如坐高铁，又便宜又快。

5103 **与日俱增**　yǔrì-jùzēng　grow with each passing day　自从丈夫离家，她心中的思念<u>与日俱增</u>。

5104 **与时俱进**　yǔshí-jùjìn　advance with the times, keep pace with the times　我们的思想观念必须<u>与时俱进</u>，永远保持先进性。

5105 **与众不同**　yǔzhòng-bùtóng　out of the ordinary　他的想法总是<u>与众不同</u>，很有创造性。

5106 **予以**　yǔyǐ　*v.*　give　<u>予以</u>帮助；<u>予以</u>关注；<u>予以</u>充分的论证

5107 **宇宙**　yǔzhòu　*n.*　universe, cosmos　<u>宇宙</u>的奥秘；神秘的<u>宇宙</u>；飞向<u>宇宙</u>；<u>宇宙</u>飞船

5108 **语气**　yǔqì　*n.*　tone, manner of speaking; mood　严厉的<u>语气</u>；<u>语气</u>不太礼貌；疑问<u>语气</u>；陈述<u>语气</u>

5109 **浴室**　yùshì　*n.*　bathroom, shower room; bathhouse　一间<u>浴室</u>；公共<u>浴室</u>

5110 **预定**　yùdìng　*v.*　fix in advance　<u>预定</u>在明年完成；<u>预定</u>时间

5111 **预感**　yùgǎn　*v.*　have a premonition　<u>预感</u>到了危险；没有<u>预感</u>到什么
　　　　　　　　　n.　premonition　强烈的<u>预感</u>；大家的<u>预感</u>

5112 **预告**　yùgào　*v.*　announce in advance　<u>预告</u>天气情况；<u>预告</u>了未来的情况
　　　　　　　　　n.　advance notice　节目<u>预告</u>；旅行<u>预告</u>

5113 **预见**　yùjiàn　*v.*　foresee　无法<u>预见</u>的困难；<u>预见</u>到了问题
　　　　　　　　　n.　foresight　英明的<u>预见</u>

5114 **预料**　yùliào　*v.*　expect　早就<u>预料</u>到了；<u>预料</u>了他的失败；难以<u>预料</u>
　　　　　　　　　n.　expectation　超出了大家的<u>预料</u>；早有<u>预料</u>

5115 **预赛**　yùsài　*v.*　hold a preliminary (contest)　明天进行<u>预赛</u>；分组<u>预赛</u>
　　　　　　　　　n.　preliminary contest　在<u>预赛</u>中；世界杯<u>预赛</u>

5116 **预示**　yùshì　*v.*　betoken, indicate　大雪<u>预示</u>着丰收；<u>预示</u>了美好的未来

5117 **预售**　yùshòu　*v.*　(usually train tickets) open to booking, sell in advance　<u>预售</u>火车票；商品房<u>预售</u>；<u>预售</u>期

5118 **预算**　yùsuàn　*n.*　budget　年度<u>预算</u>；<u>预算</u>收入

5119 **预先**　yùxiān　*adv.*　beforehand, in advance　<u>预先</u>声明；<u>预先</u>通知；<u>预先</u>购买了机票

5120 **预言**　yùyán　*v.*　predict　<u>预言</u>房价下降；早就<u>预言</u>了他的成功
　　　　　　　　　n.　prophecy　科学的<u>预言</u>；打破了<u>预言</u>

从 5101～5110 中选择合适的词语填空　Choose the right words from 5101-5110 and fill in the blanks.

1. 上个月，爸爸把_____重新装修了一下儿，换了新的热水器。

2. 经理说话的_____非常坚决，看来没有商量的余地了。

3. 这项工程我们_____在明年完成。

4. 这个问题你回答_____已经不重要了，我不在乎了。

5. 人类对_____的了解还非常少。

从 5111～5120 中选择合适的词语填空　Choose the right words from 5111-5120 and fill in the blanks.

6. 学校_____给留学生安排好了宿舍。

7. 在小组_____中取得一、二、三名的成绩才能进入决赛。

8. 蚊子成群、燕子低飞这些现象_____着大雨即将来临。

9. 这个楼盘已经取得了_____证，并符合相关手续要求，可以开始销售了。

10. 我想换一辆车，但是_____不够，想想还是算了。

第 2 部分　Part 2

5121　**预兆**　yùzhào　*n.*　omen　不祥的<u>预兆</u>；末日的<u>预兆</u>

　　　　　　　　　　　v.　indicate by signs　<u>预兆</u>着大雨即将来临；<u>预兆</u>着危机

5122　**欲望**　yùwàng　*n.*　desire　强烈的<u>欲望</u>；对知识的<u>欲望</u>

5123　**遇难**　yù//nàn　die (or be killed) in an accident　在事故中<u>遇难</u>；不幸<u>遇难</u>

5124　**遇上**　yùshang　come across, encounter　<u>遇上</u>了糟糕的天气；<u>遇上</u>一个好丈夫

5125　**遇险**　yù//xiǎn　meet with a mishap, be in danger　在海上<u>遇险</u>；<u>遇险</u>的船只

5126　**寓言**　yùyán　*n.*　fable　一则<u>寓言</u>故事；著名的<u>寓言</u>

5127　**寓意**　yùyì　*n.*　implied meaning, moral　深刻的<u>寓意</u>；<u>寓意</u>深长

5128　**愈合**　yùhé　*v.*　(of a wound) heal　伤口<u>愈合</u>；<u>愈合</u>得很好

5129　**愈来愈**　yù lái yù　more and more　<u>愈来愈</u>热；说得<u>愈来愈</u>流利

5130　**愈演愈烈**　yùyǎn-yùliè　grow in intensity, become increasingly intense　双方的价格战<u>愈演愈烈</u>，但消费者从中获得了好处。

5131　**冤**　yuān　*n.*　injustice; enmity　<u>冤</u>情；含<u>冤</u>而死；无<u>冤</u>无仇

　　　　　　　　　adj.　in vain, not worth　去了三次都没买到，浪费了不少时间，太<u>冤</u>了！

5132　**冤枉**　yuānwang　*v.*　treat unjustly　别<u>冤枉</u>了他；<u>冤枉</u>好人

　　　　　　　　　　　　adj.　unjust; not worthwhile　<u>冤枉</u>官司；花<u>冤枉</u>钱

5133　**渊源**　yuānyuán　*n.*　origin, source　历史<u>渊源</u>；有很深的<u>渊源</u>；家学<u>渊源</u>

5134　**元老**　yuánlǎo　*n.*　founding father, patriarch　公司的<u>元老</u>；金融界<u>元老</u>；<u>元老</u>级人物

5135　**元首**　yuánshǒu　*n.*　head of a state　国家<u>元首</u>；<u>元首</u>会谈

5136　**元宵节**　Yuánxiāo Jié　*n.*　Lantern Festival　庆祝<u>元宵节</u>；<u>元宵节</u>的习俗

5137　**原本**　yuánběn　*adv.*　originally, formerly　他<u>原本</u>很喜欢打篮球，后来又爱上了足球。

5138　**原材料**　yuáncáiliào　*n.*　raw and semi-processed material　购买<u>原材料</u>；<u>原材料</u>短缺

5139 **原创** yuánchuàng *v.* be original, create 原创歌曲；原创精神
5140 **原地** yuándì *n.* same place 站在原地；躺在原地；原地不动

从 5121～5130 中选择合适的词语填空 Choose the right words from 5121-5130 and fill in the blanks.

1. 一群"驴友"在景区没有开放的区域_____了，打电话向警察求助。
2. 医生说他伤口_____得很快，再有一个星期就可以出院了。
3. 有的人喜欢在家里摆大象造型的工艺品，因为大象有"吉祥"的_____。
4. 他无法抑制心中的_____，还是接受了那个商人的贿赂。
5. 昨天我在商场里偶然_____了一个多年未见的老朋友。

从 5131～5140 中选择合适的词语填空 Choose the right words from 5131-5140 and fill in the blanks.

6. 要做出好菜，首先就要选择优质的_____。
7. 对于这次考试的失败，我_____是不在意的，但没想到后果会这么严重。
8. 你哪儿也别去，就在_____等我，我一会儿就到。
9. 你_____他了，他昨天根本没来，你办公室的东西丢了跟他没关系。
10. 这几首歌都是我_____的，还未发布，你怎么可能在别的地方听过？

第 3 部分　Part 3

5141 **原型** yuánxíng *n.* model, prototype 小说人物的原型；生活的原型
5142 **原汁原味** yuánzhī-yuánwèi original flavour 食物的原汁原味；原汁原味的英语；原汁原味的中华文化
5143 **原装** yuánzhuāng *adj.* factory-packed; original packaging 原装产品；原装进口；原装酒
5144 **圆形** yuánxíng *n.* round, circle 圆形盒子；标准的圆形
5145 **缘分** yuán·fèn *n.* lot or luck by which people are brought together 和运动没有缘分；特殊的缘分；缘分不浅
5146 **源泉** yuánquán *n.* fountainhead, well-spring; source 永不停息的源泉；欢乐的源泉；智慧的源泉
5147 **源头** yuántóu *n.* source 长江的源头；中华文化的源头
5148 **源于** yuányú originate from 源于中国；成功源于努力
5149 **源源不断** yuányuán-búduàn in a steady stream, continuously 这家餐馆的生意很好，客人源源不断。
5150 **远程** yuǎnchéng *adj.* long-range, long-distance 远程运输；远程教学
5151 **远见** yuǎnjiàn *n.* foresight, vision 很有远见；英明的远见
5152 **远近闻名** yuǎnjìn-wénmíng be known far and wide, be widely known 这里的小吃远近闻名，很多人开车过来吃。
5153 **怨恨** yuànhèn *v.* have a grudge against sb., hate 无比怨恨；怨恨别人
　　　　　　　　　n. resentment, enmity 充满了怨恨；怨恨之心
5154 **怨气** yuànqì *n.* grievance, resentment 一肚子怨气；出一出怨气
5155 **怨言** yuànyán *n.* complaint 毫无怨言；有很多怨言

5156 **院士** yuànshì *n.* academician 中国科学院院士；被选为院士

5157 **曰** yuē *v.* say, call 孔子曰；这座山名曰莲花山

5158 **约定俗成** yuēdìng-súchéng established/sanctioned by popular usage 这些都是约定俗成的，并没有谁强迫大家这样做。

5159 **月初** yuèchū *n.* beginning of a month 九月初；月初发工资

5160 **月票** yuèpiào *n.* monthly ticket 公交车月票；一张学生月票

从 5141～5150 中选择合适的词语填空 Choose the right words from 5141-5150 and fill in the blanks.

1. 这种水果不宜_____运输，只有新鲜的才好吃。

2. 我中学时的数学老师能够不用任何工具就画出非常标准的_____。

3. 有人说艺术_____生活，但又高于生活。

4. 修汽车的时候，_____配件的价格往往要高一些。

5. 这个电影里的故事是有现实_____的，只是人物的姓名是虚构的。

从 5151～5160 中选择合适的词语填空 Choose the right words from 5151-5160 and fill in the blanks.

6. 你不要只会_____别人，多找一找自己身上的原因。

7. 现在想想，当初没有让他出国留学真是有_____，在国内发展也挺不错的。

8. 天津包子_____，每年都有很多游客前来品尝。

9. 王_____是研究水利学的顶级专家。

10. 如果你每天都坐地铁的话，可以办一张_____，那样会便宜很多。

◎**重点词语** Focus words

1. 与否

用在动词或形容词后面，表示与这个动词或形容词相反的情况。例如：

（1）这件事不论最后成功与否，我都不会后悔，因为我曾经努力过。

（2）消费者满意与否，是检验我们工作是否成功的唯一标准。

（3）不论你高兴与否，事情已经这样了，不可能改变了。

2. 与其

连词，表示在两件事之间做出选择，"与其"表示放弃。例如：

（1）与其你去，还不如我去。

（2）与其数量多、质量差，宁可少一点儿、好一点儿。

（3）这句话与其说是责备，不如说是一种鼓励。

3. 与日俱增

随着时间的推移而不断增多。例如：

（1）改革开放几十年，人民的幸福感与日俱增。

（2）临近考试，我感到压力与日俱增。

（3）身在国外，对家乡与日俱增的思念让我恨不得放下这里的工作，马上买张机票回国。

4. 与时俱进

随着时代的发展而不断发展、前进。例如：

（1）时代不同了，我们的思想也应该与时俱进。

（2）我们的中小学教材应该怎样修订，以真正做到与时俱进，这是一个非常重要的问题。

（3）我们应该坚持与时俱进的精神，不断推出更符合市场期待的产品。

5. 与众不同

和一般的不一样。例如：

（1）这里的风景与众不同，受到了很多人的喜爱。

（2）我觉得这部手机也没有什么与众不同的特点，不知道为什么卖这么贵。

（3）似乎只有把自己的餐馆搞得与众不同，才能吸引更多的消费者。

6. 予以

动词，表示对对方采取了一定的行动。例如：

（1）这些年，政府对我们这些小微企业予以了很多帮助和支持。

（2）警察对他的不当行为予以了口头警告。

（3）对于这一指控，他并没有予以否认。

7. 预先

副词，在事情发生或进行之前。例如：

（1）以后像这样的事情，你能不能预先通知大家一下儿？

（2）这些菜都是预先准备好了的，热一下儿就可以吃了。

（3）没有人能预先知道事情的结果，努力去做就好了。

8. 愈演愈烈

（事情、情况）越来越严重。例如：

（1）公司内部的矛盾愈演愈烈，甚至影响到了正常经营。

（2）在全球环境污染愈演愈烈的情况下，人类更应该团结起来应对环境问题。

（3）我完全没想到事情会愈演愈烈，现在已经无法收拾了。

9. 原汁原味

食物原来的汤汁和味道，也用来比喻事物本来的、没有受到影响的风格、特征等。

例如：

（1）粤菜讲究食物的原汁原味，适合口味清淡的人。

（2）传统的地方戏曲在这里被原汁原味地保留了下来，成为非物质文化遗产的一部分。

（3）看原汁原味的中文电视剧有助于语言学习。

10. 源源不断

形容连续不间断的样子。例如：

（1）长江从这里源源不断地注入大海。

（2）你可以把房子租出去，这样就有一份源源不断的收入了。

（3）二月份以来，报名参加今年城市马拉松比赛的人源源不断。

11. 远近闻名

非常有名，远处和近处都知道。例如：

（1）这个酒厂生产的白酒远近闻名，甚至还出口到了海外。

（2）现在这里是远近闻名的旅游村，一到周末就有大批游客前来游玩。

（3）王教授的医术远近闻名，全国各地都有患者来找他看病。

12. 约定俗成

指某种事物的名称或某种社会习惯是由人们经过长期实践而认定或形成的。例如：

（1）词语的读音和所指事物之间的关系是约定俗成的，并没有什么必然联系。

（2）这一风俗是千百年来约定俗成的，现在已经说不清楚它的起源了。

（3）有些约定俗成的观念是很难改变的。

◎ **速练** Quick practice

一、选择合适的词语填空 Choose the right words and fill in the blanks.

（一） A. 冤 B. 曰 C. 约定俗成 D. 远近闻名 E. 源源不断 F. 原汁原味

1. 她感觉有点儿_____，明明是一片好心，室友却认为她不怀好意。

2. 几十年来，这所大学_____地为社会输送着各类人才。

3. 老板说只有在他的店里才能吃到_____的武昌鱼，别的店都不地道。

4. 中国古代的城市常有两层城墙，内城_____"城"，外城_____"郭"。

5. "女士优先"就是典型的_____的社会习俗。

（二）A. 元宵节 B. 原材料 C. 愈演愈烈 D. 与日俱增 E. 与时俱进 F. 与众不同

1. 近年来，各个大学的"招生战"_____，很多大学都在想方设法吸引优秀学生。

2. 这家公司的产品_____，别的公司很难模仿。

3. 随着互联网经济的发展，社会对网络工程专业人才的需求也_____。

4. 王校长思想开明，主张办教育也要_____，不能总抱着旧观念、旧想法。

5. _____又叫"灯节"，直到现在还有很多城市会在这一天举办灯会。

二、选择合适的词语完成句子 Choose the right words to complete the sentences.

1. 他有一种不祥的_____，也许这一走就再也见不到爸妈了。

    A. 预感   B. 预告   C. 寓言   D. 语气

2. 计划往往赶不上变化，总有一些问题_____不到，所以计划制订出来后，有必要的话应该及时进行调整。

A. 浴室   B. 预售   C. 预赛   D. 预见

3. 不论我们承认_____，名人名言在我们生活中发挥的激励作用是不可忽视的。

     A. 预料   B. 与否   C. 预言   D. 渊源

4. 做父母的_____事事帮孩子做，替孩子准备好一切，不如让他们自己闯一闯。

     A. 预兆   B. 尽管   C. 与其   D. 难道

5. 在义务教育阶段，对违反学校管理制度的学生，学校应当_____批评教育，但不得开除。

     A. 原创   B. 缘分   C. 与否   D. 予以

6. 两国_____在这一年一共进行了四次视频会谈，这对两国关系的发展有一定的促进作用。

     A. 元老   B. 元首   C. 寓意   D. 源头

7. 说到底，人才才是国家核心竞争力的_____。

     A. 怨气   B. 月初   C. 源泉   D. 怨言

三、为词语选择合适的位置　Choose the appropriate location for the words.

1. 两国高层领导人 A 的频繁会面 B 着两国 C 关系 D 的改善。（预示）

2. 和学历、文凭 A 相比，B 实际的工作能力 C 变得 D 重要了。（愈来愈）

3. A 复杂的问题 B 经李老师 C 这么一讲，大家 D 都明白了。（原本）

4. 演员在舞台上 A 表演时的 B 信心，C 平时 D 的刻苦训练。（源于）

第 87 单元　Unit 87

◎ 速记　Quick memory

5161 乐器　yuèqì　*n.*　musical instrument　一种乐器；中国传统乐器；演奏乐器

5162 岳父　yuèfù　*n.*　father-in-law　看望岳父；岳父大人

5163 岳母　yuèmǔ　*n.*　mother-in-law　他的岳母；岳母的家

5164 阅历　yuèlì　*v.*　see, hear or do for oneself　他应该出去阅历一番，不能总想着靠父母。
　　　　　　　　　　　n.　experience　阅历很浅；阅历丰富；丰富自己的阅历

5165 悦耳　yuè'ěr　*adj.*　pleasing to the ear　悦耳的音乐；歌声悦耳

5166 越发　yuèfā　*adv.*　more and more　越发严重；越发困难

5167 越过　yuè//guò　cross　越过高山；越过一片草地

5168 晕倒　yūndǎo　faint, pass out　累得晕倒了；因低血糖而晕倒

5169 陨石　yǔnshí　*n.*　aerolite　落下一块陨石；坚硬的陨石

5170 孕妇　yùnfù　*n.*　pregnant woman　照顾孕妇；孕妇专用座位

5171 孕育　yùnyù　*v.*　be pregnant with　孕育了中华文明；孕育新的生命

5172 运河　yùnhé　*n.*　canal　一条运河；挖运河；通过运河运输

5173 运送　yùnsòng　*v.*　transport　运送到目的地；运送农产品

5174 运营　yùnyíng　*v.*　run, operate　开始运营；公司运营得有声有色；正常地运营

5175 运转　yùnzhuǎn　*v.*　revolve; work, operate; organizations, institutions, etc. carry out work　地球绕着太阳运转；运转的轨道；机器运转正常；公司运转良好

5176 酝酿　yùnniàng　*v.*　metaphor of doing preparatory work　酝酿情绪；酝酿一下儿发言稿

5177 韵味　yùnwèi　*n.*　lingering charm, lasting appeal　这首诗很有韵味；韵味十足

5178 蕴藏　yùncáng　*v.*　hold in store, contain　蕴藏着丰富的资源；蕴藏在心中

5179 蕴涵　yùnhán　*v.*　contain　蕴涵着深刻的内容；蕴涵了一个道理

5180 杂技　zájì　*n.*　acrobatics　杂技演员；表演杂技；精彩的杂技

从 5161 ～ 5170 中选择合适的词语填空　Choose the right words from 5161-5170 and fill in the blanks.

1. 地铁上为老、弱、病、残及_____设置了专门的爱心座位。

2. 许多大学生都会做一些兼职或者实习的工作，为的是增加社会_____。

3. 他会演奏钢琴、吉他、笛子等多种_____。

4. 她一早上什么也没吃，连续上了四节课，最终_____了。

5. 你们有什么问题可以先找组长，不要_____上级报告经理。

从 5171 ～ 5180 中选择合适的词语填空　Choose the right words from 5171-5180 and fill in the blanks.

6. 作家创作作品就像女性_____胎儿一样，必须有较长时间的积累和准备。

7. 这个事情我们几个先_____一下儿，等方案比较成熟了再向大家公布。

8. 按照合同的约定,王师傅必须在今天之内把这些货物＿＿＿＿＿到上海。

9. 京杭大＿＿＿＿＿是一条人工河,曾对中国南北地区之间的经济、文化发展与交流起到了巨大的推动作用。

10. 她看书的时候,总喜欢用手指把笔转得飞快,像玩儿＿＿＿＿＿一样。

第 2 部分 Part 2

5181 **杂交** zájiāo v. hybridize 苹果与梨杂交；杂交水稻；通过杂交进行品种改良

5182 **杂乱无章** záluàn-wúzhāng disorderly and unsystematic 这篇文章的论据杂乱无章,需要认真修改。

5183 **砸** zá v. pound; break; fail 搬起石头砸自己的脚；砸核桃；碗砸了；窗被砸了；考砸了；事办砸了

5184 **栽** zāi v. plant; impose; tumble 栽了很多树；给他栽了一个罪名；栽了一跤

5185 **栽培** zāipéi v. cultivate, foster, educate 栽培果树；栽培技术；感谢老师对我们的栽培

5186 **宰** zǎi v. slaughter (domestic animals) 宰了一头牛；把羊宰了

5187 **再度** zàidù adv. once more, once again 再度失败；再度被选为班长

5188 **再现** zàixiàn v. (of a past event) reappear 再现在眼前；在银幕上再现

5189 **在线** zàixiàn v. be online 在线会议；在线课程；在线拍卖

5190 **在意** zài//yì (usually used in the negative) take notice of, care about 他很在意别人的评价；对这些小事完全不在意

5191 **在职** zàizhí v. be on the job 在职干部；在职期间；在职读研究生

5192 **载体** zàitǐ n. carrier, vehicle, medium 不同的载体；传播载体

5193 **攒** zǎn v. accumulate, save 攒了一笔钱；把钱攒起来；攒了很长时间

5194 **暂** zàn adv. temporarily 暂住一段时间；暂不开放；暂停营业

5195 **赞不绝口** zànbùjuékǒu be profuse in praise 他对新学校赞不绝口:同学好、老师好,伙食也很好。

5196 **赞美** zànměi v. praise 赞美祖国；受到人们的赞美；对……大加赞美

5197 **赞叹** zàntàn v. gasp in/with admiration 令人赞叹；由衷地赞叹；赞叹大自然的神奇

5198 **赞叹不已** zàntàn-bùyǐ praise continuously 这里的美景让人赞叹不已,大家纷纷拿起相机拍照留念。

5199 **赞同** zàntóng v. approve of, agree with 赞同他的主张；不赞同这种做法；得到了大多数人的赞同

5200 **赞许** zànxǔ v. speak favourably of, praise 大加赞许；值得赞许；赞许他的英勇行为；表示赞许

从 5181～5190 中选择合适的词语填空 Choose the right words from 5181-5190 and fill in the blanks.

1. 张教授一心钻研学术,从不＿＿＿＿＿经济待遇、荣誉表彰这些身外之物。

2. 时隔十年,这个国家＿＿＿＿＿出现了严重的经济危机。

3. 袁隆平发现,将种植稻和野生稻进行＿＿＿＿＿,可以极大地提高水稻的产量。

4. _____ 教育可以跨越时间和空间的障碍，得到了越来越广的应用。

5. 通过认真的调查和分析，警察们 _____ 了案件发生时的现场情况。

从 5191～5200 中选择合适的词语填空　Choose the right words from 5191-5200 and fill in the blanks.

6. 很多人不 _____ 经理的这个计划，觉得太冒险了。

7. 语言是思维的 _____，没有语言，思维就不可能向更高的水平发展。

8. 人们越来越重视继续学习、终身学习，_____ 攻读学位的人越来越常见。

9. 受台风的影响，两地之间的客运轮船已 _____ 停。

10. 这些邮票是我 _____ 了十几年的成果，每一张都不简单，每一张都有故事。

第 3 部分　Part 3

5201　赞扬　zànyáng　v.　speak highly of, praise　赞扬好人好事；受到了人们的赞扬

5202　葬　zàng　v.　bury　把他葬在西山；安葬亲人；火葬

5203　葬礼　zànglǐ　n.　funeral　为他举行葬礼；参加葬礼；在葬礼上

5204　遭殃　zāo//yāng　suffer a disaster　跟着一起遭殃；让很多人遭了殃

5205　凿　záo　v.　cut a hole, chisel, dig　在墙上凿了一个洞；把船凿沉了；凿井

5206　早年　zǎonián　n.　many years ago　早年在北京上的大学；早年的经历

5207　早日　zǎorì　adv.　early, soon　早日康复；早日毕业

　　　　　　　　n.　former days　失去了早日的繁华

5208　枣　zǎo　n.　jujube, (Chinese) date　红枣；打枣；买了一斤枣

5209　造福　zàofú　v.　bring benefit to, benefit　造福老百姓；为后人造福；造福于人民

5210　造假　zàojiǎ　v.　manufacture fake products, forge　财务造假；靠造假获得利润

5211　造价　zàojià　n.　cost (of building or manufacture)　造价高昂；降低造价；选择造价低的产品

5212　造就　zàojiù　v.　bring up　造就了这里优美的环境；造就了他坚强的性格

　　　　　　　　n.　(usually of young people) achievements　在文学上很有造就；造就颇高

5213　造纸术　zàozhǐshù　n.　papermaking technology　古老的造纸术；造纸术的发展与传播

5214　噪声　zàoshēng　n.　noise　机器的噪声；噪声很大；消除噪声

5215　噪音　zàoyīn　n.　noise　窗外的噪音；巨大的噪音；噪音污染

5216　则[1]　zé　conj.　used to indicate continuity, cause, transition, contrast, concession, etc.　春天一到，则鲜花盛开；这种材料遇热则变软；欲速则不达；这篇文章太长，那篇则太短；好则好，就是价格太贵

5217　则[2]　zé　m.　(a measure word for news, writing, etc.) piece, item　一则新闻；日记三则

5218　责备　zébèi　v.　reproach　责备他人；受到责备

5219　责怪　zéguài　v.　blame　别责怪他；不停地责怪

5220　贼　zéi　n.　thief; traitor; evil　偷车贼；卖国贼；贼性不改

从 5201～5210 中选择合适的词语填空　Choose the right words from 5201-5210 and fill in the blanks.

　　1. 今年长江中下游的干旱时间长、范围广，很多农作物都_____了。

　　2. 这篇报告文学_____了他一心为群众着想、为群众事业不懈奋斗的精神。

　　3. 政府为牺牲的警察举办了_____，很多市民自发前往。

　　4. 我祝你_____找到你的"白马王子"，过上幸福的生活。

　　5. 我们杂志社绝不容忍抄袭等学术_____的行为。

从 5211～5220 中选择合适的词语填空　Choose the right words from 5211-5220 and fill in the blanks.

　　6. 这种药效果很好，但_____昂贵，普通的患者根本负担不起。

　　7. _____是中国古代四大发明之一。

　　8. 江南优美的自然环境_____了这里人们温柔、细腻的性格特点。

　　9. 俗话说："不怕_____偷，就怕_____惦记。"意思是潜在的风险危害更大。

　　10. 人们在形容女子的身材完美时常说："多一点儿_____肥，少一点儿_____瘦。"

◎重点词语　Focus words

1. 越发

　　副词，与过去相比，程度加深，更加。例如：

　　（1）最近小王升职了，工作也越发勤奋了。

　　（2）穿这么鲜艳的衣服，越发显得喜庆了。

　　（3）天气越冷，燃料短缺的现象就越发严重。

2. 杂乱无章

　　又多又乱，没有条理。例如：

　　（1）过去这里的房子盖得杂乱无章，哪里有空地就盖在哪里。

　　（2）他的房间看似杂乱无章，其实有他自己的安排。

　　（3）书籍要分类放好，不要杂乱无章地堆在一起。

3. 再度

　　副词，第二次，又一次。例如：

　　（1）新年才过去一个月，股票市场就再度出现了大幅下跌的情况。

　　（2）两家公司之间的谈判再度破裂，大家对合作的信心也减少了很多。

　　（3）政府制定了新的开发规划，这个片区再度迎来了高速发展的机会。

4. 暂

　　副词，暂时，短时间的。例如：

　　（1）项目暂停了。

　　（2）当有记者问到这个问题时，发言人的回答是："暂无进一步的信息可以提供。"

　　（3）考试成绩暂未公布，请耐心等待。

5. 赞不绝口

不停地说赞美的话，形容对人或事物十分欣赏。例如：

（1）对这一届的政府，老百姓们都赞不绝口。

（2）看了小王写的论文，张教授赞不绝口。

（3）吃完饭后，大家对这家餐馆的菜肴和服务都赞不绝口。

6. 赞叹不已

不停地称赞。例如：

（1）这个球队在比赛中的表现令人赞叹不已。

（2）时隔三十年，他再次回到家乡，对家乡的发展变化赞叹不已。

（3）演员们表现出来的高超技艺令观众们赞叹不已。

◎ 速练　Quick practice

一、选择合适的词语填空　Choose the right words and fill in the blanks.

（一）　　　　　　A. 砸　B. 栽　C. 凿　D. 葬　E. 攒　F. 宰

1. 他打算_____够了钱，就回乡盖房，娶媳妇。

2. 孙中山先生_____在南京紫金山南边的山脚下，后来那里就叫"中山陵"。

3. 他本来以为这个职位一定是自己的，却没想到在这种小事上面_____了跟头。

4. 他在这个火锅店上已经_____进去不少钱了。

5. 春节前，家家都忙着杀鸡_____羊，准备丰盛的年夜饭。

（二）　　　　A. 则　B. 枣　C. 暂　D. 责怪　E. 杂乱无章　F. 赞叹不已

1. 我并没有_____你，只是希望你弄清楚考试失败的原因，避免下次出现同样的错误。

2. 这本书的第九课是《寓言三_____》。

3. 有人说："一日吃三_____，六十不显老。"这是在强调_____的保健功能。

4. 游客们对九寨沟的美丽风景_____，纷纷拿出手机拍照留念。

5. 她的衣服总是_____地堆在床上，每次都要找半天才能找到合适的。

二、选择合适的词语完成句子　Choose the right words to complete the sentences.

1. 科学家们判断这是一块来自外太空的_____。
　A. 化石　　　　　　B. 陨石　　　　　　C. 礁石　　　　　　D. 基石

2. 几个女演员穿着中国传统服装表演节目，显得别有一番_____。
　A. 韵味　　　　　　B. 口味　　　　　　C. 美味　　　　　　D. 卤味

3. 目前，这家公司在市区的五个门店都_____正常，没有受到太大影响。
　A. 运营　　　　　　B. 蕴藏　　　　　　C. 酝酿　　　　　　D. 运作

4. 《庄子》这本书中有很多小故事，这些小故事里往往_____着大道理。
　A. 越过　　　　　　B. 运转　　　　　　C. 蕴涵　　　　　　D. 藏匿

5. 我总觉得孩子们的读书声是世上最_____的声音。

    A. 在意   B. 悦耳   C. 喜悦   D. 倾听

6. 他从小立下志愿，要发展科学技术，_____全人类。

    A. 赞不绝口   B. 造福   C. 抱负   D. 赞叹

7. 这首歌的歌词_____了自由和新世界的诞生。

    A. 赞同   B. 噪音   C. 造就   D. 赞美

三、为词语选择合适的位置　　Choose the appropriate location for the words.

1. 看见妈妈 A 走了过来，B 那个摔倒的孩子哭得 C 厉害 D 了。（越发）

2. 唉，这次期末考试又 A 考 B 了，很多会做的题都做 C 错 D 了。（砸）

3. 学校拆迁 A 后 B，这里就 C 没有了 D 的喧闹。（早年）

4. 这些都是 A 由世界 B 知名 C 大学提供的免费 D 课程。（在线）

第 88 单元　Unit 88

◎ 速记　Quick memory

5221 增收　zēngshōu　v.　increase income　设法帮助农民增收；增收的途径

5222 增添　zēngtiān　v.　add　增添人手；增添信心；不断增添

5223 扎根　zhā//gēn　root, grow roots; take root　扎根在悬崖边；深深地扎根于人民；扎根基层

5224 渣子　zhāzi　n.　dregs, broken bits　煤渣子；面包渣子；掉渣子

5225 闸　zhá　n.　floodgate, sluice gate; brake; switch　开闸放水；船闸；紧紧捏住车闸；踩下脚闸；拉闸断电

5226 炸　zhá　v.　fry in deep fat or oil, deep-fry　炸花生米；炸得很脆；放在油里炸一炸

5227 眨眼　zhǎ//yǎn　wink, twinkle　朝他眨眼；不停地眨眼；一眨眼的工夫

5228 诈骗　zhàpiàn　v.　defraud　诈骗群众；诈骗了很多钱；诈骗罪

5229 榨　zhà　v.　press, extract　榨油；榨干最后一滴血汗；把工人榨干了

5230 窄　zhǎi　adj.　narrow; petty　道路很窄；窄街窄巷；心眼儿很窄

5231 债务　zhàiwù　n.　debt　一笔十万元的债务；债务很多；还清了债务

5232 占卜　zhānbǔ　v.　practise divination, divine　对未来进行占卜；用纸牌占卜；占卜的方法

5233 沾　zhān　v.　moisten; be stained with; touch; get sth. out of association with sb. or sth.　纸被沾湿了；鞋上沾了泥；忙起来脚不沾地；跟着沾点儿好处

5234 沾光　zhān//guāng　benefit from association with sb. or sth.　让他沾光；跟着沾光；沾了住在路边的光

5235 粘　zhān　v.　glue, stick　粘信封；把两张纸粘在一起；粘牢

5236 瞻仰　zhānyǎng　v.　look at with reverence　瞻仰人民英雄纪念碑；供人们瞻仰

5237 斩　zhǎn　v.　chop, slay　斩断；斩骨刀

5238 斩草除根　zhǎncǎo-chúgēn　cut the weeds and dig up the roots — stamp out the source of trouble　一定要将恐怖主义斩草除根，否则将来还会有人受伤害。

5239 盏　zhǎn　m.　a measure word for lamps　一盏电灯

5240 展出　zhǎnchū　v.　put on display, exhibit　展出作品；正在展出；在一楼展出

从 5221～5230 中选择合适的词语填空　Choose the right words from 5221-5230 and fill in the blanks.

1. 七月的天气说变就变，刚刚还晴空万里，_____就下起了大雨。

2. 虽然警方一直在打击，但是电信_____还是经常发生，骗人的方式也不断"更新"。

3. 小品艺术_____于老百姓的生活，深受人们喜爱。

4. 实行家庭联产承包责任制后，农民_____了不少，生活比以前好多了。

5. 有人认为，传统方法_____出的油味道更好，比机器生产的好吃。

从 5231～5240 中选择合适的词语填空　Choose the right words from 5231-5240 and fill in the blanks.

6. 这个村子里每周都放电影，附近村的人也能来_____。

7. 博物馆的一楼正在_____宋代的书画作品，几乎每一幅都是国宝。

8. 这张报名表上还需要_____一张两寸的照片，你手里有吗？

9. 经过近十年的努力，夫妻二人终于将结婚、买房欠下的_____还完了。

10. 上周末，我们一起去_____了革命烈士纪念碑。

第 2 部分　Part 2

5241 **展览会** zhǎnlǎnhuì　*n.*　exhibition　参加展览会；在展览会上展出；精彩的展览会

5242 **展望** zhǎnwàng　*v.*　look ahead, forecast　展望未来；新世纪的展望

5243 **崭新** zhǎnxīn　*adj.*　completely new　崭新的衣服；崭新的成果；崭新的阶段

5244 **占用** zhànyòng　*v.*　occupy and use, take up (time)　占用了我们的教室；被占用了很长时间；占用你十分钟

5245 **站立** zhànlì　*v.*　stand　无法站立；站立起来；站立在山顶之上

5246 **绽放** zhànfàng　*v.*　(of flowers) burst forth, come into bloom　桃花绽放；即将绽放；绽放了无数鲜花

5247 **蘸** zhàn　*v.*　dip in (ink, sauce, etc.)　蘸一点儿墨水；蘸着蜂蜜吃；蘸一蘸酱油

5248 **张灯结彩** zhāngdēng-jiécǎi　be decorated with lanterns and coloured streamers　春节快到了，到处都张灯结彩。

5249 **张贴** zhāngtiē　*v.*　put up (a notice, poster, etc.)　张贴海报；禁止张贴广告

5250 **张扬** zhāngyáng　*v.*　make widely known, make public　不要太张扬；四处张扬；张扬出去

5251 **长辈** zhǎngbèi　*n.*　elder, senior　尊重长辈；给长辈让座

5252 **长相** zhǎngxiàng　*n.*　looks, features　长相秀美；奇特的长相

5253 **掌管** zhǎngguǎn　*v.*　be in charge of　掌管着一个部门；由专人掌管

5254 **帐篷** zhàngpeng　*n.*　tent　一顶帐篷；搭帐篷；住在帐篷里；把帐篷拆了

5255 **帐子** zhàngzi　*n.*　mosquito net, bed-curtain　挂着帐子；结实的帐子

5256 **账单** zhàngdān　*n.*　bill　一份账单；开账单；把账单结一下儿

5257 **账号** zhànghào　*n.*　account number　把账号给我；填写你的账号；银行账号

5258 **胀** zhàng　*v.*　expand; swell　热胀冷缩；胀得很大；肚子有点儿胀

5259 **招标** zhāo//biāo　invite tenders/bids at public bidding　对这个工程进行招标；参加招标；招标会

5260 **招待** zhāodài　*v.*　serve (customers)　招待一下儿；招待客人；招待得很好；感谢您的热情招待

从 5241～5250 中选择合适的词语填空　Choose the right words from 5241-5250 and fill in the blanks.

1. 这双鞋还是_____的，从买回来就一直放在那儿，没穿过。

2. 春天到了，杏花、桃花、梨花，竞相_____。

3. 楼门口的墙上_____着各种通知和启事。

4. 小王个性_____，喜欢表现自己，享受受人关注的感觉。

5. 篮球场被一群跳广场舞的老太太_____了，我们去干点儿别的吧。

从 5251～5260 中选择合适的词语填空　Choose the right words from 5251-5260 and fill in the blanks.

6. 服务员，麻烦你把_____拿来，我来付款。

7. 按照规定，学校对新教学楼的施工工程进行了公开_____，并且将结果公示了两个星期。

8. 这种_____内部空间很大，防风防雨，很适合在野外使用。

9. 他们现在既要赡养_____，还要照顾三个孩子，经济压力比较大。

10. 我找女朋友要求不高，_____端正、心地善良就可以了。

第3部分　Part 3

5261 **招待会** zhāodàihuì　*n.*　reception　举办招待会；在招待会上；盛大的招待会

5262 **招揽** zhāolǎn　*v.*　solicit (customers or business)　招揽顾客；招揽生意

5263 **招募** zhāomù　*v.*　recruit　招募志愿者；招募新兵

5264 **招牌** zhāopai　*n.*　shop sign　挂着一块招牌；醒目的招牌；招牌上写着……

5265 **招收** zhāoshōu　*v.*　recruit, take in　招收新社员；招收了50人；开始招收

5266 **招数** zhāoshù　*n.*　movement in *wushu* or move in chess; trick　武术招数；厉害的招数；使出了种种招数；诈骗招数

5267 **朝气蓬勃** zhāoqì-péngbó　full of youthful spirit　学生们一个个朝气蓬勃，充满了活力。

5268 **朝三暮四** zhāosān-mùsì　change one's mind frequently　这个人朝三暮四，不值得信任。

5269 **朝夕相处** zhāoxī-xiāngchǔ　be together morning and night　王老师和同学们朝夕相处，对他们非常了解。

5270 **着迷** zháo//mí　be fascinated　对中国文化着迷；听得着了迷

5271 **沼泽** zhǎozé　*n.*　marsh, swamp　一片沼泽；生长在沼泽里

5272 **召集** zhàojí　*v.*　call together　召集大家开会；把大家召集起来

5273 **兆头** zhàotou　*n.*　sign, omen　不好的兆头；发现了暴风雨的兆头

5274 **照办** zhào//bàn　act accordingly　无法照办；一一照办；照经理的意思办

5275 **照常** zhàocháng　*v.*　do as usual　明天的会议照常。

　　　　　　　　　　　adv.　as usual　照常上课；照常比赛

5276 **照例** zhàolì　*adv.*　as usual　照例起得很早；照例放假一天

5277 **照料** zhàoliào　*v.*　take care of　照料孩子；照料病人；照料家里的牛羊

5278 **照明** zhàomíng　*v.*　illuminate, light　照明灯；照明设备

5279 **罩** zhào　*v.*　cover, overspread　用布把家具罩起来；外面罩着雨衣

　　　　　　　　　　　n.　cover, shade　灯罩；玻璃罩；汽车的引擎罩

5280 **肇事** zhàoshì *v.* cause an accident, cause trouble　交通<u>肇</u>事；找到<u>肇</u>事者；<u>肇</u>事后逃跑

从 5261～5270 中选择合适的词语填空　Choose the right words from 5261-5270 and fill in the blanks.

1. 火车站外面停着很多出租车，司机们拿着喇叭_____生意。

2. 我所有的_____都用了，现在是完全没有办法了。

3. 学院为新同学准备了一个_____，帮助大家快速地熟悉校园生活。

4. 街道两边挂满了各式各样、五颜六色的_____。

5. 很多外国朋友对打麻将非常_____，还经常举行麻将比赛呢。

从 5271～5280 中选择合适的词语填空　Choose the right words from 5271-5280 and fill in the blanks.

6. "早上的大雾是晴天的_____"，这句话在大多数情况下是正确的。

7. 房间里的_____条件不是很好，看书、写字很费劲。

8. 交警调查了近一个月，终于把逃跑的_____者抓住了。

9. 你不用再说了，我怎么说，你_____就行了。

10. 山脚下的那片_____里有很多鳄鱼，没有人敢从那里经过。

◎重点词语　Focus words

1. 扎根

比喻深入到人群或者事物中去，打下基础。例如：

（1）这些年，他<u>扎根</u>农村，对"三农"问题有一定的了解。

（2）文学创作应该<u>扎根</u>于生活，从生活中来，到生活中去。

（3）他一心<u>扎根</u>边疆，把自己的青春奉献给祖国的边防。

2. 斩草除根

比喻彻底解决问题，不留麻烦。例如：

（1）对于这种丑恶的社会现象，就应该<u>斩草除根</u>，以免留下后患。

（2）目前的医学水平还不能将这种疾病<u>斩草除根</u>，只能控制病情不再恶化。

（3）解决问题要一步步来，而且不要指望有什么<u>斩草除根</u>的办法。

3. 占用

动词，占有并且使用（时间、地方等）。例如：

（1）消防通道任何人都不得<u>占用</u>！

（2）对不起，能不能<u>占用</u>您一点儿时间，我想请教您几个问题。

（3）这间会议室已经被人<u>占用</u>了，我们再看看其他地方吧。

4. 张灯结彩

挂着彩灯和彩带，用来形容喜庆、热闹的场面。例如：

（1）老王家办喜事，到处<u>张灯结彩</u>，人人喜气洋洋。

（2）春节快到了，城市里<u>张灯结彩</u>，一片祥和。

（3）街道上张灯结彩，欢迎胜利而归的军队。

5. 招标

在做工程或交易时，公布标准和条件，吸引人承包或买卖。例如：

（1）政府采购一般都会采取公开招标的方式。

（2）日前，区政府对新华街绿化项目进行了招标。

（3）主任，招标书我已经写好了，请您过目。

6. 朝气蓬勃

比喻积极进取、精神振奋的状态。例如：

（1）年轻人朝气蓬勃，代表着未来。

（2）他这个人工作起来永远都是朝气蓬勃，不知疲倦。

（3）看着学生们朝气蓬勃的样子，王老师打心眼儿里感到高兴。

7. 朝三暮四

现多用来形容人反复不定，变化无常。例如：

（1）小说中的吕布是个朝三暮四的人，不值得信赖。

（2）人们把感情上朝三暮四的男人叫作"花花公子"。

（3）公司的发展方向应该有一定的稳定性，不能朝三暮四，说改就改。

8. 朝夕相处

从早上到晚上都在一起。例如：

（1）这些年，我和她朝夕相处，对她非常了解。

（2）二人在朝夕相处中渐渐产生了感情，变得谁也离不开谁。

（3）王老师和同学们朝夕相处，成了大家最信任的人。

9. 照常

动词，跟平常一样。例如：

（1）就算明天下雨，比赛也照常。

副词，表示情况继续不变。例如：

（2）太阳每天照常升起，但这个世界却处在不断变化中。

（3）小王，你通知大家一下儿，今天下午的项目例会照常进行。

◎**速练** Quick practice

一、选择合适的词语填空 Choose the right words and fill in the blanks.

（一）　　　　A. 闸　B. 炸　C. 榨　D. 窄　E. 粘　F. 斩

1. 邮票的反面本就刷有胶水，你用水打湿一下儿就能＿＿＿＿＿到信封上去了。

2. 这架飞机座椅之间的距离太＿＿＿＿＿了，起身上个厕所什么的很不方便。

3. 可能是电＿＿＿＿＿坏了，一整栋楼就我家里没电。

4. 先把鸡煮熟，再＿＿＿＿＿成小块，淋上酱油、醋就可以吃了。

5. 大家都说油_____的食品不健康，但我看见了_____薯条还是忍不住想吃。

（二）　　　　　A. 盏　B. 蘸　C. 胀　D. 罩　E. 展览会　F. 招待会

1. 在_____上，很多公司展出了自己研发的最新产品，吸引了很多观众。

2. 在我的印象中，小时候最好吃的东西就是炸馒头片_____蜂蜜。

3. 房间里的摆设很简单，一张床、一张书桌、一把椅子和一_____台灯。

4. 这个菜在做之前应该用水泡一泡，等_____大变软再炒。

5. 在油灯外面_____一层玻璃，不仅不怕风吹，还可以让灯光更亮。

二、选择合适的词语完成句子　Choose the right words to complete the sentences.

1. 看他家里里外外_____，一定是有什么喜事吧？
　　A. 张扬　　　　　B. 张灯结彩　　　　C. 辉煌　　　　　D. 照耀

2. 士兵们_____成一排，静静等待着出发的命令。
　　A. 展望　　　　　B. 绽放　　　　　　C. 展出　　　　　D. 站立

3. 经理生病请假了，公司的日常事务暂时由副经理_____。
　　A. 掌管　　　　　B. 招待　　　　　　C. 招揽　　　　　D. 着迷

4. 登山队在半山腰搭起了_____，准备在这里过夜。
　　A. 帐篷　　　　　B. 帐子　　　　　　C. 账单　　　　　D. 账号

5. 到了战争后期，为了对抗敌人的进攻，他们只好_____了大量的新兵。
　　A. 照明　　　　　B. 照办　　　　　　C. 招募　　　　　D. 召集

6. 一大家人生活在一起，_____，有时难免会产生一些矛盾。
　　A. 招收　　　　　B. 朝气蓬勃　　　　C. 朝三暮四　　　D. 朝夕相处

7. 经过一段时间的精心_____，老人慢慢地恢复了健康，能下地活动了。
　　A. 照例　　　　　B. 照料　　　　　　C. 兆头　　　　　D. 肇事

三、为词语选择合适的位置　Choose the appropriate location for the words.

1. 我们 A 能来 B 看这次演出，都是因为 C 了他的光，要谢就 D 谢他吧。（沾）

2. A 二十一世纪 B，中国必将 C 实现民族复兴的 D 中国梦。（展望）

3. 这件事 A 你知道 B 就行了，千万 C 不要 D 出去。（张扬）

4. 中午他又去了 A 那家餐馆 B，C 点了一份牛肉面、两个 D 卤味鸡蛋。（照例）

第89单元　Unit 89

◎ 速记　Quick memory

第1部分　Part 1

5281 **折腾** zhēteng *v.* turn from side to side; do sth. over and over again; torment; squander
折腾了几十分钟也没睡着；为了办这件事，我来回折腾了好几回；这病太折腾人了；家里这点儿钱全让他折腾没了

5282 **遮** zhē *v.* cover, hide; block, obstruct; conceal 云把太阳遮住了；横遮竖挡；遮不住内心的喜悦

5283 **遮盖** zhēgài *v.* cover; conceal 大雪遮盖了道路；遮盖自己的缺点

5284 **折叠** zhédié *v.* fold 折叠起来；折叠得非常整齐；折叠刀；折叠床

5285 **折合** zhéhé *v.* convert into 一美元现在折合多少人民币？

5286 **折扣** zhékòu *n.* discount 打了折扣；没有折扣；折扣不多

5287 **折磨** zhé·mó *v.* torment 受折磨；折磨了很长时间；折磨人

5288 **折射** zhéshè *v.* refract; reflect 产生折射；折射出不同的颜色；折射了社会的发展历程

5289 **这会儿** zhèhuìr *pron.* now 这会儿图书馆没什么人。

5290 **这样一来** zhèyàng-yìlái thus, therefore 老师给大家看了一张图片，这样一来，大家就都明白了。

5291 **针锋相对** zhēnfēng-xiāngduì give tit for tat 双方针锋相对，谁也不让着谁。

5292 **针灸** zhēnjiǔ *n.* acupuncture and moxibustion 针灸的方法；学习针灸；用针灸治疗

5293 **侦察** zhēnchá *v.* reconnoitre, scout 对地形进行侦察；侦察敌人的情况；侦察兵；侦察卫星

5294 **珍藏** zhēncáng *v.* collect, treasure 珍藏多年；珍藏了很多书
　　　　　　　　　n. collection, treasure 展示自己的珍藏

5295 **珍视** zhēnshì *v.* value, cherish 非常珍视今天的美好生活；对两国之间的友谊非常珍视

5296 **珍重** zhēnzhòng *v.* highly value, take good care of oneself 珍重生命；珍重人才；别后珍重；互道珍重

5297 **真假** zhēnjiǎ *n.* true or false 真假难辨；判断真假

5298 **真空** zhēnkōng *n.* vacuum 真空环境；真空包装；出现了真空地带

5299 **真情** zhēnqíng *n.* truth; true feelings 一片真情；了解真情；揭露真情；真情实感

5300 **真是的** zhēnshide *used to express displeasure or annoyance* 你也真是的，这么晚才来！

从 5281 ～ 5290 中选择合适的词语填空　Choose the right words from 5281-5290 and fill in the blanks.

1. 他_____正好在办公室，你去办公室找他吧。

240

2. 她每天起床后都把被子_____得整整齐齐的。

3. 今天你们店里的商品有没有什么_____？

4. 近年来，青少年肥胖率上升，这也_____出人民的生活条件得到了改善。

5. 这五万元人民币需要_____成欧元结算。

从 5291～5300 中选择合适的词语填空　Choose the right words from 5291-5300 and fill in the blanks.

6. 这些年他的来信，小莉都像宝贝一样_____着，她一直期待着和他团圆。

7. 雨下了三天还不停，_____！

8. 如果能把食品袋抽成_____，那袋子里面的东西就可以保存更长时间。

9. 班长让他夜里先去_____一下儿，把敌人的情况摸清楚。

10. 中医_____是门复杂的学问，在临床应用上的效果很好。

第2部分　Part 2

5301 **真心** zhēnxīn　n.　wholeheartedness, sincerity　一片真心；真心话；真心希望

5302 **真挚** zhēnzhì　adj.　sincere　真挚的友谊；感情真挚

5303 **诊所** zhěnsuǒ　n.　clinic　开了一个诊所；私人诊所；在诊所里

5304 **枕头** zhěntou　n.　pillow　两个枕头；把枕头枕在头下

5305 **阵容** zhènróng　n.　line-up　阵容强大；调整了阵容

5306 **阵营** zhènyíng　n.　encampment, camp　来自不同的阵营；加入这个阵营；分为两个阵营

5307 **振奋** zhènfèn　adj.　high-spirited　令人非常振奋
　　　　　v.　inspire, stimulate　振奋人心；振奋精神

5308 **振兴** zhènxīng　v.　develop vigorously, promote　振兴中华；振兴教育事业；民族振兴

5309 **振作** zhènzuò　adj.　spirited　精神振作；士气振作
　　　　　v.　gather oneself together　振作精神；振作起来

5310 **震** zhèn　v.　shake; be shocked; quake　震得耳朵疼；心头一震；晚上又连着震了几次

5311 **震动** zhèndòng　v.　shake; shock　火车震动了一下儿，开动了；震动全国人民

5312 **震撼** zhènhàn　v.　shock　震撼人心；震撼世界；强烈的震撼；震撼上市

5313 **镇定** zhèndìng　adj.　calm　表现镇定；保持镇定
　　　　　v.　calm down　努力镇定自己；情绪终于镇定下来了

5314 **争吵** zhēngchǎo　v.　quarrel　争吵不休；发生了激烈的争吵

5315 **争端** zhēngduān　n.　controversial issue, dispute　国际争端；引起争端；两国之间的争端；激烈的争端

5316 **争分夺秒** zhēngfēn-duómiǎo　race/work against time, make every minute and second count　比赛剩下的时间不多了，我们必须争分夺秒。

5317 **争光** zhēng//guāng　win honour/glory for　为国争光；替我们学校争了光

5318 **争气** zhēng//qì　try to make a good showing, try to win credit for　孩子很争气；身体不争气；为爸爸妈妈争一口气

5319 **争先恐后** zhēngxiān-kǒnghòu　strive to be the first and fear to lag behind　比赛时同
　　　　学们你追我赶，<u>争先恐后</u>。

5320 **争执** zhēngzhí　v.　dispute, argue　避免与人<u>争执</u>；<u>争执</u>了一段时间；发生了激烈的
　　　　<u>争执</u>

从 5301～5310 中选择合适的词语填空　Choose the right words from 5301-5310 and fill in the blanks.

　　1. 这篇文章感情_____，生动地描写了小作者的内心世界。

　　2. 今天晚上演出的演员_____非常"豪华"，包括许多国内外的明星。

　　3. 乡村_____既要靠国家的政策，也要靠每个人的努力。

　　4. 大学毕业后，他自己开了一个牙医_____，收入还不错。

　　5. 要坐十几个小时的飞机，你带个小_____吧，这样舒服一点儿。

从 5311～5320 中选择合适的词语填空　Choose the right words from 5311-5320 and fill in the blanks.

　　6. 课堂上经常能看到孩子们_____举手发言的场景。

　　7. 医生给他打了_____剂，很快他就平静下来，沉沉睡去了。

　　8. 两国之间的领土_____由来已久，解决起来不容易。

　　9. 在课堂上我们应该_____，认真听讲，做好笔记。

　　10. 小刘刚进公司一个月就当上了经理，这件事对大家_____很大，大家都看到
　　　　了公司人事改革的决心。

第 3 部分　Part 3

5321 **征** zhēng　v.　recruit; levy, impose, collect; expropriate; ask for　<u>征</u>兵；向企业<u>征</u>税；
　　　　<u>征</u>地；登报<u>征</u>婚

5322 **征集** zhēngjí　v.　collect publicly; call up　<u>征集</u>大家的意见；<u>征集</u>文献资料；<u>征集</u>
　　　　新兵

5323 **征收** zhēngshōu　v.　levy　<u>征收</u>营业税；向进口商品<u>征收</u>关税；<u>征收</u>20% 的个人
　　　　所得税

5324 **挣扎** zhēngzhá　v.　struggle　痛苦地<u>挣扎</u>；<u>挣扎</u>着坐了起来；不停地<u>挣扎</u>

5325 **症结** zhēngjié　n.　crux, crucial reason　<u>症结</u>在于……；找到了问题的<u>症结</u>

5326 **睁** zhēng　v.　open (one's eyes)　<u>睁</u>开双眼；困得<u>睁</u>不开眼睛

5327 **蒸** zhēng　v.　steam　<u>蒸</u>包子；<u>蒸</u>熟

5328 **拯救** zhěngjiù　v.　save, rescue　<u>拯救</u>大自然；自我<u>拯救</u>；获得了<u>拯救</u>

5329 **整合** zhěnghé　v.　integrate, consolidate　<u>整合</u>了大量资源；<u>整合</u>同类课程

5330 **整洁** zhěngjié　adj.　clean and tidy, neat　<u>整洁</u>的房间；衣着<u>整洁</u>

5331 **整数** zhěngshù　n.　integer; round number　<u>整数</u>部分；保留<u>整数</u>；凑个<u>整数</u>；给个
　　　　<u>整数</u>

5332 **正面** zhèngmiàn　n.　front; the obverse side　大楼的<u>正面</u>；从<u>正面</u>进攻；身份证<u>正面</u>
　　　　　　　 adj.　positive; direct　<u>正面</u>教育；<u>正面</u>引导；<u>正面</u>提出来；<u>正面</u>
　　　　　　　 冲突

5333 **正能量** zhèngnéngliàng *n.* positive energy 传播正能量；社会正能量；催人奋进的正能量

5334 **正视** zhèngshì *v.* face squarely; take it seriously 正视她的眼睛；正视困难；正视自己的缺点

5335 **正直** zhèngzhí *adj.* honest, fair-minded 正直的人；为人正直；正直可靠

5336 **正宗** zhèngzōng *n.* orthodox school 文学正宗；少林正宗
                                           adj. genuine 正宗的川菜；味道不太正宗

5337 **证人** zhèng·rén *n.* witness 寻找证人；重要的证人

5338 **郑重** zhèngzhòng *adj.* serious, solemn 态度郑重；郑重声明

5339 **之**[1] zhī *pron.* used in place of an objective noun or pronoun; used in certain set phrases without definite designation 为之感动；取而代之；有过之而无不及；三个人中我最大，小王次之，小李又次之；久而久之

5340 **之**[2] zhī *part.* used between an attribute and the word it modifies; used between the subject and the predicate so as to make the original structure nominalized 失踪之人；原因之一；无价之宝；千里之外；战斗之激烈，前所未见

从 5321～5330 中选择合适的词语填空 Choose the right words from 5321-5330 and fill in the blanks.

1. 房间_____，人的心情也会舒畅。

2. 昨晚我怎么也睡不着，只能_____眼等天亮。

3. 学院在留学生宿舍的一楼设置了一个意见箱，用来_____大家的意见。

4. 学校对课程进行了系统的_____，教学质量有了明显的提升。

5. 这次失败的_____就在于市场调查不充分，对市场的预估不足。

从 5331～5340 中选择合适的词语填空 Choose the right words from 5331-5340 and fill in the blanks.

6. 老吴是个_____的人，从来不会做当面一套、背后一套的事。

7. 见义勇为是社会_____，应该大力弘扬。

8. 如果你有什么不同的意见，可以_____提出来，不要背后抱怨。

9. 一共 302 元，收您一个_____——300 元。

10. 问题_____严重，出乎所有人的意料。

◎重点词语 Focus words

1. 这样一来

插入语，表示下文是上文的结果。例如：

（1）你解释得十分清楚，这样一来，我就全明白了。

（2）她每周都坚持去社区做义工，可这样一来，她休息的时间就变少了。

（3）爸爸修好了屋顶，这样一来，我们再也不怕下雨了。

2. 针锋相对

针尖对着针尖，比喻双方观点、方案等完全相反。例如：

（1）辩论赛上，双方选手针锋相对，谁也说服不了谁。

（2）写文章没有必要处处跟别人<u>针锋相对</u>，要多提建设性的解决方案。

（3）这是一个与我们完全<u>针锋相对</u>的观点，我们会慎重考虑的。

3.真是的

表示不开心或者不满意。例如：

（1）房间这么小，房租还年年涨，<u>真是的</u>。

（2）<u>真是的</u>，你怎么不早点儿告诉我呢？害我白跑一趟。

（3）你也<u>真是的</u>，他还只是个孩子，你跟他讲那么多有用吗？

4.争分夺秒

不放过一分钟，甚至是一秒钟，形容时间抓得很紧。例如：

（1）赛场上的运动员们<u>争分夺秒</u>，都想夺得冠军。

（2）同学们<u>争分夺秒</u>地学习，希望能在高考中取得好成绩。

（3）工厂<u>争分夺秒</u>地生产，以保证灾区的物资供应。

5.争先恐后

争着前进，担心落后。例如：

（1）图书馆刚刚开门，同学们就<u>争先恐后</u>地冲了进去。

（2）百米赛跑大家<u>争先恐后</u>，像箭一样地冲向终点。

（3）这种新款手机上市后，很多年轻人<u>争先恐后</u>地购买。

6.争执

动词，在争论中坚持自己的看法，不肯退让。例如：

（1）为这件事，他俩发生了激烈的<u>争执</u>。

（2）几年过去了，两家人<u>争执</u>不休，问题一直没有解决。

（3）说着说着，两人就<u>争执</u>起来了。

◎ **速练** Quick practice

一、选择合适的词语填空 Choose the right words and fill in the blanks.

（一） 　　　　A.遮　B.震　C.征　D.睁　E.蒸　F.之

1.听到这个消息，她心头一_____，再也坐不住了。

2.你把剩的包子再_____一下儿吧，我们随便吃一点儿就走。

3.没来中国以前，我对中国_____大完全没有概念。

4.林则徐是清朝末期_____眼看世界的第一人，他主持编译的《四洲志》开创了中国人研究世界各国历史和地理的风气。

5.“我不听，我不听！”她用手_____住耳朵说。

（二）A.正能量　B.针锋相对　C.这样一来　D.真是的　E.争先恐后　F.争分夺秒

1.有了名气之后，各种报纸、杂志_____给他写信，向他约稿。

2.她在房前屋后种了许多菜，_____，基本上不用购买蔬菜了。

3. 急救室里医生、护士_____，保证每位病人都能及时得到救治。

4. 老师刚说完，小明就提出了一个和老师的观点_____的看法。

5. 像这样充满_____的好人好事，应该大力弘扬。

二、选择合适的词语完成句子　Choose the right words to complete the sentences.

1. 突然下起了雨，晒在院子里的粮食来不及_____，全部被打湿了。

　　A. 折腾　　　　　B. 遮盖　　　　　C. 折合　　　　　D. 折叠

2. 这孩子太_____人了，一直要抱着，放在床上就哭。

　　A. 侦察　　　　　B. 针灸　　　　　C. 折射　　　　　D. 折磨

3. 此去路途遥远，望君多多_____，事成后定要回来。

　　A. 珍视　　　　　B. 珍重　　　　　C. 真空　　　　　D. 真挚

4. 前线传来的消息令人_____，侵略者的进攻终于被遏制住了。

　　A. 真情　　　　　B. 真心　　　　　C. 阵营　　　　　D. 振奋

5. 这么热血的场景，哪一个青年人能不受到强烈的_____？

　　A. 振作　　　　　B. 震撼　　　　　C. 镇定　　　　　D. 郑重

6. 中国空间站建成后将打破技术垄断，为中国人_____。

　　A. 争气　　　　　B. 争吵　　　　　C. 挣扎　　　　　D. 征收

7. 这家餐馆做的麻婆豆腐非常_____，你一定要尝尝。

　　A. 正面　　　　　B. 正视　　　　　C. 正宗　　　　　D. 证人

三、为词语选择合适的位置　Choose the appropriate location for the words.

1. 我 A 要去 B 上课 C，你 D 等一下儿再给我打电话吧。（这会儿）

2. 那天 A 他跟我 B 说了很多 C 话，我对他的了解 D 也更深了。（真心）

3. 问题比较严重的话，A 可以向学生家长反映 B，不要跟 C 学生发生 D 冲突。（正面）

4. 单位 A 建了一个职工 B 家，可以下班后去打打 C 乒乓球 D 什么的。（之）

第 90 单元　Unit 90

◎ 速记　Quick memory

5341 **之所以** zhīsuǒyǐ *conj.* the reason why　我之所以来中国学习中文，是因为热爱中国文化。

5342 **支票** zhīpiào *n.* cheque, check　给他开了一张支票；兑现这张支票；旅行支票；空头支票

5343 **支柱** zhīzhù *n.* pillar　经济支柱；爸爸是家里的支柱

5344 **汁** zhī *n.* juice　果汁；橘子汁；墨汁

5345 **芝麻** zhīma *n.* sesame　一斤芝麻；种芝麻；芝麻饼；芝麻油

5346 **芝士** zhīshì *n.* cheese　一片芝士；芝士蛋糕；不同种类的芝士

5347 **知己** zhījǐ *adj.* intimate　知己话；知己的朋友
　　　　　　n. bosom/intimate friend　最亲密的知己；成为知己

5348 **知觉** zhījué *n.* perception, consciousness　失去了知觉；恢复知觉；毫无知觉

5349 **知识分子** zhīshi fènzǐ intellectual　一批知识分子；一流的知识分子；知识分子的代表

5350 **知足** zhīzú *adj.* content with one's lot　对生活知足；知足者常乐

5351 **肢体** zhītǐ *n.* limbs, body　死者的肢体；肢体语言；发生肢体冲突

5352 **脂肪** zhīfáng *n.* fat　动物脂肪；消耗脂肪；长满了脂肪

5353 **执法** zhífǎ *v.* enforce/execute laws　严格执法；文明执法；执法公正；执法人员

5354 **执意** zhíyì *adv.* insistently　执意要参加；执意不肯

5355 **执照** zhízhào *n.* license　驾驶执照；办营业执照；吊销了他的执照；申请执照

5356 **执着** zhízhuó *adj.* inflexible, stubborn; persistent　性情执着；执着不悔；执着于科学研究；执着地从事教育工作

5357 **直奔** zhíbèn *v.* go straight　下课后直奔体育馆；说话直奔主题

5358 **直达** zhídá *v.* directly go to, go nonstop　电梯直达六楼；直达车

5359 **直观** zhíguān *adj.* directly perceived through the senses　直观教学；图片比文字更直观

5360 **直径** zhíjìng *n.* diameter　直径为 15 厘米；测量篮球的直径

从 5341 ~ 5350 中选择合适的词语填空　Choose the right words from 5341-5350 and fill in the blanks.

1. 人们常说："酒逢_____千杯少，话不投机半句多。"意思是说交流的对象很重要。

2. 现在我和老伴儿身体都还不错，孩子们也有出息，我挺_____的。

3. 旅游是这个地区的_____产业，占当地 GDP 的 60% 以上。

4. 我_____没有告诉您，是因为我觉得自己可以把这件事办妥。

5. 天气太冷了，我的手脚都快被冻得没有_____了。

从 5351～5360 中选择合适的词语填空　Choose the right words from 5351-5360 and fill in the blanks.

6. 我觉得你可以去办一个_____，这样就能合法地在这儿摆摊了。

7. 每天吃完了就坐着工作，缺少锻炼，身体里堆积了大量的_____。

8. 在教学中，她经常采用展示图片、实物的方法，非常_____，孩子们也喜欢。

9. 虽然大家都不赞成，但是经理_____要实施这个计划，那就先做做看吧。

10. 这趟列车是从北京_____西安的，中途不停车。

第 2 部分　Part 2

5361　**直觉**　zhíjué　*n.*　intuition　凭直觉判断；盲目的直觉；直觉准确

5362　**直视**　zhíshì　*v.*　gaze forward　眼睛直视前方；令人无法直视；直视人生苦难；直视自己的错误

5363　**直至**　zhízhì　*v.*　last until, be up to　勇往直前，直至成功；直至世界末日；直至此时才明白

5364　**值钱**　zhíqián　*adj.*　costly, valuable　不值钱的东西；这件古董很值钱

5365　**职权**　zhíquán　*n.*　powers/authority of office　行使职权；不得超越职权；职权明确

5366　**职业病**　zhíyèbìng　*n.*　occupational disease　得了职业病；严重的职业病

5367　**职员**　zhíyuán　*n.*　office worker, staff member　公司职员；小职员；职员俱乐部

5368　**止步**　zhǐ//bù　halt, stop　游客止步；在这里止步；止步不前

5369　**止咳**　zhǐ ké　relieve a cough　有止咳的作用；止咳药水

5370　**止血**　zhǐxuè　*v.*　stop bleeding　设法先止血；止血的方法；止血功能

5371　**旨在**　zhǐzài　*v.*　be aimed at　旨在改善环境；旨在帮助学生

5372　**指点**　zhǐdiǎn　*v.*　give directions (or pointers, advice); gossip about sb.'s faults　朝他指点的方向看；经过老师的指点；高人指点；在背后指指点点的

5373　**指教**　zhǐjiào　*v.*　instruct; give advice or comments　在老师的指教下；多谢指教

5374　**指令**　zhǐlìng　*n.*　instruction, order　给出明确的指令；下指令；秘密的指令；接到了指令

5375　**指南**　zhǐnán　*n.*　guide, guidebook　行动指南；旅游指南；按照指南做

5376　**指南针**　zhǐnánzhēn　*n.*　compass　使用指南针；思想行动的指南针

5377　**指手画脚**　zhǐshǒu-huàjiǎo　make animated gestures; make indiscreet remarks or criticisms, raise captious objections　指手画脚地讲给他听；一边说，一边指手画脚；别对我指手画脚

5378　**指望**　zhǐ·wàng　*v.*　count on　什么都指望着妈妈；指望不上
　　　　　　　　　　　　　　　n.　prospect, hope　没有多大指望；还有什么指望

5379　**指向**　zhǐxiàng　*v.*　point to　指向前方；教育指向未来
　　　　　　　　　　　　　　　n.　direction　按照箭头的指向前进；没有清晰的指向

5380　**指引**　zhǐyǐn　*v.*　point (the way), guide　指引我们前进；指引方向；在他的指引下；灯光的指引

从 5361～5370 中选择合适的词语填空　Choose the right words from 5361-5370 and fill in the blanks.

1. 他在一家文化传媒公司工作，是一个普通的小_____。

2. 任何人都不应该利用_____为自己谋取不正当的利益。

3. 秋梨膏的主要原料是梨，具有润肺_____的作用。

4. _____告诉我，这次公司的人事改革力度会非常大，我们最好早做准备。

5. 整天和孩子打交道，她感觉一件事情说三遍简直成了自己的_____。

从 5371～5380 中选择合适的词语填空　Choose the right words from 5371-5380 and fill in the blanks.

6. 这台清洁机器人非常智能，只要你发出_____，它就会避开家具，自己完成扫地、拖地等动作。

7. 这种事只能靠自己，谁也_____不上。

8. 现在的智能手机一般都自带_____功能，可以随时随地告诉你方向。

9. 在导游的_____下，我们来到了一处景点。

10. 这个政策_____促进中小企业的进一步发展。

第 3 部分　Part 3

5381 **至此** zhìcǐ *v.* be up to now, be up to this point, reach such an extent　<u>至此</u>才明白；<u>至此</u>为止；事已<u>至此</u>

5382 **至关重要** zhìguān-zhòngyào　most important, of the utmost importance　保护环境<u>至关重要</u>；<u>至关重要</u>的是……；<u>至关重要</u>的问题

5383 **志气** zhì·qì *n.* aspiration, ambition　有<u>志气</u>的年轻人；从小有<u>志气</u>；丧失<u>志气</u>；长<u>志气</u>

5384 **制** zhì *v.* make; work out; restrict　中国<u>制</u>；铜<u>制</u>的纽扣；<u>制</u>定规则；限<u>制</u>

5385 **制裁** zhìcái *v.* impose sanctions　经济<u>制裁</u>；受到<u>制裁</u>

5386 **制服** zhìfú *n.* uniform　警察的<u>制服</u>；统一的<u>制服</u>；穿上<u>制服</u>

5387 **制品** zhìpǐn *n.* product　豆<u>制品</u>；奶<u>制品</u>；化学<u>制品</u>

5388 **制止** zhìzhǐ *v.* check, stop　<u>制止</u>他的行为；上前<u>制止</u>；无法<u>制止</u>；<u>制止</u>不了

5389 **质地** zhìdì *n.* texture, quality　<u>质地</u>优良；<u>质地</u>坚韧

5390 **质朴** zhìpǔ *adj.* simple and unadorned, plain　语言<u>质朴</u>；为人<u>质朴</u>；<u>质朴</u>老实

5391 **质问** zhìwèn *v.* question, interrogate　严肃地<u>质问</u>；当面<u>质问</u>

5392 **质疑** zhìyí *v.* call in question, query　<u>质疑</u>这件事的真实性；<u>质疑</u>一切

5393 **治学** zhìxué *v.* do scholarly research　<u>治学</u>严谨；专心<u>治学</u>；<u>治学</u>之道；<u>治学</u>精神

5394 **治愈** zhìyù　cure　<u>治愈</u>疾病；彻底<u>治愈</u>；<u>治愈</u>出院

5395 **致** zhì *v.* send; devote; apply, achieve; cause　<u>致</u>欢迎辞；<u>致</u>电；<u>致</u>力于；专心<u>致</u>志；<u>致</u>富；学以<u>致</u>用；<u>致</u>死；<u>致</u>病

5396 **致辞** zhì//cí　make/deliver a speech　欢迎校长<u>致辞</u>；新年的<u>致辞</u>

5397 **致富** zhìfù *v.* become rich　劳动<u>致富</u>；<u>致富</u>的方法；发家<u>致富</u>

5398 **致敬** zhìjìng *v.* salute, pay one's respects to　向英雄<u>致敬</u>；鞠躬<u>致敬</u>

5399 **致力于** zhìlì yú　devote oneself to, work for　<u>致力于</u>科学研究；<u>致力于</u>改善人民生活

5400 **致命** zhìmìng *v.* cause death, be deadly　<u>致命</u>伤；<u>致命</u>的弱点

从 5381～5390 中选择合适的词语填空　Choose the right words from 5381-5390 and fill in the blanks.

　1. 小伙子穿着一身警察＿＿＿＿＿＿＿，别提多精神了。

　2. 医生建议他买一台＿＿＿＿＿＿＿氧机，这样在家里就能吸氧气，非常方便。

　3. 看到有人要抽烟，饭店的服务员连忙上前＿＿＿＿＿＿＿。

　4. 这两件衣服款式相同，但＿＿＿＿＿＿＿不同，价格自然也不同。

　5. 爸爸常说，做人一定要有＿＿＿＿＿＿＿，要有远大的理想。

从 5391～5400 中选择合适的词语填空　Choose the right words from 5391-5400 and fill in the blanks.

　6. 在行动中，他犯了一个＿＿＿＿＿＿＿的错误，最终导致了整个计划的失败。

　7. 村民们希望他能带领大家发家＿＿＿＿＿＿＿，摆脱贫困。

　8. 吴教授＿＿＿＿＿＿＿的态度一丝不苟，从不说没有根据的话。

　9. 在开学时的＿＿＿＿＿＿＿中，校长对大家提出了具体的要求。

　10. 我们公司＿＿＿＿＿＿＿为社区提供优质、高效、实惠的家政服务，满足居民不同的
　　　需求。

◎ **重点词语　Focus words**

1. 执意

　　副词，表示坚持自己的意见。例如：

　（1）他自己执意要走，谁劝都没有用。

　（2）我想让他帮帮我，但他执意不肯。

　（3）经理执意要开发这个新产品，还说一定会畅销。

2. 直至

　　动词，直到。例如：

　（1）直至电影的最后，我也没弄明白导演到底要告诉我们什么。

　（2）这一制度，从汉朝开始直至清朝，始终在延续。

　（3）项目的计划书要反复地讨论、修改，直至客户满意为止。

3. 指手画脚

　　形容一边说一边做手势，也形容胡乱地加以评论。例如：

　（1）大家都在听老人家指手画脚地讲故事，听得入了迷。

　（2）我不用你指手画脚地指挥，我自己能做好！

　（3）他就是喜欢对别人指手画脚，真正要他做，他又做不好。

4. 至此

　　动词，到这里，到这个时候。例如：

　（1）行文至此，我不禁泪流满面。

　（2）至此，我才明白，其实他爱的根本不是我。

　（3）事情的发展至此告一段落，真相已经非常明显了。

5. 至关重要

非常重要。例如：

（1）学习语言至关重要的是反复练习。

（2）医生说，他的病要想痊愈加强锻炼至关重要。

（3）保持学习的兴趣，不管多么困难也不放弃，这一点是至关重要的。

◎ **速练** Quick practice

一、选择合适的词语填空 Choose the right words and fill in the blanks.

（一）　　　A. 支票　B. 支柱　C. 芝麻　D. 芝士　E. 肢体　F. 指南

1. 有的公司在结算业务款项时，会使用_____。

2. 这位科学家虽然有_____残疾，不能行动，但仍旧在科学研究上取得了杰出的成绩。

3. _____是以奶为原料制作的，含有丰富的蛋白质。

4. 酒店的床头放着一本《北京旅游_____》，供住店的客人们阅读。

5. 武汉的热干面最重要的调料是_____酱，不能吃这种调料的人就不要尝试热干面啦。

（二）A. 至关重要　B. 指手画脚　C. 知识分子　D. 指南针　E. 职业病　F. 致力于

1. 她是我们市建筑工程研究院的总工程师，我们搞科技化，就是需要像她这样的_____。

2. 政府一直_____改善人民的生活条件，满足人民群众的物质生活和精神生活需求。

3. 长期在煤矿工作的工人，如果不注意保护，容易患上尘肺病等_____。

4. 对于一个地区的经济建设来说，农业、工业等基础行业仍旧是_____的。

5. 当领导的动不动对下属的工作_____，反而会限制他们的创造能力。

二、选择合适的词语完成句子 Choose the right words to complete the sentences.

1. 上大学以前，我总是_____地认为考上了好的大学，人生就会一片光明。
　　A. 执法　　　　　B. 执着　　　　　C. 知己　　　　　D. 直觉

2. 一下车，他就_____爷爷家，要给爷爷一个大大的惊喜。
　　A. 直达　　　　　B. 直观　　　　　C. 直奔　　　　　D. 直径

3. 我们公司应该_____目前的问题，努力设法解决，而不是逃避。
　　A. 直视　　　　　B. 值钱　　　　　C. 职权　　　　　D. 职员

4. 这是一个普通的急救包，里面有_____用的绷带、酒精等处理小伤口的东西。
　　A. 止步　　　　　B. 指点　　　　　C. 指令　　　　　D. 止血

5. "初次见面，请多多_____！"
　　A. 指向　　　　　B. 指教　　　　　C. 指望　　　　　D. 指引

6. 新颁布的法律_____遏制职务犯罪，保护公民合法权利。
　　A. 旨在　　　　　B. 制裁　　　　　C. 致敬　　　　　D. 志气

7. 那年冬天我得了气管炎，到现在四年了，一直没有_____。

    A. 质朴   B. 质问   C. 质疑   D. 治愈

三、为词语选择合适的位置 Choose the appropriate location for the words.

    1. A，事情已经 B 发展到了 C 不可收拾的地步 D。（至此）

    2. 确定 A 好了目标就应该 B 坚持努力 C 下去，D 成功。（直至）

    3. 政府的这一举措 A 缓解 B 学校周边的 C 交通压力，确保 D 师生安全。（旨在）

    4. 下面有请 A 董事长先生 B 为本次活动 C 开幕辞，D 大家欢迎。（致）

第91单元　Unit 91

◎ 速记　Quick memory

5401 **致使** zhìshǐ　v.　cause, result in　大雨致使房屋倒塌。

conj.　as a result　由于天气恶劣，致使航班延误。

5402 **秩序** zhìxù　n.　order　工作秩序；遵守秩序；有秩序；秩序良好

5403 **窒息** zhìxī　v.　stifle, suffocate　发生窒息；窒息而死；令人窒息

5404 **智商** zhìshāng　n.　intelligence quotient　测试智商；怀疑他的智商

5405 **滞后** zhìhòu　v.　lag, delay　发展滞后；数据更新有点儿滞后；稍微滞后

5406 **滞留** zhìliú　v.　be detained　滞留在火车站；滞留了三天

5407 **置** zhì　v.　buy　置了一身新衣服；购置

5408 **中国画** zhōngguóhuà　n.　traditional Chinese painting　一幅中国画；中国画的特点

5409 **中立** zhōnglì　v.　be neutral　保持中立；中立的态度；中立国

5410 **中途** zhōngtú　n.　halfway　中途下起了大雨；中途上车；比赛中途

5411 **中型** zhōngxíng　adj.　medium-sized　中型企业；中型汽车

5412 **中性** zhōngxìng　n.　being neutral　中性物质；中性溶液；中性名词

adj.　neutral　中性词

5413 **中旬** zhōngxún　n.　middle ten days of a month　五月中旬；到中旬才发工资

5414 **中庸** zhōngyōng　n.　doctrine of the mean, golden mean (of the Confucian school)　中庸之道；坚持中庸

adj.　of ordinary talent　中庸之才；才能中庸

5415 **中止** zhōngzhǐ　v.　discontinue, suspend　中止比赛；暂时中止；交易中止

5416 **忠诚** zhōngchéng　adj.　loyal　忠诚的士兵；忠诚的精神；对国家十分忠诚

n.　loyalty　我从不怀疑他的忠诚。

5417 **忠实** zhōngshí　adj.　loyal, true　忠实的朋友；忠实地记录；忠实于原文

5418 **忠于** zhōngyú　v.　be true to, be loyal to　忠于职责；忠于祖国；忠于使命

5419 **忠贞** zhōngzhēn　adj.　loyal and steadfast　忠贞的品质；对爱情忠贞

5420 **终结** zhōngjié　v.　end, terminate　审理终结；终结了这场战争

从 5401～5410 中选择合适的词语填空　Choose the right words from 5401-5410 and fill in the blanks.

1. 发现没有带午餐，儿子骑着车_____返回家去取了。

2. 对于我和妈妈之间的矛盾，爸爸总是持_____的态度。

3. 因为交通不发达，这里的经济发展有点儿_____。

4. 每次上体育课的时候，孩子们都非常活跃，老师往往要花好大精力维持_____。

5. 房间里很热，门窗又都关着，简直令人_____。

从 5411～5420 中选择合适的词语填空　Choose the right words from 5411-5420 and fill in the blanks.

　　6. 会议预计在 10 月_____举办，请大家积极准备。

　　7. 电视剧《三国演义》_____原著小说，演员对人物形象的把握也十分准确。

　　8. 他俩的婚姻是怎么_____的我不清楚，只知道不久后他们都分别再婚了。

　　9. 和"成果""后果"不一样，"结果"是_____的，没有特别的感情色彩，可好可坏。

　　10. 因为雨太大，裁判只好暂时_____了足球比赛。

第 2 部分　Part 2

5421　**终究**　zhōngjiū　*adv.*　eventually, after all　终究还是失败了；一个人的力量终究有限

5422　**终生**　zhōngshēng　*n.*　all one's life　奋斗终生；终生难忘；终生没能相见

5423　**衷心**　zhōngxīn　*adj.*　heartfelt　衷心的感谢；衷心祝贺；衷心盼望

5424　**肿瘤**　zhǒngliú　*n.*　tumour　长了一个肿瘤；恶性肿瘤；切除肿瘤

5425　**种族**　zhǒngzú　*n.*　race　不同的种族；种族平等

5426　**仲裁**　zhòngcái　*v.*　arbitrate　对争执进行仲裁；仲裁委员会；申请劳动仲裁

5427　**众人**　zhòngrén　*n.*　everybody　众人大笑；惊醒了众人；众人的观念

5428　**众所周知**　zhòngsuǒzhōuzhī　as everyone knows　众所周知，水是生命必需的。

5429　**众志成城**　zhòngzhì-chéngchéng　unity of will is an impregnable stronghold, unity is strength　各族人民众志成城，赶走了侵略者。

5430　**重创**　zhòngchuāng　*v.*　inflict heavy losses/casualties on　重创敌人；受到重创；重创经济

5431　**重量级**　zhòngliàngjí　*adj.*　heavyweight　重量级比赛；重量级人物；重量级产品

5432　**重任**　zhòngrèn　*n.*　important task　重任在肩；身负重任；承担这个重任

5433　**重伤**　zhòngshāng　*n.*　serious injury　受重伤；负了重伤

5434　**重心**　zhòngxīn　*n.*　centre of gravity; focus　寻找重心；身体的重心；把重心放在右脚上；工作的重心；问题的重心

5435　**重型**　zhòngxíng　*adj.*　heavy-duty　重型汽车；重型设备

5436　**重中之重**　zhòngzhōngzhīzhòng　top priority, key of the key　保护环境是我们工作的重中之重。

5437　**周边**　zhōubiān　*n.*　periphery　周边地区；周边国家；周边的村庄

5438　**周到**　zhōudào　*adj.*　attentive and satisfactory, thoughtful　照顾得非常周到；周到的安排；考虑周到

5439　**周密**　zhōumì　*adj.*　careful　周密的分析；计划周密

5440　**周旋**　zhōuxuán　*v.*　socialize; deal with　在客户中周旋；成天跟人周旋；进山与敌人周旋；周旋到底

从 5421～5430 中选择合适的词语填空　Choose the right words from 5421-5430 and fill in the blanks.

　　1. 在国际贸易中如果发生了纠纷，可以到专业机构申请_____。

　　2. 外部市场的变化_____了当地的经济，失业人口增多。

3. 通过 CT 检查，医生们确认他的头部有一个_____，需要手术切除。

4. 朋友，我_____地祝愿你生活幸福，事业有成。

5. 虽然有一些麻烦，但这件事_____还是办成了。

从 5431～5440 中选择合适的词语填空 Choose the right words from 5431-5440 and fill in the blanks.

6. 要想把几十吨重的柱子再扶起来，放到正确的位置上，非得_____机械不可。

7. 几乎每一所大学的_____区域都有很多餐馆。

8. 张教授是汉语方言研究的_____专家，著述颇丰。

9. 警察与这个犯罪团伙_____了近半年时间，才将他们一网打尽。

10. 他在交通事故中受了_____，在医院里躺了半年才出来。

第 3 部分 Part 3

5441 **昼夜** zhòuyè *n.* day and night 昼夜不分；昼夜工作；昼夜不停

5442 **皱** zhòu *v.* crease, rumple 衣服皱了；把地图弄皱了；眉头一皱
      n. wrinkle 脸上起了皱

5443 **骤然** zhòurán *adv.* suddenly 骤然上升；骤然发生；局势骤然生变

5444 **朱红** zhūhóng *adj.* vermilion 朱红大门；朱红大印

5445 **株** zhū *m.* *a measure word for plants* 一株桃树

5446 **诸多** zhūduō *adj.* (used for abstract things) a good deal 诸多麻烦；诸多问题；诸多不便

5447 **诸如此类** zhūrú-cǐlèi things of that sort 苹果、橘子、梨，诸如此类的水果超市里很多。

5448 **竹竿** zhúgān *n.* bamboo pole 一根竹竿；拿起竹竿

5449 **逐年** zhúnián *adv.* year by year 逐年增加；逐年提高；逐年上升

5450 **主** zhǔ *n.* host; owner; person or party concerned; one's own judgement 客随主便；车主；企业主；失主；心里没主

5451 **主编** zhǔbiān *n.* chief editor 杂志的主编；把稿子拿给主编
      v. supervise the publication of (a newspaper, magazine, etc.), edit 他主编一本流行杂志。

5452 **主妇** zhǔfù *n.* housewife 家庭主妇；主妇的生活；勤劳的主妇

5453 **主力** zhǔlì *n.* main force 主力部队；主力队员；这支球队的主力

5454 **主权** zhǔquán *n.* sovereign rights, sovereignty 国家主权；丧失主权

5455 **主人公** zhǔréngōng *n.* leading character in a novel, etc. 小说的主人公；男主人公

5456 **主食** zhǔshí *n.* staple food 米饭、馒头等主食；来一份主食

5457 **主题歌** zhǔtígē *n.* theme song 电影的主题歌；时代的主题歌

5458 **主演** zhǔyǎn *v.* act the leading role (in a play or film) 由他主演；主演了一部电影
      n. leading role 这部电影的主演；挑选主演

5459 **主页** zhǔyè *n.* home page 网站的主页；放在主页上

5460 **主义** zhǔyì *n.* social or political system; doctrine 资本主义；信仰不同的主义

从 5441 ～ 5450 中选择合适的词语填空　Choose the right words from 5441-5450 and fill in the blanks.

1. 那时生产力低下，许多人即使＿＿＿＿＿＿＿辛勤劳动也无法养活家人。

2. 2021 年 300 人，2022 年 370 人，2023 年 408 人，这家公司的员工正在＿＿＿＿＿＿＿增多。

3. 直到看见文件上的＿＿＿＿＿＿＿印章，她才相信丈夫是真的死在了前线。

4. 她在路边等了半天，也没等到钱包的失＿＿＿＿＿＿＿。

5. 受冷空气影响，气温在一天之内＿＿＿＿＿＿＿下降十几度并不罕见。

从 5451 ～ 5460 中选择合适的词语填空　Choose the right words from 5451-5460 and fill in the blanks.

6. 这首歌是一部动画片的＿＿＿＿＿＿＿，很多人都会哼几句，但看过这部动画片的人却不多。

7. 我的妈妈是一个家庭＿＿＿＿＿＿＿，结婚后就没有出去工作过。

8. 他是我们球队的＿＿＿＿＿＿＿，这两年表现得一直很好。

9. 我们这里的＿＿＿＿＿＿＿有包子、米饭、玉米、饼等，看您想吃什么。

10. 你可以在我们公司的＿＿＿＿＿＿＿上找到产品介绍、销售网点等信息。

◎ **重点词语　Focus words**

1. 致使

动词，由于某种原因而使得（多含贬义）。例如：

（1）大雾天气致使高速公路上事故频发。

（2）长年的劳累致使老王患上了多种疾病。

（3）该国政府的错误决定致使经济危机爆发。

连词，以致。例如：

（4）由于台风将至，致使所有船只无法出海。

2. 中止

动词，在做事的过程中停止。例如：

（1）因为情况发生了变化，这个计划刚执行了一半就中止了。

（2）雨下得太大了，裁判不得不中止了比赛。

（3）这个程序一旦启动，就无法中止。

3. 终究

副词，毕竟，强调事实或原因。例如：

（1）他终究是个孩子，考虑问题还是不够全面。

（2）一个人的力量终究有限，团结起来才能获得成功。

（3）老师终究是老师，一眼就看出了我文章中的问题。

4. 众所周知

大家都知道。例如：

（1）众所周知，四川菜的特点是麻辣。

255

（2）下雨打雷的时候不要在大树底下躲雨，这是众所周知的事情。

（3）经过改革开放几十年的发展，众所周知的是，中国已经成为"世界工厂"。

5. 众志成城

比喻大家团结一心就能克服困难，取得成功。例如：

（1）大家众志成城，展开自救，把洪水造成的损失降到了最低。

（2）中华民族在灾难面前众志成城的精神，值得继承下去，发扬光大。

（3）只要大家团结一致，众志成城，就一定能战胜灾难。

6. 诸如此类

和这些相同、相似的事物。例如：

（1）这种药对感冒引起的头疼、发烧以及诸如此类的症状都有一定的效果。

（2）工作压力大，睡眠不好，情绪波动，诸如此类，困扰着很多人。

（3）网络上诸如此类的评论很多，你不用太在意。

◎速练　Quick practice

一、选择合适的词语填空　Choose the right words and fill in the blanks.

（一）　　　A. 置　B. 皱　C. 株　D. 主　E. 中国画　F. 主人公

1. 衣服放在衣柜里太久了，_____巴巴的，要熨烫一下儿才能穿。

2. 她从小跟着爷爷学画_____，现在越画越好，已经小有名气了。

3. 买房_____地这样的大事还是应该和家里商量一下儿。

4. 这篇小说的_____是一个小职员，从来胆小谨慎，却还是不小心得罪了上司。

5. 他离家时庭院里的那_____牡丹才刚刚种下，等他回来时已经繁花满枝了。

（二）A. 众所周知　B. 众志成城　C. 重中之重　D. 诸如此类　E. 主题歌　F. 智商

1. 开会、写报告、做总结，我每天的工作都是一些_____的事情。

2. 机场里的服务和商品价格偏高，这一点_____，实际上这对于机场及相关产业的发展并没有什么好处。

3. 21 世纪，保护环境、实现可持续发展越来越成为我们工作的_____。

4. 一个人的_____究竟是先天决定的，还是后天培养的，科学家们的看法很不一致。

5. 在自然灾害面前，人们团结一心，_____，把灾害造成的损失降到了最低。

二、选择合适的词语完成句子　Choose the right words to complete the sentences.

1. 我觉得不论我以后在哪里，发展成什么样子，_____还是要回到祖国，建设祖国。

    A. 中型　　　　　　B. 终究　　　　　　C. 难道　　　　　　D. 滞后

2. 儒家倡导的_____之道，含义非常丰富，直到现在也具有一定的借鉴价值。

    A. 中庸　　　　　　B. 中性　　　　　　C. 中旬　　　　　　D. 中止

3. 对人民_____的人，人民不会忘记他，他最终也将成就自己的事业。

    A. 众人　　　　　　B. 忠诚　　　　　　C. 虔诚　　　　　　D. 忠于

4. 我认为对古典名著进行改编必须坚持＿＿＿＿的原则，不能随意"新说""戏说"。
   A. 忠实　　　　　B. 种族　　　　　C. 仲裁　　　　　D. 重创
5. 年轻时他就立下志愿，要为祖国的国防事业奋斗＿＿＿＿。
   A. 一贯　　　　　B. 终结　　　　　C. 终生　　　　　D. 忠贞
6. 这个计划不可谓不＿＿＿＿，但最终还是出了些小状况。
   A. 周密　　　　　B. 周边　　　　　C. 周旋　　　　　D. 周围
7. 这家餐馆招待客人热情＿＿＿＿，回头客越来越多。
   A. 诸多　　　　　B. 忠诚　　　　　C. 周边　　　　　D. 周到

三、为词语选择合适的位置　Choose the appropriate location for the words.

1. 今年A夏天以来，长江中上游降雨B明显减少，C中部地区D干旱严重。（致使）
2. 受台风的A影响，大量旅客B在机场、车站、码头，无法C继续D旅程。（滞留）
3. 看到等待已久的明星A出现，B涌了上去，C把他围D了起来。（众人）
4. 这几年，公司的A效益B不错，我的C收入也D上升。（逐年）

第 92 单元　Unit 92

◎ 速记　Quick memory

第 1 部分　Part 1

5461 主宰　zhǔzǎi　v.　dominate　主宰自己的命运；主宰一切
　　　　　　　　　　n.　force that controls and governs　命运的主宰；未来工业的主宰

5462 拄　zhǔ　v.　lean on (a stick, etc.)　拄着拐杖；把竹竿拄在地上

5463 嘱咐　zhǔ·fù　v.　enjoin　再三嘱咐；嘱咐他认真学习

5464 瞩目　zhǔmù　v.　fix one's eyes upon　令世界瞩目；万众瞩目

5465 助威　zhù//wēi　cheer (for)　为中国队助威；呐喊助威

5466 住处　zhùchù　n.　residence　找到他的住处；回到住处；固定的住处

5467 住户　zhùhù　n.　household　这里有三家住户；老住户；住户不多

5468 住宿　zhùsù　v.　stay, get accommodation　在校住宿；安排住宿

5469 住址　zhùzhǐ　n.　address　填写住址；家庭住址；住址不定

5470 贮藏　zhùcáng　v.　store up, lay in　贮藏在仓库里；把葡萄酒贮藏起来；易于贮藏

5471 注　zhù　n.　stakes (in gambling); notes　下注；下了300元的注；文末注；用注说明
　　　　　　　　　v.　annotate　批注；注得很详细

5472 注定　zhùdìng　v.　be doomed　命中注定；注定失败

5473 注入　zhùrù　inject　注入开水；注入血管；大量注入；注入了心血

5474 铸造　zhùzào　v.　cast　铸造成型；铸造硬币；铸造工厂；大量铸造

5475 筑　zhù　v.　build, construct　筑巢；修筑

5476 爪子　zhuǎzi　n.　claw, paw　老虎的爪子；鸡爪子；伸出一只爪子

5477 拽　zhuài　v.　pull, drag　拽了他一下儿；拽住衣服不放；拼命地拽

5478 专长　zhuāncháng　n.　speciality　发挥专长；专长优势

5479 专程　zhuānchéng　adv.　specially, on a special trip　专程来看望您；专程上门感谢；专程为他们送行

5480 专柜　zhuānguì　n.　special counter　化妆品专柜；站在专柜前

从 5461～5470 中选择合适的词语填空　Choose the right words from 5461-5470 and fill in the blanks.

1. 临出门的时候，妈妈再三_____他要注意身体，多给家里打电话。
2. 以前，冬天人们把土豆_____在地下，这样既不会太热，也不会把土豆冻坏。
3. 改革开放以来，中国的经济发展取得了令世人_____的成绩。
4. 我家对面的房子被租出去了，房子的_____不固定，几乎每个月都不同。
5. 看台上的球迷呐喊、鼓掌，为中国队_____。

从 5471～5480 中选择合适的词语填空　Choose the right words from 5471-5480 and fill in the blanks.

6. 我这次是_____来上海看你的，没有别的什么事。

7. 据说秦始皇在统一六国之后，将天下的武器都收缴了上来，_____了十二个铜人。

8. 人们都说："三分天_____，七分靠打拼。"幸福生活是通过努力得来的。

9. 商场里的手机_____前总是站满了顾客，向营业员咨询或购买手机。

10. 新球员的加入，给这支足球队_____了新的活力，大家都期待着他们更好的表现。

第2部分 Part 2

5481 **专栏** zhuānlán *n.* special column (of a newspaper/magazine) 报纸上的<u>专栏</u>；经济新闻<u>专栏</u>；向<u>专栏</u>投稿；开办一个新<u>专栏</u>

5482 **专卖店** zhuānmàidiàn *n.* exclusive agency, franchised store 品牌<u>专卖店</u>；新开了一个<u>专卖店</u>；官方授权<u>专卖店</u>

5483 **专人** zhuānrén *n.* person who is solely responsible for a task/job; person specially assigned to do a temporary task <u>专人</u>负责；派<u>专人</u>处理；安排<u>专人</u>前往

5484 **专职** zhuānzhí *n.* full-time job <u>专职</u>教师；<u>专职</u>工作

5485 **专制** zhuānzhì *v.* be autocratic <u>专制</u>的王朝；<u>专制</u>统治

5486 **专注** zhuānzhù *adj.* focused, absorbed 精神<u>专注</u>；<u>专注</u>科学研究；<u>专注</u>于工作

5487 **专著** zhuānzhù *n.* monograph 历史学<u>专著</u>；出版<u>专著</u>

5488 **砖** zhuān *n.* brick; brick-shaped thing <u>砖</u>头；<u>砖</u>瓦；冰<u>砖</u>

5489 **转播** zhuǎnbō *v.* relay (a radio or TV broadcast) <u>转播</u>这次比赛；电视<u>转播</u>；实况<u>转播</u>

5490 **转达** zhuǎndá *v.* pass on, convey 向他<u>转达</u>我的问候；请代为<u>转达</u>

5491 **转机** zhuǎnjī *n.* favourable turn 出现了<u>转机</u>；重大<u>转机</u>；历史<u>转机</u>

5492 **转交** zhuǎnjiāo *v.* pass on, transmit 请<u>转交</u>董事长；帮我<u>转交</u>一下儿；<u>转交</u>文件

5493 **转型** zhuǎnxíng *v.* transform; change the design or structure of a product 社会<u>转型</u>；向市场经济<u>转型</u>；新一轮的<u>转型</u>；产品<u>转型</u>

5494 **转学** zhuǎn//xué (of a student) transfer from one school to another <u>转学</u>去别的城市；从一中<u>转学</u>到二中

5495 **转眼** zhuǎnyǎn *v.* happen in the twinkling of an eye <u>转眼</u>就不见了；<u>转眼</u>间

5496 **转载** zhuǎnzǎi *v.* reprint, republish 被<u>转载</u>；<u>转载</u>《人民日报》的文章

5497 **转折** zhuǎnzhé *v.* have a turn in the course of events; make a transition of thought/logic in writing 发生<u>转折</u>；向好的趋势<u>转折</u>；重大的历史<u>转折</u>；<u>转折</u>句

5498 **转折点** zhuǎnzhédiǎn *n.* turning point 历史的<u>转折点</u>；重要的<u>转折点</u>

5499 **传** zhuàn *n.* biography 名人<u>传</u>；自<u>传</u>

5500 **传记** zhuànjì *n.* biography 写一个<u>传记</u>；<u>传记</u>文学；人物<u>传记</u>

从 5481～5490 中选择合适的词语填空 Choose the right words from 5481-5490 and fill in the blanks.

1. 去_____买鞋质量有保障，有时也能碰到力度较大的优惠活动。

2. 这家报纸有一个文学_____，时常发表一些诗歌、散文。

3. 茶_____就是把发酵后的茶制成一块一块的，方便储存和运输。

4. 希望您能把我的想法_____给董事会，请董事会认真讨论。

5. 张教授最近新出版了一部_____，提出了一些关于中国传统哲学思想的新观点。

从 5491～5500 中选择合适的词语填空　Choose the right words from 5491-5500 and fill in the blanks.

6. 您放心吧，我一定会把这封信_____给校长的。

7. 时间过得真快，_____孩子长大了，我们的头发也白了。

8. 太平洋战争成为第二次世界大战的_____，从此同盟国逐渐走向胜利。

9. 中国新一轮的经济_____更加注重生态环境的保护，大力发展绿色经济。

10. 他很喜欢看名人_____作品，比如《名人传》。

第 3 部分　Part 3

5501 **转悠** zhuànyou　v.　turn, move from side to side; stroll, take a leisurely walk　眼睛一转悠就想出了一个主意；四处转悠；上街转悠一下儿

5502 **撰写** zhuànxiě　v.　compose, write　撰写毕业论文；正在撰写一部专著

5503 **庄稼** zhuāngjia　n.　crops　种庄稼；庄稼地

5504 **庄严** zhuāngyán　adj.　solemn　庄严的国歌；场面庄严；庄严地宣誓

5505 **庄园** zhuāngyuán　n.　manor　葡萄酒庄园；庄园主

5506 **桩** zhuāng　n.　stake, pile　木桩；把船系在桥桩上；打一个桩
　　　　m.　a measure word for affairs, aspirations, etc.　一桩往事；一桩心愿

5507 **装扮** zhuāngbàn　v.　dress up; disguise　把广场装扮一新；装扮得十分漂亮；装扮成一个小贩

5508 **壮** zhuàng　adj.　strong; magnificent　身体很壮；年轻力壮；壮志；理直气壮
　　　　v.　strengthen　以壮声势；壮壮胆子

5509 **壮大** zhuàngdà　v.　strengthen　壮大队伍；壮大实力
　　　　adj.　strong　力量日益壮大

5510 **壮胆** zhuàng//dǎn　build up sb.'s courage, boost sb.'s courage　给自己壮胆；喝酒壮胆

5511 **壮丽** zhuànglì　adj.　splendid, magnificent　壮丽的风光；风景壮丽

5512 **壮实** zhuàngshi　adj.　sturdy　长得壮实；壮实的小伙子

5513 **状元** zhuàngyuán　n.　top score in an exam; the very best (in a field)　夺得状元；高考状元；养鸡状元；行行出状元

5514 **撞击** zhuàngjī　v.　ram, dash against, strike　海浪撞击岩石；猛烈地撞击；发生撞击

5515 **幢** zhuàng　m.　a measure word for buildings　一幢大楼

5516 **追悼会** zhuīdàohuì　n.　memorial meeting　为牺牲的警察开追悼会；庄严肃穆的追悼会

5517 **追赶** zhuīgǎn　v.　quicken one's pace to catch up; pursue, try to catch up with　追赶敌人；追赶世界潮流

5518 **追溯** zhuīsù　v.　trace back to, date from　追溯历史；追溯到史前时代；对农产品进行产地追溯

5519 **追随** zhuīsuí　v.　follow　追随领袖；有很多追随者；追随潮流；追随不舍

5520 **追尾** zhuī//wěi　rear-end collision　汽车追尾了；发生了追尾事故；防止追尾

从 5501 ～ 5510 中选择合适的词语填空　Choose the right words from 5501-5510 and fill in the blanks.

1. 每天晚饭后，老王都会在小区里_____一会儿，算是锻炼身体。

2. 舞台上，有一个演员_____成老虎的样子，和另一个演员一起表演"武松打虎"。

3. 烈士公墓里，鲜花、松柏围绕着墓碑，显得十分_____。

4. 夜里下班的时候她一边走，一边哼着歌，给自己_____。

5. 他们现在大学四年级了，最重要的任务就是_____毕业论文。

从 5511 ～ 5520 中选择合适的词语填空　Choose the right words from 5511-5520 and fill in the blanks.

6. 在高速公路上开车要保持与前车的距离，防止发生_____事故。

7. 这个小男孩儿皮肤黑黑的，长得十分_____。

8. 她是今年湖北省高考的文科_____，被北京大学录取了。

9. 现在的超市普遍建立了农产品的可_____制度，确保蔬菜水果健康安全。

10. 有辆汽车失去了控制，车头_____在防护栏上，造成了长时间的拥堵。

◎重点词语　Focus words

1. 专程

副词，专门为了某件事而到某个地方。例如：

（1）我这次来上海，是专程来看你的。

（2）为了吃这家餐馆的包子，她专程坐了一个多小时的公共汽车到这儿。

（3）老王每个月都专程来省城一次看望读大学的儿子。

2. 转眼

动词，形容时间非常短。例如：

（1）小孩子就是这样，刚才还在大哭大闹，转眼就开心起来了。

（2）这里的春天极短，似乎转眼就从冬天变成了夏天。

（3）我的自行车停在市场外面，一转眼的工夫就不见了。

3. 装扮

动词，打扮，使变得好看。例如：

（1）鲜花把城市装扮得非常漂亮，充满了节日的气氛。

动词，化装，使认不出来或认识错误。例如：

（2）警察装扮成小贩，偷偷观察着饭店里进出的每一个人。

（3）他故意把自己装扮得像个老年人，其实他还不到 45 岁。

4. 追随

动词，在后面紧接着向同一个方向行动。例如：

（1）他追随孙中山先生参加革命，去过很多地方。

（2）年轻人都喜欢追随潮流，乐于尝试新鲜事物。

（3）他的经济学理论得到了事实的验证，追随者也越来越多。

◎ **速练** Quick practice

一、选择合适的词语填空　Choose the right words and fill in the blanks.

（一）　　　　A. 拄　B. 注　C. 筑　D. 拽　E. 砖　F. 壮

1. 在山区里＿＿＿＿＿＿路修桥十分不易，尤其是在没有机械的时代。

2. 他的腿刚做了手术，目前还需＿＿＿＿＿＿拐。

3. 出发前，校长发表了讲话，给队员们＿＿＿＿＿＿行。

4. 多亏爸爸＿＿＿＿＿＿了他一把，不然他挤不上车。

5. 这种打印机在墨水用完后可以自己加＿＿＿＿＿＿墨水，方便实惠。

（二）　　　　A. 桩　B. 传　C. 幢　D. 主宰　E. 追悼会　F. 专卖店

1.《荣格自＿＿＿＿＿＿：回忆·梦·思考》是瑞士著名心理学家、精神病学家荣格独立完成的专著。

2. 很多群众前来参加他的＿＿＿＿＿＿，为英雄送行。

3. 这棵大树病死了，为了防止发生意外，园林部门锯掉了大树，现在这里只剩一个树＿＿＿＿＿＿。

4. 我们应该做自己命运的＿＿＿＿＿＿，而不是等、靠、要。

5. 那＿＿＿＿＿＿大楼就是我们学校的图书馆。

二、选择合适的词语完成句子　Choose the right words to complete the sentences.

1. 我刚到北京，还没有找好＿＿＿＿＿＿。

　　A. 住处　　　　　B. 住址　　　　　C. 住户　　　　　D. 住宿

2. 狮子的＿＿＿＿＿＿非常尖锐，可以轻松地刺穿大多数动物的皮肤。

　　A. 大腿　　　　　B. 拳头　　　　　C. 爪子　　　　　D. 手腕

3. 这家公司正在招聘营业员，＿＿＿＿＿＿的、兼职的都需要。

　　A. 专注　　　　　B. 专职　　　　　C. 专制　　　　　D. 专著

4. CCTV-5 正在对冬奥会进行实况＿＿＿＿＿＿。

　　A. 转播　　　　　B. 转机　　　　　C. 转达　　　　　D. 转交

5. 今天的晚报全文＿＿＿＿＿＿了张教授的一篇文章。

　　A. 转型　　　　　B. 转学　　　　　C. 转载　　　　　D. 转折

6. 运河两岸种满了＿＿＿＿＿＿，这里也是中国传统的粮食主产区。

　　A. 庄稼　　　　　B. 庄园　　　　　C. 状元　　　　　D. 传记

7. 我们公司的新产品研发能力要努力＿＿＿＿＿＿上业内一流企业的步伐。

　　A. 追求　　　　　B. 追溯　　　　　C. 追赶　　　　　D. 追究

三、为词语选择合适的位置　Choose the appropriate location for the words.

1. 这件事非常重要，希望贵单位 A 能够 B 安排 C 负责 D 处理。（专人）

2. 爸爸换了工作，我 A 也 B 跟着 C 到了现在这个学校 D。（转学）

3. 经过了十几年的 A 时间，我们学院的科研队伍 B 逐渐 C 发展 D 了。（壮大）

4. 他 A 早年 B 张将军 C 参加革命，在很多地方 D 打过仗。（追随）

第 93 单元　Unit 93

◎ 速记　Quick memory

第 1 部分　Part 1

5521　**追问**　zhuīwèn　*v.*　question closely, make a detailed inquiry　追问事实真相；不停地追问；追问得很急

5522　**追逐**　zhuīzhú　*v.*　pursue; seek　追逐野兔；追逐时尚；追逐利益；追逐名声

5523　**追踪**　zhuīzōng　*v.*　track　追踪嫌疑人；继续追踪；追踪了很长时间

5524　**坠**　zhuì　*v.*　fall; weigh down　坠海；果实把树枝坠弯了
　　　　　　　　　n.　hanging object　扇坠儿；耳坠儿

5525　**准许**　zhǔnxǔ　*v.*　permit, allow　准许他外出；准许通行；得到准许；不予准许

5526　**准则**　zhǔnzé　*n.*　norm, criterion　行动准则；遵守员工准则

5527　**拙劣**　zhuōliè　*adj.*　clumsy, inferior　拙劣的表演；手法拙劣；十分拙劣

5528　**捉迷藏**　zhuōmícáng　hide-and-seek; be tricky and evasive　玩儿捉迷藏；捉迷藏游戏；你不要跟我捉迷藏了，有话直说

5529　**灼热**　zhuórè　*adj.*　scorching hot　灼热的阳光；灼热的火炉

5530　**卓越**　zhuóyuè　*adj.*　outstanding, brilliant　成就卓越；卓越的贡献；卓越的科学家

5531　**酌情**　zhuóqíng　*v.*　take into consideration the circumstances　酌情处理；酌情决定

5532　**着力**　zhuólì　*v.*　make an effort　着力描写；着力于发展经济

5533　**着落**　zhuóluò　*n.*　whereabouts; assured source　遗失的行李有着落了；这笔经费现在还没有着落

5534　**着实**　zhuóshí　*adv.*　really; severely　着实可爱；着实令人担心；着实批评了他一顿；着实挨了几下打

5535　**着手**　zhuóshǒu　*v.*　put one's hand to, set about　着手具体工作；从实地调查着手；无处着手

5536　**着想**　zhuóxiǎng　*v.*　consider (the interests of sb. or sth.)　替别人着想；从不为别人着想；为将来着想

5537　**着眼**　zhuóyǎn　*v.*　have sth. in mind, see/view from the angle of　从小问题着眼；着眼未来；着眼点不同

5538　**着眼于**　zhuóyǎn yú　have sth. in mind, see/view from the angle of　着眼于未来的发展；着眼于全局

5539　**着重**　zhuózhòng　*v.*　stress, emphasize　着重练习；着重指出；工作的着重点

5540　**姿势**　zīshì　*n.*　posture　姿势优美；站立的姿势；保持姿势不变

从 5521 ～ 5530 中选择合适的词语填空　Choose the right words from 5521-5530 and fill in the blanks.

1. 这两天气温太高了，_____的沙滩上一个游客也没有，大家都躲在房间里不出来。

2. 调查人员在他的汽车上安装了一个 _____ 器，不管他去哪儿都能被发现。

3. 近 100 年来，人类在科学研究方面取得了 _____ 的成就，大大改善了生活条件。

4. 我不会相信你编造的这个 _____ 谎言，事实我已经很清楚了。

5. 面对警察的一再 _____，他的谎话编不下去了，终于说出了实情。

从 5531～5540 中选择合适的词语填空　Choose the right words from 5531-5540 and fill in the blanks.

6. 一般来说，试卷上的这种一题十分的大论述题，老师都会 _____ 给分。

7. 这次活动的经费有 _____ 了，金海公司同意给咱们赞助。

8. 远处走来的那个人是我们班的老师，因为我能认出她走路的 _____。

9. 这么晚了，孩子还没有回家，电话也没打一个，_____ 让人担心。

10. 他是一个自私的人，说话做事从来也不替别人 _____，大家都很讨厌他。

第 2 部分　Part 2

5541 **姿态** zītài *n.* posture; attitude　姿态万千；走路的姿态；做出让步的姿态；拿一个明确的姿态出来

5542 **兹** zī *pron.* this　兹事体大

5543 **资本主义** zīběn zhǔyì　capitalism　资本主义社会；资本主义制度

5544 **资历** zīlì *n.* qualifications, record of service　资历很深；资历尚浅；比资历

5545 **资深** zīshēn *adj.* senior　资深教授；资深专家

5546 **资讯** zīxùn *n.* data, information　利用资讯；网上的资讯；资讯丰富

5547 **滋润** zīrùn *adj.* moist; comfortable　空气滋润；滋润的嘴唇；日子过得很滋润
　　　　v. moisten　受到雨水的滋润；爱情的滋润；雨水滋润了大地

5548 **滋味** zīwèi *n.* taste; feeling　滋味不错；很有滋味；挨饿的滋味；心里不是滋味

5549 **子弟** zǐdì *n.* sons and younger brothers; later generations　职工子弟；子弟学校；人民子弟兵

5550 **子孙** zǐsūn *n.* children and grandchildren, descendants　造福子孙；子孙后代

5551 **自卑** zìbēi *adj.* feel oneself inferior, self-abased　感到自卑；自卑的性格；自卑感

5552 **自称** zìchēng *v.* call oneself; claim to be　自称"大将军"；自称是记者

5553 **自发** zìfā *adj.* spontaneous　自发的行为；自发组织起来；自发的罢工

5554 **自费** zìfèi *v.* do sth. at one's own expense　自费购买；自费留学；自费生；有些药品要自费

5555 **自负** zìfù *adj.* conceited　自负的性格；这个人自负自大
　　　　v. be responsible for one's own action　责任自负；自负风险

5556 **自理** zìlǐ *v.* take care of oneself; provide for oneself　生活不能自理；自理能力；费用自理；食宿自理

5557 **自力更生** zìlì-gēngshēng　self-reliance　创业初期，大家艰苦奋斗，自力更生，终于站稳了脚跟。

5558 **自立** zìlì *v.* support oneself, earn one's own living　经济上还不能自立；实现自立；自立自强的个性

5559 **自强不息** zìqiáng-bùxī make unremitting/unceasing efforts to improve oneself
他自强不息，做出了很多成绩。

5560 **自然而然** zìrán'érrán naturally 坚持练习，中文水平自然而然就会提高。

从 5541～5550 中选择合适的词语填空 Choose the right words from 5541-5550 and fill in the blanks.

1. 相比之下，老王的_____更深，更适合做这个复杂的工作。

2. 飞行员努力控制飞机，试图让飞机保持正确的_____，以安全降落。

3. 她就会说，什么也不干，什么时候让她也试试大热天干活儿的_____。

4. 现在是一个"_____爆炸"的时代，互联网上、社交平台上各种信息多得让人看不过来。

5. 张教授是我们学校的_____教授，在学术界声誉很高。

从 5551～5560 中选择合适的词语填空 Choose the right words from 5551-5560 and fill in the blanks.

6. 地震发生后，很多市民_____地为灾区捐款捐物，还有人踊跃地报名当志愿者。

7. 孩子慢慢长大了，很多道理你不讲他也会_____地明白。

8. 小刚个子矮，家庭环境又不太好，在同学面前有点儿_____，总觉得自己比不上别人。

9. 王老师，一楼有个_____是您老同学的人找您。

10. 自信是好的，但过度自信，变成了_____，听不进别人的意见，这就不太好了。

第 3 部分 Part 3

5561 **自然界** zìránjiè n. nature 自然界中的万事万物；自然界的力量；和自然界和谐相处

5562 **自如** zìrú adj. free and smooth 运动自如；潇洒自如；自如的神态

5563 **自始至终** zìshǐ-zhìzhōng from beginning to end 大学四年，他自始至终都在努力学习，从未放松。

5564 **自私** zìsī adj. selfish 自私的决定；胆小自私；表现得很自私

5565 **自私自利** zìsī-zìlì selfish 做人不能自私自利，应该为别人想一想。

5566 **自卫** zìwèi v. defend oneself 奋力自卫；自卫战争；自卫的能力

5567 **自相矛盾** zìxiāng-máodùn contradict oneself, be self-contradictory 他的话和他的行为自相矛盾。

5568 **自信心** zìxìnxīn n. self-confidence 很有自信心；失去了自信心；自信心十足

5569 **自行** zìxíng adv. by oneself; of oneself, of one's own accord 自行解决；自行处理；自行离开；自行脱落

5570 **自以为是** zìyǐwéishì consider oneself (always) in the right 不要总是自以为是，要多听听别人的意见。

5571 **自由自在** zìyóu-zìzài free and comfortable 父母身体健康，孩子考上了大学，这段日子老张过得自由自在。

5572 **自责** zìzé v. blame oneself 深深地自责；为这件事自责不已；不必过于自责

5573 **自助** zìzhù *v.* resort to self-help 自助式加油站；自助餐厅

5574 **自尊** zìzūn *v.* respect oneself 必须自尊、自强；毫无自尊；自尊的心理

5575 **自尊心** zìzūnxīn *n.* self-respect 保护他的自尊心；伤害他的自尊心；自尊心强

5576 **字迹** zìjì *n.* handwriting 字迹清楚；工整的字迹；辨认字迹

5577 **字幕** zìmù *n.* captions (of motion pictures, etc.), subtitles 加上字幕；打开字幕；中英文字幕

5578 **字体** zìtǐ *n.* typeface; style of calligraphy; style of handwriting 常见的字体；书法字体；字体秀丽

5579 **字眼** zìyǎn *n.* wording, diction 恰当的字眼；挑字眼；玩弄字眼

5580 **宗** zōng *m.* *a measure word for matters, goods, items, etc.* 一宗心事；一宗交易；一宗贷款

从 5561～5570 中选择合适的词语填空　Choose the right words from 5561-5570 and fill in the blanks.

1. 他这是面对歹徒行凶时的_____行为，不构成犯罪，不用负法律责任。

2. 有_____是好事，但也应该听听别人的意见，考虑全面。

3. 从小学到大学，小张_____都没有离开过这个城市。

4. 他是个_____的家伙，对什么事都要发表一通自己的看法。

5. 人类只是_____中的一员，要珍惜资源，与大自然和谐相处。

从 5571～5580 中选择合适的词语填空　Choose the right words from 5571-5580 and fill in the blanks.

6. 这部电影有中英文双_____，可以一边看电影，一边学中文。

7. 答应你的事现在还没能办成，我很_____，我会再尝试一次，尽我的全力。

8. 这个月已经发生 10_____公交车盗窃案件了，大家都有点儿紧张。

9. 信封上的_____非常模糊，完全看不清楚收件人的姓名和地址。

10. 我找不到合适的语言来形容我现在的心情，也许"欣慰"是个勉强可用的_____。

◎**重点词语** Focus words

1. 着眼

动词，（从某个方面）考虑，常说"着眼于……"。例如：

（1）考虑问题应该从大处着眼，实际行动则要从小处入手。

（2）教育应该着眼于未来，培养建设未来美好生活的人才。

（3）中国着眼于时代发展大势，努力促进世界和平。

2. 姿态

名词，身体的样子，也指态度。例如：

（1）台上舞蹈演员们的姿态优美，动作轻快，赢得了观众的阵阵掌声。

（2）文章形容荷花姿态优雅，像身材苗条的女孩子一样。

（3）既然他做出了诚意合作的姿态，那我们也让一步吧，这样才能达成协议。

3. 自发

形容词，自己产生的，不受外界影响的。例如：

（1）群众拥护政府的情感是<u>自发</u>的，并没有人要求他们这样做。

（2）王县长要离开我们县去市里工作了，许多人<u>自发</u>地来到车站为他送行。

（3）得知小芳家里的困难情况，同学们<u>自发</u>地为她捐款，帮助她家渡过难关。

4. 自力更生

依靠自己的力量把事情办好。例如：

（1）<u>自力更生</u>是解决目前问题的唯一办法。

（2）这个乡不等、不靠、不要，<u>自力更生</u>，提前实现了全面小康。

（3）我们厂完全是靠<u>自力更生</u>发展起来的，没有向政府要一点儿优惠。

5. 自强不息

自己努力向上，不停止。例如：

（1）年轻人就应该<u>自强不息</u>，勇攀科学高峰。

（2）我的人生信条就是<u>自强不息</u>，不断提高自己的水平。

（3）靠着<u>自强不息</u>的精神，中国的乡镇企业走出国门，将产品出口到了世界各地。

6. 自然而然

不受外界影响而如此。例如：

（1）这里的美景都是<u>自然而然</u>形成的，没有一点儿人工的干预。

（2）在长期的相处中，他俩<u>自然而然</u>地产生了爱情。

（3）孩子的学习兴趣并不是<u>自然而然</u>就有的，需要家长的引导和培养。

7. 自始至终

从开始到结束。例如：

（1）我<u>自始至终</u>都没有搞清楚这个问题到底是怎么出现的。

（2）能<u>自始至终</u>地坚持练琴，把钢琴当作生活的一部分，这是很不容易的。

（3）我们<u>自始至终</u>是反对战争的，希望通过谈判解决国际纠纷。

8. 自私自利

只为自己打算，只想自己得到利益。例如：

（1）没有人喜欢<u>自私自利</u>的人。

（2）你太<u>自私自利</u>了，完全没有考虑过父母的辛苦付出。

（3）公司的领导做任何决定都不能<u>自私自利</u>，而要考虑到大多数员工的利益。

9. 自相矛盾

言行前后不一致。例如：

（1）你一方面想减肥，一方面又管不住自己的嘴，这种<u>自相矛盾</u>的做法是达不到目的的。

（2）老师一眼就看出了我文章中自相矛盾的地方，要求我必须认真地核对数据。

（3）你刚说的两个结论自相矛盾，到底哪一个对？

10. 自行

副词，自己（做），自己主动地（做）。例如：

（1）当初你不听我的意见，现在出现了这样的问题，你自行解决。

（2）有几个在事故中受伤较轻的人自行离开了。

（3）看到有这么多有实力的运动员报名参加比赛，有些人自行退出了。

11. 自以为是

认为自己总是正确的，不接受别人的意见。例如：

（1）我最讨厌自以为是、不把别人放在眼里的人。

（2）他继续自以为是地发表着看法，完全不顾别人是怎么想的。

（3）你这样做就是自以为是，最终是要付出代价的。

12. 自由自在

形容悠闲，没有受到任何限制。例如：

（1）每个人都希望过上自由自在的生活。

（2）他一个人自由自在地待在这个小岛上，似乎忘记了所有烦恼。

（3）小孩子整天自由自在的，真让人羡慕。

◎**速练** Quick practice

一、选择合适的词语填空 Choose the right words and fill in the blanks.

（一）　　　A. 坠　B. 兹　C. 宗　D. 捉迷藏　E. 自尊心　F. 自力更生

1. 汤姆玩儿_____时躲在衣柜里睡着了，大家找了他好长时间都没有找到。

2. 现在高层住宅楼越来越多，高空_____物和高空抛物导致人员受伤甚至死亡的案件逐年增多。

3. _____事体大，必须请领导做指示。

4. 一味等待别人帮助终究不是长久之计，只有_____才能过上好日子。

5. 这样当着全班同学的面批评他，会伤了他的_____。

（二）A. 自强不息 B. 自相矛盾 C. 自始至终 D. 自私自利 E. 自由自在 F. 资本主义

1. 虽然_____国家和中国有着不一样的社会制度，但这并不妨碍他们之间的交流和合作。

2. 她虽然身有残疾，但仍旧_____，坚持学习，后来成了知名作家。

3. 既要发展经济，又要保护环境，这并非_____，而是必须处理好二者之间的关系。

4. 无论是中国人还是外国人，都渴望在工作的八小时之外有_____、丰富多彩、健康文明的生活。

5. 这种只顾局部、不顾整体的思想，正是_____、个人主义思想的反映。

二、选择合适的词语完成句子　Choose the right words to complete the sentences.

1. 经不起他的一再_____，医生只好告诉了他实际情况。
  　A. 追问　　　　　B. 追究　　　　　　C. 追踪　　　　　D. 追逐

2. "与人为善"一直是我为人处世的_____。
  　A. 准许　　　　　B. 准则　　　　　　C. 着力　　　　　D. 着落

3. 老师对这个复杂的语法点进行了_____讲解。
  　A. 浓重　　　　　B. 稳重　　　　　　C. 着重　　　　　D. 珍重

4. 经济的发展要为_____后代考虑，不能把资源枯竭、环境恶化的地球留给后人。
  　A. 自称　　　　　B. 自卑　　　　　　C. 子弟　　　　　D. 子孙

5. 会议期间主办方会提供住宿和饮食，但费用_____。
  　A. 自立　　　　　B. 自理　　　　　　C. 自卫　　　　　D. 自如

6. 知识分子应该_____自爱，坚持原则，不为蝇头小利出卖自己的灵魂。
  　A. 自私　　　　　B. 自尊　　　　　　C. 自责　　　　　D. 自助

7. 信封上的_____清秀、工整，一看就是女孩子写的。
  　A. 字体　　　　　B. 字幕　　　　　　C. 字眼　　　　　D. 自费

三、为词语选择合适的位置　Choose the appropriate location for the words.

1. 在交通事故中 A 受伤比较轻的 B 乘客，在包扎 C 之后 D 离开了。（自行）
2. 教育 A 应该 B 世界和未来，C 培养 D 现代化的国际人才。（着眼于）
3. 2015 年 7 月 31 日，中国 A 获得 2022 年冬季奥运会的 B 举办权，从那时起中国就 C 筹备 D 冬奥会了。（着手）
4. 这个城市 A 拥有大量的 B 加油站，自己 C 动手加油，减少 D 服务人员，油价会便宜一点儿。（自助）

第 94 单元　Unit 94

◎ 速记　Quick memory

5581 **宗旨** zōngzhǐ *n.* aim, purpose　以介绍中华文化为宗旨；教育的宗旨；明确的宗旨；宗旨鲜明

5582 **综上所述** zōngshàng-suǒshù　in summary, to sum up　综上所述，应该施行积极稳健的经济政策。

5583 **总的来说** zǒngde lái shuō　in general, in a word　总的来说，今年的经济形势还是不错的。

5584 **总额** zǒng'é *n.* total amount　存款总额；总额为一千元；总额不足万元

5585 **总而言之** zǒng'éryánzhī　in short, in a word　总而言之，这个电影值得一看。

5586 **总计** zǒngjì *v.* amount to, total　总计十万元；总计有一千人；总计将近三个月

5587 **纵观** zòngguān *v.* take a sweeping view, make a general survey　纵观全局；纵观世界历史

5588 **纵横交错** zònghéng-jiāocuò　crisscross　这里的道路纵横交错，容易让人迷路。

5589 **纵然** zòngrán *conj.* even if, even though　纵然他不同意，我也一定要这样做。

5590 **纵容** zòngróng *v.* connive/wink at, indulge　纵容坏人做坏事；不能纵容孩子

5591 **纵深** zòngshēn *n.* depth　向纵深推进；历史的纵深

5592 **粽子** zòngzi *n.* zongzi, traditional Chinese rice pudding　一个粽子；包粽子；粽子里包着红枣

5593 **走过场** zǒu guòchǎng　do sth. as a mere formality, go through the motions　这些作业你根本没用心做，只是走过场，完全就是在浪费时间。

5594 **走后门** zǒu hòumén　get in by/through the back door — get sth. done through pull　托关系、走后门是一种不正之风。

5595 **走近** zǒujìn　approach　走近大自然；向他走近；走近一步

5596 **走廊** zǒuláng *n.* corridor, passage　一条走廊；穿过走廊；国际贸易走廊

5597 **走投无路** zǒutóu-wúlù　have no way out, be in an impasse　他最后走投无路了，只好放弃了这个计划。

5598 **走弯路** zǒu wānlù　take a detour, take a wrong path　少走弯路；没人指引，他走了很多弯路

5599 **奏效** zòu//xiào　prove effective, be successful　这个药奏效了；迅速奏效；难以奏效

5600 **揍** zòu *v.* beat, punch　揍了他一顿；揍了揍

从 5581～5590 中选择合适的词语填空　Choose the right words from 5581-5600 and fill in the blanks.

1. "为人民服务"是我们一切工作的_____，所有工作都是为了提高人民的生活水平。

2. 无原则地＿＿＿＿＿＿＿孩子，什么都听孩子的，最后反而会害了孩子。

3. 根据相关数据，2022 年中国出国留学人数＿＿＿＿＿＿＿60 余万人。

4. ＿＿＿＿＿＿＿交通不便，离公司远，我也选择了住在这里，因为租金便宜。

5. 相关数据显示，今年上半年，中美贸易＿＿＿＿＿＿＿为 3000 亿美元。

从 5591～5600 中选择合适的词语填空　Choose the right words from 5591-5600 and fill in the blanks.

6. 每到端午节，中国都有包＿＿＿＿＿＿＿、吃＿＿＿＿＿＿＿的习俗。

7. 远远地看见很多人围在一起，＿＿＿＿＿＿＿一看，原来是有人在表演魔术。

8. 门外是一条长长的＿＿＿＿＿＿＿，一直通向三号楼。

9. 这次会议只是＿＿＿＿＿＿＿而已，董事会早已定好了总经理的人选。

10. 降价促销的办法终于＿＿＿＿＿＿＿了，这几个月的销量和利润在逐渐回升。

第 2 部分　Part 2

5601 **租赁** zūlìn　v.　rent; rent out　租赁了一辆汽车；向外租赁设备；租赁合同；汽车租赁公司

5602 **足迹** zújì　n.　footmark, footprint　雪地上的足迹；留下了足迹；足迹清晰

5603 **足智多谋** zúzhì-duōmóu　wise and full of stratagems, wise and resourceful　他是个足智多谋的指挥官，打了不少胜仗。

5604 **阻挡** zǔdǎng　v.　stop　不可阻挡；阻挡洪水

5605 **阻拦** zǔlán　v.　stop　无人阻拦；阻拦不住；阻拦行人

5606 **阻力** zǔlì　n.　obstruction, resistance　空气阻力；克服重重阻力

5607 **阻挠** zǔnáo　v.　obstruct, thwart　阻挠双方谈判；受到阻挠；以各种方式进行阻挠

5608 **组建** zǔjiàn　v.　put together (a group), form　组建军队；迅速组建了一家公司

5609 **组装** zǔzhuāng　v.　put together, assemble　组装电脑；组装车间

5610 **祖传** zǔchuán　v.　be handed down from one's ancestors　祖传秘方；祖传三代；祖传的宝石

5611 **祖籍** zǔjí　n.　original family home, ancestral home　祖籍在湖南；他祖籍浙江杭州

5612 **祖先** zǔxiān　n.　ancestry, ancestors; progenitor　祖先崇拜；中华民族的祖先；共同的祖先；鸟类的祖先

5613 **祖宗** zǔzong　n.　forefathers, ancestry　对得起祖宗；祖宗家法

5614 **钻空子** zuān kòngzi　avail oneself of loopholes (in a law, contract, etc.), exploit an advantage　不让对方钻空子；被人钻了空子；钻了法律的空子

5615 **钻研** zuānyán　v.　study intensively, dig into　钻研技术；钻研精神；一辈子钻研科学

5616 **钻石** zuànshí　n.　diamond　一颗钻石；钻石戒指；耀眼的钻石

5617 **嘴唇** zuǐchún　n.　lip　上嘴唇；红嘴唇；嘴唇紧闭；咬嘴唇

5618 **罪犯** zuìfàn　n.　criminal　狡猾的罪犯；成为罪犯

5619 **罪魁祸首** zuìkuí-huòshǒu　chief criminal/culprit/offender, arch criminal　这起交通事故的罪魁祸首是疲劳驾驶。

5620 **尊贵** zūnguì　adj.　honorable　尊贵的客人；地位尊贵

从 5601～5610 中选择合适的词语填空　Choose the right words from 5601-5610 and fill in the blanks.

1. 他说这个药方是_____的，效果很好。

2. 安装在飞机尾部的减速伞能够增大空气的_____，把飞机的速度迅速降下来。

3. 严格地说，我们公司只是负责_____这些手机，并不是生产手机。

4. 20 世纪 80 年代，他_____了一家运输公司，专跑北京和天津之间的客运。

5. 徐霞客是中国明代著名的地理学家和旅行家，_____遍布各地，还将自己的旅行所见记入了《徐霞客游记》。

从 5611～5620 中选择合适的词语填空　Choose the right words from 5611-5620 and fill in the blanks.

6. 气温骤降，她穿的衣服不够，冻得_____发紫。

7. 我的古代汉语老师_____广东梅州，说着口音浓重的普通话，有时很难听懂。

8. 屠呦呦在中医药领域刻苦_____，于 2015 年获得诺贝尔生理学或医学奖，2019 年获得"共和国勋章"。

9. 这次比赛我们队的防守出现了明显的问题，对方_____连进了两个球。

10. 皇帝的女儿出身_____，但通常脾气都不太好。

第 3 部分　Part 4

5621 **尊严** zūnyán *n.* dignity　失去了<u>尊严</u>；国家的<u>尊严</u>

5622 **遵循** zūnxún *v.* follow, abide by　<u>遵循</u>习俗；没有先例可以<u>遵循</u>

5623 **遵照** zūnzhào *v.* obey, conform to　<u>遵照</u>上级的命令执行；<u>遵照</u>政策办事；严格<u>遵照</u>

5624 **琢磨** zuómo *v.* think over, ponder　仔细<u>琢磨</u>一下儿；<u>琢磨</u>出了一个办法；<u>琢磨</u>了很久

5625 **左顾右盼** zuǒgù-yòupàn　glance right and left, look around　考试时不许<u>左顾右盼</u>；他<u>左顾右盼</u>的，像是在找人

5626 **佐料** zuǒliào *n.* condiments　盐、醋等<u>佐料</u>；加一点儿<u>佐料</u>

5627 **作弊** zuò//bì　practise fraud, cheat　考试<u>作弊</u>；严禁<u>作弊</u>

5628 **作对** zuò//duì　set oneself against, oppose　和他<u>作对</u>；故意跟我<u>作对</u>

5629 **作风** zuòfēng *n.* style, style of work　<u>作风</u>优良；<u>作风</u>正派；工作<u>作风</u>和生活<u>作风</u>；<u>作风</u>问题

5630 **作客** zuò//kè　live away from home, sojourn　<u>作客</u>他乡

5631 **作物** zuòwù *n.* crops　水稻、玉米、大豆等<u>作物</u>；农<u>作物</u>；经济<u>作物</u>

5632 **坐落** zuòluò *v.* (of a building) be situated, be located　<u>坐落</u>在两山之间；<u>坐落</u>于沿海地区

5633 **座谈** zuòtán *v.* have an informal discussion　学术<u>座谈</u>；开一个<u>座谈</u>会；进行<u>座谈</u>

5634 **座右铭** zuòyòumíng *n.* motto　一句<u>座右铭</u>；我的<u>座右铭</u>；把这句名言作为<u>座右铭</u>

5635 **做生意** zuò shēngyi　do business　在武汉<u>做生意</u>；<u>做</u>什么<u>生意</u>；和美国公司<u>做</u>了一笔<u>生意</u>

5636 **做证** zuò//zhèng　testify　不愿<u>做证</u>；为他<u>做证</u>；可以<u>做证</u>

从 5621～5630 中选择合适的词语填空　Choose the right words from 5621-5630 and fill in the blanks.

1. 这篇文章写作思路没有问题，部分数据和细节还需要再_____一下儿。

2. 在这家火锅店吃火锅，_____是自助的，想吃什么味道自己调就行。

3. 上大学的第一个学期，就有几个同学因为考试_____被开除了。

4. 有个官员因为生活_____问题被调查了，很有可能是在男女关系方面出了问题。

5. 每个人都是有_____的，批评人不要当着大家的面。

从 5631～5636 中选择合适的词语填空　Choose the right words from 5631-5636 and fill in the blanks.

6. "天道酬勤"是我的_____，我相信努力一定会有收获。

7. 越来越多的中国人来到非洲，和当地人_____，促进了中非关系的发展。

8. 黄鹤楼_____在长江南岸的蛇山上，是"江南三大名楼"之一。

9. 春节前夕，单位组织了一次退休老干部_____会，目的是想了解他们有没有什么生活上的困难。

10. 刚才你都看见了，请你帮我_____，我并没有撞到他，是他自己摔倒的。

◎ **重点词语　Focus words**

1. 总而言之

用在总结性的语言开头，表示概括。例如：

（1）这条街上餐馆很多，四川菜、湖南菜、东北菜，中餐厅、西餐厅、东南亚餐厅，总而言之，你能想到的几乎都能找到。

（2）这些年，他们杀人、偷窃、诈骗，总而言之是所有的坏事都干过了。

（3）我们的政策很简单，总而言之一句话：以人民为中心。

2. 纵横交错

形容道路等事物相互交叉，或者情况复杂。例如：

（1）草原上，人和马踩出的小路纵横交错，像蜘蛛网一样。

（2）老城区里的小巷子纵横交错，外地人来了保准迷路。

（3）这部小说里的人物有 100 多个，相互之间的关系纵横交错，非常复杂。

3. 纵然

连词，即使，表示假设的让步。例如：

（1）纵然千言万语，也无法改变她的想法。

（2）今天纵然会下雨，比赛也要照常进行。

（3）纵然你有充足的理由，也不应该这样当面批评他。

4. 走后门

惯用语，用托人情、送礼等不正当的手段，通过内部关系达到自己的目的。例如：

（1）拉关系、走后门都是不好的社会风气，应该纠正。

（2）我们每个人都应该按规定办事，不能总想着走后门。

（3）据说，他是走后门当上科长的，并不是他的能力有多强。

5. 走投无路

比喻找不到解决问题的方法，处境艰难。例如：

（1）他不到走投无路是不会来找你的，你能帮就帮他一下儿吧。

（2）其实，项羽并没有到走投无路的地步，是他的骄傲让他放弃了最后的机会。

（3）在陌生的城市里他感觉走投无路了，看不到一丁点儿希望。

6. 足智多谋

形容计谋很多，善于预料和策划。例如：

（1）中国人说一个人聪明，就说他像诸葛亮一样足智多谋。

（2）这次比赛的胜利全靠教练足智多谋，根据情况临时调整了计划。

（3）足智多谋来自对事物的细致观察和分析。

7. 罪魁祸首

指做出罪恶行为的首要人员，也比喻坏事的主要原因。例如：

（1）经过半年多的调查和周密安排，警察们终于抓住了这个案件的罪魁祸首。

（2）经调查，酒后驾驶是这次事故的罪魁祸首。

（3）压力大、饮食不规律、缺少锻炼，这些因素是许多人身体不健康的罪魁祸首。

8. 左顾右盼

转动头部向左右两个方向看。例如：

（1）考试的时候不允许左顾右盼，应该自己做自己的。

（2）马路边上有一个人戴着帽子和口罩，不停地左顾右盼，样子十分可疑。

（3）他走得慢极了，左顾右盼，好像是在寻找什么东西。

9. 作对

为难别人，做对头。例如：

（1）我说什么你都有不同意见，这不是成心跟我作对吗？

（2）小时候，妹妹总是爱与我"作对"，什么都想要比我强。

（3）他失业了，如今妻子又要离他而去，他感觉整个世界都在与他作对。

10. 做证

作为证人为别人做证明。例如：

（1）我可以做证，发生事故的时候小王一直和我在一起，根本就不在现场。

（2）虽然在场的人很多，但谁都不愿意为他做证。

（3）我没有撞到她，是她自己摔倒的，你为我做个证啊。

◎**速练** Quick practice

一、选择合适的词语填空　Choose the right words and fill in the blanks.

（一）A.综上所述　B.纵横交错　C.走投无路　D.左顾右盼　E.罪魁祸首　F.足智多谋

1. 在专家的帮助下，人们终于找到了造成香蕉倒伏的_____——香蕉穿孔线虫。

2. 敌人企图在这里登陆，但_____的战士早已给敌人准备好了坟墓。

3. 由于经营不善，该企业已经陷入了_____的境地，眼看就要破产了。

4. _____，我们认为只有将国家、集体、个人三者利益更好地结合起来，企业的发展才会有前途。

5. 中华全国妇女联合会已经在全国形成了一个从上到下、_____、功能健全的组织网络。

（二）　A.做生意　B.座右铭　C.钻空子　D.走弯路　E.走后门　F.走过场

1. 大学生毕业实习绝不能_____，要让大学生们通过实习真正提高工作能力，积累工作经验。

2. 多借鉴别人的经验教训，就能少_____，提高工作的效率。

3. 办事喜欢_____、拉关系，不仅会坏了规矩，还会给腐败创造机会。

4. 在紧张工作的同时，小王利用"_____"的办法，保证每天学习三小时，最终考上了研究生。

5. 湖南、湖北等地一些_____的人带着大把大把的钞票，前往云、贵、川地区抢购木材。

二、选择合适的词语完成句子　Choose the right words to complete the sentences.

1. 改革开放正在朝着_____方向发展，改革的力度加大，开放的程度提高。
   A.纵观　　　　B.纵深　　　　C.总而言之　　　D.综上所述

2. 他和朋友一起开了一个小型的汽车_____公司，专门给婚礼提供车辆。
   A.维修　　　　B.交易　　　　C.贸易　　　　　D.租赁

3. 孩子想学习唱歌，你就让他去试试，一味_____反而会激发孩子的叛逆心理。
   A.阻拦　　　　B.阻力　　　　C.阻击　　　　　D.障碍

4. 两个公司的这次合作遭到了一些人的_____，他们认为现在还不是谈合作的时候。
   A.建议　　　　B.赞同　　　　C.阻挠　　　　　D.认同

5. 董事会已经拟定了新产品推广计划，你们_____这个计划去落实就可以了。
   A.钻研　　　　B.照例　　　　C.依托　　　　　D.遵照

6. 在周围群众的帮助下，警察终于抓住了_____，同时固定了他们的犯罪证据。
   A.罪恶　　　　B.罪犯　　　　C.人手　　　　　D.线索

7. 我老家在北方，虽然_____南方多年，但有些生活习惯依旧改不了。
   A.旅游　　　　B.滞留　　　　C.作客　　　　　D.来访

三、为词语选择合适的位置　Choose the appropriate location for the words.

1. A，四川菜在这里还是 B 非常受欢迎的，C 大街小巷里的 D 川菜馆非常多。
（总的来说）

2. A 用 B 千言万语 C 也难以 C 表达我对你的思念。（纵然）

3. 我们 A 认为 B 应该 C 和平共处五项原则 D 来处理国与国之间的关系。（遵循）

4. 他存心 A 跟经理 B，故意 C 不把消息告诉经理 D。（作对）

语法术语缩略形式一览表

缩略形式 Abbreviations	英文名称 Grammar Terms in English	中文名称 Grammar Terms in Chinese
adj.	Adjective	形容词
adv.	Adverb	副词
conj.	Conjunction	连词
int.	Interjection	叹词
m.	Measure Word	量词
n.	Noun	名词
nu.	Numeral	数词
ono.	Onomatopoeia	拟声词
pref.	Prefix	前缀
prep.	Preposition	介词
pron.	Pronoun	代词
pt.	Particle	助词
suf.	Suffix	后缀
v.	Verb	动词

词汇检索表

序号 No.	词语 Vocabulary	页码 Page	序号 No.	词语 Vocabulary	页码 Page	序号 No.	词语 Vocabulary	页码 Page
2902	明智	8	2932	木板	9	2962	耐性	13
2903	铭记	8	2933	木材	9	2963	南瓜	13
2904	命	8	2934	木匠	9	2964	难处	13
2905	命名	8	2935	木偶	9	2965	难得一见	13
2906	命题	8	2936	目不转睛	9	2966	难点	13
2907	摸索	8	2937	目瞪口呆	9	2967	难怪	13
2908	模拟	8	2938	目的地	9	2968	难关	13
2909	磨合	8	2939	目睹	9	2969	难堪	13
2910	磨难	8	2940	目录	9	2970	难说	13
2911	磨损	8	2941	目中无人	12	2971	难为情	13
2912	蘑菇	8	2942	沐浴露	12	2972	难以想象	13
2913	魔鬼	8	2943	牧场	12	2973	难以置信	13
2914	魔术	8	2944	牧民	12	2974	挠	13
2915	抹	8	2945	募捐	12	2975	恼羞成怒	13
2916	末日	8	2946	墓碑	12	2976	脑海	13
2917	没落	8	2947	墓地	12	2977	脑筋	13
2918	陌生	8	2948	幕	12	2978	闹事	13
2919	莫非	8	2949	幕后	12	2979	闹着玩儿	13
2920	莫过于	8	2950	穆斯林	12	2980	内存	13
2921	莫名其妙	9	2951	拿手	12	2981	内阁	14
2922	漠然	9	2952	哪知道	12	2982	内涵	14
2923	墨	9	2953	呐喊	12	2983	内行	14
2924	默读	9	2954	纳闷儿	12	2984	内幕	14
2925	默默无闻	9	2955	纳入	12	2985	内向	14
2926	默契	9	2956	纳税	12	2986	内需	14
2927	谋害	9	2957	纳税人	12	2987	嫩	14
2928	谋求	9	2958	乃	12	2988	能耗	14
2929	谋生	9	2959	乃至	12	2989	能耐	14
2930	牡丹	9	2960	耐	12	2990	能人	14
2931	亩	9	2961	耐人寻味	13	2991	能源	14

序号 No.	词语 Vocabulary	页码 Page	序号 No.	词语 Vocabulary	页码 Page	序号 No.	词语 Vocabulary	页码 Page
2992	尼龙	14	3022	扭转	19	3052	派别	20
2993	泥潭	14	3023	纽带	19	3053	派遣	20
2994	泥土	14	3024	纽扣	19	3054	攀	20
2995	拟	14	3025	农场	19	3055	攀升	20
2996	拟定	14	3026	农历	19	3056	盘	20
2997	逆	14	3027	农民工	19	3057	盘算	20
2998	匿名	14	3028	农作物	19	3058	判处	20
2999	年画	14	3029	浓厚	19	3059	判定	20
3000	年迈	14	3030	浓缩	19	3060	判决	20
3001	年限	18	3031	浓郁	19	3061	盼	24
3002	年薪	18	3032	浓重	19	3062	叛逆	24
3003	年夜饭	18	3033	弄虚作假	19	3063	庞大	24
3004	年终	18	3034	奴隶	19	3064	旁观	24
3005	黏	18	3035	女婿	19	3065	抛	24
3006	念念不忘	18	3036	暖烘烘	19	3066	抛开	24
3007	念书	18	3037	虐待	19	3067	抛弃	24
3008	念头	18	3038	挪	19	3068	刨	24
3009	娘	18	3039	诺言	19	3069	跑车	24
3010	酿造	18	3040	哦	19	3070	跑道	24
3011	鸟巢	18	3041	殴打	20	3071	跑龙套	24
3012	尿	18	3042	呕吐	20	3072	泡沫	24
3013	捏	18	3043	趴	20	3073	胚胎	24
3014	拧	18	3044	拍板	20	3074	陪伴	24
3015	凝固	18	3045	拍卖	20	3075	陪葬	24
3016	凝聚	18	3046	拍戏	20	3076	赔钱	24
3017	拧	18	3047	排斥	20	3077	佩服	24
3018	宁可	18	3048	排放	20	3078	配件	24
3019	宁愿	18	3049	排练	20	3079	配偶	24
3020	扭曲	18	3050	徘徊	20	3080	配送	24
3021	扭头	19	3051	牌照	20	3081	配音	25

序号 No.	词语 Vocabulary	页码 Page	序号 No.	词语 Vocabulary	页码 Page	序号 No.	词语 Vocabulary	页码 Page
3082	喷泉	25	3112	偏见	26	3142	平面	30
3083	抨击	25	3113	偏僻	26	3143	平民	30
3084	烹调	25	3114	偏偏	26	3144	平日	30
3085	蓬勃	25	3115	偏向	26	3145	平息	30
3086	鹏程万里	25	3116	偏远	26	3146	评定	30
3087	膨胀	25	3117	篇幅	26	3147	评论员	30
3088	捧	25	3118	片段	26	3148	评判	30
3089	捧场	25	3119	骗人	26	3149	评审	30
3090	碰钉子	25	3120	漂	26	3150	评委	30
3091	碰巧	25	3121	飘	29	3151	凭借	30
3092	碰上	25	3122	票房	29	3152	凭着	30
3093	碰撞	25	3123	撇	29	3153	凭证	30
3094	批发	25	3124	拼搏	29	3154	瓶颈	30
3095	批判	25	3125	拼命	29	3155	萍水相逢	30
3096	披露	25	3126	贫富	29	3156	泼冷水	30
3097	劈	25	3127	贫穷	29	3157	颇	30
3098	皮带	25	3128	频率	29	3158	迫不及待	30
3099	疲惫	25	3129	频频	29	3159	迫害	30
3100	疲惫不堪	25	3130	品尝	29	3160	迫使	30
3101	疲倦	26	3131	品德	29	3161	破案	31
3102	疲劳	26	3132	品位	29	3162	破除	31
3103	脾	26	3133	品行	29	3163	破解	31
3104	匹配	26	3134	聘	29	3164	破旧	31
3105	媲美	26	3135	聘任	29	3165	破裂	31
3106	僻静	26	3136	聘用	29	3166	破灭	31
3107	譬如	26	3137	乒乓球	29	3167	破碎	31
3108	譬如说	26	3138	平常心	29	3168	魄力	31
3109	片子	26	3139	平淡	29	3169	扑克	31
3110	偏差	26	3140	平和	29	3170	扑面而来	31
3111	偏方	26	3141	平价	30	3171	铺路	31

序号 No.	词语 Vocabulary	页码 Page	序号 No.	词语 Vocabulary	页码 Page	序号 No.	词语 Vocabulary	页码 Page
3172	菩萨	31	3202	启蒙	36	3232	恰到好处	37
3173	朴实	31	3203	启示	36	3233	恰恰相反	37
3174	朴素	31	3204	起步	36	3234	恰巧	37
3175	普通人	31	3205	起草	36	3235	恰如其分	37
3176	谱	31	3206	起程	36	3236	千变万化	37
3177	瀑布	31	3207	起初	36	3237	千方百计	37
3178	七嘴八舌	31	3208	起伏	36	3238	千家万户	37
3179	沏	31	3209	起劲	36	3239	千军万马	37
3180	凄凉	31	3210	起跑线	36	3240	千钧一发	37
3181	期盼	35	3211	起源	36	3241	迁	41
3182	欺骗	35	3212	气愤	36	3242	迁就	41
3183	欺诈	35	3213	气管	36	3243	迁移	41
3184	漆	35	3214	气馁	36	3244	牵扯	41
3185	齐心协力	35	3215	气派	36	3245	牵挂	41
3186	其后	35	3216	气泡	36	3246	牵涉	41
3187	其间	35	3217	气魄	36	3247	牵头	41
3188	奇花异草	35	3218	气势	36	3248	牵制	41
3189	奇迹	35	3219	气味	36	3249	铅	41
3190	奇特	35	3220	气息	36	3250	谦逊	41
3191	歧视	35	3221	气质	37	3251	签	41
3192	祈祷	35	3222	迄今	37	3252	签署	41
3193	棋	35	3223	迄今为止	37	3253	前辈	41
3194	棋子	35	3224	契机	37	3254	前不久	41
3195	旗袍	35	3225	契约	37	3255	前赴后继	41
3196	旗帜	35	3226	器材	37	3256	前期	41
3197	乞丐	35	3227	器械	37	3257	前任	41
3198	乞求	35	3228	掐	37	3258	前所未有	41
3199	乞讨	35	3229	卡	37	3259	前台	41
3200	岂有此理	35	3230	卡子	37	3260	前无古人	41
3201	启迪	36	3231	洽谈	37	3261	前夕	42

序号 No.	词语 Vocabulary	页码 Page	序号 No.	词语 Vocabulary	页码 Page	序号 No.	词语 Vocabulary	页码 Page
3352	情侣	48	3382	取胜	53	3412	确凿	54
3353	情人	48	3383	取笑	53	3413	确诊	54
3354	情谊	48	3384	娶	53	3414	燃放	54
3355	情愿	48	3385	去除	53	3415	燃气	54
3356	请柬	48	3386	去处	53	3416	燃油	54
3357	请帖	48	3387	去向	53	3417	嚷	54
3358	庆典	48	3388	趣味	53	3418	让步	54
3359	庆贺	48	3389	圈套	53	3419	饶	54
3360	庆幸	48	3390	圈子	53	3420	饶恕	54
3361	丘陵	52	3391	权衡	53	3421	扰乱	57
3362	囚犯	52	3392	权威	53	3422	绕行	57
3363	求婚	52	3393	权益	53	3423	惹	57
3364	求救	52	3394	全长	53	3424	热潮	57
3365	求学	52	3395	全程	53	3425	热带	57
3366	求医	52	3396	全方位	53	3426	热气	57
3367	求证	52	3397	全局	53	3427	热气球	57
3368	求助	52	3398	全力以赴	53	3428	热腾腾	57
3369	曲线	52	3399	全能	53	3429	热衷	57
3370	曲折	52	3400	全文	53	3430	人次	57
3371	驱动	52	3401	全心全意	53	3431	人道	57
3372	驱逐	52	3402	拳	53	3432	人格	57
3373	屈服	52	3403	拳头	54	3433	人工智能	57
3374	趋于	52	3404	劝告	54	3434	人均	57
3375	曲	52	3405	劝说	54	3435	人品	57
3376	取代	52	3406	劝阻	54	3436	人气	57
3377	取缔	52	3407	缺口	54	3437	人情	57
3378	取而代之	52	3408	缺失	54	3438	人身	57
3379	取经	52	3409	缺席	54	3439	人事	57
3380	取决于	52	3410	确切	54	3440	人手	57
3381	取暖	53	3411	确信	54	3441	人体	58

序号 No.	词语 Vocabulary	页码 Page	序号 No.	词语 Vocabulary	页码 Page	序号 No.	词语 Vocabulary	页码 Page
3442	人为	58	3472	荣誉	59	3502	瑞雪	63
3443	人文	58	3473	容光焕发	59	3503	润	63
3444	人行道	58	3474	容量	59	3504	若干	63
3445	人性	58	3475	容纳	59	3505	弱点	63
3446	人选	58	3476	容忍	59	3506	弱势	63
3447	人缘儿	58	3477	容许	59	3507	撒	63
3448	人造	58	3478	容颜	59	3508	撒谎	63
3449	人质	58	3479	溶解	59	3509	赛车	63
3450	仁慈	58	3480	融	59	3510	赛跑	63
3451	忍饥挨饿	58	3481	融化	62	3511	三番五次	63
3452	忍耐	58	3482	融洽	62	3512	三角	63
3453	忍心	58	3483	冗长	62	3513	三维	63
3454	认错	58	3484	柔和	62	3514	散布	63
3455	认证	58	3485	柔软	62	3515	散发	63
3456	认知	58	3486	揉	62	3516	桑拿	63
3457	任命	58	3487	如果说	62	3517	嗓子	63
3458	任期	58	3488	如实	62	3518	丧生	63
3459	任人宰割	58	3489	如意	62	3519	骚乱	63
3460	任意	58	3490	如愿以偿	62	3520	骚扰	63
3461	任职	59	3491	如醉如痴	62	3521	扫除	64
3462	韧性	59	3492	儒家	62	3522	扫描	64
3463	日程	59	3493	儒学	62	3523	扫墓	64
3464	日复一日	59	3494	入场	62	3524	扫兴	64
3465	日后	59	3495	入场券	62	3525	嫂子	64
3466	日前	59	3496	入境	62	3526	僧人	64
3467	日趋	59	3497	入侵	62	3527	杀害	64
3468	日新月异	59	3498	入手	62	3528	杀手	64
3469	日益	59	3499	入选	62	3529	沙龙	64
3470	荣获	59	3500	软弱	62	3530	沙滩	64
3471	荣幸	59	3501	软实力	63	3531	纱	64

序号 No.	词语 Vocabulary	页码 Page	序号 No.	词语 Vocabulary	页码 Page	序号 No.	词语 Vocabulary	页码 Page
3532	刹车	64	3562	商讨	69	3592	少量	70
3533	砂糖	64	3563	上报	69	3593	少有	70
3534	鲨鱼	64	3564	上场	69	3594	少林寺	70
3535	傻瓜	64	3565	上方	69	3595	少女	70
3536	筛	64	3566	上岗	69	3596	奢侈	70
3537	筛选	64	3567	上火	69	3597	奢望	70
3538	晒太阳	64	3568	上空	69	3598	设	70
3539	山川	64	3569	上流	69	3599	设定	70
3540	山顶	64	3570	上期	69	3600	设法	70
3541	山冈	68	3571	上任	69	3601	社会主义	73
3542	山岭	68	3572	上述	69	3602	社交	73
3543	山路	68	3573	上司	69	3603	社论	73
3544	山寨	68	3574	上诉	69	3604	社团	73
3545	删	68	3575	上调	69	3605	涉嫌	73
3546	删除	68	3576	上头	69	3606	摄氏度	73
3547	煽动	68	3577	上限	69	3607	谁知道	73
3548	闪烁	68	3578	上旬	69	3608	申办	73
3549	善	68	3579	上瘾	69	3609	申报	73
3550	善意	68	3580	上映	69	3610	申领	73
3551	擅长	68	3581	上游	70	3611	伸手	73
3552	擅自	68	3582	尚	70	3612	伸缩	73
3553	膳食	68	3583	尚未	70	3613	伸张	73
3554	赡养	68	3584	捎	70	3614	身不由己	73
3555	伤残	68	3585	烧毁	70	3615	身价	73
3556	伤感	68	3586	烧烤	70	3616	身躯	73
3557	伤痕	68	3587	稍后	70	3617	身心	73
3558	伤脑筋	68	3588	稍候	70	3618	身影	73
3559	伤势	68	3589	稍稍	70	3619	身子	73
3560	商贩	68	3590	少不了	70	3620	绅士	73
3561	商贾	69	3591	少见	70	3621	深奥	74

序号 No.	词语 Vocabulary	页码 Page	序号 No.	词语 Vocabulary	页码 Page	序号 No.	词语 Vocabulary	页码 Page
3622	深切	74	3652	生前	75	3682	失眠	79
3623	深情	74	3653	生死	75	3683	失明	79
3624	深入人心	74	3654	生态	75	3684	失效	79
3625	深受	74	3655	生物	75	3685	失业率	79
3626	深思	74	3656	生效	75	3686	失踪	79
3627	深信	74	3657	生涯	75	3687	师范	79
3628	深夜	74	3658	生硬	75	3688	师长	79
3629	深远	74	3659	生育	75	3689	师资	79
3630	神气	74	3660	声称	75	3690	狮子	79
3631	神圣	74	3661	声望	78	3691	施工	79
3632	神态	74	3662	声誉	78	3692	施加	79
3633	神仙	74	3663	牲畜	78	3693	施行	79
3634	审	74	3664	绳子	78	3694	施压	79
3635	审定	74	3665	省略	78	3695	湿度	79
3636	审核	74	3666	省事	78	3696	湿润	79
3637	审美	74	3667	圣贤	78	3697	十字路口	79
3638	审判	74	3668	胜出	78	3698	时不时	79
3639	审批	74	3669	胜任	78	3699	时段	79
3640	审视	74	3670	盛大	78	3700	时隔	79
3641	肾	75	3671	盛会	78	3701	时好时坏	80
3642	甚至于	75	3672	盛开	78	3702	时间表	80
3643	渗	75	3673	盛气凌人	78	3703	时空	80
3644	渗透	75	3674	剩余	78	3704	时髦	80
3645	慎重	75	3675	尸体	78	3705	时尚	80
3646	升温	75	3676	失传	78	3706	时速	80
3647	生机	75	3677	失控	78	3707	识别	80
3648	生理	75	3678	失利	78	3708	实地	80
3649	生命线	75	3679	失恋	78	3709	实话	80
3650	生怕	75	3680	失灵	78	3710	实话实说	80
3651	生平	75	3681	失落	79	3711	实况	80

序号 No.	词语 Vocabulary	页码 Page	序号 No.	词语 Vocabulary	页码 Page	序号 No.	词语 Vocabulary	页码 Page
3712	实事求是	80	3742	试用	84	3772	手枪	85
3713	实体	80	3743	试用期	84	3773	手势	85
3714	实物	80	3744	视察	84	3774	手术室	85
3715	实质	80	3745	视角	84	3775	手头	85
3716	食宿	80	3746	视觉	84	3776	手腕	85
3717	食用	80	3747	视力	84	3777	手艺	85
3718	史无前例	80	3748	视线	84	3778	手掌	85
3719	使唤	80	3749	视野	84	3779	守候	85
3720	使命	80	3750	柿子	84	3780	守护	85
3721	使者	83	3751	是非	84	3781	守株待兔	89
3722	士气	83	3752	适度	84	3782	首创	89
3723	示威	83	3753	适量	84	3783	首府	89
3724	示意	83	3754	适时	84	3784	首批	89
3725	世代	83	3755	适宜	84	3785	首饰	89
3726	世故	83	3756	逝世	84	3786	首要	89
3727	世界级	83	3757	释放	84	3787	寿命	89
3728	世袭	83	3758	嗜好	84	3788	受过	89
3729	市场经济	83	3759	收复	84	3789	受害	89
3730	势必	83	3760	收据	84	3790	受害人	89
3731	势不可当	83	3761	收敛	85	3791	受贿	89
3732	势头	83	3762	收留	85	3792	受惊	89
3733	事迹	83	3763	收买	85	3793	受苦	89
3734	事态	83	3764	收视率	85	3794	受理	89
3735	事务	83	3765	收缩	85	3795	受骗	89
3736	事务所	83	3766	收支	85	3796	受益	89
3737	事项	83	3767	手臂	85	3797	授权	89
3738	事宜	83	3768	手册	85	3798	授予	89
3739	侍候	83	3769	手动	85	3799	售价	89
3740	试探	83	3770	手脚	85	3800	售票	89
3741	试行	84	3771	手帕	85	3801	书橱	90

序号 No.	词语 Vocabulary	页码 Page	序号 No.	词语 Vocabulary	页码 Page	序号 No.	词语 Vocabulary	页码 Page
3802	书籍	90	3832	数据库	91	3862	水落石出	95
3803	书记	90	3833	刷新	91	3863	水面	95
3804	书面	90	3834	耍	91	3864	水手	95
3805	书写	90	3835	耍赖	91	3865	水温	95
3806	抒情	90	3836	衰减	91	3866	水域	95
3807	枢纽	90	3837	衰竭	91	3867	水源	95
3808	梳	90	3838	衰老	91	3868	水涨船高	95
3809	梳理	90	3839	衰弱	91	3869	水准	95
3810	梳子	90	3840	衰退	91	3870	税收	95
3811	舒畅	90	3841	摔跤	94	3871	税务	95
3812	疏导	90	3842	甩	94	3872	睡袋	95
3813	疏忽	90	3843	率	94	3873	顺便	95
3814	疏散	90	3844	拴	94	3874	顺差	95
3815	疏通	90	3845	涮	94	3875	顺畅	95
3816	输家	90	3846	双胞胎	94	3876	顺从	95
3817	输送	90	3847	双边	94	3877	顺理成章	95
3818	输血	90	3848	双重	94	3878	顺路	95
3819	输液	90	3849	双向	94	3879	顺其自然	95
3820	赎	90	3850	双赢	94	3880	顺势	95
3821	暑期	91	3851	霜	94	3881	顺手	96
3822	属性	91	3852	爽快	94	3882	顺心	96
3823	曙光	91	3853	水槽	94	3883	顺应	96
3824	束缚	91	3854	水稻	94	3884	顺着	96
3825	树立	91	3855	水管	94	3885	瞬间	96
3826	树木	91	3856	水壶	94	3886	说白了	96
3827	树梢	91	3857	水货	94	3887	说不上	96
3828	树荫	91	3858	水晶	94	3888	说到底	96
3829	树枝	91	3859	水利	94	3889	说道	96
3830	竖	91	3860	水灵灵	94	3890	说干就干	96
3831	数额	91	3861	水龙头	95	3891	说谎	96

序号 No.	词语 Vocabulary	页码 Page	序号 No.	词语 Vocabulary	页码 Page	序号 No.	词语 Vocabulary	页码 Page
3892	说老实话	96	3922	寺庙	101	3952	塑造	102
3893	说起来	96	3923	似曾相识	101	3953	蒜	102
3894	说情	96	3924	似是而非	101	3954	算计	102
3895	说闲话	96	3925	伺机	101	3955	算盘	102
3896	说真的	96	3926	饲料	101	3956	算账	102
3897	硕果	96	3927	饲养	101	3957	虽说	102
3898	司法	97	3928	松绑	101	3958	随处可见	102
3899	司空见惯	97	3929	松弛	101	3959	随大溜	102
3900	司令	97	3930	耸立	101	3960	随机	102
3901	丝	100	3931	送别	101	3961	随即	106
3902	丝绸	100	3932	搜查	101	3962	随身	106
3903	丝毫	100	3933	搜集	101	3963	随时随地	106
3904	私房钱	100	3934	搜救	101	3964	随心所欲	106
3905	私家车	100	3935	搜寻	101	3965	遂心	106
3906	私立	100	3936	艘	101	3966	隧道	106
3907	私事	100	3937	苏醒	101	3967	损	106
3908	私下	100	3938	酥	101	3968	损坏	106
3909	私营	100	3939	俗	101	3969	损人利己	106
3910	私有	100	3940	俗话	101	3970	损伤	106
3911	私自	100	3941	俗话说	102	3971	缩	106
3912	思路	100	3942	俗语	102	3972	缩水	106
3913	思念	100	3943	诉苦	102	3973	缩影	106
3914	思前想后	100	3944	诉说	102	3974	所属	106
3915	思索	100	3945	诉讼	102	3975	所谓	106
3916	撕	100	3946	素	102	3976	所作所为	106
3917	死心	100	3947	素不相识	102	3977	索赔	106
3918	死心塌地	100	3948	素材	102	3978	索取	106
3919	四合院	100	3949	素描	102	3979	索性	106
3920	四季	100	3950	素食	102	3980	锁定	106
3921	四面八方	101	3951	素养	102	3981	他人	107

序号 No.	词语 Vocabulary	页码 Page	序号 No.	词语 Vocabulary	页码 Page	序号 No.	词语 Vocabulary	页码 Page
3982	塌	107	4012	探	109	4042	特长	113
3983	踏上	107	4013	探测	109	4043	特例	113
3984	胎	107	4014	探亲	109	4044	特权	113
3985	胎儿	107	4015	探求	109	4045	特邀	113
3986	台球	107	4016	探望	109	4046	特制	113
3987	太极	107	4017	探险	109	4047	特质	113
3988	太极拳	107	4018	碳	109	4048	腾	113
3989	太平	107	4019	汤圆	109	4049	藤椅	113
3990	泰斗	107	4020	堂	109	4050	剔除	113
3991	贪	107	4021	糖果	112	4051	梯子	113
3992	贪婪	107	4022	糖尿病	112	4052	提拔	113
3993	贪玩儿	107	4023	倘若	112	4053	提炼	113
3994	贪污	107	4024	淌	112	4054	提名	113
3995	摊	107	4025	烫	112	4055	提速	113
3996	瘫	107	4026	掏钱	112	4056	提心吊胆	113
3997	瘫痪	108	4027	滔滔不绝	112	4057	提议	113
3998	坛	108	4028	逃避	112	4058	提早	113
3999	谈不上	108	4029	逃生	112	4059	体谅	113
4000	谈到	108	4030	逃亡	112	4060	体面	113
4001	谈论	108	4031	陶瓷	112	4061	体能	114
4002	谈起	108	4032	陶冶	112	4062	体贴	114
4003	弹性	108	4033	陶醉	112	4063	体温	114
4004	痰	108	4034	淘	112	4064	体系	114
4005	坦白	108	4035	淘气	112	4065	体制	114
4006	坦诚	108	4036	淘汰	112	4066	体质	114
4007	坦克	108	4037	讨	112	4067	剃	114
4008	坦然	108	4038	讨好	112	4068	替换	114
4009	坦率	108	4039	讨价还价	112	4069	替身	114
4010	毯子	108	4040	讨人喜欢	112	4070	天长地久	114
4011	炭	108	4041	特产	113	4071	天地	114

序号 No.	词语 Vocabulary	页码 Page	序号 No.	词语 Vocabulary	页码 Page	序号 No.	词语 Vocabulary	页码 Page
4072	天鹅	114	4102	跳动	119	4132	同类	120
4073	天分	114	4103	跳伞	119	4133	同盟	120
4074	天赋	114	4104	跳跃	119	4134	同年	120
4075	天经地义	114	4105	贴近	119	4135	同人	120
4076	天平	114	4106	贴切	119	4136	同志	120
4077	天桥	114	4107	帖子	119	4137	同舟共济	120
4078	天生	114	4108	听从	119	4138	铜	120
4079	天使	114	4109	听话	119	4139	统筹	120
4080	天线	114	4110	停泊	119	4140	统统	120
4081	天性	118	4111	停车位	119	4141	统治	123
4082	天主教	118	4112	停电	119	4142	捅	123
4083	添加	118	4113	停顿	119	4143	桶	123
4084	甜美	118	4114	停放	119	4144	筒	123
4085	甜蜜	118	4115	停业	119	4145	痛	123
4086	甜头	118	4116	通畅	119	4146	痛心	123
4087	填补	118	4117	通车	119	4147	偷看	123
4088	填充	118	4118	通风	119	4148	偷窥	123
4089	填写	118	4119	通告	119	4149	偷懒	123
4090	舔	118	4120	通缉	119	4150	头部	123
4091	挑剔	118	4121	通顺	120	4151	头顶	123
4092	条款	118	4122	通俗	120	4152	头号	123
4093	条例	118	4123	通通	120	4153	头条	123
4094	条约	118	4124	通往	120	4154	头头是道	123
4095	调侃	118	4125	通宵	120	4155	头衔	123
4096	调控	118	4126	通行证	120	4156	头晕	123
4097	调料	118	4127	同伴	120	4157	投奔	123
4098	调试	118	4128	同步	120	4158	投稿	123
4099	挑起	118	4129	同等	120	4159	投机	123
4100	挑衅	118	4130	同感	120	4160	投射	123
4101	跳槽	119	4131	同伙	120	4161	投身	124

序号 No.	词语 Vocabulary	页码 Page	序号 No.	词语 Vocabulary	页码 Page	序号 No.	词语 Vocabulary	页码 Page
4162	投降	124	4192	推荐	125	4222	拓宽	130
4163	透彻	124	4193	推理	125	4223	拓展	130
4164	透过	124	4194	推敲	125	4224	唾液	130
4165	透气	124	4195	推算	125	4225	挖掘	130
4166	透支	124	4196	推卸	125	4226	挖苦	130
4167	凸	124	4197	推选	125	4227	瓦	130
4168	凸显	124	4198	推移	125	4228	歪	130
4169	秃	124	4199	颓废	125	4229	歪曲	130
4170	突发	124	4200	退回	125	4230	外表	130
4171	突击	124	4201	退却	129	4231	外公	130
4172	突破口	124	4202	退让	129	4232	外行	130
4173	突如其来	124	4203	退缩	129	4233	外号	130
4174	图表	124	4204	退休金	129	4234	外籍	130
4175	图像	124	4205	退学	129	4235	外贸	130
4176	图形	124	4206	退役	129	4236	外貌	130
4177	图纸	124	4207	屯	129	4237	外婆	130
4178	徒步	124	4208	托付	129	4238	外企	130
4179	涂	124	4209	拖累	129	4239	外星人	130
4180	屠杀	124	4210	拖欠	129	4240	外形	130
4181	土匪	125	4211	拖延	129	4241	外援	131
4182	土壤	125	4212	脱节	129	4242	丸	131
4183	土生土长	125	4213	脱口而出	129	4243	完备	131
4184	团伙	125	4214	脱落	129	4244	完毕	131
4185	团聚	125	4215	脱身	129	4245	完蛋	131
4186	团员	125	4216	脱颖而出	129	4246	完好	131
4187	团圆	125	4217	驮	129	4247	玩耍	131
4188	推测	125	4218	妥	129	4248	玩意儿	131
4189	推辞	125	4219	妥当	129	4249	顽固	131
4190	推断	125	4220	妥善	129	4250	挽	131
4191	推翻	125	4221	妥协	130	4251	挽回	131

序号 No.	词语 Vocabulary	页码 Page	序号 No.	词语 Vocabulary	页码 Page	序号 No.	词语 Vocabulary	页码 Page
4252	挽救	131	4282	威风	136	4312	未免	137
4253	晚间	131	4283	威力	136	4313	未知数	137
4254	晚年	131	4284	威慑	136	4314	位子	137
4255	晚期	131	4285	威信	136	4315	味精	137
4256	惋惜	131	4286	微不足道	136	4316	畏惧	137
4257	万分	131	4287	微观	136	4317	畏缩	137
4258	万古长青	131	4288	微妙	136	4318	胃口	137
4259	万能	132	4289	微弱	136	4319	喂养	137
4260	万万	132	4290	微型	136	4320	慰劳	137
4261	万无一失	135	4291	为人	136	4321	温度计	141
4262	汪洋	135	4292	违背	136	4322	温泉	141
4263	亡羊补牢	135	4293	违约	136	4323	温柔	141
4264	王国	135	4294	违章	136	4324	温室	141
4265	王牌	135	4295	围墙	136	4325	温习	141
4266	网点	135	4296	唯	136	4326	温馨	141
4267	网民	135	4297	唯独	136	4327	瘟疫	141
4268	往常	135	4298	伪造	136	4328	文	141
4269	往返	135	4299	伪装	136	4329	文具	141
4270	往日	135	4300	尾气	136	4330	文科	141
4271	往事	135	4301	尾声	137	4331	文盲	141
4272	妄想	135	4302	纬度	137	4332	文凭	141
4273	忘不了	135	4303	委屈	137	4333	文人	141
4274	忘掉	135	4304	委婉	137	4334	文物	141
4275	旺	135	4305	委员	137	4335	文献	141
4276	旺季	135	4306	委员会	137	4336	文雅	141
4277	旺盛	135	4307	萎缩	137	4337	闻名	141
4278	望	135	4308	卫视	137	4338	蚊帐	141
4279	望远镜	135	4309	未	137	4339	蚊子	141
4280	危及	135	4310	未成年人	137	4340	吻	141
4281	危急	136	4311	未经	137	4341	吻合	142

序号 No.	词语 Vocabulary	页码 Page	序号 No.	词语 Vocabulary	页码 Page	序号 No.	词语 Vocabulary	页码 Page
4432	喜出望外	149	4462	下山	155	4492	显示器	156
4433	喜好	149	4463	下手	155	4493	显现	156
4434	喜酒	149	4464	下属	155	4494	显眼	156
4435	喜怒哀乐	149	4465	下台	155	4495	现成	156
4436	喜庆	149	4466	下调	155	4496	现任	156
4437	喜事	149	4467	下乡	155	4497	现行	156
4438	喜糖	149	4468	下旬	155	4498	限	156
4439	喜洋洋	149	4469	下一代	155	4499	限定	156
4440	喜悦	149	4470	下意识	155	4500	限度	156
4441	细腻	154	4471	下游	155	4501	限于	160
4442	细微	154	4472	下坠	155	4502	线条	160
4443	细心	154	4473	吓唬	155	4503	宪法	160
4444	虾	154	4474	吓人	155	4504	陷	160
4445	瞎	154	4475	夏令营	155	4505	陷阱	160
4446	侠义	154	4476	仙鹤	155	4506	馅儿	160
4447	峡谷	154	4477	仙女	155	4507	羡慕	160
4448	狭隘	154	4478	先例	155	4508	献血	160
4449	狭小	154	4479	先天	155	4509	腺	160
4450	狭窄	154	4480	纤维	155	4510	乡亲	160
4451	下场	154	4481	掀	156	4511	乡下	160
4452	下跌	154	4482	掀起	156	4512	相伴	160
4453	下岗	154	4483	鲜活	156	4513	相比之下	160
4454	下功夫	154	4484	鲜美	156	4514	相差	160
4455	下海	154	4485	鲜血	156	4515	相传	160
4456	下级	154	4486	弦	156	4516	相当于	160
4457	下决心	154	4487	衔接	156	4517	相对	160
4458	下令	154	4488	嫌弃	156	4518	相对而言	160
4459	下落	154	4489	嫌疑	156	4519	相辅相成	160
4460	下期	154	4490	显而易见	156	4520	相继	160
4461	下棋	155	4491	显赫	156	4521	相连	161

序号 No.	词语 Vocabulary	页码 Page	序号 No.	词语 Vocabulary	页码 Page	序号 No.	词语 Vocabulary	页码 Page
4522	相识	161	4552	消	162	4582	协同	167
4523	相提并论	161	4553	消沉	162	4583	协作	167
4524	相通	161	4554	消遣	162	4584	邪	167
4525	相依为命	161	4555	萧条	162	4585	邪恶	167
4526	相遇	161	4556	销	162	4586	挟持	167
4527	相约	161	4557	销毁	162	4587	携带	167
4528	香料	161	4558	销量	162	4588	携手	167
4529	香水	161	4559	潇洒	162	4589	写照	167
4530	香味	161	4560	小丑	162	4590	泄	167
4531	香烟	161	4561	小贩	166	4591	泄漏	167
4532	香油	161	4562	小看	166	4592	泄露	167
4533	镶	161	4563	小康	166	4593	泄密	167
4534	镶嵌	161	4564	小路	166	4594	泄气	167
4535	详尽	161	4565	小品	166	4595	泻	167
4536	祥和	161	4566	小气	166	4596	卸	167
4537	享	161	4567	小区	166	4597	心爱	167
4538	享有	161	4568	小曲	166	4598	心安理得	167
4539	响亮	161	4569	小人	166	4599	心病	167
4540	响起	161	4570	小提琴	166	4600	心肠	167
4541	响应	162	4571	小溪	166	4601	心得	168
4542	想方设法	162	4572	小心翼翼	166	4602	心慌	168
4543	向来	162	4573	小卒	166	4603	心急如焚	168
4544	向往	162	4574	孝敬	166	4604	心里话	168
4545	向着	162	4575	孝顺	166	4605	心灵手巧	168
4546	项链	162	4576	肖像	166	4606	心目	168
4547	像	162	4577	效仿	166	4607	心声	168
4548	像样	162	4578	效力	166	4608	心事	168
4549	橡胶	162	4579	效益	166	4609	心思	168
4550	橡皮	162	4580	效应	166	4610	心酸	168
4551	削	162	4581	协定	167	4611	心想事成	168

序号 No.	词语 Vocabulary	页码 Page	序号 No.	词语 Vocabulary	页码 Page	序号 No.	词语 Vocabulary	页码 Page
4612	心胸	168	4642	行使	173	4672	修补	174
4613	心血	168	4643	行政	173	4673	修长	174
4614	心眼儿	168	4644	行走	173	4674	修订	174
4615	心意	168	4645	形形色色	173	4675	修路	174
4616	芯片	168	4646	形影不离	173	4676	修正	174
4617	辛勤	168	4647	醒来	173	4677	羞愧	174
4618	辛酸	168	4648	醒目	173	4678	秀丽	174
4619	欣慰	168	4649	醒悟	173	4679	秀美	174
4620	欣喜	168	4650	兴高采烈	173	4680	袖手旁观	174
4621	欣欣向荣	172	4651	兴致	173	4681	绣	178
4622	新潮	172	4652	幸存	173	4682	锈	178
4623	新陈代谢	172	4653	幸好	173	4683	嗅觉	178
4624	新房	172	4654	幸亏	173	4684	须	178
4625	新款	172	4655	幸免	173	4685	虚	178
4626	新奇	172	4656	性价比	173	4686	虚构	178
4627	新生	172	4657	性命	173	4687	虚幻	178
4628	新式	172	4658	性情	173	4688	虚假	178
4629	新手	172	4659	姓氏	173	4689	虚拟	178
4630	新颖	172	4660	凶残	173	4690	虚弱	178
4631	信贷	172	4661	凶恶	174	4691	虚伪	178
4632	信件	172	4662	凶狠	174	4692	需	178
4633	信赖	172	4663	凶猛	174	4693	徐徐	178
4634	信誉	172	4664	汹涌	174	4694	许	178
4635	兴奋剂	172	4665	胸膛	174	4695	许可证	178
4636	兴建	172	4666	胸有成竹	174	4696	旭日	178
4637	兴起	172	4667	雄厚	174	4697	序	178
4638	星座	172	4668	休克	174	4698	序幕	178
4639	猩猩	172	4669	休眠	174	4699	叙述	178
4640	腥	172	4670	休想	174	4700	酗酒	178
4641	刑法	173	4671	休养	174	4701	续	179

序号 No.	词语 Vocabulary	页码 Page	序号 No.	词语 Vocabulary	页码 Page	序号 No.	词语 Vocabulary	页码 Page
4702	絮叨	179	4732	学艺	180	4762	咽喉	184
4703	宣称	179	4733	学子	180	4763	烟囱	184
4704	宣读	179	4734	雪山	180	4764	烟火	184
4705	宣告	179	4735	雪上加霜	180	4765	淹	184
4706	宣誓	179	4736	血脉	180	4766	延	184
4707	宣泄	179	4737	血栓	180	4767	延缓	184
4708	宣言	179	4738	血压	180	4768	延误	184
4709	宣扬	179	4739	血缘	180	4769	严谨	184
4710	喧哗	179	4740	勋章	180	4770	严禁	184
4711	喧闹	179	4741	熏	183	4771	严峻	184
4712	玄	179	4742	熏陶	183	4772	严密	184
4713	玄机	179	4743	寻	183	4773	言辞	184
4714	悬挂	179	4744	寻常	183	4774	言论	184
4715	悬念	179	4745	寻觅	183	4775	言行	184
4716	悬殊	179	4746	巡逻	183	4776	岩石	184
4717	悬崖	179	4747	循序渐进	183	4777	炎热	184
4718	旋律	179	4748	训	183	4778	炎症	184
4719	旋涡	179	4749	驯	183	4779	沿岸	184
4720	选民	179	4750	逊色	183	4780	沿途	184
4721	选项	180	4751	丫头	183	4781	沿线	185
4722	选用	180	4752	压倒	183	4782	研讨	185
4723	炫耀	180	4753	压缩	183	4783	阎王	185
4724	削弱	180	4754	压抑	183	4784	衍生	185
4725	靴子	180	4755	压制	183	4785	掩盖	185
4726	穴位	180	4756	押	183	4786	掩护	185
4727	学历	180	4757	鸦雀无声	183	4787	掩饰	185
4728	学士	180	4758	牙齿	183	4788	眼红	185
4729	学说	180	4759	牙膏	183	4789	眼界	185
4730	学堂	180	4760	芽	183	4790	眼色	185
4731	学业	180	4761	哑	184	4791	眼神	185

序号 No.	词语 Vocabulary	页码 Page	序号 No.	词语 Vocabulary	页码 Page	序号 No.	词语 Vocabulary	页码 Page
4792	眼下	185	4822	氧	190	4852	野炊	191
4793	演变	185	4823	痒	190	4853	野蛮	191
4794	演播室	185	4824	样本	190	4854	野兽	191
4795	演技	185	4825	样品	190	4855	野外	191
4796	演练	185	4826	妖怪	190	4856	野心	191
4797	演示	185	4827	邀	190	4857	野营	191
4798	演说	185	4828	窑	190	4858	业	191
4799	演习	185	4829	谣言	190	4859	业绩	191
4800	演戏	185	4830	摇摆	190	4860	夜班	191
4801	演艺圈	189	4831	摇滚	190	4861	夜市	194
4802	演绎	189	4832	摇晃	190	4862	夜晚	194
4803	厌烦	189	4833	摇篮	190	4863	夜校	194
4804	厌倦	189	4834	摇摇欲坠	190	4864	夜以继日	194
4805	咽	189	4835	遥控	190	4865	夜总会	194
4806	艳丽	189	4836	遥远	190	4866	液晶	194
4807	验	189	4837	药材	190	4867	液体	194
4808	验收	189	4838	药方	190	4868	一把手	194
4809	验证	189	4839	要不	190	4869	一线	194
4810	焰火	189	4840	要不是	190	4870	一一	194
4811	燕子	189	4841	要点	191	4871	伊斯兰教	194
4812	秧歌	189	4842	要害	191	4872	衣食住行	194
4813	扬	189	4843	要紧	191	4873	医务	194
4814	阳性	189	4844	要领	191	4874	依	194
4815	杨树	189	4845	要命	191	4875	依托	194
4816	洋溢	189	4846	要强	191	4876	依依不舍	194
4817	养活	189	4847	钥匙	191	4877	一不小心	194
4818	养老金	189	4848	耀眼	191	4878	一刹那	194
4819	养老院	189	4849	椰子	191	4879	一大早	194
4820	养生	189	4850	也就是说	191	4880	一动不动	194
4821	养殖	190	4851	野餐	191	4881	一度	195

序号 No.	词语 Vocabulary	页码 Page	序号 No.	词语 Vocabulary	页码 Page	序号 No.	词语 Vocabulary	页码 Page
4882	一概	195	4912	以身作则	196	4942	一头	202
4883	一概而论	195	4913	以至于	196	4943	一无所有	202
4884	一个劲儿	195	4914	以致	196	4944	一无所知	202
4885	一晃	195	4915	矣	196	4945	一心	202
4886	一技之长	195	4916	倚	196	4946	一心一意	202
4887	一面	195	4917	一长一短	196	4947	一言不发	202
4888	一目了然	195	4918	一成不变	196	4948	一言一行	202
4889	一事无成	195	4919	一筹莫展	197	4949	一眼	202
4890	一瞬间	195	4920	一帆风顺	197	4950	一应俱全	202
4891	一味	195	4921	一干二净	201	4951	一早	202
4892	一系列	195	4922	一鼓作气	201	4952	义工	202
4893	一阵	195	4923	一锅粥	201	4953	议	202
4894	仪表	195	4924	一回事	201	4954	议程	202
4895	怡然自得	195	4925	一家人	201	4955	议会	202
4896	姨	195	4926	一经	201	4956	议员	202
4897	移交	195	4927	一举	201	4957	屹立	202
4898	移植	195	4928	一举一动	201	4958	亦	202
4899	遗留	195	4929	一卡通	201	4959	异口同声	202
4900	遗弃	195	4930	一揽子	201	4960	异想天开	202
4901	遗体	196	4931	一连	201	4961	异性	203
4902	遗忘	196	4932	一连串	201	4962	异议	203
4903	遗物	196	4933	一毛不拔	201	4963	抑扬顿挫	203
4904	遗愿	196	4934	一年到头	201	4964	抑郁	203
4905	遗址	196	4935	一旁	201	4965	抑郁症	203
4906	遗嘱	196	4936	一如既往	201	4966	抑制	203
4907	疑点	196	4937	一声不吭	201	4967	译	203
4908	疑惑	196	4938	一手	201	4968	易拉罐	203
4909	疑虑	196	4939	一塌糊涂	201	4969	疫苗	203
4910	以	196	4940	一体	201	4970	益处	203
4911	以免	196	4941	一天到晚	202	4971	意料	203

序号 No.	词语 Vocabulary	页码 Page	序号 No.	词语 Vocabulary	页码 Page	序号 No.	词语 Vocabulary	页码 Page
5062	犹如	216	5092	余地	217	5122	欲望	222
5063	犹豫不决	216	5093	余额	217	5123	遇难	222
5064	油画	216	5094	渔船	217	5124	遇上	222
5065	游船	216	5095	渔民	217	5125	遇险	222
5066	游览	216	5096	逾期	217	5126	寓言	222
5067	友情	216	5097	愚蠢	217	5127	寓意	222
5068	友人	216	5098	愚公移山	217	5128	愈合	222
5069	友善	216	5099	舆论	218	5129	愈来愈	222
5070	有待	216	5100	与此同时	218	5130	愈演愈烈	222
5071	有的放矢	216	5101	与否	221	5131	冤	222
5072	有机	216	5102	与其	221	5132	冤枉	222
5073	有口无心	216	5103	与日俱增	221	5133	渊源	222
5074	有两下子	216	5104	与时俱进	221	5134	元老	222
5075	有声有色	216	5105	与众不同	221	5135	元首	222
5076	有所	216	5106	予以	221	5136	元宵节	222
5077	有所不同	216	5107	宇宙	221	5137	原本	222
5078	有望	216	5108	语气	221	5138	原材料	222
5079	有效期	216	5109	浴室	221	5139	原创	223
5080	有幸	216	5110	预定	221	5140	原地	223
5081	有序	217	5111	预感	221	5141	原型	223
5082	有益	217	5112	预告	221	5142	原汁原味	223
5083	有意	217	5113	预见	221	5143	原装	223
5084	有朝一日	217	5114	预料	221	5144	圆形	223
5085	有助于	217	5115	预赛	221	5145	缘分	223
5086	幼稚	217	5116	预示	221	5146	源泉	223
5087	诱饵	217	5117	预售	221	5147	源头	223
5088	诱发	217	5118	预算	221	5148	源于	223
5089	诱惑	217	5119	预先	221	5149	源源不断	223
5090	诱人	217	5120	预言	221	5150	远程	223
5091	余	217	5121	预兆	222	5151	远见	223

序号 No.	词语 Vocabulary	页码 Page	序号 No.	词语 Vocabulary	页码 Page	序号 No.	词语 Vocabulary	页码 Page
5152	远近闻名	223	5182	杂乱无章	229	5212	造就	230
5153	怨恨	223	5183	砸	229	5213	造纸术	230
5154	怨气	223	5184	栽	229	5214	噪声	230
5155	怨言	223	5185	栽培	229	5215	噪音	230
5156	院士	224	5186	宰	229	5216	则¹	230
5157	曰	224	5187	再度	229	5217	则²	230
5158	约定俗成	224	5188	再现	229	5218	责备	230
5159	月初	224	5189	在线	229	5219	责怪	230
5160	月票	224	5190	在意	229	5220	贼	230
5161	乐器	228	5191	在职	229	5221	增收	234
5162	岳父	228	5192	载体	229	5222	增添	234
5163	岳母	228	5193	攒	229	5223	扎根	234
5164	阅历	228	5194	暂	229	5224	渣子	234
5165	悦耳	228	5195	赞不绝口	229	5225	闸	234
5166	越发	228	5196	赞美	229	5226	炸	234
5167	越过	228	5197	赞叹	229	5227	眨眼	234
5168	晕倒	228	5198	赞叹不已	229	5228	诈骗	234
5169	陨石	228	5199	赞同	229	5229	榨	234
5170	孕妇	228	5200	赞许	229	5230	窄	234
5171	孕育	228	5201	赞扬	230	5231	债务	234
5172	运河	228	5202	葬	230	5232	占卜	234
5173	运送	228	5203	葬礼	230	5233	沾	234
5174	运营	228	5204	遭殃	230	5234	沾光	234
5175	运转	228	5205	凿	230	5235	粘	234
5176	酝酿	228	5206	早年	230	5236	瞻仰	234
5177	韵味	228	5207	早日	230	5237	斩	234
5178	蕴藏	228	5208	枣	230	5238	斩草除根	234
5179	蕴涵	228	5209	造福	230	5239	盏	234
5180	杂技	228	5210	造假	230	5240	展出	234
5181	杂交	229	5211	造价	230	5241	展览会	235

序号 No.	词语 Vocabulary	页码 Page	序号 No.	词语 Vocabulary	页码 Page	序号 No.	词语 Vocabulary	页码 Page
5332	正面	242	5362	直视	247	5392	质疑	248
5333	正能量	243	5363	直至	247	5393	治学	248
5334	正视	243	5364	值钱	247	5394	治愈	248
5335	正直	243	5365	职权	247	5395	致	248
5336	正宗	243	5366	职业病	247	5396	致辞	248
5337	证人	243	5367	职员	247	5397	致富	248
5338	郑重	243	5368	止步	247	5398	致敬	248
5339	之¹	243	5369	止咳	247	5399	致力于	248
5340	之²	243	5370	止血	247	5400	致命	248
5341	之所以	246	5371	旨在	247	5401	致使	252
5342	支票	246	5372	指点	247	5402	秩序	252
5343	支柱	246	5373	指教	247	5403	窒息	252
5344	汁	246	5374	指令	247	5404	智商	252
5345	芝麻	246	5375	指南	247	5405	滞后	252
5346	芝士	246	5376	指南针	247	5406	滞留	252
5347	知己	246	5377	指手画脚	247	5407	置	252
5348	知觉	246	5378	指望	247	5408	中国画	252
5349	知识分子	246	5379	指向	247	5409	中立	252
5350	知足	246	5380	指引	247	5410	中途	252
5351	肢体	246	5381	至此	248	5411	中型	252
5352	脂肪	246	5382	至关重要	248	5412	中性	252
5353	执法	246	5383	志气	248	5413	中旬	252
5354	执意	246	5384	制	248	5414	中庸	252
5355	执照	246	5385	制裁	248	5415	中止	252
5356	执着	246	5386	制服	248	5416	忠诚	252
5357	直奔	246	5387	制品	248	5417	忠实	252
5358	直达	246	5388	制止	248	5418	忠于	252
5359	直观	246	5389	质地	248	5419	忠贞	252
5360	直径	246	5390	质朴	248	5420	终结	252
5361	直觉	247	5391	质问	248	5421	终究	253

序号 No.	词语 Vocabulary	页码 Page	序号 No.	词语 Vocabulary	页码 Page	序号 No.	词语 Vocabulary	页码 Page
5512	壮实	260	5542	兹	264	5572	自责	265
5513	状元	260	5543	资本主义	264	5573	自助	266
5514	撞击	260	5544	资历	264	5574	自尊	266
5515	幢	260	5545	资深	264	5575	自尊心	266
5516	追悼会	260	5546	资讯	264	5576	字迹	266
5517	追赶	260	5547	滋润	264	5577	字幕	266
5518	追溯	260	5548	滋味	264	5578	字体	266
5519	追随	260	5549	子弟	264	5579	字眼	266
5520	追尾	260	5550	子孙	264	5580	宗	266
5521	追问	263	5551	自卑	264	5581	宗旨	270
5522	追逐	263	5552	自称	264	5582	综上所述	270
5523	追踪	263	5553	自发	264	5583	总的来说	270
5524	坠	263	5554	自费	264	5584	总额	270
5525	准许	263	5555	自负	264	5585	总而言之	270
5526	准则	263	5556	自理	264	5586	总计	270
5527	拙劣	263	5557	自力更生	264	5587	纵观	270
5528	捉迷藏	263	5558	自立	264	5588	纵横交错	270
5529	灼热	263	5559	自强不息	265	5589	纵然	270
5530	卓越	263	5560	自然而然	265	5590	纵容	270
5531	酌情	263	5561	自然界	265	5591	纵深	270
5532	着力	263	5562	自如	265	5592	粽子	270
5533	着落	263	5563	自始至终	265	5593	走过场	270
5534	着实	263	5564	自私	265	5594	走后门	270
5535	着手	263	5565	自私自利	265	5595	走近	270
5536	着想	263	5566	自卫	265	5596	走廊	270
5537	着眼	263	5567	自相矛盾	265	5597	走投无路	270
5538	着眼于	263	5568	自信心	265	5598	走弯路	270
5539	着重	263	5569	自行	265	5599	奏效	270
5540	姿势	263	5570	自以为是	265	5600	揍	270
5541	姿态	264	5571	自由自在	265	5601	租赁	271